NUTRIÇÃO
Interdisciplinaridade na prática

NUTRIÇÃO

Interdisciplinaridade na prática

Karen L. Currie

Sheila E. Currie de Carvalho

PAPIRUS

Capa	Fernando Cornacchia
Foto de capa	Rennato Testa
Coordenação	Ana Carolina Freitas
Copidesque	Isabel Petronilha Costa
Diagramação	DPG Editora
Revisão	Cristiane Rufeisen Scanavini

Dados Internacionais de Catalogação na Publicação (CIP)
(Câmara Brasileira do Livro, SP, Brasil)

Currie, Karen Lois
  Nutrição: Interdisciplinaridade na prática/Karen Lois Currie, Sheila
Elizabeth Currie de Carvalho. – Campinas, SP: Papirus, 2017.

Bibliografia.
ISBN 978-85-449-0256-1

1. Aprendizagem 2. Educação 3. Interdisciplinaridade 4. Nutrição
5. Pedagogia 6. Prática de ensino I. Carvalho, Sheila Elizabeth
Currie de. II. Título.

17-05947   CDD-371.3

Índice para catálogo sistemático:

1. Nutrição: Interdisciplinaridade:
    Práticas pedagógicas: Educação   371.3

1ª Edição – 2017

Exceto no caso
de citações, a
grafia deste livro
está atualizada
segundo o Acordo
Ortográfico da
Língua Portuguesa
adotado no Brasil
a partir de 2009.

Proibida a reprodução total ou parcial da obra de acordo com a lei 9.610/98.
Editora afiliada à Associação Brasileira dos Direitos Reprográficos (ABDR).

DIREITOS RESERVADOS PARA A LÍNGUA PORTUGUESA:
© M.R. Cornacchia Livraria e Editora Ltda. – Papirus Editora
R. Dr. Gabriel Penteado, 253 – CEP 13041-305 – Vila João Jorge
Fone/fax: (19) 3790-1300 – Campinas – São Paulo – Brasil
E-mail: editora@papirus.com.br – www.papirus.com.br

SUMÁRIO

PREFÁCIO 9
Euzi Rodrigues Moraes

APRESENTAÇÃO 11

1. ARROZ E FEIJÃO 13
   Introdução 13

   ■ *ARROZ* 14
   Como iniciar o trabalho em sala de aula? 14
   O que sabemos sobre o arroz? 18
   Tema gerador para a educação básica 19
   Tema gerador para o ensino médio 24

   ■ *FEIJÃO* 27
   O que sabemos sobre a história do feijão? 27
   Feijão como base alimentar 30
   Feijão e doenças renais 34
   Feijão e outras leguminosas 35
   "João e o pé de feijão" 37

2. *FAST-FOOD* E OBESIDADE 41
   Introdução 41

   ■ FAST-FOOD 48
   Possíveis investigações no contexto da história e da geografia 48
   Possíveis investigações no contexto da matemática, do inglês e das ciências ... 51
   Possíveis investigações no contexto do português e da arte 63

■ OBESIDADE 67
  Obesidade e desnutrição 67
  Obesidade infantil: Sugestões no contexto do ensino religioso e da educação física 72
  Obesidade e as sete chaves para alcançar o peso saudável 76
  Transtornos alimentares e as sete chaves 85

Considerações finais 86

3. FRUTAS, VERDURAS E LEGUMES 89
   Introdução 89

   ■ FRUTAS 90
     Grupo 26A do Projeto Formar inicia as investigações 90
     Problematizações com base no trabalho do Grupo 26A 93
     Frutas e fibras: Estudos do grupo independente 96
     Grupo 91 do Projeto Formar: Pesquisando a banana 98
     Frutas: Projeto Formar e o grupo independente 101

   ■ VERDURAS E LEGUMES 104
     A teoria das múltiplas inteligências 105
     Inteligência linguística-verbal 109
     Inteligência lógico-matemática 115
     Inteligência visual-espacial 120
     Inteligência corporal-cinestésica 124
     Inteligência musical 132
     Inteligência intrapessoal 135
     Inteligência interpessoal 138

Considerações finais 141

4. GULOSEIMAS 143
   Introdução 143
   Portas de entrada baseadas na teoria das múltiplas inteligências 144
   Problematizações com base no tema açúcar 147
   Quais as diferenças entre diet, light e adoçantes naturais? 154
   Sorvete: Um olhar interdisciplinar 160
   Interdisciplinaridade, multidisciplinaridade e transdisciplinaridade 166

   ■ CHOCOLATE 171
     Tema gerador 171
     Inteligências interpessoal, linguística-verbal e visual-espacial 174
     Inteligências lógico-matemática e corporal-cinestésica 176
     Inteligências intrapessoal e musical 179

Considerações finais 181

5. CARNES, PEIXES E PROTEÍNAS EM GERAL 185

Introdução 185

Hábitos alimentares: Passados e presentes 185

Quais os nossos objetivos de ensino? 190

Tema gerador: Hábitos antigos de alimentação 191

Tema gerador: Conexões entre a agricultura e o meio ambiente 192

As propriedades nutricionais de carnes e peixes 197

■ *PROTEÍNAS* 198

    Introduzindo a Lista A 200

    Introduzindo a Lista B 210

    Introduzindo a Lista C 224

O Grupo 30 do Projeto Formar trabalha com pescados 234

Manguezais: Direções sugeridas com base nos trabalhos do Grupo 30 236

O Grupo 31A do Projeto Formar: Viajando no mundo dos peixes 238

Considerações finais 241

6. ÁGUA: A BASE DA VIDA 243

Introdução 243

Degustação de sucos: Possíveis problematizações 244

As funções da água no nosso corpo 248

Qual a nossa preferência: Água ou refrigerante? 249

■ *LINGUAGENS E CÓDIGOS* 251

    Linguagens, códigos e suas tecnologias: Um olhar interdisciplinar 251

    Pensando sobre a água 253

    Problematizando a escrita 256

    Socializando o pensamento 260

■ *CIÊNCIAS* 261

    Ciências da natureza, matemática e suas tecnologias 261

    Bebendo um copo de água ou de refrigerante? 262

    Refrigerantes: Tema gerador 265

■ *CIÊNCIAS HUMANAS* 270

    Ciências humanas e suas tecnologias 270

    Cerveja: Tema gerador 272

    Vinho: Tema gerador 276

    Conclusão 281

Considerações finais 282

7. CICLO DA VIDA 285
    Introdução 285
    A grávida e seu feto 286
    Amamentação: Leite materno 289
    Alimentação complementar a partir de 6 meses de idade 294
    Alimentação pré-escolar 296
    Alimentação durante a fase escolar 300
    Adolescentes e alimentação 305
    Adultos e alimentação 308
    Idosos e alimentação 314
    Considerações finais 322

REFERÊNCIAS BIBLIOGRÁFICAS 329

APÊNDICE 349

PREFÁCIO

Este livro tem, certamente, um lugar garantido no acervo das instituições responsáveis pela educação e quiçá pela saúde. Tecido, como foi, no saber que é feito de uma vivência pedagógica focada na diversidade, ele oferece ao leitor um inesgotável espectro de diferentes situações de aprendizagem, estratégias de ensino e temas correlatos, abrindo-se para a criação de novas situações, novas estratégias, novos temas, e envolvendo sempre alunos e alunas. Resulta de um projeto desenvolvido no Espírito Santo, que contou com a participação de professores da educação fundamental, mas não se restringe a esse segmento da educação. Pelo contrário, destina-se também a educadores que atuam em outros níveis de ensino e até mesmo em projetos comunitários. Traz para o debate, na escola e fora dela, o mundo físico, natural, social, ambiental, em sua natureza multiforme e sua pluralidade de línguas, crenças, culturas, tanto as mais familiares como as mais distantes.

Nesta obra, experimentar e criar não têm limites. Aos educadores cumpre abrir o leque e incentivar os alunos a perguntar, descobrir, inovar. Por isso, no centro da atividade de classe, as autoras colocam o respeito ao pensamento dos alunos, a abertura de espaços para que eles se manifestem, o constante estímulo à troca, à participação.

Esse clima desperta a curiosidade, induz à pesquisa, e os alunos aprendem a fazer os questionamentos fundamentais, bem longe das perguntas e respostas prontas, tão presentes na escola. Aprendem também a observar a realidade circundante e a distinguir o igual do semelhante, e o semelhante do diferente. Em síntese, aprendem a pensar.

Contrapondo-se ao currículo tradicional e suas definições, e à habitual organização das atividades de aula, as autoras apontam para uma programação

Nutrição 9

pedagógica integrativa e interativa, não fragmentada, capaz de estruturar as áreas de conhecimento de tal forma que, atravessando fronteiras, elas se entrelacem e se retroalimentem, mostrando que pertencem ao mesmo corpo. Afinal, perder de vista a unidade do conhecimento científico e seus princípios, traçando divisórias artificiais, é tentar representar o mundo como se ele fosse uma colcha de retalhos. Não é absolutamente isso o que as autoras sugerem.

A pertinência e a atualidade do tema gerador dos debates e das atividades interdisciplinares apresentadas pelas autoras ficam evidentes no amplo conjunto de informações buscadas na literatura corrente e em outras fontes, dentre elas a internet. Os conceitos e as práticas alimentares ali abordados geram uma discussão de enorme importância, tanto para a formação escolar quanto para a saúde pública. Por sua proposta de ação pedagógica interdisciplinar, o livro serve como uma ponte entre os tradicionais divisores de águas que separam as diferentes disciplinas, e assim promove o diálogo, não só entre os alunos ou entre os alunos e os professores, mas também entre os próprios professores das disciplinas tradicionais. E, *last but not least*, entre a escola e a comunidade.

Em síntese, este é um livro de qualidade teórica e científica indiscutível, mas extremamente prático, que chega para subsidiar profissionais da educação *strictu sensu* e *lato sensu*, com propostas pedagógicas solidamente assentadas no respeito à capacidade do aluno para aprender e se expressar – lendo textos escritos e o mundo, escrevendo o que observa nessas leituras, pensando, participando, interagindo, enquanto desenvolve sua competência para agir no mundo e transformá-lo.

As autoras se completam. A professora Karen Currie tem uma bela história de serviços prestados à educação tanto na capital, Vitória, como no interior do Espírito Santo, sempre comprometida com a educação libertadora, nos termos de Paulo Freire. Isso é demonstrado nos livros que tem produzido e no seu respeito aos alunos, característica atestada por eles e pelos observadores. A nutricionista Sheila Carvalho, ainda jovem, é uma devota da boa e saudável alimentação. Exigente, não tolera assistir ao consumismo irresponsável e aparentemente imbatível de nossos tempos. A professora Karen é uma crítica incansável dos hábitos alimentares de hoje, do *fastfood* aos refrigerantes, tão consumidos que são pelos mais jovens, para não dizer o pecado de quase todos. Como doutora em Linguística, ela acredita na associação entre conteúdo e forma, entre o conhecer e o fazer, na linguagem e na pedagogia. Assim, foi buscar na nutricionista Sheila o argumento para a riqueza da prática pedagógica que elas propõem nesta obra. Como cúmplices dessa linha de pensamento e ação, espero que os leitores deste livro experimentem, apreciem e compartilhem o sabor de *Nutrição: Interdisciplinaridade na prática*. Na teoria, na escola e na vida.

Euzi Rodrigues Moraes

APRESENTAÇÃO*

Qual a base de nossa alimentação? Gostamos de *fast-food* (hambúrgueres, batatas fritas, *chips*) e refrigerantes? Ou preferimos frutas frescas e salada crua? Nossas escolhas influenciam, e muito, nossa saúde.

De acordo com o documento Parâmetros Curriculares Nacionais (PCNs), publicado pelo Ministério da Educação (MEC) em 1997, e considerado "elemento catalisador de ações na busca de uma melhora da qualidade da educação brasileira" (Brasil 1997a, p. 13), o conhecimento escolar deve ser organizado de acordo com "as diferentes áreas, os conteúdos selecionados em cada uma delas e o tratamento transversal de questões sociais [que] constituem uma representação ampla e plural dos campos de conhecimento e de cultura de nosso tempo" (*ibidem*, p. 62). Os livros que compõem os PCNs oferecem aos professores brasileiros uma fundamentação teórica extremamente rica, mas, mesmo assim, surgem com certa frequência perguntas do tipo: Que tema gerador utilizar? Como organizar os conhecimentos em torno de um tema gerador? Que tipo de estratégia adotar para estimular a flexibilidade de ensino necessária para atender à diversidade em sala de aula? Como promover práticas de interação e cooperação durante o processo da construção da cidadania?

O objetivo principal deste livro é pensar uma pedagogia interdisciplinar tomando como tema gerador a nutrição, na tentativa de explorar algumas das questões levantadas acima. Não pretendemos oferecer receitas prontas, mas, de vez em quando,

---

* Todas as citações em português – assim como as tabelas e as figuras –, originalmente publicadas em outro idioma, foram traduzidas pelas autoras. (N.E.)

ilustraremos nossas propostas de trabalho com relatos de experiências pedagógicas já realizadas. Um dos relatos focaliza uma experiência que ocorreu fora do sistema escolar, com um grupo de seis crianças de idades e níveis de desenvolvimento diferentes – uma criança de 6 anos, duas crianças de 8 anos, duas de 10 e uma de 12 anos. Como se tratava de um grupo pequeno, foi possível fazer algumas observações sobre a contribuição de cada criança, analisar situações de interação e cooperação entre os participantes, e ainda investigar a flexibilidade de propostas de trabalho capazes de promover uma produção autônoma. Um dos objetivos desse trabalho era desenvolver uma pesquisa participativa para verificar, na prática, se é possível produzir diferentes níveis de conhecimento trabalhando com um grupo de crianças bem diferentes, utilizando uma proposta pedagógica flexível.[1] Outra experiência é um projeto que foi realizado no estado do Espírito Santo envolvendo grupos de estudo de professores de escolas públicas de diferentes municípios.[2] No ano 2000, o tema em estudo foi "alimentação". Esse tema trouxe à tona muitas propostas fascinantes de trabalho, que podem servir de motivação para nossas discussões.

Por que optamos pela nutrição como tema gerador? O número de problemas de saúde decorrentes de maus hábitos alimentares cresce drasticamente na sociedade atual. Por exemplo: em torno de 80% das doenças do coração e 90% dos casos de diabetes têm uma ligação estreita com hábitos de vida e alimentação. Uma dieta saudável afeta positivamente todos os aspectos da vida – comer bem é fundamental. Mas será que a população sabe o que significa "comer bem"? Esses dados nos levam a crer que é essencial incluir no currículo de nossas escolas propostas pedagógicas que contribuam para a educação alimentar das futuras gerações.

Hoje em dia existem muitas informações disponíveis sobre os alimentos. As embalagens no supermercado mostram tabelas cheias de números. E as revistas, os jornais e a internet – toda a mídia – propõem novas dietas, receitas as mais diversas. Mas será que somos capazes de analisar todas essas informações, de saber qual a comida saudável? Conhecemos a composição nutricional de nossa alimentação? Compreendemos os efeitos dos nossos hábitos alimentares no nosso corpo e na nossa mente? Cada ser humano precisa ser responsável por suas decisões quanto ao que deve introduzir no seu corpo. Os pais precisam enxergar o que fazem com seus filhos e os professores devem escolher conteúdos que contribuam para o bem-estar futuro de seus alunos – investindo na formação deles, para que se tornem cidadãos saudáveis.

---

1. A experiência desse grupo independente gerou vários artigos que fazem parte do livro *Ensinando o pensar na alfabetização* (Currie 1998a).

2. Esse trabalho foi realizado pelo grupo Rede Interdisciplinar de Educação (Ried) ao desenvolver o Projeto Formar financiado pela Aracruz Celulose S.A.

1
ARROZ E FEIJÃO

Introdução

"Um, dois, feijão com arroz" é uma parlenda bem conhecida entre nós. Não foi por acaso que ganhou respaldo popular. Como sabemos, a combinação "feijão com arroz" é a alimentação básica do Brasil, e aparece todos os dias na maioria das mesas brasileiras. Ou será que os hábitos alimentares estão mudando? De acordo com técnicos da Empresa Brasileira de Pesquisa Agropecuária (Embrapa),

> enquanto sozinhos, o arroz e o feijão passavam a sensação de que faltava alguma coisa. Quando juntos, asseguravam sabor indiscutível e proporcionavam um invejável arranjo de nutrientes. Como em qualquer "par perfeito", os parceiros se completam. O arroz contém metionina e o feijão, lisina – aminoácidos que compõem um importante perfil proteico. (...) A parceria também é responsável por manter o equilíbrio no índice glicêmico. Enquanto o arroz pode ocasionar aumento nas taxas de açúcar e insulina, o feijão é responsável por conter esse efeito. (Almeida e Ferreira 2011)

As proteínas do arroz e do feijão se complementam e juntos no mesmo prato os dois alimentos contribuem para o equilíbrio das taxas de açúcar: juntos, funcionam melhor do que separados. Por formarem um par tão perfeito deveriam continuar como base da alimentação brasileira.

Mas será que esse "par perfeito" ainda está na base da alimentação brasileira? Seria interessante fazer um levantamento das opiniões dos alunos para verificar quantos gostam de arroz e feijão e com que frequência essa combinação aparece na mesa da família. Afinal, quais os conhecimentos que os alunos já possuem sobre essa dupla? Seguem algumas das perguntas que poderão ser feitas: O que os alunos sabem sobre a história do feijão com arroz? De que forma essa história está se modificando nas diversas regiões do Brasil? Quais os diferentes tipos de arroz e feijão? O que os alunos sabem sobre as propriedades nutricionais desses alimentos? Quais as recomendações dos nutricionistas em relação a essa dupla brasileira? E as perguntas dos alunos sobre o tema – eles querem saber o quê? Vamos incluir suas ideias nas propostas de trabalho?

■ ARROZ

Como iniciar o trabalho em sala de aula?

De onde surgiu o arroz? Qual a sua função na alimentação? O que sabemos sobre esse tipo de cereal? Existem variedades diferentes? Quais as diferenças nutricionais de cada tipo de arroz? Os alunos já experimentaram variedades diferentes? Receitas inovadoras? Quais? Os preços são variáveis? O que é arroz parboilizado? De que maneira é processado? Qual o arroz preferido do grupo?

De acordo com Tiago Sarmento Barata, mestre em Agronegócios pela Universidade Federal do Rio Grande do Sul,

> apesar de ser considerado um alimento importante na alimentação humana, o cereal ainda é pouco reconhecido pelas suas características funcionais. Rico em carboidratos, o arroz, na sua forma natural, é um alimento essencialmente energético, mas pode ser também uma importante fonte de proteínas, sais minerais (principalmente fósforo, ferro e cálcio) e vitaminas do complexo B, como a B1 (tiamina), B2 (riboflavina) e B3 (niacina). Segundo a FAO[1] o arroz fornece 20% da energia e 15% das proteínas necessárias ao homem e se destaca pela sua fácil digestão. Por ser um produto de origem vegetal, o arroz é um alimento isento de colesterol, com baixo teor de gordura. (Barata s.d., p. 6)

---

1. Food and Agriculture Organization of the United Nations (FAO) é a Organização de Alimentação e Agricultura das Nações Unidas.

Lembramos que, ao dar início a um trabalho com tema novo em sala de aula, o professor deve fazer uma sondagem dos conhecimentos prévios dos alunos, não importam a idade ou o nível de conhecimento. Em vez de "entregar respostas prontas", é essencial, como primeiro passo, ouvir os alunos. Fazendo isso, o professor começará a conhecer melhor o que o grupo sabe sobre o assunto abordado, perceberá o contexto em que esse conhecimento foi construído e as ligações do saber do aluno com sua realidade. Por exemplo: se o professor iniciar a aula perguntando aos alunos qual a função do arroz na alimentação, ele poderá propor que eles se distribuam em pequenos grupos de trabalho para discutir a pergunta durante um período previamente definido. Após a discussão, cada grupo poderá fazer uma síntese de suas conclusões e, no momento próprio, apresentá-la a todo o grupo como ponto de partida para uma discussão geral. A organização das informações pode assumir inúmeras formas, dependendo do nível dos alunos, suas áreas de interesse, os objetivos do professor etc. O professor colocaria no quadro uma lista de formatos possíveis e cada grupo escolheria um: desenho, gráfico, poesia, música, representação teatral, maquete, entre outros. Feita a escolha, o professor poderá acrescentar desafios que enriquecerão a discussão final. Essa sugestão oferece oportunidades de organização e registro para alunos que não se sentem à vontade com as formas convencionais de avaliação.

A apresentação e a discussão das conclusões pelos grupos de trabalho garantirão ao professor melhores condições de formular propostas significativas de trabalho dentro do contexto. Por exemplo, durante a discussão podem surgir dúvidas quanto à composição nutricional de diferentes tipos de arroz. Nesse caso, os textos lidos e as investigações sobre o assunto serão entendidos como tentativas de responder às perguntas dos próprios alunos, criando assim relações mais personalizadas com eles, o que certamente garantiria níveis mais altos de motivação e investimento. Por exemplo, será que os alunos compreendem o texto abaixo?

A composição nutricional do arroz sofre variações em função das diferentes formas de processamento que o grão sofre antes de ser oferecido ao consumidor. As vitaminas e sais minerais deste cereal estão concentrados na sua película e germe e a remoção dessas camadas durante o processo de beneficiamento causa uma grande redução do seu valor nutricional, sendo o endosperma basicamente amido. (Amato; Carvalho e Silveira, *apud* Barata s.d., p. 7)

Diferentes grupos de trabalho podem optar por variedades específicas de arroz e procurar informações em diversas fontes, na tentativa de descobrir mais sobre a composição nutricional das variedades escolhidas. Assim, a turma poderá montar uma tabela, que depois servirá para outras investigações.

TABELA 1: COMPOSIÇÃO DO GRÃO DE ARROZ (EM 100 G)

COMPONENTE	INTEGRAL		POLIDO		PARBOILIZADO	
	Cru	Cozido	Cru	Cozido	Cru	Cozido
Água (%)	12,0	70,3	12,0	72,6	10,3	73,4
Proteína (%)	7,5	2,5	6,7	2,0	7,4	2,1
Gordura (%)	1,9	0,6	0,4	0,1	0,3	0,1
Carboidrato (g)	77,4	25,5	80,4	24,2	81,3	23,3
Fibra (g)	0,9	0,3	0,3	0,1	0,2	0,1
Cinza (g)	1,2	1,1	0,5	1,1	0,7	1,1
Cálcio (mg)	32	12	24	10	60	19
Fósforo (mg)	221	73	94	28	200	57
Potássio (mg)	214	70	92	28	150	43
Tiamina (mg)	0,34	0,09	0,07	0,02	0,44	0,11
Riboflavina (mg)	0,05	0,02	0,03	0,01	–	–
Niacina (mg)	4,7	1,4	1,6	0,4	3,5	1,2

Fonte: Adaptada de Rice Council for Market Development, *apud* Castro *et al.* (1999, p. 10).

Após a montagem de uma tabela como a mostrada acima, o professor poderá convidar os alunos a registrarem suas observações. Poderão surgir nesse momento questões para discussão, tais como: Por que os números do arroz cru são muito mais altos comparados aos do arroz cozido? Por que o arroz integral e o parboilizado contêm níveis muito mais altos de fósforo e tiamina que o arroz polido? Qual a importância desses elementos para a saúde? E o cálcio? O arroz parboilizado contém muito mais cálcio que os outros dois – isso é bom? O que é exatamente o arroz parboilizado? Vamos pesquisar?

Por exemplo, de acordo com a Associação Brasileira das Indústrias de Arroz Parboilizado (Abiap), parboilização significa que

> o grão inteiro é submetido ao processo de parboilização (deixado em água fervente por um período de 8 horas), método tradicional há dois mil anos na Índia e Paquistão. Este processo deixa a casca solta, facilitando a moagem dos grãos. Este tipo de arroz tem um valor nutricional maior que o arroz comum, pois as vitaminas são permeadas para o interior do grão, não se perdendo durante a moagem. (Abiap 2013, s.p.)

Outras perguntas podem surgir: Por que os níveis de fósforo, potássio, tiamina e niacina são mais baixos no arroz polido (ou "branco")? Por que todo mundo come arroz branco, se ele possui uma quantidade menor de minerais que fazem bem à saúde? Qual o preço desses diferentes tipos de arroz? Por que é mais fácil encontrar o arroz branco do que as outras variedades? Que tipo de arroz era consumido no passado? Quando surgiu o arroz industrializado? Qual o efeito dessas modificações na saúde da população?

Com base nas questões que certamente emergirão, o professor poderá explorar diversas áreas de conhecimento, de acordo com seus objetivos e as áreas de interesse dos alunos. Surgindo interesse em saber mais sobre o arroz integral e seus subprodutos, a pesquisa pode continuar, cada grupo investigando um subproduto diferente. Mais uma vez a turma pode montar em conjunto uma tabela, com o objetivo de compartilhar e comparar os dados coletados. Por exemplo:

TABELA 2: CONTEÚDO DE VITAMINAS E MINERAIS (EM 100 G)
DO ARROZ INTEGRAL E SEUS SUBPRODUTOS A 14% DE UMIDADE

ARROZ	Tiamina (mg)	Riboflavina (mg)	Niacina (mg)	Cálcio (mg)	Fósforo (g)
Integral	0,26	0,09	4,18	8,0	0,25
Polido	0,16	0,04	1,12	4,0	0,11
Farelo	1,80	0,30	38,30	85,0	1,80
Casca	0,15	0,06	2,90	95,0	0,05
Farinha	0,07	0,04	1,85	20,0	0,12

Fonte: Vieira (2007, p. 19), com base em Nepa (2006) e Juliano (1993).

Observe-se que há diferenças entre o teor das duas tabelas apresentadas por autores diferentes. Por essa razão, é sempre fundamental comparar dados de diversas fontes. Quando a tabela é analisada em conjunto pelos alunos, é possível que ocorram observações como as que seguem: em quase todas as categorias, os valores mais baixos correspondem ao arroz polido (ou branco), enquanto o farelo apresenta valores mais altos. A casca do arroz tem o mais alto teor de cálcio e o arroz polido, o mais baixo. A farinha de arroz também tem alguns valores muito baixos. Qual a diferença entre "farelo de arroz", "casca de arroz" e "farinha de arroz"?

É interessante observar que, após um comentário inicial, frequentemente são abordados outros pontos a ele relacionados: ideias opostas, comentários com princípios comuns, raciocínios paralelos etc. Ao estimularmos os alunos a analisarem os dados e criarem suas próprias hipóteses, estaremos garantindo sua participação mais ativa nos trabalhos escolares. Alguns alunos poderão também lembrar os dados da tabela anterior e observar que a segunda tabela é bem diferente – principalmente os números para cálcio e fósforo. No entanto, quando analisamos melhor os referenciais, descobrimos que as quantidades de fósforo na Tabela 1 são apresentadas em miligramas e as da Tabela 2 em gramas. Assim, usando a mesma medida em ambas as tabelas, o número expresso em gramas para o arroz integral na Tabela 2 se transforma de 0,25 g para 250 mg – muito mais parecido com 221 mg da Tabela 1. Esta lição é muito valiosa: quando comparamos dados de diversos autores, precisamos checar as fontes, pois são elas que identificam as pessoas envolvidas na pesquisa dos dados e o órgão ou a instituição que a realizou. A fonte se responsabiliza pelos dados. Dessa forma, quando a fonte é conhecida e respeitada, o leitor sabe que pode confiar nas informações apresentadas no gráfico. Os dados numéricos também devem ser apresentados de forma constante, para evitar distorção nas informações.

O que sabemos sobre o arroz?

Os historiadores apontam a Ásia como o local de origem do arroz. O que os alunos sabem sobre esse continente? Quais são os principais países asiáticos? E como obter informações sobre a história do arroz e sua chegada até o Brasil? Bem, de acordo com informações fornecidas pela Embrapa, as mais antigas referências a esse alimento são encontradas na literatura chinesa há cerca de 5.000 anos. Também na Índia, a utilização do arroz é mencionada nas antigas escrituras hindus, que usavam variedades especiais como oferendas em cerimônias religiosas. Partindo da Índia e da China, o arroz foi adotado pelos árabes, que o plantaram em torno do rio Nilo. Depois, levaram o precioso grão para a Península Ibérica, e mais tarde os espanhóis e os portugueses o introduziram nas Américas. Será que todas as fontes confirmam essa história? Ou será que os alunos vão descobrir dados conflitantes quando compararem livros diferentes?

É muito importante estimular a busca de informações utilizando uma variedade de fontes. Desse modo, os alunos aprendem a distinguir fontes mais respeitadas de fontes mais "duvidosas" e a buscar confirmação de suas descobertas, sabendo que os dados mencionados por apenas uma fonte de pesquisa podem, igualmente, não ser confiáveis. Lembramos, no entanto, que às vezes é aquele dado solitário, fornecido por apenas uma fonte, que estimula o aluno a querer saber mais, a aprofundar sua busca para descobrir por que tal dado não foi mencionado em todas as fontes pesquisadas.

Uma turma de alunos pode se distribuir em grupos menores, cada grupo escolhendo um dos países envolvidos nessa história do arroz, para descobrir mais. Assim, um grupo pesquisaria mais sobre a história do arroz na Índia; outro grupo focalizaria a China; um terceiro grupo, os países árabes; um quarto grupo procuraria saber mais sobre a chegada do arroz em Portugal; e, por fim, um grupo procuraria descobrir mais sobre a chegada do arroz no Brasil. Um dos produtos finais dessa investigação poderia talvez envolver a montagem de um livreto ilustrado, apresentando um resumo das informações colhidas. Esse tipo de produto exige a organização do conteúdo, o que facilita a retenção das informações. Os livretos poderiam ser disponibilizados para outras turmas e para a comunidade, através da biblioteca local ou por meio de distribuição gratuita, dependendo das condições da escola em produzir o material. Dessa forma, enquanto os alunos pesquisam a história de um dos alimentos básicos do povo brasileiro, aprendem também sobre a história, a geografia e a cultura dos diversos países envolvidos, compartilhando suas descobertas com a comunidade. A opção de organizar as informações em forma de livreto também oferece uma oportunidade excelente de aprender sobre gêneros textuais e sobre a comunicação eficaz por meio da escrita – matéria fundamental da área de português. O livreto pode também ser traduzido para línguas estrangeiras do interesse do grupo.

Tema gerador para a educação básica

Trabalhos de complexidade variável poderão ser realizados, atendendo aos níveis de competência dos alunos. No caso de crianças da educação infantil, as atividades poderão envolver o reconhecimento de diferentes países no mapa-múndi através de tarefas como: desenhos que representem as viagens realizadas pelo arroz de um país para outro até chegar ao Brasil; "linhas do tempo" que mostrem a história do arroz; manuseio de livros ilustrados focalizando os países envolvidos, e muitas outras. Outra sugestão é organizar entrevistas das crianças com seus pais e avós, para descobrir se eles comiam arroz todos os dias quando eram pequenos ou se outro alimento era considerado a base de sua alimentação. Qual variedade de arroz comiam e como era preparada? Um avô ou uma avó de ascendência italiana, por exemplo, poderá informar que seu alimento básico de cada dia era macarrão e não arroz. Se a mãe ou o pai é descendente de alemães, pode ser que tenha o hábito de comer batata todos os dias. Pais ou avós de ascendência indígena ou africana talvez comessem mais aipim e farofa do que arroz. Os alunos poderiam perguntar também qual o nome original das comidas consumidas por eles regularmente.

Trazendo essas informações para a sala de aula, as crianças começarão a perceber diferenças culturais relacionadas aos hábitos de alimentação. São amplas as possibilidades de trabalho. Por exemplo: cada pequeno grupo poderá escolher uma das culturas identificadas na pesquisa familiar, com o objetivo de descobrir mais sobre os hábitos alimentares daquele povo e, quem sabe, sobre as línguas utilizadas pelos seus antepassados. O trabalho em pequenos grupos favorece a troca de ideias e de competências diferenciadas, estimulando o respeito de uns pelos outros. E, quando é realizado sistematicamente e em pequena escala, criam-se condições mais propícias para o respeito mútuo entre diferentes grupos linguísticos e culturais. De acordo com Greere (2008, p. 12),

> em uma Europa de "movimentação livre", as barreiras linguísticas se tornarão cada vez mais fluidas, e espera-se que a educação superior multilíngue e multicultural se torne a norma e não a exceção. Nesse contexto, é óbvio que o ambiente de aprendizagem será beneficiado através do seu componente multicultural, e que se deve fazer uso sistemático do potencial comunicativo e intercultural decorrente.

Em um mundo cada vez mais globalizado, não é na Europa apenas que uma comunicação mais eficaz entre diferentes línguas e culturas está se tornando uma necessidade – tal situação já é uma realidade em todo o mundo. Portanto, a educação multicultural e multilíngue deverá ser garantida a todos os cidadãos de todos os lugares.

Crianças e adolescentes do ensino básico podem explorar noções de história e geografia, bem como as ligações entre as duas áreas. Por exemplo, a produção de alimentos está sujeita a condições geográficas propícias. No que se refere ao arroz, existem inúmeras variedades, cada uma adaptada a regiões e terrenos com características específicas, algumas com ciclos mais curtos, outras com ciclos mais longos. Será que países diferentes utilizam variedades diferentes? Quando o arroz era introduzido em um determinado país, eram levadas variedades diferentes para lá? Ou a variedade plantada adaptava-se aos poucos ao novo clima? Quais as diferenças climáticas que marcaram a história do arroz? Há diferenças no plantio? Qual país produz mais? Assim, assuntos relacionados às ciências naturais e exatas, à agricultura, à economia e a muitas outras áreas do conhecimento podem ser investigados, sempre de acordo com o planejamento dos professores e o interesse dos alunos.

Em relação ao consumo do arroz, seria interessante proceder a uma análise do consumo dos próprios alunos no momento do estudo do tema. Essa estratégia foi colocada em prática durante as atividades realizadas com um grupo pequeno de crianças fora do sistema escolar.[2] Para iniciar o trabalho, foi feito um levantamento de questões relacionadas ao tópico "comida", e uma das perguntas eleitas como

---

2. Essa experiência foi mencionada na Apresentação e forneceu dados para a escrita do livro de autoria da Karen Lois Currie (1998a), intitulado *Ensinando o pensar na alfabetização*.

prioridade pelo grupo era: "Quanto comemos em um dia?". Essa "escolinha" alternativa funcionava três dias por semana – das 8 às 17 horas. Portanto, as crianças passavam a maior parte do dia no local da escola, o que facilitava a pesagem da comida consumida durante esse período. Elegemos o dia da pesagem e foram colhidos os dados que incluíam o peso da comida consumida durante o almoço, o lanche da tarde e o consumo "extra" de bananas e biscoitos que ocorreu durante o período. Somados os dados, a professora pediu aos alunos que registrassem os resultados em forma de gráfico – cada um trabalhando à sua maneira.

Quando os professores acreditam no potencial de aprendizagem dos alunos em confronto com o "diferente", quando acreditam que é fundamental conhecer o que o aluno sabe, é necessário que criem situações de aprendizagem e de avaliação que forneçam essas informações. Vamos analisar alguns gráficos elaborados por esse grupo de alunos?

FIGURA 1: GRÁFICOS MOSTRANDO A QUANTIDADE DE COMIDA CONSUMIDA DURANTE UM DIA (DO + SH)[3]

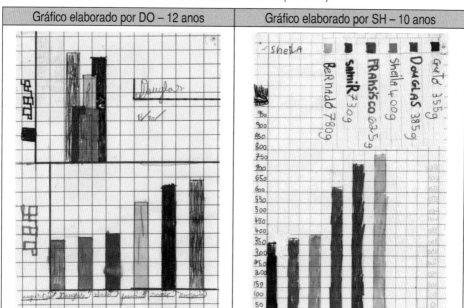

---

3. A figuras 1, 2 e 3 tratam de material produzido por crianças de diversas idades, que participaram de uma experiência pedagógica independente, coordenada por Karen Currie em 1992, fora da escola convencional, em Vitória-ES. Material inédito.

Em primeiro lugar, nos gráficos produzidos por DO, aluno de 12 anos, e SH, aluna de 10 anos, ambos usaram cores diferentes para representar pessoas diferentes. Os dois também registraram as colunas de acordo com as quantidades consumidas e o fizeram de maneira adequada – o gráfico de SH, porém, apresenta os dados com maior clareza. É numerado de forma correta (do lado esquerdo) e inclui o registro dos nomes associados à quantidade exata consumida, usando a mesma cor das colunas. O aluno DO não registrou a escala numérica no gráfico, mas apresentou as colunas associadas aos nomes, de acordo com a quantidade de comida consumida. Depois ele brincou com o arranjo visual das colunas, formando um agrupamento muito interessante.

FIGURA 2: GRÁFICOS MOSTRANDO A QUANTIDADE DE COMIDA CONSUMIDA DURANTE UM DIA (GU + FR)

Gráfico elaborado por GU, 6 anos	Gráfico elaborado por FR, 8 anos
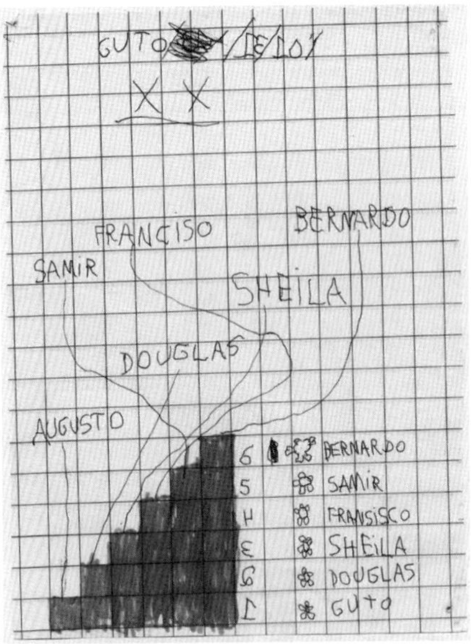	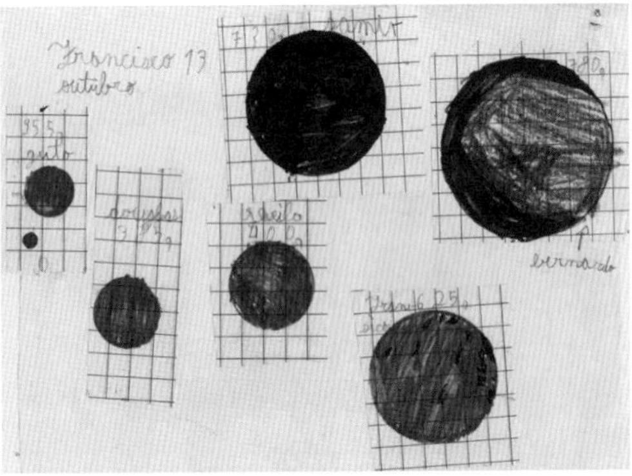

Se compararmos os dois primeiros gráficos com o que foi produzido por GU, de 6 anos, perceberemos várias diferenças, mas também algumas semelhanças. As colunas que aparecem nos gráficos produzidos pelos alunos mais maduros apresentam os dados colhidos de forma convencional, isto é, são proporcionais à quantidade de alimento consumida. Já no gráfico de GU a representação é de uma coluna para cada consumidor, mas em formato de escadinha, em que a diferença entre uma coluna e outra é sempre a mesma. No entanto, a ordem das colunas, em termos de tamanho, representa de fato a ordem de consumo, com a coluna menor associada à pessoa que consumiu a menor quantidade de comida e assim sucessivamente até chegar à coluna maior, que representa a pessoa que de fato consumiu a quantidade maior de comida. GU não utilizou uma cor diferente para cada coluna, mas inseriu números ao lado direito do gráfico, na sequência correta. Começou com o número menor, associando-o ao consumo menor, e relacionou cada número à ordem correta de consumo. São muitos os acertos, principalmente considerando que o autor do gráfico estava frequentando um ambiente escolar pela primeira vez: a experiência começou no início do ano letivo de 1992 e os gráficos estavam sendo registrados no mês de outubro.

O último gráfico que incluímos para análise, produzido por FR, de 8 anos, é bem diferente de todos os outros. FR decidiu utilizar círculos, em vez de colunas, para representar diferentes quantidades, porque correspondiam "ao tamanho de cada prato de comida". E realmente conseguiu desenhar círculos de diferentes tamanhos que representavam bem as diferentes quantidades consumidas de comida. Não utilizou cores diferentes para cada prato, mas apenas duas cores básicas, usando detalhes em alguns círculos, o que ajuda a distinguir um do outro. FR colocou em cada círculo o nome do consumidor e o peso da comida consumida, facilitando assim o acesso aos dados concretos.

São quatro gráficos simples, produzidos por um grupo pequeno de alunos. Mas no caso de salas com número maior de alunos, quando o resultado do trabalho de cada grupo é um produto diferente, é indispensável compartilharmos essas informações diferenciadas para que a aprendizagem ocorra. A troca de ideias, a observação de semelhanças e diferenças, a percepção das propostas inovadoras dos colegas – todos esses fatores contribuem para uma aprendizagem mais eficaz.

Após a troca de ideias sobre as diferentes quantidades de comida consumida pelo grupo, a professora conduziu a discussão na direção pretendida e planejada, dizendo que a quantidade consumida é um fator muito importante quando pensamos sobre a nossa alimentação, mas outro ponto ainda mais importante é observar "o que" consumimos. Com base nessa observação, os alunos concordaram em registrar tudo o que comiam durante uma semana inteira – compromisso difícil para qualquer pessoa cumprir, quanto mais para crianças, que passam horas acordadas em estado permanente de agitação. Na verdade, a única pessoa que cumpriu a tarefa foi a aluna SH.

Quando observamos os dados relativos ao consumo de arroz na Figura 3, percebemos que apenas na terça-feira não foi registrado nenhum consumo de arroz. No entanto, conhecendo bem os hábitos alimentares da aluna em questão, penso que o suflê do almoço foi provavelmente acompanhado de arroz (como aconteceu na quarta-feira), só que não foi registrado. Sem dúvida, é muito complicado pedir a alunos do ensino fundamental que registrem todos os alimentos que consomem durante um período maior que um dia. Assim, o registro se tornaria mais fácil se fossem definidos apenas um ou dois alimentos – como, por exemplo, o arroz e o feijão. Nesse caso, os alunos poderiam registrar seu consumo de arroz, acompanhado de feijão ou não, de acordo com o número de vezes que consomem, medindo a quantidade (peso ou número de colheres), dentre outras possibilidades. Uma discussão final comportaria perguntas como estas: Quais as sugestões dos alunos para futuras investigações? Quais delas são relacionadas ao consumo do arroz? Vamos explorar juntos?

FIGURA 3: REGISTRO DA COMIDA CONSUMIDA DURANTE UMA SEMANA – ALUNA SH

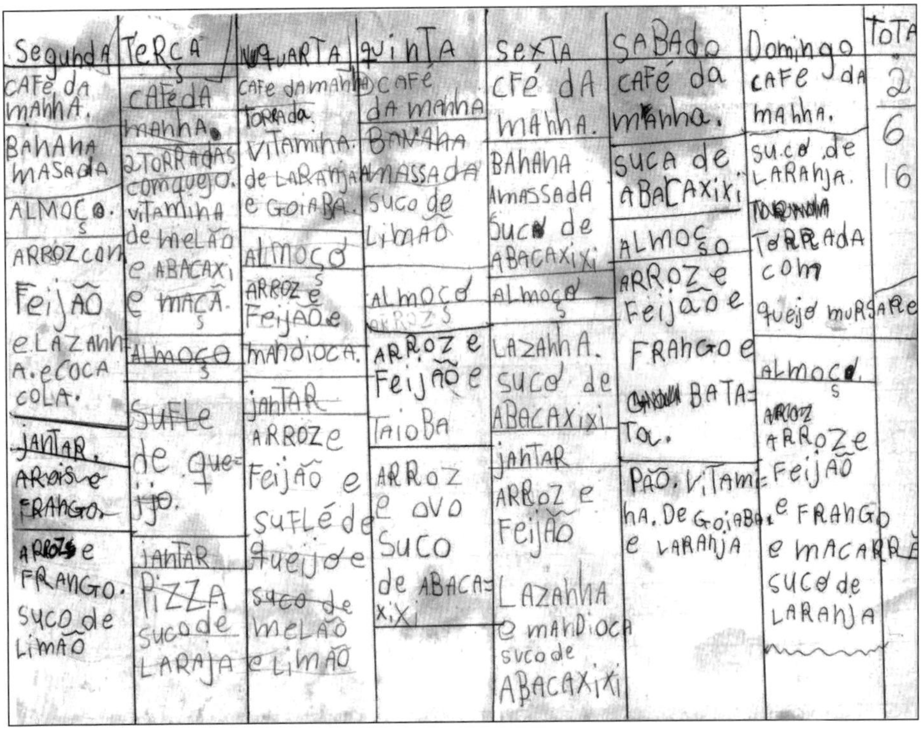

Tema gerador para o ensino médio

Alunos do ensino médio podem investigar a contribuição econômica da produção de arroz para o Produto Interno Bruto (PIB) dos países envolvidos e a relação entre a produção e o consumo, problematizando assim: Os países mencionados acima produzem arroz suficiente para atender às necessidades da população? Por exemplo: a tabela que segue, fornecida pela FAO, apresenta os 10 maiores produtores de arroz do mundo em 2003. O que mudou desde aquela época? As informações são apresentadas em inglês; os alunos conseguem entender a tabela? Quais as suas observações? O que eles gostariam de saber? Como descobrir as respostas para suas perguntas?

TABELA 3: OS 10 MAIORES PRODUTORES DE ARROZ DO MUNDO EM 2003

Rice (genus *Oryza*) is tolerant to desert, hot, humid, flooded, dry and cool conditions, and grows in saline, alkaline and acidic soils. Of 23 *Oryza* species, two are cultivated: *Oryza sativa*, which originated in the humid tropics of Asia, and *O. glaberrima*, from West Africa. Asian cultivated rice has evolved into three eco-geographic races – *indica*, *japonica* and *javanica*.

Top 10 rice producers, 2003 (paddy production in metric tonnes)	
1. China	166,000,000
2. India	133,513,000
3. Indonesia	51,849,200
4. Bangladesh	38,060,000
5. Viet Nam	34,605,400
6. Thailand	27,000,000
7. Myanmar	21,900,000
8. Philippines	13,171,087
9. Brazil	10,219,300
10. Japan	9,863,000

Fonte: FAO (2004).

Com base na tabela acima, que apresenta dados sobre a produção do arroz, novas perguntas se fazem presentes: Qual a relação entre produção e consumo nos países sob investigação? O arroz é importado? Exportado? Há diferenças entre o consumo *per capita* das populações envolvidas?

Segundo dados da FAO, o consumo brasileiro de arroz é de aproximadamente 52,5 kg por habitante a cada ano – bem inferior ao consumo mundial médio por habitante (84,8 kg/hab/ano). Quais os países que consomem mais? E quais consomem menos? Quais foram as mudanças econômicas relacionadas à produção e ao consumo de arroz nos países, através do tempo? Há inúmeras possibilidades de investigação relacionadas ao assunto. Por exemplo, na página do *site* da FAO (FAO 2004) que celebra o "Ano Internacional do Arroz de 2004", há informações sobre tópicos como: cultura, nutrição, biodiversidade, ciência, gênero, economia, dentre outros. Se numa turma cada grupo de trabalho focaliza um país diferente, no final das investigações os resultados de diferentes países podem ser analisados e comparados. Outra possibilidade seria cada grupo escolher um tópico diferente, enquanto a turma toda focalizaria o mesmo país. Com essa opção, os resultados de cada grupo se complementariam.

De acordo com Barata (s.d.),

> o arroz é considerado pela FAO (...) como o alimento mais importante para a segurança alimentar do mundo. Além de fornecer um excelente balanceamento nutricional é uma cultura extremamente rústica, o que faz ela [*sic*] também ser considerada a espécie de maior potencial de aumento de produção para o combate da fome no mundo.

De acordo com "Rice is life" (Arroz é vida), um relato da FAO, "cerca de 80% do arroz mundial é produzido por agricultores de pequena escala em países de baixa renda" (FAO 2004). E no Brasil? Os sistemas de produção são eficientes, altamente produtivos? Existem pesquisas que poderão contribuir para uma produtividade maior? A produtividade maior compromete o valor nutricional do produto? Compromete o solo? Que tipo de arroz é mais consumido no Brasil? De que forma o consumo *per capita* mudou nos últimos anos? De acordo com Barata (s.d.), "as Pesquisas de Orçamentos Familiares de 1987, 1996 e 2003 do IBGE [registraram] uma redução de aproximadamente 16% do consumo *per capita* de arroz polido nos domicílios". No entanto, é importante observar que a pesquisa não considerou o volume de alimento consumido fora de casa. Já que existem estudos que afirmam que os brasileiros estão comendo com mais frequência fora de casa, é sempre importante avaliar a base de qualquer pesquisa analisada para compreender as implicações dos resultados apresentados.

Algumas perguntas importantes: De que forma o consumo varia geograficamente? De acordo com a faixa de renda da família? Quais os outros fatores que poderiam ser analisados? O que está substituindo o arroz na mesa brasileira? Quais as propostas do governo relativas ao combate à fome? Como descobrir as respostas para perguntas dessa natureza?

Após a identificação de um tema a ser trabalhado em sala de aula, é sempre útil conhecer as ideias dos alunos sobre o assunto. O professor pode estimular uma sessão de "tempestade cerebral", formar grupos pequenos para trocar ideias, esclarecer dúvidas, compartilhar experiências, fazer perguntas; pode pedir como tarefa de casa a formulação de algumas perguntas específicas que os alunos gostariam de investigar etc. Quando instigados a perguntar sobre o que consideram interessante, os alunos investem mais energia e tempo em suas investigações – lendo, escrevendo, fazendo entrevistas, organizando dados, analisando informações etc. Além de elevar os níveis de interesse e motivação, a troca de conhecimentos e ideias entre os alunos também pode desencadear propostas inéditas de trabalho.

Segundo Berman (2001, p. 13), há uma tendência para conceber o ato de pensar como processo interno e individual, mas existem estudos que afirmam que processos colaborativos frequentemente provocam ideias inovadoras. O autor acredita que é dever do professor incentivar os alunos a submeterem suas ideias à análise do grupo, e assim aprenderem a construir novas propostas que incorporem sugestões dos membros do grupo, em colaboração, a fim de identificar as ideias mais atraentes, produtivas e coerentes, que atendam ao grupo em sua totalidade.

■ *FEIJÃO*

O que sabemos sobre a história do feijão?

Pesquisas recentes indicam que existem três centros primários de origem: a região chamada "mesoamericana" (do sudeste dos Estados Unidos até o Panamá, incluindo o México e a Guatemala); o sul dos Andes (do norte do Peru até o noroeste da Argentina); e o norte dos Andes (incluindo a Colômbia e a Venezuela). No entanto, descobertas arqueológicas recentes indicam que o feijão já estava sendo plantado na América do Sul no ano 10000 a.C, enquanto no México os primeiros registros de que se tem notícia datam do ano 7000 a.C., aproximadamente. De acordo com informações disponibilizadas na Introdução do livro de receitas *Boa mesa com feijão*, lançado pela Embrapa,

os feijões estão entre os alimentos mais antigos, remontando aos primeiros registros da história da humanidade. Eram cultivados no antigo Egito e na Grécia, sendo, também, cultuados como símbolo da vida. Os antigos romanos usavam extensivamente feijões nas suas festas gastronômicas, utilizando-os até mesmo como pagamento de apostas. Foram encontradas referências ao feijão na Idade do Bronze, na Suíça, e entre os hebraicos, cerca de 1000 a.C. As ruínas da antiga Troia revelam evidências de que os feijões eram o prato favorito dos robustos guerreiros troianos. A maioria dos historiadores atribui a disseminação dos feijões no mundo em decorrência das guerras, uma vez que esse alimento fazia parte essencial da dieta dos guerreiros em marcha. Os grandes exploradores ajudaram a difundir o uso e o cultivo de feijão para as mais remotas regiões do planeta. (Oliveira; Peloso e Vieira 2005, p. 11)

Quantas possibilidades de investigação nesse pequeno parágrafo! Partindo do tema original "feijão", é possível percorrer inúmeros caminhos completamente diferentes. Por exemplo, se abrirmos o livro *História da alimentação*, produzido sob a direção de Jean-Louis Flandrin e Massimo Montanari (1998) e envolvendo 40 autores diferentes – a maioria professores de universidades europeias –, observaremos, pelos títulos de alguns dos 47 capítulos, propostas infindáveis de trabalho. No primeiro capítulo, "As estratégias alimentares nos tempos pré-históricos", existem vários subtítulos fascinantes, como: "Os primeiros hominídeos: Bravos caçadores ou ladrões de carcaças?"; "A agricultura e a criação de animais: Libertação ou novos problemas?"; "O simbólico na origem da cozinha?". O que poderia ser aprofundado em torno desses títulos? Dependendo do nível dos alunos, o professor poderá convidá-los a imaginar a vida alimentar sem nenhum dos utensílios eletrodomésticos existentes hoje em dia. Algumas sugestões: Antes do cultivo organizado de grãos, de que forma seria colhido o feijão? Com que frequência? Como cozinhar o feijão? Quanto tempo levaria? Temperar com quê? E quando se começa a organizar um plantio de feijão, quais os problemas que podem surgir? Como solucioná-los?

Em vez de contar apenas com as ideias dos alunos, surgidas com base numa palavra única indicando o tema a ser investigado (como, por exemplo, a palavra "feijão"), é mais estimulante propor frases, citações, parágrafos, capítulos de livros ou uma seleção de livros, para provocar ainda mais o pensar dos alunos. Que linhas de pesquisa poderiam surgir com base em títulos de outros capítulos desse mesmo livro?

A função social do banquete nas primeiras civilizações

Problematização: Os alunos já participaram de algum banquete? O que caracterizou a refeição como "banquete"? Quais as semelhanças e diferenças entre uma refeição rotineira e um banquete? Que tipo de alimento os alunos esperam encontrar num banquete? Encontram-se arroz e feijão? Os alimentos são colocados na mesa da mesma forma que numa refeição diária? Ou de forma diferente? Quais os alimentos típicos de um banquete para os pais? E para os avós? E que razões levam à preparação de um banquete para as diferentes gerações da família? De onde vêm as diferenças apontadas pelas experiências dos próprios alunos – eles são descendentes de culturas diferentes? E na Antiguidade – será que os banquetes aconteciam por outras razões? Diferentes povos utilizavam diferentes comidas em épocas diferentes? O que os alunos sabem sobre banquetes com base nas suas leituras da *Bíblia*? De livros de ficção? E os banquetes apresentados em filmes? Quais as semelhanças e diferenças?

As razões da *Bíblia*: Regras alimentares hebraicas

Problematização: Quais as regras ou costumes alimentares adotados pelas famílias dos alunos? As regras são corretas em termos nutricionais? Por que existem regras diferentes para grupos diferentes? Qual a origem dessas regras? Quais as suas consequências nutricionais? Existem regras associadas ao consumo de feijão? Na família dos alunos, existe alguma restrição ao feijão? Em quais situações há restrições ao consumo de feijão? Em qual região do Brasil o consumo do feijão é maior? As comunidades indígenas plantam que espécies de feijão? Qual a importância do feijão para os índios? Como os indígenas plantam o feijão? Qual a diferença entre uma plantação indígena e as gigantescas plantações industrializadas? Que efeitos no solo têm essas plantações em larga escala? Como afetam a composição nutricional do produto?

A alimentação e a medicina no mundo antigo

Problematização: O que os alunos sabem sobre as relações entre alimentação e saúde? Quais as propriedades medicinais dos alimentos básicos da mesa brasileira – arroz e feijão? São benéficos para a saúde ou não? De que forma mudou a relação entre alimentação e saúde historicamente? Que diferenças geográficas, econômicas e culturais determinam essas mudanças? Existem bases científicas que sustentam essas relações?

Camponeses, guerreiros e sacerdotes: Uma imagem da sociedade e dos estilos de alimentação

Problematização: De que forma a profissão de uma pessoa afeta seus hábitos alimentares? Quais os estilos de alimentação dos pais dos alunos? E no mundo antigo, de que forma as profissões se modificaram com o passar do tempo? O que será que os guerreiros comiam? E os camponeses e sacerdotes? Vamos comparar a comida dos guerreiros na Antiguidade com a dos soldados modernos? Será que os soldados atuais continuam comendo feijão? E a alimentação dos sacerdotes no mundo antigo, como se compara com a dos padres e pastores atuais? De que forma os estilos de alimentação contribuem para a imagem social de uma comunidade? Que estereótipos os alunos criam da imagem alimentícia em diferentes culturas? O que pensam eles do "feijão doce" consumido nos Estados Unidos e na Grã-Bretanha?

O Grupo 33 do Projeto Formar[4] escolheu "feijão" como tema para seus trabalhos no ano 2000 e começou com perguntas do tipo: "Feijão: De onde surgiu? Como surgiu?" – que imediatamente desencadearam pesquisas relacionadas à história. É essencial mostrar aos nossos alunos a importância do passado, da linha do tempo, do processo de descoberta e das mudanças ocorridas durante o desenvolvimento da nossa história.

Quando os autores Flandrin e Montanari (1998, p. 287) discorrem sobre o cultivo de cereais e leguminosas na Idade Média, dizem o seguinte:

> O sucesso medieval dos cereais inferiores, que exigem menos cuidados e são mais rentáveis do que o trigo, é sinal de uma economia mais condicionada pelas necessidades alimentares imediatas e pelo consumo direto. Assim o trigo sofre forte concorrência do centeio e da aveia – que são verdadeiras "invenções" medievais, ervas silvestres selecionadas e cultivadas a partir dos séculos IV e V –, da cevada e da espelta, do milhete e do sorgo. À sua difusão segue-se a das leguminosas – primeiro a fava e o feijão, depois o grão-de-bico, o cizirão e, ainda mais tarde, a ervilha – consumidos com os cereais.

Com base nessas informações, descobrimos que as opções de alimentação envolvem fatores como os cuidados necessários à produção dos alimentos e a rentabilidade do produto. Então, quais são as implicações desses fatores para a produção atual do feijão no Brasil? De acordo com Akibode e Maredia (2011), o Brasil importou cerca de 210 mil toneladas de feijão em 2008. O que precisa ser feito para aumentar a produção doméstica desse alimento tão importante, sem prejudicar o meio ambiente? Quais as sugestões dos alunos?

Feijão como base alimentar

No prefácio do seu relatório final, o Grupo 33 diz que as perguntas sobre a história do feijão não são as mais importantes. E explica: "O que importa mesmo é saber que [o feijão] é a base da alimentação do povo brasileiro, pois desde pequenos o feijão faz parte da nossa alimentação". Os membros do grupo realizaram vários tipos de pesquisa, procuraram saber mais sobre a origem do feijão e seu plantio e

---

4. Mencionado na Apresentação, esse trabalho foi realizado no ano 2000 pelo grupo Rede Interdisciplinar de Educação (Ried), patrocinado pela Aracruz Celulose S.A.

elaboraram um questionário para ser respondido por um representante da Secretaria Municipal de Agricultura, que foi convidado a fazer uma palestra na escola sobre o tema. Algumas dessas perguntas foram: Quanto tempo leva o feijão para ser colhido? (8 meses). Qual é o tipo de feijão mais usado nas plantações em nosso país? (carioquinha e preto). Em qual região do Espírito Santo o plantio do feijão é maior? (Linhares). Quantos sacos são produzidos por ano? (780 toneladas). Após a palestra, os alunos produziram um resumo das informações de que conseguiram se lembrar, recortaram revistas e fizeram desenhos para ilustrar os textos. Mais tarde, investigaram as características nutricionais de diversas espécies de feijão e descobriram algumas diferenças interessantes. Esses dados, coletados por diferentes grupos, foram organizados conforme tabela abaixo:

TABELA 4: TABELA COMPARATIVA DE VARIEDADES DE FEIJÃO (GRUPO 33)

TIPO DE FEIJÃO (100 gramas)	Calorias	Glicídios (g)	Proteínas (g)	Lipídios (g)	Cálcio (mg)	Fósforo (mg)	Ferro (mg)
Feijão-adzuki	349,3	65,60	20,48	0,52	252	317	7,60
Feijão-amarelo	340,1	67,09	14,20	1,67	347	478	4,75
Feijão-guandu	332,8	54,25	25,85	1,32	197	33	12,50
Feijão-preto Uberabinha	343,6	62,37	20,74	1,27	145	471	4,30
Feijão-vermelho	310,8	54,60	20,40	1,20	100	430	7,10

É claro que existem tabelas mais completas, com uma variedade maior de tipos de feijão, em livros especializados em composição de alimentos. Mas esta é certamente uma oportunidade para comparar tabelas de fontes diferentes e buscar respostas para perguntas como estas: Quais variedades de feijão aparecem com maior frequência? Vamos comparar dados de diversas fontes relacionados à mesma espécie? Vamos descobrir qual o tipo de feijão menos citado?

Uma vez montada uma tabela, os alunos podem ser orientados a examinar os dados detalhadamente para discutir semelhanças e diferenças. Podem surgir comentários do tipo: Olhe só, o feijão-guandu tem muito mais ferro que os outros! Mas tem muito pouco fósforo. E é o campeão em proteínas. O feijão que é campeão em cálcio é o feijão-amarelo. Mas tem poucas proteínas. E assim por diante. Que tipo de observação o professor esperaria de seus alunos? Lembramos que o professor precisa dar tempo *aos alunos* para analisarem os dados sozinhos! Não é preciso fazer perguntas do tipo: "Qual o feijão com maior teor de ferro?". Os alunos precisam aprender a coletar e analisar dados para depois formular hipóteses sobre as relações que obtêm entre os dados. Não devem apenas responder perguntas de uma só resposta. A resposta única não contribui para o desenvolvimento intelectual dos alunos. Eles precisam aprender a tabular os dados e compreender o seu significado. Assim ficará mais fácil interpretar qualquer tabela no futuro, tanto durante sua carreira acadêmica, como na vida profissional e pessoal.

No entanto, lembramos que, às vezes, os professores não se sentem seguros para interpretar uma tabela, pois ao longo de sua formação básica, nem sempre tiveram acesso a essas informações. Mas nunca é tarde para aprender. Sempre é bom adquirir novos conhecimentos, em qualquer época da vida, mesmo quando não se pretende perseguir graus acadêmicos mais elevados. O processo de aprendizagem é para toda a vida e deveria ser reconhecido como via de mão dupla: os alunos aprendem com os professores e os professores aprendem com os alunos. Respeitar o conhecimento do outro, aprender com o outro são passos essenciais para a aprendizagem colaborativa, tão importante para o futuro da humanidade.

O comportamento dos professores na sala de aula afeta profundamente a aprendizagem dos alunos. Segundo Arthur Costa, o comportamento docente que estimula e promove o desenvolvimento da capacidade de pensar do aluno pode ser distribuído em quatro categorias diferentes:

- Os professores devem *fazer perguntas* que desafiem a inteligência dos alunos, a fim de ajudá-los na tarefa de colher dados e processar informações visando à produção de relações que façam sentido. Espera-se que dessa forma os alunos se tornem competentes para utilizar esse conhecimento em situações novas. Ensinando através de perguntas, os professores poderão também contribuir para que seus alunos compreendam melhor suas próprias emoções, motivações e até mesmo seu processo cognitivo.
- Os professores deverão também *organizar a sala de aula* de tal forma que o ambiente criado promova interações interpessoais e intergrupais, até envolver toda a turma. O uso do tempo, do espaço e dos recursos didáticos deve ser planejado tendo em vista o desenvolvimento do pensamento, a fim de legitimar a ação de pensar como objetivo maior da aprendizagem dos alunos.
- A relação dos professores com os alunos deverá desenvolver-se em um clima de acolhimento e apoio, e é nesse clima que os professores deverão *responder* aos alunos, ajudando-os a assumir posições com independência, ampliar seu leque de interações e se tornarem mais conscientes do seu modo de pensar.
- Os professores deverão *servir de exemplo*, adotando os comportamentos desejados e colocando em prática as capacidades intelectuais necessárias para lidar com os problemas e estratégias cotidianas da sala de aula e da escola. (Costa 2001, p. 359).

Para colocar em prática essas estratégias, os professores devem estar conscientes da diferença que existe entre as interações *recitativas* e *dialógicas,* nos termos de Costa (2001). De acordo com esse autor, a interação *recitativa* se caracteriza pela sequência recorrente de perguntas e respostas, quando o professor assume o controle da interação – fazendo perguntas e reforçando ou corrigindo respostas. No entanto, a interação *dialógica* ocorre no interior de um grupo, onde os alunos discutem o que não sabem, normalmente analisando um assunto de variados pontos de vista. Os professores assumem o papel de facilitadores, procurando estimular os alunos a expressarem suas opiniões de maneira clara e autônoma, enquanto mantêm um ambiente de liberdade e igualdade.

De acordo com Richard Paul (2001, p. 427), "uma sociedade aberta exige mentes abertas. O pensamento unilateral egocêntrico e sociocêntrico, em conjunto com o enorme poder do conhecimento tecnológico, não formam a base de uma democracia genuína". É necessário saber escutar o outro, saber avaliar o que o outro está dizendo, saber identificar os pontos fortes e os pontos fracos de um argumento. O pensamento dialógico envolve a troca de ideias. Geralmente os alunos aprendem melhor em situações nas quais são incentivados a expressar suas ideias com clareza, defender seu raciocínio, ouvir e compreender ideias complementares ou diferentes de colegas e professores, ler criticamente, tentando entender as relações entre suas próprias ideias e as dos outros.

Infelizmente a educação atual, em todos os níveis, tende a se basear numa didática em que os professores apresentam o conhecimento de acordo com seu próprio ponto de vista e os alunos "aprendem" por meio da memorização. Esse estilo de ensino confunde informação com conhecimento e separa conhecimento de compreensão e justificação. Quais as implicações desse estilo de ensino? Bem, uma delas é a crença disseminada entre os alunos de que o ato de aprender é algo muito fácil. Que basta acessar a informação, memorizá-la, e pronto – aprendeu! No entanto, de acordo com Paul, se, de fato, o objetivo fundamental da escola é produzir conhecimento, os alunos deveriam investir a maior parte do seu tempo raciocinando ativamente.

> (...) aprender a analisar teorias e interpretações conflituosas. Deveriam identificar e questionar suposições, apresentar razões, montar hipóteses, inventar meios de testar e experimentar o que acreditam. Deveriam acompanhar o desenrolar das implicações, analisar conceitos, ouvir, respeitar e refletir sobre objeções. Deveriam testar suas ideias contra as dos outros, procurando compreender os pontos de vista opostos. Deveriam experimentar formas de raciocínio diferentes das suas. Enfim, deveriam estar raciocinando de forma dialógica e dialética. (*Ibidem*, p. 428)

O mundo não é unidimensional; é multidimensional, cheio de conflitos e contradições. Sendo assim, é fundamental investirmos em estratégias necessárias à preparação dos cidadãos do futuro, no sentido de adquirirem as competências necessárias a uma vida plena.

Voltando agora à nossa tabela – a que apresenta as características nutricionais de feijões diferentes –, devemos lembrar ainda que essas características são diferentes quando o feijão é consumido verde (em vagem), ou quando é consumido depois de o grão secar. Na sua forma verde, o feijão possui características semelhantes às dos legumes, enquanto, na sua forma seca, é classificado como leguminosa. Seu valor nutricional também muda de acordo com a forma ou o estado de cozimento.

Feijão e doenças renais

Uma informação importante fornecida pela nutricionista Sheila Carvalho, coautora deste livro, é que as pessoas com doenças renais devem evitar comer feijão com caldo. O caldo do feijão é rico em potássio e sódio. Uma das funções básicas dos rins é a eliminação das substâncias tóxicas e dos excessos nutricionais do organismo. Existem várias substâncias produzidas pelo corpo, como o potássio, a ureia e a creatinina que, se não forem eliminadas, se tornam muito tóxicas para o organismo. Todos esses elementos estão presentes no sangue e as quantidades podem ser identificadas através de exames de sangue. Um dos sintomas da insuficiência renal é a eliminação reduzida de urina durante o período de 24 horas. Quando a eliminação da urina é reduzida, substâncias como o potássio se acumulam no corpo e, não sendo eliminadas, poderão tornar-se tóxicas. Por essa razão, as pessoas com doenças renais devem evitar comer o feijão com caldo.

A insuficiência renal crônica pode chegar ao limite de exigir a hemodiálise – que demanda visitas regulares ao hospital, em torno de três vezes por semana, período em que uma máquina retira as substâncias tóxicas do corpo, fazendo o papel do rim. Mas pode também levar à paralisação dos rins. Nesse caso, o problema só pode ser resolvido através de transplante.

Esse tema poderá postular perguntas problematizadoras como estas: Os alunos conhecem alguém que faz ou já fez hemodiálise, ou já fez transplante de rim? Alguém que já teve insuficiência renal? Essas pessoas sabiam que deveriam evitar comer caldo de feijão? Que outras mudanças alimentares foi necessário adotar? Uma ideia é convidar alguém com essa experiência para conversar com os alunos. Mas, antes disso, vale a pena preparar um questionário em conjunto, que inclua perguntas dos próprios alunos.

Feijão e outras leguminosas

Quais os outros trabalhos realizados pelo Grupo 33 sobre o feijão? É lógico que os alunos se interessaram muito pela discussão de receitas envolvendo o feijão. Mas quando se trata de comida, não basta uma simples conversa sobre as diversas formas de consumo. É muito mais importante experimentar, na prática, o sabor de diversas receitas que utilizem espécies variadas de leguminosas. Qual o feijão preferido de cada aluno? Quais as espécies de feijão utilizadas em cada região do Brasil? Quem já experimentou um prato com grão-de-bico? E com lentilhas? E com feijão-branco? E feijão-de-frade? Vamos experimentar? Qual a relação entre preferências alimentares e diferenças culturais? Por exemplo, lentilhas são amplamente utilizadas pelos povos da Ásia, do Mediterrâneo, da África. Frequentemente são cozidas juntamente com o arroz, compondo um prato nutricionalmente "completo". Essa combinação foi eleita pela revista *Health* como um dos cinco pratos mais saudáveis do mundo (Raymond 2008). Quem já experimentou?

As lentilhas aparecem em cores diferentes, que têm propriedades diferentes – por exemplo, lentilhas verdes contêm muito mais fibra que as vermelhas (31% contra 11%) (United States Department of Agriculture[5] s.d.a). Vamos examinar agora, na tabela que se segue, alguns dados em inglês apresentados de forma simplificada na internet.[6] A primeira pergunta que de pronto se oferece é: Que palavras são historicamente relacionadas ao português por meio do latim? Deve ser mais fácil entender essas palavras. E quais as palavras que estão causando dificuldades? É possível descobrir seu significado? De que forma? É muito importante mostrar aos alunos que, no caso do inglês e do português (como acontece com várias outras línguas), existem inúmeras palavras com a mesma raiz, isto é, palavras cognatas. E quando aprendemos a identificar essas palavras, o vocabulário dos alunos leitores aumenta facilmente. Na tabela que estamos discutindo, quantas são as palavras cognatas? Quando os alunos perceberem que a apresentação de dados em formato de tabela facilita o acesso ao significado, eles poderão investir na sua aprendizagem de inglês (ou de outras línguas) por meio de tabelas e gráficos.

Quais as outras perguntas que poderiam provocar discussões e trabalhos diversificados? Por exemplo: Quais as propriedades nutricionais das lentilhas brotadas, em comparação com as lentilhas cozidas? Que tal compararmos os dados

---

5. Departamento de Agricultura dos Estados Unidos. Sigla em inglês: Usda.
6. Escolhemos o *site* HealthAlaciousNess.com porque ele oferece uma ferramenta de comparação.

simplificados com os dados do United Department of Agriculture (Usda), ou com dados disponibilizados por outros organismos? Quais os dados mais confiáveis? Por quê? Quais as diferenças maiores entre as diversas fontes de informação? Quais as fontes preferidas pelos alunos? Quais as razões de sua preferência? Rapidez de acesso? Organização dos dados? Apresentação artística? Quais as observações iniciais dos alunos quando examinam uma tabela como a que segue?

TABELA 5: PROPRIEDADES NUTRICIONAIS DE LENTILHAS CRUAS, BROTADAS E COZIDAS

LENTILHAS CRUAS			LENTILHAS BROTADAS			LENTILHAS COZIDAS		
Nutrition Facts			**Nutrition Facts**			**Nutrition Facts**		
Lentils raw			**Lentils sprouted raw**			**Lentils mature seeds cooked**		
Serving Size 100g			Serving Size 100g			Serving Size 100g		
Calories 352			**Calories** 106			**Calories** 116		
		% Daily Value*			% Daily Value*			% Daily Value*
Total Fat 1.06g		2%	**Total Fat** 0.55g		1%	**Total Fat** 0.38g		1%
Saturated Fat 0.154g		1%	Saturated Fat 0.057g		0%	Saturated Fat 0.053g		0%
Cholesterol 0mg		0%	**Cholesterol** 0mg		0%	**Cholesterol** 0mg		0%
Sodium 6mg		0%	**Sodium** 11mg		0%	**Sodium** 2mg		0%
Total Carbohydrate 63.4g		21%	**Total Carbohydrate** 22.1g		7%	**Total Carbohydrate** 20.1g		7%
Dietary Fiber 10.7g		43%	Dietary Fiber ~g		0%	Dietary Fiber 7.9g		32%
Sugar 2g		~	Sugar ~g		~	Sugar 1.8g		~
Protein 24.6g		~	**Protein** 9g		~	**Protein** 9g		~
Vitamin A	1% •	Vitamin C 8%	Vitamin A	1% •	Vitamin C 28%	Vitamin A	0% •	Vitamin C 3%
Calcium	4% •	Iron 36%	Calcium	3% •	Iron 18%	Calcium	2% •	Iron 19%
*Percent Daily Values are based on a 2,000 calorie diet.			*Percent Daily Values are based on a 2,000 calorie diet.			*Percent Daily Values are based on a 2,000 calorie diet.		

Fonte: HealthAlaciousNess.com (s.d.).

Os dados apresentados na tabela acima poderão desencadear outras perguntas como as que seguem: De que forma as culturas de língua inglesa consomem lentilhas? Nos Estados Unidos? Na Inglaterra? Na Escócia? Na Austrália? Na África do Sul? Vamos procurar receitas de culturas diferentes? Qual a receita que os alunos querem experimentar primeiro? E as outras leguminosas? Quais as preferidas em diferentes culturas? Quais as cores e os formatos preferidos dos alunos?

As leguminosas podem ser trabalhadas usando a criatividade dos alunos para explorar formas e cores ou então conceitos matemáticos. Será que os alunos sabem alguma coisa sobre os desenhos geométricos usados na Índia, principalmente no festival Diwali que celebra o ano-novo hindu? Esses desenhos, chamados *rangoli,* representam uma tradição milenar numa cultura na qual o arroz e as lentilhas formam a base da alimentação, e às vezes os desenhos são até confeccionados com esses alimentos. Vamos saber mais? Vamos investir na matemática (geometria, área, perímetro etc.) combinando cores e formas, na história do significado desses desenhos, na diversidade geográfica dessa tradição? Os alunos conseguem descobrir conexões entre a tradição dos *rangoli* e a festa brasileira de Corpus Christi?

Vamos investir na leitura e na escrita enquanto investigamos esses assuntos fascinantes. Quantas informações estão disponíveis em língua inglesa? Quantas em português? Em espanhol? Nas outras línguas faladas pelos alunos? Vamos produzir relatórios, cartazes, livretos usando diferentes línguas para refletirmos sobre as investigações multiculturais? Vamos entrar em contato com uma escola indiana para trocar ideias? Se for uma escola no estado indiano de Goa, pode ser que a comunicação seja possível em português, já que os portugueses dominaram aquela região por mais de 400 anos. Mas se a escola estiver localizada em outras regiões da Índia, os alunos poderão utilizar a língua inglesa para se comunicar com os alunos, já que essa é a segunda língua da maioria dos indianos letrados.

"João e o pé de feijão"

Quais as histórias, as lendas, os mitos associados à tradição da confecção dos *rangoli*? Será que existem outras histórias, lendas ou mitos associados a outras leguminosas? Que tal o conto de fada "João e o pé de feijão"? No começo dessa história, o personagem principal, João, se encontra com sua mãe numa situação de pobreza, ambos sendo sustentados apenas pelo leite de sua vaquinha. Quando a vaquinha de repente para de dar leite, a mãe, sem recursos para comprar comida, decide que será necessário vender a sua vaca na cidade. (Por que o leite acabou? Faltou alimentação para sustentar a vaca? Quais as outras razões possíveis?) Mas ao levar a vaquinha para vender, João encontra, no meio do caminho, uma pessoa que o convence a vender a vaca em troca de um saquinho de feijões mágicos. (O que os alunos pensam dessa troca? Quais as implicações nutricionais da substituição do leite pelas leguminosas? Quais as outras soluções possíveis? O que fariam os alunos nessa situação?)

Lembramos ainda que os contos de fadas são histórias simbólicas com várias camadas de significado que podem ser exploradas pelos professores. Por exemplo, um dos psicólogos mais famosos do século XX, Bruno Bettelheim (1903-1990), que discute a importância universal dessas histórias para a compreensão do desenvolvimento infantil, diz o seguinte sobre "João e o pé de feijão":

Os contos do ciclo de João são de origem britânica, de onde se difundiram para os países do mundo de língua inglesa. A estória mais conhecida e interessante deste ciclo é "João e o Pé-de-Feijão". Alguns de seus elementos importantes aparecem em muitas estórias em todo o mundo: a troca aparentemente boba que fornece algo com poder mágico; a semente miraculosa de onde nasce uma árvore que chega até o céu; o ogre canibalista a quem o herói vence e rouba pela esperteza; a galinha que bota ovos de ouro ou o ganso de ouro; o instrumento musical que fala. A combinação destes elementos numa estória que afirma a conveniência da auto-afirmação social e sexual no menino púbere, a tolice da mãe que o menospreza, fazem com que o conto seja muito significativo. (Bettelheim 2002, p. 197)

Vamos investigar variações da mesma história quando contada em diferentes culturas? Por exemplo, existe um conto dinamarquês intitulado "Esben e a bruxa" ("Esben and the witch") (Heiner s.d.), catalogado pelo índice Aarne-Thompson-Uther (ATU) como "tipo 328", a mesma categoria que o "João e o pé de feijão". O índice Aarne-Thompson-Uther identifica estruturas narrativas semelhantes de contos de fada, de fábulas e de mitos em todo o mundo, facilitando sua organização, classificação e análise. O que essas histórias têm em comum? E as diferenças, quais são? Vamos procurar outros contos em diferentes culturas? O professor D.L. Ashliman, da Universidade de Pittsburgh, EUA, disponibiliza na internet (Ashliman s.d.) uma grande coleção de contos de fada, em inglês, de todo o mundo, organizados alfabeticamente de acordo com o índice ATU. Quais as histórias que os alunos conhecem? Qual a sua favorita e por quê? Dependendo da turma, os professores poderão investigar significados profundos de um simples conto de fada. Por exemplo, o psicólogo Bettelheim analisa a história do "João e o pé de feijão" da seguinte forma:

Nesta estória a boa vaca Leiteira Branca, que até então sustentara o filho e a mãe, pára de repente de dar leite. Assim começa a expulsão do paraíso infantil, que continua com a mãe escarnecendo da crença de João no poder mágico das sementes. (...) As crianças captam com facilidade o significado inconsciente da tragédia quando a boa vaca Leiteira Branca, que fornecia todo o necessário, repentinamente pára de dar leite. Suscita vagas lembranças da época trágica em que o fluxo de leite cessou para a criança, quando foi desmamada. É a época em que a mãe solicita que a criança aprenda a se arranjar com o que o mundo externo lhe pode oferecer. Isto é simbolizado pelo fato da mãe enviar João ao mundo para conseguir algo (o dinheiro que esperam obter pela vaca) que os sustente. Mas a crença de João nos fornecimentos mágicos não o prepara para enfrentar o mundo de forma realista. (...) Não é só a mãe que diz para João vender a vaca por esta não dar mais leite. João também quer se livrar desta vaca inútil que o decepciona. Se a Mãe, na forma de Leiteira Branca, lhe retira o apoio e torna necessária uma modificação nas coisas, então João trocará a vaca não pelo que a mãe quer, mas pelo que lhe parece mais desejável. (Bettelheim 2002, pp. 200-201)

O que os alunos pensam da análise acima? Como anda o relacionamento deles com suas mães? Quais os seus próprios sentimentos sobre a mudança da dependência para a independência? Vamos formar pequenos grupos para escrever poesias, produzir dramatizações, montar cartazes coloridos, compor músicas de diversos estilos; assim, os alunos estariam, em colaboração, investindo em produções diferentes para expressar seus sentimentos mais íntimos de forma bem criativa.

O desenvolvimento da capacidade criativa é essencial para a nossa sobrevivência no mundo atual. De acordo com Puccio e Murdock (2001, p. 69),

a necessidade de pensar de forma criativa surge em vários níveis: no nível individual, em organizações e em sociedades ou culturas. De várias maneiras, durante as nossas vidas, somos obrigados a utilizar as nossas habilidades criativas de pensamento para solucionar questões abertas. Qualquer problema que não possua uma solução predeterminada, e qualquer oportunidade que não defina apenas um caminho prescrito que nos leva ao sucesso, exige o pensamento criativo. Para sobreviver e prosperar, profissionalmente e pessoalmente, no mundo complexo, é necessário pensar de forma criativa. O pensamento criativo permeia todos os aspectos de nossas vidas, do planejamento doméstico ao lazer e recriação, e ao trabalho. Dada a sua importância fundamental, acreditamos que o pensamento criativo constitui uma habilidade essencial para a vida.

Já que o pensamento criativo é essencial para a vida, acreditamos que os educadores deverão investir no desenvolvimento da criatividade, promovendo situações de aprendizagem que exijam o seu uso. Utilizar perguntas abertas, ouvir as respostas dos alunos com atenção, incorporar seus comentários às propostas de trabalho e promover trabalhos diferenciados são passos que inevitavelmente favorecem a incorporação dessa habilidade nos trabalhos escolares.

E a história do pé de feijão? Quais são os desafios do João? Qual o significado de cada um? Analisa Bettelheim (2002, pp. 204-205):

Na primeira expedição João rouba uma bolsa cheia de ouro. Isto permite que ele e a mãe comprem o que precisam, mas o dinheiro acaba. João repete a excursão, embora agora saiba que com isso arrisca a vida. Na segunda viagem João consegue a galinha que bota ovos de ouro: aprendeu que as coisas se acabam se não pudermos produzi-las ou ter quem as produza. João se contentaria com a galinha, pois agora todas as necessidades físicas são satisfeitas. Por isso, não é a necessidade que motiva a última viagem, mas o desejo do risco e da aventura – desejo de encontrar algo mais do que simples bens materiais. Assim, em seguida, João consegue a harpa de ouro, que simboliza a beleza, a arte, as coisas superiores na vida. Segue-se então a última experiência de crescimento, com a qual João aprende que confiar em mágica para resolver os problemas da vida não funciona. Conseguindo uma humanidade integral com a luta pela obtenção do que a harpa representa, ele forçosamente toma consciência – quando o ogre quase o apanha – de que, se continuar a depender de soluções mágicas, terminará destruído. (...) Mas, abatendo o pé de feijão, João não se liberta apenas de uma imagem do pai como ogre destrutivo e devorador; (...). Cortando o pé de feijão, João abjura as soluções mágicas e torna-se "verdadeiramente um homem". Não mais tomará as coisas dos outros, mas também não viverá com um medo mortal dos ogres, nem dependerá de que mamãe o esconda no fogão (regressão à oralidade).

O que os alunos pensam sobre essas análises? O que eles fariam no lugar do João? Enfrentariam o ogro três vezes? Quais as tentações que os estimulariam a "subir no pé de feijão"? Qual o significado metafórico desse pé de feijão? Lembramos que a ideia de uma ligação concreta entre o céu e a terra é bastante antiga, presente, por exemplo, nas histórias bíblicas da Torre de Babel e da Escada de Jacó. Vamos modernizar o conto? Se os alunos se dividirem em pequenos grupos, cada um produzindo sua versão do mesmo conto, ao analisar as semelhanças e diferenças dos textos produzidos, eles começarão a compreender melhor o desenvolvimento de variantes de um mesmo conto e a perceber que a escrita representa valores éticos, socioeconômicos e culturais. E também que fatores históricos e geográficos contribuem para a interpretação de um texto, pois ler e escrever são de fato atividades interdisciplinares.

2
FAST-FOOD E OBESIDADE

Introdução

No livro *The little food book* [O pequeno livro sobre comida], Craig Sams expressa uma enorme preocupação com a relação entre o *fast-food* e seus efeitos diretos na saúde da população. Ele faz o seguinte comentário alarmante:

> Se as crianças na idade escolar fossem injetadas com uma doença que as deixasse aleijadas, encurtasse seu tempo de vida e aumentasse a sua dependência aos serviços de saúde, isso provocaria sentimentos fortes de indignação e de revolta. No entanto, assistimos, impotentes, enquanto uma combinação de inatividade e propaganda convincente a favor de produtos alimentares nocivos produz resultados semelhantes através da obesidade – uma condição raramente curável. (Sams 2003, p. 36)

Somos bombardeados pela propaganda alimentar por toda parte, principalmente pelas companhias que vendem alimentos e bebidas com excesso de açúcar ou de sal, com elevados níveis de gordura e de calorias "vazias", isto é, alimentos que são convertidos em energia, mas que não fornecem nenhum valor nutricional quanto a vitaminas e minerais. Os hábitos atuais de vida – sobretudo o excesso de passividade nas horas de lazer, como passar muito tempo sentado diante da televisão, comunicar-se com os amigos de forma virtual ou jogar *videogames*

Nutrição   41

em vez de investir na prática de atividades recreativas e esportivas como futebol, vôlei e tantas outras – dificultam ainda mais a situação. Hoje utilizamos o carro para atravessar distâncias cada vez menores em vez de caminhar ou andar de bicicleta. Também ingerimos quantidades cada vez maiores de alimentos conhecidos como *fast-food* (refrigerantes, hambúrgueres, *pizza*, salgados fritos etc.), ricos em gorduras, açúcares e calorias vazias, que podem provocar obesidade, diabetes tipo 2 (devido ao acúmulo de gordura na região abdominal), hipertensão ou pressão alta (devido ao consumo excessivo de sal), ou problemas nas articulações (devido ao excesso de peso, que afeta principalmente os joelhos e a coluna).

A alimentação exagerada, combinada com a diminuição da prática de exercícios, gera porcentagens cada vez maiores de obesidade na população. E, de acordo com Sams (2003), a obesidade causa mais mortes nos Estados Unidos que a soma das mortes causadas por veículos, drogas ilegalizadas, álcool e armas. Pessoas com excesso de peso têm maior probabilidade de morrer de doenças cardíacas, acidente vascular cerebral (AVC), insuficiência renal, artrite, complicações na gravidez e depressão, entre outras doenças.

Além disso, o custo financeiro da obesidade é outro fator fortemente preocupante. Os autores Behan e Cox analisaram em torno de 500 artigos de pesquisa, publicados entre 1980-2009, sobre a relação entre a obesidade e a mortalidade e constataram o seguinte:

> Existem sólidas evidências de que a obesidade é uma epidemia mundial que produz efeitos negativos significativos na saúde, mortalidade e custos relacionados. O sobrepeso e a obesidade são associados com um aumento da prevalência de diabetes, doenças cardiovasculares, hipertensão e alguns cânceres. Há também evidências de que o aumento de peso é associado a doenças renais, AVC, osteoartrose e apneia do sono. Além do mais, estudos empíricos afirmam que a obesidade aumenta consideravelmente o risco de morte. Utilizamos os resultados para estimar o custo do sobrepeso e da obesidade nos Estados Unidos e Canadá. Estimamos que o custo econômico anual total do sobrepeso e da obesidade nos Estados Unidos e Canadá provocado por custos médicos, mortalidade excedente e invalidez, era de aproximadamente US$ 300 bilhões em 2009. (Behan e Cox 2010, p. 2)

Esses dados são assustadores. E o que é altamente frustrante é que essa doença, tão disseminada, poderia ser facilmente curada ou evitada sem a necessidade de investimentos altíssimos em pesquisas de laboratório: estamos falando da simples mudança de hábitos e estilos de vida. No entanto, como lembram Souza, Castro e Maia (2005, s.p.), existem prejuízos sociais e econômicos que nem sempre são reconhecidos:

Vale salientar, ainda, os prejuízos sociais e econômicos associados à morbidade e à mortalidade precoce da obesidade. A imagem negativa despertada por obesos, sendo responsabilizados pelo seu problema, provoca sofrimento e sérias dificuldades no âmbito social e ocupacional, incapacitação física, absenteísmo, aumento de licenças médicas, perda e/ou recusa de emprego, queda de renda, depressão, ansiedade, baixa auto-estima, isolamento social; enfim a obesidade provoca grandes prejuízos na qualidade de vida dos indivíduos e pode alterar a longevidade (Gayoso *et al.* 1999; Heller & Kerbauy 2000). É reconhecido que a obesidade está além da força de vontade, preguiça e da falta de caráter.

O custo da má alimentação afeta muito mais que a saúde individual da pessoa que não sabe ou não consegue se alimentar de forma saudável; as repercussões são muito complexas – vamos investigar? Como está a situação no Brasil? De acordo com os estudos do Instituto Brasileiro de Geografia e Estatística publicados em 2010 (IBGE 2010), os números são preocupantes. O excesso de peso já alcançou quase 35% das crianças entre 5 e 9 anos em 2008 e em torno de 50% dos adultos acima de 20 anos. Vejam os gráficos abaixo. O que os alunos observam? O que pensam sobre esses dados? As porcentagens representam quantos brasileiros em termos numéricos? Trinta e cinco por cento da sala são quantos alunos?

GRÁFICO 1: EVOLUÇÃO DE INDICADORES ANTROPOMÉTRICOS NA POPULAÇÃO DE 5 A 9 ANOS DE IDADE, POR SEXO – BRASIL – PERÍODOS 1974-1975, 1989 E 2008-2009

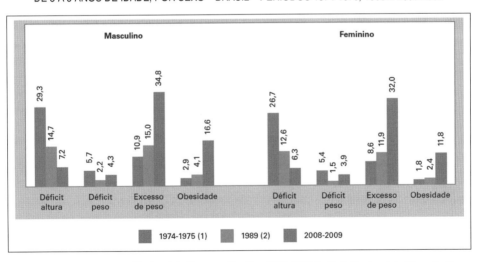

Fontes: IBGE (2010). Estudo Nacional da Despesa Familiar 1974-1975; Instituto Nacional de Alimentação e Nutrição. Pesquisa Nacional sobre Saúde e Nutrição 1989; IBGE. Diretório de Pesquisas, Coordenação de Trabalho e Rendimento. Pesquisa de Orçamentos Familiares 2008-2009.

Nutrição 43

GRÁFICO 2: EVOLUÇÃO DE INDICADORES NA POPULAÇÃO DE 20+ ANOS DE IDADE, POR SEXO – BRASIL – PERÍODOS 1974-1975, 1989, 2002-2003 E 2008-2009

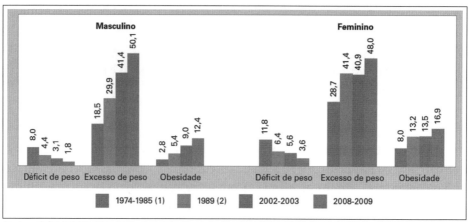

Fontes: IBGE (2010). Estudo Nacional da Despesa Familiar 1974-1975; Instituto Nacional de Alimentação e Nutrição. Pesquisa Nacional sobre Saúde e Nutrição 1989; IBGE. Diretório de Pesquisas, Coordenação de Trabalho e Rendimento. Pesquisa de Orçamentos Familiares 2008-2009.

No capítulo intitulado "Very fast-food – and the very slow people it creates" [Comida muito rápida que produz pessoas muito lentas], Sams (2003) reconhece que o *fast-food* não é a única causa da obesidade, porém afirma que os altos níveis de gordura e açúcar encontrados nesse tipo de alimento são muito maiores que os níveis encontrados numa refeição preparada em casa ou em restaurantes convencionais. Além disso, o teor de fibra e a quantidade de verduras, legumes e frutas são muito menores e o consumo de água, leite e sucos feitos da própria fruta é drasticamente reduzido em favor de refrigerantes, com repercussões sérias para a saúde.[1]

Apesar da existência de muitas informações sobre a alimentação saudável, é necessário reconhecer que as escolhas alimentares são influenciadas por muitos fatores. A renda familiar e o preço do produto afetam fortemente as decisões de compra, mas as decisões também se baseiam em fatores como conveniência, preferência pessoal, gosto, estrutura familiar, tradições culturais, idade, saúde, conhecimento, estilo de vida, entre muitos outros. Vamos examinar os fatores que influenciam as escolhas dos alunos e suas famílias? Como fazer isso?

Em primeiro lugar, torna-se necessária a identificação de opções alimentares que tradicionalmente são conhecidas como *fast-food*. Quais as características desse tipo de comida? De acordo com Flandrin e Montanari (1998, p. 851),

---

1. Mais informações nos Capítulos 3, 6 e 7 ("Frutas, verduras e legumes"; "Água: A base da vida"; e "Ciclo da vida").

tendo partido da América para conquistar o mundo, o *fast-food* é a aplicação do taylorismo, ou seja, da divisão e racionalização do trabalho, à preparação de refeições servidas em restaurante. Como observa Harvey Levenstein em sua dupla obra sobre a história da alimentação na América do Norte [Levenstein 1988 e 1993], em que país seria possível procurar, como fez Burger King, servir "uma refeição completa em 15 segundos"?

Vamos montar listas das comidas que consumimos e podem ser identificadas como *fast-food*? Quem gosta de batatas fritas, *nuggets*, *pizza*, pastéis, refrigerantes? Quantas vezes comemos esse tipo de comida numa semana? Vamos montar pequenos grupos de acordo com a frequência de consumo? Em seguida, cada grupo poderia listar todas as comidas consumidas pela sua família que poderiam ser chamadas de *fast-food*. Quais as comidas listadas por todos os membros do grupo? E as comidas listadas por apenas uma ou duas pessoas? Porque essas comidas apareceram poucas vezes? Vamos usar os dados anotados individualmente para montar uma lista que reflete a popularidade de cada item? Qual a comida mais consumida? E a menos consumida pelo grupo? Quais as razões pela preferência da mais consumida? Por que as comidas no final da lista não tiveram tanta aceitação?

A tradução do termo *fast-food* em inglês é "comida rápida". Quanto tempo levou para preparar as comidas que constam nas listas? Quem preparou? Quais os ingredientes? Onde foram comprados? E quanto tempo levou para consumi-las? Foram consumidas em casa? Em restaurantes? Na escola? Todos os membros da família comeram em conjunto? Ou cada um comeu sozinho? De que forma a comida foi consumida? Foram utilizados pratos e talheres ou foi servida de outra forma – embrulhada em papel, servida em caixinhas ou copos descartáveis? Quais as razões que levaram as famílias a escolherem esse tipo de comida? Custo baixo, preparação rápida, menos bagunça na cozinha? Quais os fatores positivos desse estilo de comida? E os negativos? O que pensam os alunos?

Alguns países já estão conscientes dos efeitos negativos do consumo exagerado de alimentos conhecidos como *fast-food* e começam a adotar políticas públicas na tentativa de reduzir os efeitos negativos na saúde da população. No entanto, de acordo com Kuchler *et al.* (2005), algumas políticas públicas em discussão não garantem mudanças de hábitos alimentares e poderão até provocar consequências não desejadas. As políticas analisadas por esses autores foram: a utilização de rótulos nutricionais em restaurantes; impostos adicionais em alimentos com altos teores de gorduras e açúcares; restrições em propaganda alimentar para crianças.

Com relação à utilização de rótulos nutricionais em restaurantes, os autores afirmam que os efeitos são mínimos – as pessoas continuam comendo os mesmos pratos. Observam ainda que os restaurantes podem perfeitamente reduzir a quantidade de um dos elementos menos saudáveis numa receita específica, como, por exemplo, a gordura saturada, mas, ao mesmo tempo, aumentar o teor de sal e/ou de açúcar, produzindo um prato modificado que altera muito pouco o teor nutricional global. Os restaurantes podem optar por acrescentar ao seu cardápio novos pratos mais saudáveis para atender a clientes preocupados com uma alimentação mais saudável, enquanto mantêm os pratos com níveis altos de gordura, sal e/ou açúcar. Dessa forma, torna-se óbvio que a política da utilização de rótulos nutricionais em restaurantes nem sempre contribuirá para níveis mais saudáveis de alimentação. Quais são as soluções dos alunos para garantir os efeitos desejados da política de utilizar rótulos nutricionais em restaurantes? Vamos pensar juntos? Experimentar algumas propostas na prática? Observar os efeitos?

Segundo Sams (2003, p. 62), um relatório do grupo Sustain[2] afirma que até 99% dos comerciais de alimentação transmitidos durante programas infantis na TV estão vendendo produtos que contêm altos níveis de gordura, açúcar e/ou sal. Essas conclusões são corroboradas por nutricionistas da Universidade Federal de São Paulo (Unifesp), que relataram dados obtidos em 2004, quando avaliaram o conteúdo das propagandas apresentadas nos intervalos de alguns programas infantis de televisão (Taddei; Halpern e Castro 2005, s.p.). Constataram que, para cada 10 minutos de propaganda, 1 minuto promovia o consumo de produtos alimentícios, sendo que *todos* os comerciais analisados eram de produtos com alto teor de gordura saturada e açúcar refinado. Lembramos que apenas 30 segundos são suficientes para influenciar as escolhas das crianças (Borzekowski e Robinson 2001), o que indica que as crianças são estimuladas a consumir comidas muito calóricas e pouco nutritivas cada vez que assistem à televisão. Vamos checar esses dados e observar a propaganda na televisão para verificar o que acontece nos canais favoritos dos alunos?

Outro grupo de estudiosos, da Universidade de Liverpool (Halford *et al.* 2004), embutiu diferentes tipos de propaganda numa transmissão de desenho animado apresentada a dois grupos de crianças – um grupo recebeu propaganda de comida enquanto o segundo grupo recebeu propaganda sobre outros assuntos. Descobriu-se que, quando crianças são expostas à propaganda relacionada à alimentação, logo em seguida consomem uma quantidade maior de comida. As

---

2. Grupo a favor de agricultura e alimentos saudáveis. Defende políticas e práticas que fortalecem a saúde e o bem-estar das pessoas e dos animais, garantem melhorias nas condições de vida e de trabalho, promovem igualdade e enriquecem a sociedade e a cultura. Disponível na internet: https://wwwsustainweb.org.

crianças obesas se demonstraram ainda mais sensíveis aos estímulos relacionados à alimentação e consumiram mais comida após o desenho animado em comparação com crianças com sobrepeso e crianças com peso considerado normal.

Outro assunto muito preocupante é o lado econômico desse tipo de propaganda. Os autores Dalmeny, Hanna e Lobstein (2003) produziram um relatório para a Organização Mundial da Saúde (OMS), propondo estratégias globais a favor da saúde por meio da alimentação e, na Introdução, apresentam dados assustadores. Afirmam, por exemplo, que "60 por cento do capital estrangeiro investido diretamente no financiamento de alimentos agrícolas se destina à fabricação de alimentos açucarados e refrigerantes. Para cada US$ 100 investidos na produção de frutas e verduras, US$ 1.000 são gastos na produção de refrigerantes e doces" (*ibidem*, p. 6). Também enfatizam o papel da indústria alimentícia na promoção de hábitos negativos de alimentação:

Para cada dólar gasto pela WHO [World Health Organization – Organização Mundial da Saúde] em melhorias na nutrição da população mundial, US$ 500 são gastos pela indústria alimentícia na promoção de comidas industrializadas. (...) Contato constante com a propaganda publicitária, junto com algumas mudanças sociais, como o poder de compra dos jovens que se tornam cada vez mais independentes, contribuem para um ambiente nutricionalmente "tóxico" e "obesogênico" – isto é, um ambiente que cria nas crianças uma predisposição de querer, e serem capazes de obter e consumir, alimentos que são altamente calóricos e com teor muito reduzido de nutrientes. (*Ibidem*, p. 7)

Quantos alunos na sala têm dinheiro para comprar comida? O que compram? Com que frequência? Quem é a pessoa da família que compra a maior parte dos alimentos consumidos em casa? Quando o aluno acompanha essa pessoa, consegue influenciar a compra? Quais as sugestões que faz durante as compras? Gostaria de diminuir a compra de quais alimentos? E acrescentar quais? E quais as implicações para a saúde dessa troca de alimentos? Aqueles que os alunos gostariam de acrescentar aparecem na televisão? De quais propagandas relacionadas a comida os alunos se lembram bem? Por que alguns anúncios são gravados na memória com maior facilidade? São as imagens, as piadas, o tom de voz, a música que acompanha? Vamos trocar ideias? Os alunos consomem os alimentos anunciados? Com que frequência? Vamos fazer uma sessão de representações para decidir qual a propaganda mais convincente? Qual a mais engraçada, a mais bela? O que os alunos sabem sobre o valor nutricional desses alimentos? Vamos investigar? Vamos montar propagandas convincentes a favor de alimentos mais saudáveis? Vamos acompanhar o consumo de alguns desses alimentos para descobrir se as propagandas saudáveis estão modificando as opções alimentares dos colegas?

A OMS reconhece as ligações entre muitas doenças crônicas e o consumo de certos grupos de alimentos, mas admite que ainda não existe uma política efetiva que garanta melhorias. De acordo com os autores Dalmeny, Hanna e Lobstein (2003, p. 2), os focos que necessitam urgentemente de intervenção são

> o efeito negativo do consumo elevado de alimentos altamente energéticos e pobres em nutrientes; o efeito negativo do consumo elevado de bebidas açucaradas; o efeito negativo da comercialização exagerada de alimentos altamente energéticos e das redes de *fast-food*.
> Apesar de utilizar o termo "doenças não transmissíveis" para se referir a obesidade, doenças cardiovasculares, câncer, osteoporose, cáries dentárias e diabetes, são todas transmitidas por meio do ambiente cultural – dos pais para os filhos, dos corporativos alimentícios aos consumidores, de países industrializados aos países menos industrializados.

Vamos investigar mais o nosso ambiente cultural? Comparar o nosso contexto cultural com outro bem diferente? Explorar alguns conceitos da história e da geografia enquanto procuramos compreender melhor o que está acontecendo com os nossos próprios hábitos alimentares? Os alunos sabem onde e quando começou a onda de *fast-food*? E quando chegou ao Brasil?

■ FAST-FOOD

Possíveis investigações no contexto da história e da geografia

Começar qualquer discussão em sala de aula com as perguntas "onde" e "quando", necessariamente remete às áreas da história e da geografia. No livro *História da alimentação* é claro que encontraremos informações históricas sobre o tema, porém, na nossa experiência, é praticamente impossível pensar história sem incluir a geografia – as duas áreas andam de mãos dadas. Nesse sentido, quando Fischler (1998), autor do capítulo "A 'McDonaldização' dos costumes", do referido livro, comenta sobre a "paternidade do *fast-food*", ele inevitavelmente leva o leitor para os Estados Unidos:

Em 1937 Dick e Mac McDonald abrem seu primeiro *drive-in restaurant* perto de Pasadena, tirando partido assim da crescente dependência dos californianos em relação ao carro. Começam por vender *hot-dogs* e não hambúrgueres. (...) Em 1948 os dois irmãos renovam totalmente a empresa, centralizando-a no hambúrguer, no preço mais baixo possível, na máxima rapidez e no *self-service.* Eliminem os talheres e os pratos, substituindo-os por embalagens de papelão e sacos de papel. O preço do hambúrguer é, então, fixado na irrisória soma de 15 cents. O triunfo é rápido: em vez de ser um lugar onde os jovens passam a noite, o McDonald's torna-se o único restaurante em que as famílias de operários podem vir com os filhos. Ainda aí a limpeza e a higiene revelam-se determinantes (...) As crianças tornam-se, logo, os clientes mais assíduos e motivados, arrastando atrás de si os adultos.
É então que os irmãos McDonald levam a seu termo a lógica do taylorismo ou, mais exatamente, a de Henry Ford: introduzem na preparação das refeições o sistema da produção em cadeia. Com uma equipe reduzida, sem grande qualificação, portanto com baixo salário, equipamentos adaptados e procedimentos cada vez mais padronizados, eles conseguem em breve servir as encomendas em alguns segundos. O sucesso leva a imitações e demandas de *franchising.* (Fischler 1998, pp. 853-854)

Quantos assuntos fascinantes! Em primeiro lugar encontramos vários vocábulos em inglês: *drive-in restaurant, hot-dogs, self-service, franchising.* Todos eles se referem a algumas características culturais da época. O que os alunos sabem sobre os hábitos de vida nos Estados Unidos durante a Segunda Guerra Mundial e depois dela? O texto fala da dependência dos californianos em relação ao carro; o que sabemos sobre a história do carro? Será que o estado da Califórnia possuía um número maior de carros *per capita* em comparação com outros estados? Por quê? Qual o significado desses dados com relação aos *drive-in restaurants*? O nome de Henry Ford está associado à lógica do taylorismo; qual a conexão? De que forma Ford modificou a teoria de Taylor que depois foi adotada pelos irmãos McDonald? Quais as modificações sociais implícitas? Uma consequência muito séria da produção em cadeia é que os trabalhadores não precisam de formação técnica. Eric Schlosser, que escreveu o livro *Fast-food nation: The dark side of the all-American meal,* lançado em 2001 e que provocou muitas discussões sobre o fenômeno do *fast-food* por enfatizar os fatores negativos, afirma que em 2001, dois terços dos trabalhadores nas redes de *fast-food* dos Estados Unidos eram adolescentes abaixo de 20 anos, sem formação técnica, incluindo os gerentes.

O mesmo autor também alega que 90% dos empregados que trabalham nas redes *fast-food* do mesmo país recebem por hora, sem direto a nenhuma hora extraordinária, não recebem benefícios e são chamados para trabalhar de acordo com a necessidade. Quando o restaurante está bem movimentado, precisam trabalhar além do horário normal, mas quando o movimento cai, são mandados para casa. Os empregados adolescentes raramente pertencem aos sindicatos (quando existem), e assim ninguém defende seus direitos.

Outra área problemática levantada por Schlosser (2001) eram os frigoríficos da época, nos quais a manipulação das carnes era realizada por trabalhadores na maioria analfabetos, imigrantes e sem conhecimento da língua inglesa. Também sofriam muitos acidentes de trabalho: em torno de um quarto deles adoecia ou se feria no seu local de trabalho todo ano. E, é claro, também não pertenciam a nenhum sindicato que pudesse defender seus direitos.

Vamos investigar a situação atual nos Estados Unidos? E conferir as condições de trabalho no Brasil? Vamos comparar as leis dos trabalhadores nos dois países e a sua evolução histórica em cada local?

Outro fator comentado anteriormente é o fato de que foram as crianças que se tornaram os fregueses principais do *fast-food*. No final do texto do Fischler (1998, p. 862), ele acrescenta mais informações sobre o assunto:

> (...) na maciez dos pãezinhos do hambúrguer, na carne moída, nos molhos doces e *ketchups* agridoces confluem sensações infantis, regressões e transgressões. Na presença dos pais e com sua enternecida aprovação, as crianças podem manifestar pela primeira vez, em idade bastante precoce, uma independência suficiente para encomendar no balcão, com algumas moedas na mão, um hambúrguer e uma Coca-Cola. Podem comer com os dedos, sem se preocuparem com restrições formalistas que pesam sobre a refeição familiar. Seus dentinhos enterram-se na espessura mole dos *buns*, da carne moída, e se deleitam com o alimento que, segundo é demonstrado por todas as pesquisas, lhes desperta mais a gulodice: batatas fritas, bem torradinhas por fora e macias por dentro, salgadas e gordurosas ao mesmo tempo.
> Sabores de base, texturas gratificantes, liberdades transgressoras, consenso familiar, comodidade, preço, higiene, regularidade do serviço: diante da bem-sucedida fórmula da rede McDonald's, a única resposta encontrada até agora foi a imitação.

Schlosser (2001) vai além das atrações da própria comida e comenta sobre as imagens invocadas pelo mundo de fantasia do McDonald's, comparando-o ao mundo de Disney: cores vivas e alegres, parque de diversões, brinquedos, palhaços, refrigerante borbulhante tomado com canudinho, comida servida em porções pequenas embrulhadinhas como presentes. O autor garante que o restaurante está vendendo muito mais que batatas fritas (*ibidem*, p. 42).

Quantos alunos já experimentaram a comida do McDonald's? O que acharam? Quais as imagens que os alunos usariam para descrever a experiência do *fast-food* estilo McDonald's? Vamos escrever textos, poesias, letras de música, montar cartazes, fazer desenhos, esculturas para expressar os nossos pensamentos?

Quando o McDonald's chegou ao Brasil? E quando chegou a sua cidade? De que forma expandiu-se? De acordo com o tamanho da população da cidade? Estabelecendo-se em uma das capitais estaduais e depois abrindo em outra? Quantos restaurantes dessa rede existem atualmente no Brasil? Quais os estados com os números maiores de estabelecimentos? Onde são construídos? Nas cidades grandes? Nos centros comerciais? Nos *shoppings*? Será que é possível encontrar um McDonald's em todos os países no mundo? Existe uma versão brasileira do McDonald's? Quais as diferenças e semelhanças? Quando começou e onde? A versão brasileira se internacionalizou? Quais os países alcançados? Vamos comparar os números das duas redes? Quais os outros assuntos que poderiam ser investigados?

> Como professores(as)/intelectuais que atuamos na escola, precisamos enfrentar esse desafio, tornando-nos pesquisadores(as) dos saberes, valores e práticas que ensinamos e/ou desenvolvemos, centrando nosso ensino na pesquisa. Nesse processo, poderemos aperfeiçoar nosso desempenho profissional, poderemos nos situar melhor no mundo, poderemos, ainda, nos engajar na luta por melhorá-lo. Nesse processo, poderemos despertar nos alunos e nas alunas o espírito de pesquisa, de busca, de ter prazer no aprender, no conhecer coisas novas. (Moreira e Candau 2007, p. 43)

Possíveis investigações no contexto da matemática, do inglês e das ciências

No meio das sugestões acima já se encontram propostas ligadas às três áreas definidas como foco da discussão atual. Nas citações apareceram várias palavras em língua inglesa que poderão ser discutidas do ponto de vista cultural e, ao pesquisar dados sobre a rede McDonald's e outras áreas de investigação ligadas aos Estados Unidos, os alunos poderiam utilizar o seu conhecimento de língua inglesa para descobrir informações pertinentes às áreas em discussão. Outra possibilidade seria uma análise do cardápio atualmente oferecido no Brasil pela rede McDonald's para descobrir vocábulos de origem inglesa. Já sabemos que "hambúrguer" vem do inglês *hamburger*, e que "sanduíche" vem de *sandwich*, mas será que os alunos conhecem a origem dessas palavras em inglês? De acordo com o *Online etymology dictionary* [Dicionário de etimologia *on-line*] (Harper s.d.), uma ferramenta fascinante para estudos nessa área, o termo *Hamburg steak* surgiu em 1884, fazendo referência à cidade de Hamburgo, na Alemanha, um dos principais portos de partida para os imigrantes alemães que viajavam para os Estados Unidos. Nessa cidade era comum fazer um lanche que consistia de um pão recheado de um bolinho achatado de carne moída grelhada.

Todavia, a palavra *sandwich* refere-se a um membro da nobreza inglesa do século XVIII, John Montagu, quarto conde de Sandwich, um jogador compulsivo, que nem queria levantar da mesa de apostas para comer, assim comia fatias de carne no pão durante sessões prolongadas de jogo. O nome da família vem do nome do local na região de Kent, na Inglaterra, que no inglês antigo (*Sandwicæ)* significava "porto arenoso" com base na palavra *sand* ou "areia". Podemos observar que as pesquisas etimológicas continuam enfatizando conexões com as áreas de história e geografia.

Na época da escrita deste livro,[3] encontramos itens como Big Tasty e Cheddar McMelt no cardápio do McDonald's de Vitória-ES. Qual o significado desses nomes? Os alunos conhecem de outros contextos? Quais os itens que utilizam inglês nos cardápios atuais? Quais os itens mais recentes e quais sempre constaram no cardápio? As mudanças de cardápio refletem mudanças sociais? Quais? Os alunos compreendem o poder político que possuem como compradores (ou não) de certos alimentos? Quais as tendências históricas das redes de *fast-food*? O crescimento acontece sempre com a mesma velocidade?

Entre os anos de 1984 e 1993, o número de restaurantes *fast-food* dobrou na Grã-Bretanha, como também dobrou a taxa de obesidade, o que não aumentou tanto na Itália nem na Espanha durante o mesmo período, sendo que esses países estavam gastando muito menos em redes de *fast-food*. Na China, a proporção de adolescentes com sobrepeso triplicou na última década do século passado, e durante os anos 1980 a venda de *fast-food* dobrou no Japão – em conjunto com a taxa de obesidade nas crianças. Quais as taxas de crescimento das redes de *fast-food* e quais as taxas de obesidade em outros países? Quais as conexões entre consumo de *fast-food* e obesidade? O que acontece no corpo após consumo regular desse tipo de alimentação? Quais as características nutricionais dos sanduíches favoritos dos alunos? Vamos investigar?

De acordo com os PCNs da área de ciências naturais (Brasil 1998), a contextualização do ensino com ênfase na interação entre os fenômenos é fator essencial para uma aprendizagem mais efetiva. E, certamente, a exploração das perguntas acima envolve várias áreas entrelaçadas do conhecimento.

> Em relação aos conteúdos conceituais, particularmente de quinta a oitava séries, persiste uma tendência que os aborda de modo estanque nas disciplinas científicas,

---

3. Versão desenvolvida de 2012 a 2014.

tais como se consagraram há mais de um século, e de forma caricatural. Apresenta-se separadamente Geologia, dentro de água, ar e solo; Zoologia e Botânica, como sendo classificação dos seres vivos; Anatomia e Fisiologia humana, como sendo todo o corpo humano; Física, como fórmulas, e Química, como o modelo atômico-molecular e a tabela periódica. As interações entre os fenômenos, e destes com diferentes aspectos da cultura, no momento atual ou no passado, estudadas recentemente com maior ênfase nas Ciências Naturais, estão ausentes. Por exemplo, as noções de ambiente ou de corpo humano como sistemas, idéias importantes a trabalhar com alunos, são dificultadas por essa abordagem.

A compreensão do que é Ciência por meio desta perspectiva enciclopédica, livresca e fragmentada não reflete sua natureza dinâmica, articulada, histórica e não neutra, conforme é colocada atualmente. Está ausente a perspectiva da Ciência como aventura do saber humano, fundada em procedimentos, necessidades e diferentes interesses e valores.

Buscando superar a abordagem fragmentada das Ciências Naturais, diferentes propostas têm sugerido o trabalho com temas que dão contexto aos conteúdos e permitem uma abordagem das disciplinas científicas de modo interrelacionado [sic], buscando-se a interdisciplinaridade possível dentro da área de Ciências Naturais. (Brasil 1998, p. 27)

Vamos contextualizar a matemática utilizando o tema *fast-food*? No livro *Fast-food nation*, Schlosser (2001) comenta sobre os lucros ganhos com a venda de refrigerantes. Por exemplo, no ano da publicação de seu livro, de acordo com o autor, o McDonald's vendia mais Coca-Cola que qualquer outra empresa no mundo. A rede comprava um galão de xarope por US$ 4,25. Uma Coca média custava aproximadamente 9 *cents* e era vendida por US$ 1,29, enquanto uma Coca grande custava 12 *cents* e era vendida por US$ 1,49 – mais lucro ainda para a empresa. Quais os dados equivalentes hoje? Vamos calcular?

Em 1978, nos Estados Unidos, um adolescente típico bebia sete *ounces*[4] de refrigerante todos os dias; já em 2001 bebia três vezes essa quantidade. Nos anos 1950, um pedido típico de refrigerante se referia a uma quantia de 8 *ounces*; em 2001, porém, um pedido tamanho "criança" era de 12 *ounces* enquanto uma Coca grande era de 32 *ounces*! E hoje, quais as medidas atuais? Aumentaram ainda mais ou começaram a se reduzir? Um número significativo de adolescentes bebia diariamente 5 latas ou mais em 2001. Se cada lata inclui em torno de 10 colheres de chá de açúcar, quais os efeitos desse excesso na saúde dos consumidores que ainda estão em fase de crescimento?

---

4. *Ounce* é uma medida de peso utilizada em países de língua inglesa como os do Reino Unido e os EUA; 1oz (*ounce*) = 28,350 g.

De acordo com Gardner e Halweil (2000, p. 32), aumentar o tamanho das porções pode provocar uma distorção do conceito de uma porção "normal". Por exemplo, em 1998, americanos identificaram como "médias" porções que eram duas ou três vezes o tamanho recomendado como média pelo Usda. Isso é preocupante porque, quando as pessoas utilizam pratos ou copos maiores, também consomem mais que o normal. Qual o tamanho normal de uma porção de *pizza* para os alunos? Uma porção de batatas fritas, de arroz, de espinafre? Vamos investigar as recomendações do Usda (Usda/HHS 2010)[5] para os americanos e compará-las com as recomendações brasileiras? Qual a relação entre os números e o teor nutricional dos alimentos? Quais as semelhanças e as diferenças entre as informações americanas e as brasileiras? Vamos procurar saber mais,

A composição nutricional do *fast-food:* Aprofundando um pouco mais

A comida tradicionalmente servida em restaurantes *fast-food* pode ser um dos grandes motivos da obesidade nos dias atuais. A composição desses alimentos geralmente apresenta poucos nutrientes, um excesso de gordura saturada, carboidratos do tipo simples, e frequentemente inclui gordura trans. Não se sabe ainda o que a gordura trans pode provocar no organismo se consumida em excesso, mas já se sabe que o organismo absorve os carboidratos simples muito rapidamente, armazenando-os como fonte de energia nas células adiposas presentes na região abdominal – gordura localizada que pode provocar doenças cardiovasculares. Os alimentos *fast-food* também apresentam níveis baixos de fibras e micronutrientes que são necessários para o bom funcionamento do organismo.

> Um farto hambúrguer e um grande copo de refrigerante têm tudo para garantir a saciedade por algumas horas. Afinal de contas, essa é uma refeição que oferece proteínas, gorduras e carboidratos. Porém, ocorre o contrário quando ingerimos esse tipo de comida, também conhecida como *trash*. Apesar de hipercalóricos, os carboidratos presentes nesses alimentos têm alto índice glicêmico, ou seja, logo depois de digeridos elevam rapidamente as taxas de açúcar no sangue. A ausência de fibras nessa refeição contribui ainda mais para acelerar a liberação de insulina no sangue. Para equilibrar essa situação, o organismo responde com uma queda brusca de glicose (hipoglicemia) e é justamente nessa variação que se dá fraqueza e sensação de fome, com o cérebro comandando que a pessoa volte a comer em menos de uma hora. (Trucom 2005, s.p.)

5.　Veja as recomendações nutricionais de 2010 para os americanos.

Massa *et al.* (2012), da Universidade Federal da Paraíba, investigaram a composição nutricional de alimentos *fast-food* e de culinária internacional, preocupados com o aumento da obesidade e doenças crônicas não transmissíveis no Brasil. Eles afirmam:

> O Brasil vem apresentando aumento no consumo de refeições fora de casa, com destaque especial para os *fast-food*. Pesquisas mostram que os *fast-food* compõem os marcadores de uma dieta não saudável, rica em açúcares, gorduras e sódio, e com elevado valor energético, aumentando o risco de obesidade na população e doenças crônicas não transmissíveis (DCNT). Este trabalho objetivou conhecer a composição nutricional de alimentos do tipo *fast-food* e da culinária chinesa e árabe, as quais conquistaram espaço importante dentre as opções de alimentação fora de casa. (...) De acordo com a análise comparativa dos resultados pode-se observar que o grupo dos *fast-food* é o mais rico em calorias, gorduras (saturadas, trans e colesterol) e sódio, estando alguns valores, de uma única preparação, superiores ao recomendado de ingestão diária (IDR), com base em uma dieta de 2.000 Kcal. Assim, fica evidente que o consumo desse tipo de alimentação pode provocar sérios danos à saúde do consumidor, principalmente quando se torna hábito. (*Ibidem*, pp. 1-2)

Para exemplificar os dados coletados, escolhemos o Double Grill Bacon do Bob's, listado na tabela 1 do artigo citado, que contém: 1.314 calorias, 58 g de carboidratos, 42 g de gordura saturada, 3,8 g de gordura trans e 3.729 mg de sódio. Nesse único sanduíche encontramos quase o dobro do Valor Diário de Referência (VDR), segundo a Agência Nacional de Vigilância Sanitária (Anvisa 2003), de gordura saturada (VDR = 22 g) e mais de 50% acima do VDR de sódio (VDR = 2.400 mg), além de um nível alto de gordura trans que não possui uma quantidade declarada por porção porque a recomendação da Anvisa é que seja consumido o mínimo possível! Vamos examinar a tabela montada por Massa *et al.* (2012) para descobrir a composição nutricional de algumas comidas consumidas regularmente pelos alunos? Por exemplo:

TABELA 6: COMPOSIÇÃO NUTRICIONAL DE ALIMENTOS DO TIPO *FAST-FOOD*

Fast-food	Calorias	Carboidratos	Gorduras saturadas	Gorduras trans	Colesterol	Sódio
McDonald's Big Tasty	843	45	24	1,7	104	1.511
McChicken	454	40	6	0,3	49	1.068
McDonald's Cheeseburger	310	32	7	0,4	31	781
Bob's Double Cheddar	484	32	11	0,8	NI	1.137
McFritas média	288	35	4,6	0	0	309
Subway frango	315	46,4	0,7	NI	NI	738
Subway carne	386	45,8	4,7	NI	NI	1.028

Fonte: Massa *et al.* (2012, p. 3).
Nota: NI = Não identificado; carboidratos e gorduras (g); colesterol e sódio (mg). Porções tamanho padrão.

Quais os alimentos *fast-food* mais consumidos pelos alunos? Qual seria uma refeição normal para eles num restaurante *fast-food*? Consomem apenas um sanduíche? Ou sempre vem acompanhado de batatas fritas e um refrigerante? Alguém comeria mais que um sanduíche? Vamos calcular os valores da composição nutricional de uma refeição e relacionar os resultados aos valores diários recomendados de cada elemento analisado? Quais as observações e conclusões dos alunos? Quando comemos quantidades excessivas de gordura e de sal, o que acontece com o corpo?

O que os alunos sabem sobre a gordura trans? O Ministério da Saúde lançou um *Guia alimentar para a população brasileira* (Brasil 2006d, p. 80) onde são registradas as informações a seguir:

> Os biscoitos recheados ou não, bolos e pães industrializados em geral, outros tipos de massas, margarinas e gorduras vegetais utilizam a gordura trans (hidrogenada) como ingrediente. Quanto menos alimentos com esse tipo de ingrediente você consumir, melhor para a sua saúde. O corpo humano não evoluiu com a capacidade de consumir grandes quantidades de gordura saturada de origem animal e de gorduras elaboradas por processo de hidrogenação sem sofrer sérias consequências metabólicas. O consumo da gordura trans tem efeitos semelhantes aos que a gordura saturada causa na saúde humana; por isso, deve ser evitado. Já nos anos 90 acumulavam-se evidências de que as gorduras trans acarretam maior risco do que as gorduras saturadas para o desenvolvimento de doenças cardíacas.

Quem saboreia biscoitos recheados, bolos e outras massas industrializadas? Quantas vezes ingerimos esse tipo de alimento durante um dia ou uma semana? Qual a quantidade de gordura trans consumida nesse período? Vamos saber mais sobre os efeitos dessa gordura industrializada?

Os alunos poderiam investigar a história desse ingrediente, que inevitavelmente teria repercussões geográficas, começando com a descoberta de que foi um químico alemão, Wilhelm Normann (1870-1939), que aplicou o processo de hidrogenização (pesquisado pelo químico francês Paul Sabatier, 1854-1941) aos óleos vegetais, transformando-os em gordura sólida à temperatura ambiente. A sua invenção foi patenteada em 1902, na Alemanha, e o produto, hoje conhecido como gordura trans, é utilizado na industrialização dos alimentos para melhorar sua consistência e aumentar a vida de prateleira de alguns produtos. Estudos nos anos 1990 começaram a relacionar o consumo de gordura trans com doenças coronárias, e no Brasil, em 2007, o Ministério da Saúde estabeleceu limitações na tentativa de reduzir o teor de gordura trans nos alimentos industrializados. Porém outros países, como Áustria, Islândia e Suécia, decidiram banir totalmente o uso de gordura trans. Vamos descobrir mais sobre essa gordura para tomar decisões relacionadas à nossa alimentação com base em informações consistentes?

Problematizações com o tema sal

O consumo diário de sódio recomendado pela OMS é de 2.000 mg, o que equivale a 5 g de sal por dia (1 colher de chá). Lembramos que sal e sódio são diferentes. O sal é um ingrediente alimentar composto por cloreto e sódio, cuja fórmula química é NaCl (cloreto de sódio). Quarenta por cento do sal é constituído por sódio, e como o sal é muito utilizado na preparação de alimentos, isso faz com que ele se constitua na principal fonte de sódio da alimentação. Mas o que acontece quando ingerimos sal em excesso? De acordo com informações disponibilizadas pela Associação Brasileira de Nutrição (Asbran 2011, s.p.),

> o sódio é um nutriente essencial para nosso organismo: contribui para a regulação osmótica dos fluidos e atua na condução de estímulos nervosos e na contração muscular. Entretanto, seu consumo excessivo está associado ao desenvolvimento da hipertensão arterial, doenças cardiovasculares e renais e outras doenças, que estão entre as primeiras causas de internações e óbitos no Brasil e no mundo.

Vamos calcular as quantidades de sal que estamos ingerindo numa semana e compará-las às quantidades recomendadas? Quais as sugestões da turma para reduzir o consumo de sal? Vamos colocar em prática?

Quais áreas de conhecimento poderiam ser exploradas tendo como base a palavra "sal"? Podemos começar procurando a mesma palavra em outras línguas: espanhol = *sal*; francês = *sel*; italiano = *sale*; inglês = *salt*; sueco = *salt*; holandês = *zout*; alemão = *salz*. Observamos que as palavras são todas muito parecidas, indicando que possuem raízes em comum. Pesquisando a origem das palavras, descobrimos uma infinidade de assuntos intrigantes. Por exemplo, a palavra "salada" vem de "salgada" porque os romanos antigos serviam verduras temperadas com sal. A palavra "salário" vem do latim *salarium*, que significava "provindo do sal". Na época da Antiga Roma, o sal era uma mercadoria de grande importância, porque, além de melhorar o sabor dos alimentos, era indispensável à sua conservação, principalmente nas épocas de calor, e os soldados do Império Romano recebiam uma quantia periódica especificamente para compra de sal.

A própria palavra "soldado" também vem da palavra "sal" e significa uma pessoa que é paga com sal. O que sabemos sobre os soldados romanos e seus salários? Como era a sua vida, o que comiam? De acordo com Nell (2009), os soldados recebiam em torno de 1,5 kg de grãos por dia, normalmente trigo. Os grãos eram moídos, misturados com um pouquinho de água, sal e óleo e, com a massa, formavam-se biscoitos grossos e redondos que eram assados até ficarem duros como pedras, podendo ser conservados durante meses ou até anos, quando armazenados corretamente. Porém, raramente eram consumidos em forma de biscoito, normalmente eram adicionados às ensopadas para engrossar o caldo. Vamos fazer os biscoitos dos soldados romanos? Quanto tempo eles permanecerão comestíveis? Vamos consultar outras fontes para descobrir mais?

De acordo com Hirst (s.d.), o sal era um produto essencial na pré-história como agente conservante. Quando o sal é aplicado ao material orgânico, ele absorve bem a umidade, o que inibe o crescimento de bactéria ou de mofo, permitindo a conservação dos alimentos e garantindo a sobrevivência em períodos com escassez de comida. Vamos desidratar uma batata usando um pouco de sal? Deve-se escolher uma batata um pouco maior que um copo, de preferência transparente, e fazer no centro dela um furo de cerca de 1 cm, perfurando até a metade do comprimento da batata. Toda a cavidade deve ser preenchida com sal e a batata posicionada na boca do copo. Após pouco tempo, a batata perde líquido e assim consegue entrar no copo (Alves s.d.). Vamos experimentar outras formas de desidratar os alimentos? Quais os pontos negativos e positivos das diversas propostas?

O sal é um elemento indispensável na vida do ser humano, sendo valorizado por diversas culturas. Foi encontrado nos túmulos dos faraós egípcios do terceiro milênio, junto com pássaros e peixes salgados. Também existem evidências de rotas comerciais do sal desde os tempos remotos em várias partes do mundo. Na China, Marco Polo observou que o item mais comercializado no rio Yang-tse-kiang era sal, sendo transportado do litoral para o interior. Na África, o império de Gana produzia grandes quantidades de ouro, mas precisava de sal, produzido no deserto arábico; surgiu, assim, a rota do ouro e do sal que promovia a comercialização de ambos. Mesmo no mundo antigo existiam impostos relacionados à comercialização do sal, demonstrando a sua importância econômica e política. Sendo assim, Gana se enriqueceu com base nos impostos cobrados para garantir rotas seguras de comercialização.

Na Europa, em vários locais surgiu a escavação do sal mineral, como, por exemplo, em torno da cidade de Salzburg, na Áustria (*salz* = sal na língua alemã; Salzburg = "cidade do sal"). Vamos pesquisar quais outros locais pelo mundo incorporam a palavra "sal" no seu nome? Por exemplo: Salt Lake City e Saltville, nos Estados Unidos; Salzkammergut, na Áustria; e Salina Turda, na Romênia.

Existem outros? Todas essas localidades se desenvolveram em torno da produção e da comercialização do sal? Vamos explorar tópicos da história e da geografia enquanto descobrimos mais sobre as contribuições do sal para o desenvolvimento de diferentes culturas?

Na Suécia, a maior parte da comida era conservada com sal. Por exemplo, meio quilo de sal era usado para conservar 5 kg de manteiga (o sal sendo retirado antes do consumo da manteiga), exigindo uma importação grande de sal. Em 1368, o sal já representava 23% das importações do país. Durante o ano de 1573, registros afirmam (Cowen 1999) que os empregados do rei Gustavus Vasa consumiam 102 kg de boi e de porco, sendo que 99 kg desse total era carne de sal; carne fresca era consumida raramente. Uma das consequências dessa tradição era o consumo exagerado de cerveja, porque mesmo removendo a maior parte do sal da carne antes do cozimento, a comida continuava salgada, exigindo o acompanhamento de líquidos. Numa ocasião, o príncipe João da Suécia escreveu para seu pai, rei Gustavus, dizendo que 3 litros de cerveja por dia não eram suficientes para os soldados e que estes deveriam receber 4,5 litros por dia e 6,5 aos domingos – para conseguir comer a carne salgada.

Continuando a pensar um pouco mais sobre a comida de soldados, quando examinamos as rações distribuídas aos soldados nos Estados Unidos na época da Guerra Civil, entre 1861-1865, descobrimos que cada soldado recebia diariamente em torno de 350 g de porco salgado ou bacon, 550 g de boi salgado, 600 g de farinha de trigo ou de milho (no Sul). E para cada 100 dias de racionamento, 7 kg de feijão ou ervilha, 4,5 kg de arroz, a mesma quantia de café verde (ou 700 g de chá), 7 kg de açúcar, 1,7 kg de sal e 4 litros de vinagre. Consciente da importância vital do sal para a manutenção do exército, generais ordenavam a destruição de salinas e armazéns de sal no Sul enquanto o exército do Norte importou mais de 86 mil toneladas de sal em 1864 para garantir o fornecimento desse cristal precioso. Quantas possibilidades para investimentos na área de matemática! Vamos descobrir mais sobre a vida de soldados em diferentes épocas e em diversos locais do mundo? Como era a vida desses homens? Como ficaram suas famílias enquanto as guerras se perpetuavam? Vamos ler sobre o assunto, descrever os nossos pensamentos e sentimentos através de poesias, dramatizações, letras de música etc.

De volta ao assunto "sal": De onde vem o sal? Os alunos conhecem os diferentes processos de produção? São dois processos principais: (i) o sal marinho vem da evaporação da água do mar, e (ii) o sal mineral, de minas subterrâneas, conhecido como *halite,* o nome científico do sal-gema, cuja composição é cloreto de sódio (NaCl). Vamos conhecer mais sobre as características desse mineral?

(Barthelmy s.d.).[6] A maioria dos depósitos se formou milhões de anos atrás após a evaporação de mares antigos. Qual o processo de produção mais utilizado no Brasil? E em outros países? Qual era o processo mais utilizado nos tempos mais remotos? De que forma os processos se modificaram com a passagem do tempo?

Os alunos sabem que apenas 5% do sal extraído no mundo é utilizado na alimentação do ser humano? A maior parte é utilizada nas indústrias para produzir cloro gasoso, papel, tecidos, cosméticos, tinturas, remédios etc. O que os alunos querem saber sobre os processos de extração de sal? Podem procurar vídeos na internet para compreender melhor os diversos processos envolvidos, investigar as propriedades do sal de cozinha comum comparado com o sal grosso e o sal marinho, montar modelos da ligação química na molécula de cloreto de sódio, entre muitas outras propostas de estudo.

É importante saber que cada fase da vida exige cuidados diferentes com relação à utilização do sal. Por exemplo, os pais não devem acrescentar sal à comida das crianças de até dois anos. O leite materno e o sódio existente naturalmente nos alimentos já suprem as necessidades. Lembramos que é nessa fase que o padrão gustativo é formado, e por essa razão é fundamental evitar uma alimentação muito salgada. Os idosos também devem evitar o consumo excessivo de sal em virtude de sua tendência de reter mais sódio, o que poderia levar ao desenvolvimento da hipertensão.

Quando os alunos examinam diferentes marcas de sal de cozinha, quais as perguntas que surgem? Será que percebem que o sal de cozinha está enriquecido com iodo? Iodo é um micronutriente essencial à síntese de hormônios da glândula tireoide, desempenhando um papel único na prevenção dos distúrbios por deficiência de iodo (DDI), como bócio, surdez, retardação mental e abortos prematuros. De acordo com informações disponibilizadas no Portal da Saúde do Departamento de Atenção Básica, na página Prevenção e Controle de Agravos Nutricionais,

> a deficiência de iodo contribui para o aumento do gasto com atendimento em saúde e em educação, uma vez que incrementa as taxas de repetência e evasão escolar, e ainda proporciona a redução da capacidade para o trabalho. Portanto, direta ou indiretamente acarreta prejuízos sócio-econômicos ao país. Consequentemente, as estratégias dirigidas a controlar a deficiência de iodo devem ser permanentes e fundamentalmente preventivas, especialmente quando se destinam às gestantes, nutrizes e crianças menores de dois anos de idade. (Brasil s.d.a)

---

6. Informações interessantes em inglês estão disponíveis no *site* Mineralogy Database, que oferece descrições de 4.714 minerais diferentes, incluindo uma biblioteca de imagens para cada um.

O iodo se encontra no solo em quantidades diversas de acordo com a região – locais montanhosos, distantes do mar, são naturalmente mais pobres em iodo (a água do mar é muito mais rica em iodo que a terra). Mas às vezes o solo se torna pobre em iodo devido a práticas inadequadas de agricultura. Quando o solo é pobre em iodo, os alimentos cultivados na região e os animais e seres humanos que consomem esses alimentos sofrerão de falta dessa substância. Em 1993, a OMS e o Unicef recomendaram a iodação universal do sal. Após a adição obrigatória de iodo no sal, a Anvisa realizou uma pesquisa em 2000 que constatou que "apenas 1,4% das pessoas pesquisadas apresentava bócio. Esse índice é 29 vezes menor que o encontrado em estudos feitos há 20 anos e está dentro do limite de 5% estabelecido pela Organização Mundial da Saúde" (Anvisa 2004, p. 2).

No entanto, existe uma divergência de opiniões sobre o acréscimo do iodo ao sal de cozinha e sobre a refinação do sal. Diz o médico Márcio Bontempo:[7]

O sal marinho contém cerca de 84 elementos que são, não obstante, eliminados ou extraídos para a comercialização durante o processo industrial para a produção do sal refinado. (...) Durante a "fabricação", na lavagem do sal marinho são perdidas as algas microscópicas que fixam o iodo natural, sendo necessário depois acrescentar iodo, que é então colocado sob a forma de iodeto de potássio, um conhecido medicamento usado como expectorante em xaropes. Ocorre que o iodeto não é de origem natural. É utilizado para prevenir o bócio como exigência das autoridades de "controle". No entanto é geralmente usado numa quantidade 20% superior à quantidade normal de iodo do sal natural, o que predispõe o organismo a doenças da tireoide diferentes do bócio, como nódulos (que hoje em dia as pessoas estão tendo em frequência maior) de natureza diversa, tumores, câncer, hipoplasia, etc. O sal marinho, não lavado, contém iodo de fácil assimilação e em quantidades ideais. (Bontempo 2013, s.p.)

Vamos procurar informações de outras fontes no intuito de compreender melhor as vantagens e desvantagens de diversas variedades de sal? O sal possui características próprias relacionadas à área geográfica de produção e aos métodos locais de obtenção. Os alunos poderiam formar pequenos grupos para pesquisar as características de fontes diferentes de sal. Um grupo poderia investigar o sal *Alaeasalala* do Havaí, de cor vermelha em virtude da presença de uma argila vulcânica; outro grupo poderia analisar o *sal* marinho do Mediterrâneo produzido na

---

7. Considerado um dos precursores da medicina natural científica no Brasil, Márcio Bontempo possui 25 anos de experiência em projetos e atividades voltadas para a saúde pública, nos quais mostra como muitas enfermidades podem ser tratadas com métodos simples e de fácil aquisição.

Itália, rico em vários minerais; um terceiro grupo poderia estudar as propriedades do sal *Kala namak* usado na Índia, e conhecido como "sal preto" apesar de apresentar uma coloração róseo-cinzenta. Ele possui aroma e sabor bem diferentes de outras variedades de sal; será que os alunos gostariam de descobrir por quê? Outro sal que se destaca é o sal cor-de-rosa do Himalaia, forte candidato para o quarto grupo. E o quinto grupo poderia descobrir mais sobre o sal do Mar Morto, cuja superfície fica mais de 400 m abaixo do nível do mar e que contém a água mais salgada do mundo, aproximadamente dez vezes a salinidade dos oceanos.

Quais as características geográficas de cada local? Em que época teve início a produção de sal? Quais os processos utilizados historicamente? E agora, o que mudou? Qual o papel do sal no desenvolvimento da economia do local? Quais os aspectos positivos e os negativos? Trabalhando de forma colaborativa, os alunos compreenderão melhor as conexões estreitas entre a cultura, a economia, a história e a geografia de cada local.

Quais as outras possibilidades a serem exploradas tendo o sal como tema? Qualquer texto interessante sempre oferece inúmeras possibilidades de trabalho, mas quando o texto é tão rico quanto a "Ode ao sal", do famoso poeta chileno Pablo Neruda (1904-1973), que recebeu o prêmio Nobel de Literatura em 1971, as possibilidades aumentam ainda mais. Qual a estrutura de uma ode? A poesia lírica da Grécia Antiga utilizava um instrumento chamado "lira" para acompanhar a poesia cantada. Os alunos conhecem? Esse gênero não utilizava a rima, e o ritmo se baseava em sequências padronizadas de sílabas longas e curtas. A ode faz parte desse gênero literário e algumas odes cantadas adotavam uma estrutura chamada *triádica*, na qual a poesia era dividida em três grupos de versos: (i) a *estrofe*: quando os membros do coro se movimentavam para uma das extremidades do palco durante a declamação; (ii) a *antiestrofe*: quando o coro se movimentava na direção oposta, voltando ao ponto onde começara enquanto declamava a segunda parte. Logo o coro se divide, uma parte declamando a *estrofe* e a outra, a *antiestrofe*, como se fosse a resposta ao conteúdo da *estrofe*; (iii) o *epodo*: quando o coro se reunia no centro do palco para declamar os versos finais.

Que tal declamar a "Ode ao sal" de acordo com os costumes da Grécia Antiga? Vamos utilizar o original em espanhol ou traduzir para o português? Vamos procurar diferentes traduções para o português e observar quais as semelhanças e as diferenças? Quais as preferências dos alunos? Como explicar as razões das preferências? Vamos examinar algumas traduções para o inglês? Quais as palavras que reconhecemos? Quais as frases mais complicadas e por que são difíceis de entender? O problema maior é o vocabulário, a estrutura da frase, ou são outros aspectos que estão complicando a nossa compreensão? Vamos formar pequenos grupos para escrever as nossas "odes ao sal"? Em português, espanhol, inglês? Quais as outras propostas de trabalho? Vamos ouvir os alunos?

ODA A LA SAL (PABLO NERUDA)

Esta sal
del salero
yo la vi en los salares.
Sé que
no van a creerme,
pero canta,
canta la sal, la piel
de los salares,
canta
con una boca ahogada
por la tierra.
Me estremecí en aquellas
soledades
cuando escuché
la voz
de la sal
en el desierto.
Cerca de Antofagasta
toda
la pampa salitrosa
suena:
es una
voz
quebrada,
un lastimero
canto.

Luego en sus cavidades
la sal gema, montaña
de una luz enterrada,
catedral transparente,
cristal del mar, olvido
de las olas.
Y luego en cada mesa
de este mundo,
sal,
tu substancia
ágil
espolvoreando
la luz vital
sobre
los alimentos.

Preservadora
de las antiguas
bodegas del navío,
descubridora
fuiste
en el océano,
materia
adelantada
en los desconocidos entreabiertos
senderos de la espuma
polvo del mar, la lengua
de ti recibe un beso
de la noche marina:
el gusto funde en cada
sazonado manjar tu oceanía
y así la mínima,
la minúscula
ola del salero
nos enseña
no sólo su doméstica blancura,
sino el sabor central del infinito.

Possíveis investigações no contexto do português e da arte

As sugestões que acabamos de levantar envolvem claramente as duas áreas desta nova seção – português e arte. A declamação de poesia na época da Grécia Antiga combinava literatura, música e teatro de maneira extremamente harmoniosa. E hoje – quais as músicas declamadas atualmente? Vamos apresentar odes modernizadas, mesclando poesia, música e movimento numa apresentação visual que sensibilize a comunidade.

Muitas das sugestões apresentadas nas seções anteriores envolvem leitura e escrita, portanto poderiam ser utilizadas para desenvolver vários tópicos em português, e, enquanto os alunos coletassem e analisassem qualquer banco de dados, a área de artes poderia ajudar na realização de uma apresentação visual eficaz das informações. Essas duas áreas trabalham com a comunicação – a comunicação de informações, de emoções, de crenças, de convicções políticas etc.

Por exemplo, ao examinarem o efeito da propaganda de diferentes redes de *fast-food,* os alunos poderiam analisar a fundo a montagem visual, a seleção das palavras utilizadas e suas implicações, além do impacto em cada público-alvo. Qual o item que chama mais atenção, e por quê? É um elemento visual ou uma palavra? Quais os sentimentos provocados no leitor? Vamos perguntar aos colegas, organizar as respostas, comparar com uma propaganda parecida de outra rede? Quais as cores mais utilizadas? E as palavras mais enfatizadas? Utilizam-se frases complexas ou mais simples? Qual a estrutura mais comum? Quantas informações são apresentadas e quantas são as estratégias de convencimento? Qual o efeito desejado e qual o efeito obtido? Cada grupo de alunos poderia escolher uma rede diferente de *fast-food* e analisar pelo menos duas propagandas diferentes, observando as diversas técnicas de *marketing*: utilização de personagens de desenho animado; oferta de brinquedos gratuitos; existência de mascotes da própria marca; oferta de locais para as crianças brincarem etc.

Os alunos conseguem identificar conflitos de ética nas propagandas analisadas? Qual o elemento recordado com maior facilidade e por quê? Vamos montar uma propaganda de resistência a favor da saúde? Quais os dados que mais chocaram os alunos durante as pesquisas? Que reação tiveram? O que gostariam de fazer com relação a esses dados? Por exemplo, se os alunos se assustaram com a quantidade de açúcar no refrigerante, qual a solução proposta? A troca do refrigerante pelo suco ou pela água? A redução do açúcar no refrigerante? Qual a melhor maneira de apresentar as soluções propostas? Vamos experimentar alternativas? Que tal montar vários cartazes e colocá-los nos corredores da escola? Depois de determinado tempo, tirar os cartazes e pedir aos alunos que descrevam o cartaz de que mais se lembram. Lembram-se mais das imagens ou das frases? Qual a imagem mais efetiva? E a frase mais facilmente recordada?

Vamos levar os alunos à sala de informática e colocar a frase *fast-food* no Google Imagens a fim de definir direções de investigação. O que mais chama a atenção dos alunos? São as imagens excepcionalmente atraentes da comida? Será que essas imagens são fotos reais da comida servida nos próprios restaurantes? De que forma são montadas as imagens de propaganda? A propaganda para comida do tipo *fast-food* é diferente da propaganda de outros alimentos? Vamos pesquisar? Vamos montar propagandas a favor da comida servida na escola? Como montar imagens convincentes? Vamos pensar juntos?

Lembramos que nos restaurantes asiáticos, os pratos são montados em plástico e exibidos na vitrine do restaurante para facilitar a escolha. Vamos montar pratos de comida usando materiais reciclados? Podemos pesquisar os valores nutricionais de cada prato montado e escrever um texto que compara a imagem com os dados nutricionais. Vamos fazer em forma de poesia, letra de música, montar dramatizações? Quais os gêneros textuais preferidos pelos alunos e os gêneros pouco conhecidos? É sempre interessante ampliar as opções de escrita visando à diversificação dos meios de comunicação. Como sugerem as Orientações Curriculares para o Ensino Médio (Ocems),

> a ênfase que tem sido dada ao trabalho com as múltiplas linguagens e com os gêneros discursivos merece ser compreendida como uma tentativa de não fragmentar, no processo de formação do aluno, as diferentes dimensões implicadas na produção de sentidos. Essa escolha também reflete um compromisso da disciplina, orientado pelo projeto educativo em andamento: o de possibilitar letramentos múltiplos. A lógica de uma proposta de ensino e de aprendizagem que busque promover letramentos múltiplos pressupõe conceber a leitura e a escrita como ferramentas de empoderamento e inclusão social. Some-se a isso que as práticas de linguagem a serem tomadas no espaço da escola não se restringem à palavra escrita nem se filiam apenas aos padrões socioculturais hegemônicos. Isso significa que o professor deve procurar, também, resgatar do contexto das comunidades em que a escola está inserida as práticas de linguagem e os respectivos textos que melhor representam sua realidade. (Brasil 2006a, p. 28)

Quais os textos mais conhecidos na comunidade em que a escola está inserida? Quais as músicas mais populares, os textos mais adotados, qual a linguagem mais usada para expressar as emoções, para comunicar os sentimentos aos outros membros da comunidade? Quais as preferências artísticas? Começando com as formas mais familiares, o professor pode gradativamente abrir um leque de opções cada vez mais extenso com o propósito de ampliar as possibilidades de comunicação dos alunos.

Um dos gêneros textuais utilizados com frequência na maioria das comunidades são textos de instruções. Porém, nem sempre é fácil seguir instruções escritas e é raro que os alunos tenham a oportunidade de escrever instruções que devem ser seguidas. Assim, seria interessante distribuir uma lista de instruções para vários grupos pequenos a fim de descobrir se todos conseguem *realizar* a mesma experiência. Quais as dúvidas? Quais as sugestões de reescrita para facilitar a compreensão?

Oferecemos uma experiência disponível no *site* Exploratorium: The science explorer (em língua inglesa) como exemplo de um texto de instruções que também deverá estimular a nossa sensibilidade artística na medida em que colocamos o "abajur de lava" para funcionar. A experiência utiliza água, óleo e sal, três

Nutrição 65

ingredientes fortemente presentes no *fast-food* (Murphy; Klages e Shore 1996). Fizemos um resumo das instruções originais em inglês e utilizamos a versão em português disponibilizada pela dra. Maria Lúcia Bianconi (2008) no Laboratório da Bibi, um *site* mantido pelo Instituto de Bioquímica Médica da Universidade Federal do Rio de Janeiro. Vamos tentar decifrar as instruções originais em inglês ou seguir os passos na nossa língua nativa?

TABELA 7: INSTRUÇÕES SOBRE COMO FAZER UM "ABAJUR DE LAVA" (EM INGLÊS E PORTUGUÊS)

SALT VOLCANO – make your own miniature "lava lite"	LAVA DE ÓLEO E SAL – faça sua miniatura de um "abajur de lava"
What do I need? A jar or a drinking glass, vegetable oil, water, food coloring.	*Do que eu preciso?* Um frasco ou um copo de vidro, óleo vegetal, sal, água, corante de alimento.
Directions 1. Pour about 3 inches of water into the jar or glass. 2. Pour 1/3 cup vegetable oil into the jar. (Notice the oil settles on top of the water.) 3. Add one drop of food coloring to the jar (optional). 4. Shake salt on top of the oil while counting to five slowly. 5. Add more salt for as long as you desire.	*O que devo fazer?* 1. Coloque cerca de 7 cm de água no copo (meio copo de água). 2. Coloque cerca de 1 dedo de óleo vegetal no frasco (ou copo). 3. Se quiser, adicione uma gota de corante de alimento (anilina) no copo. 4. Usando um saleiro, jogue sal no topo enquanto conta, devagar, até cinco. 5. Adicione quanto sal quiser depois disso e veja o que acontece.
Explanation Oil will float on water because it is less dense than water. Oil and water are also two liquids that don't mix; they are *immiscible* liquids. Salt is heavier than water so it will sink to the bottom of the mixture when you pour it into the glass. As it sinks, it takes a little blob of oil with it. Then as the salt dissolves in the water, it releases the oil which floats back up to the top.	*O que está acontecendo?* O óleo "flutua" na água porque uma gota de óleo é mais leve que uma gota de água do mesmo tamanho. São imiscíveis, não se misturam. O sal é mais pesado que a água e quando o sal é colocado no óleo, ele vai afundar, carregando uma gota de óleo com ele. Na água, o sal começa a se dissolver. Quando ele se dissolve, o sal libera o óleo que volta para o topo da água.

Fonte: Elaborada pelas autoras, com base em Murphy, Klages e Shore (1996) e Bianconi (2008).

Algumas perguntas poderão ser escritas no quadro: Depois de acrescentar o óleo, quando tudo se assentou (ficou sem bolhas), o óleo ficou acima ou abaixo da água? Por quê? E depois de acrescentar o corante, o que aconteceu? Descreva o que aconteceu quando foi colocado o sal. Os alunos deverão registrar as perguntas, dúvidas e observações que surgem durante o processo. Essas anotações poderão ser utilizadas como base para a produção de um novo texto de instruções, a versão mais completa, que tire as dúvidas ocorridas durante a primeira tentativa. Idealmente, os novos textos "melhorados" deverão ser utilizados por outra turma que seguirá as instruções reescritas pelos alunos para descobrir se as dúvidas foram, de fato, resolvidas.

Após a realização da experiência, os alunos podem registrar os aspectos artísticos das cores, as bolhas em movimento, a combinação de elementos com características bem diversas, por meio de desenhos, mosaicos, colagens, esculturas, modelos etc. Podem montar uma peça, uma coreografia, escrever uma música utilizando a experiência como metáfora para expressar seus sentimentos com relação ao *fast-food*. Quais as outras propostas dos alunos e dos professores? Vamos trocar ideias?

■ OBESIDADE

Obesidade e desnutrição

Cada indivíduo possui características particulares, mas quais os fatores que explicam as diferenças entre os indivíduos? O que pensam os alunos? Vamos fazer uma lista? Depois de montar a lista, seria interessante discutir as ideias propostas na tentativa de agrupar diferentes fatores que poderiam ser reunidos em categorias, de acordo com Recine e Radaelli (s.d.): fatores relacionados à genética, o "documento de identidade" do ser humano; ao meio ambiente, que inclui a educação informal ofertada no lar e a educação formal realizada nas instituições escolares; fatores ligados às relações interpessoais, à cultura na qual o indivíduo está inserido; elementos relacionados ao funcionamento ou metabolismo do corpo; ou ao estilo de vida – os hábitos alimentares, a prática de atividades físicas (ou não), se a pessoa fuma ou bebe etc. Quais as outras categorias sugeridas pelos alunos? E quais os fatores que poderiam contribuir para o desenvolvimento e a manutenção de uma pessoa obesa? Deve-se lembrar que "tanto a obesidade quanto a desnutrição podem estar relacionadas com um ou vários desses fatores" (*ibidem*).

As autoras Recine e Radaelli desenvolveram um texto intitulado "Obesidade e desnutrição" como apoio ao vídeo *Cuidados com os alimentos* da série *TV Escola* do Ministério da Saúde[8] no qual definem obesidade como "uma doença crônica

---

8. O texto fazia parte do programa de atividades de parceria entre o Departamento de Nutrição da Faculdade de Ciências da Saúde da Universidade de Brasília (FS-UnB) e a área técnica de Alimentação e Nutrição do Departamento de Atenção Básica da Secretaria de Políticas de Saúde do Ministério da Saúde (DAB/SPS/MS).

caracterizada pelo excesso de gordura corporal, que causa prejuízos à saúde do indivíduo" (*ibidem*). E continuam: "(...) as pessoas engordam por quatro motivos: comem muito, têm gasto calórico diminuído, acumulam gorduras mais facilmente ou têm mais dificuldade de queimá-las" (*ibidem*). A capacidade de transformar calorias em gorduras e de queimar gorduras varia de pessoa para pessoa; por essa razão, duas pessoas do mesmo gênero, com a mesma altura e o mesmo peso, que comem os mesmos alimentos podem apresentar tendências diferentes de engordar e de emagrecer. Examinando o fator genético, já se sabe que a criança com ambos os pais obesos enfrenta uma probabilidade de 80% de também se tornar obesa; se apenas um dos pais for obeso, o risco é de 40%; e quando é filha de pais não obesos, o risco cai para apenas 10%.

Com base em pesquisas realizadas na década de 1990, identificou-se um gene que expressa a leptina, assim reforçando a origem genética dessa patologia.

> A leptina é uma proteína que "avisa" o cérebro quando o organismo está satisfeito e deve começar a queimar as calorias ingeridas. O estudo foi feito com camundongos e verificou-se que, sem essa substância em ação, o camundongo não só desconhece a sensação de saciedade como é também incapaz de queimar as calorias ingeridas com eficiência. Tanto o excesso de apetite quanto a pouca saciedade podem ser explicados por fatores genéticos. (*Ibidem*)

A obesidade é uma doença grave que pode ser controlada com uma rígida reeducação alimentar, porém, é necessário lembrar que dietas sem fundamentação nutricional devem ser evitadas, pois podem prejudicar a saúde, provocando perda de peso com consequências que levam à desnutrição. Precisamos separar a imagem do corpo do bem-estar nutricional. Pessoas magras podem apresentar níveis altos de colesterol e pessoas com sobrepeso podem apresentar sintomas de desnutrição. Que imagens os alunos relacionam à desnutrição? São as crianças africanas em estado deplorável de pele e ossos? Sim, quando, literalmente, nada existe para comer em virtude das guerras, das epidemias ou dos desastres climáticos, as pessoas não conseguem obter alimentos suficientes para satisfazer suas necessidades energéticas mínimas, levando à falta de nutrientes essenciais para a sobrevivência e para o funcionamento normal do organismo. No entanto, pessoas obesas também podem apresentar a falta de alguma vitamina ou mineral essencial ao bom funcionamento do organismo e isso pode ser considerado um tipo de desnutrição.

Gardner e Halweil (2000, p. 7), autores do relatório "Underfed and overfed", da organização Worldwatch, afirmam que quase metade da população humana de

3 bilhões (no ano 2000) sofre de algum tipo de malnutrição. Estudos da época indicavam que pelo menos 1,1 bilhão de pessoas sofriam de fome, enquanto mais 1,1 bilhão delas estavam com sobrepeso, debilitadas por deficiências em vitaminas e minerais essenciais. É lamentável saber que em torno de 5 milhões de crianças ainda morrem de doenças relacionadas à fome todo ano, enquanto milhões de pessoas em países mais ricos passam anos ou até décadas sofrendo de doenças coronárias, diabetes e outras doenças atribuídas, pelo menos parcialmente, ao sobrepeso.

A malnutrição representa a falta de equilíbrio, seja deficiência ou excesso, na ingestão de nutrientes e outros elementos necessários para uma vida saudável. Fome e falta de vitaminas e minerais danificam o corpo durante os primeiros anos de vida, enquanto os efeitos do sobrepeso afetam o corpo gradativamente, provocando doenças cardíacas, diabetes, câncer e outras doenças crônicas a partir da fase adulta. De acordo com Gardner e Halweil (2000, p. 35), "a malnutrição é responsável por mais da metade das doenças do mundo todo". Os mesmos autores afirmam que a obesidade frequentemente esconde a existência de deficiências de nutrientes essenciais, pois as pessoas optam por comer alimentos ricos em calorias vazias e deixam de comer alimentos saudáveis:

> Nos Estados Unidos, a deficiência de ferro afeta quase 20% das mulheres na fase pré-menopausa – e 42% das mulheres afro-americanas grávidas em estado de pobreza. Os excessos das dietas de nações industrializadas também afetam negativamente os níveis de micronutrientes: a ingestão exagerada de proteína – típica de dietas ricas em produtos animais – tende a desprender cálcio dos ossos, aumentando os riscos de osteoporose. À medida que um país enriquece, e as pessoas começam a consumir calorias em excesso e a ingerir alimentos pouco nutritivos, uma mudança drástica ocorre nos padrões de saúde. Os hospitais recebem um número menor de doenças infecciosas e um número maior de casos envolvendo doenças crônicas, incluindo obesidade, doenças cardiovasculares, diabetes e câncer. Em outras palavras, as mudanças na nutrição[9] desencadeiam uma transição epidemiológica – essencialmente trocando doenças provocadas por uma dieta insuficiente para doenças causadas por uma dieta em excesso. (*Ibidem*)

Com base nos seus estudos, os mesmos autores acreditam que é possível reduzir drasticamente os problemas de saúde causados pela obesidade: se a população obesa dos Estados Unidos conseguisse perder peso e manter um peso saudável, poderia reduzir os casos de diabetes em 96%; em 74% os casos de hipertensão; em 72% os casos de doenças coronárias; em 32% os de câncer de cólon

---

9.   Chamadas no artigo de *the nutrition transition* ou "a transição nutricional".

e em 23% os casos de câncer de mama. Vamos checar esses dados e descobrir as porcentagens atuais? Vamos comparar as doenças causadas pelo excesso de peso com as doenças causadas pelo cigarro?

Recordamos que a malnutrição afeta a sociedade toda, e não apenas o indivíduo. Os estudos dos jovens e das crianças são comprometidos, a produtividade do trabalhador cai, e o custo do atendimento da saúde aumenta para o governo. Seria extremamente relevante investigar as mudanças históricas que ocorreram e que criaram as condições que resultaram na prevalência da malnutrição moderna. A migração urbana praticamente destruiu a conexão entre produtor e consumidor, enquanto a entrada da mulher no mercado de trabalho, a melhoria de renda e as mudanças de estilo de vida criaram a demanda maior para comida de "conveniência" – e a indústria alimentícia correu para atender e moldar as demandas. A força da indústria e a relativa passividade dos governos convenceram os consumidores a ingerir cada vez mais calorias vazias, deixando a população vulnerável a uma dieta pobre em nutrientes essenciais.

Nos Estados Unidos, as indústrias de *fast-food* conseguiram até invadir as escolas. No ano 2000, fizeram contratos com mais de 5 mil escolas para oferecer alimentação, refrigerantes ou ambos. Às vezes os contratos estipulavam uma quantia mínima de vendas que precisava ser alcançada, forçando as escolas a colocar as máquinas de venda nos locais de maior movimento e até dentro das salas de aula. O que os alunos pensam disso? Estariam a favor de um acordo dessa natureza?

A escola é um local ideal para a educação nutricional, porque as crianças estudam em conjunto durante a fase da formação de hábitos. Precisamos pensar seriamente nos hábitos que estão sendo formados, nas lições que as crianças atuais estão aprendendo com seus pais e com seus professores no âmbito escolar. Será que estão adquirindo hábitos saudáveis? Em Cingapura, um programa intitulado The Trim and Fit Scheme[10] (Lee 2003), foi lançado em 1992 em conjunto com a National Healthy Lifestyle Campaign [Campanha Nacional a Favor de uma Vida Saudável], com o objetivo de estimular as escolas a reduzir os níveis de obesidade e aumentar a capacidade física da população estudantil do ensino fundamental e médio. Os professores receberam as informações essenciais para garantir o apoio necessário e a família também se envolveu no acompanhamento das propostas. O programa oferece orientações nutricionais e propostas de atividades físicas durante o horário letivo, mas os alunos também são estimulados a participar das atividades físicas alternativas oferecidas antes e depois do horário das aulas.

---

10. Programa também conhecido como TAF, a palavra "*fat*" invertida, que significa "gordo" em inglês.

Cada escola é classificada anualmente de acordo com a porcentagem de alunos com excesso de peso e os resultados obtidos na Prova Nacional de Preparação Física, aplicada à população estudantil todo ano. As escolas que alcançam os níveis ouro e prata no programa TAF recebem prêmios financeiros do governo. De acordo com Lee (2003), a porcentagem de alunos que conseguiram passar na prova de preparação física aumentou consideravelmente de 58% em 1992 para 82% em 2002. Com a participação ativa do governo, o envolvimento das famílias, a preparação e o envolvimento dos professores e diretores das escolas, modificações no sistema de fornecimento dos alimentos e estímulos financeiros destinados às escolas, o programa está conseguindo promover melhorias significativas na saúde e na preparação física das crianças do país.

Outro projeto, desta vez no Reino Unido, Let's get cooking (School Food Trust s.d.a), enfatiza a importância de aulas práticas de culinária. O projeto é financiado pela loteria nacional e a organização já montou mais de 4 mil clubes de culinária, com representantes em todos os municípios da Inglaterra. O projeto ajuda diferentes organizações a ensinar habilidades culinárias, fornecendo treinamento, recursos, informações sobre dietas saudáveis e serviço de apoio quando necessário. Nas palavras de Rob Rees (2010, p. 2), diretor do School Food Trust (Fundo para a Alimentação Escolar) responsável pelo projeto:

> O trabalho que fazemos fortalece constantemente a nossa convicção de que aprender a preparar refeições familiares saudáveis possa produzir um impacto positivo no bem-estar e saúde geral, no envolvimento da família e da comunidade, como também traz uma riqueza de benefícios sociais, pessoais e educacionais aos indivíduos e às organizações.

O relatório anual de atividades realizadas pela organização entre 2009-2010 (Rees 2010) afirma que acima de 700 mil pessoas aprenderam a cozinhar de forma mais saudável e que 90% dessas pessoas conseguiram transferir a aprendizagem para suas casas. O relatório garante ainda que pelo menos 58% das pessoas envolvidas nas atividades adotaram uma alimentação mais saudável após sua experiência no projeto.

Let's get cooking: Cooking round the world também produziu uma seleção de receitas saudáveis e outros recursos para o comitê dos Jogos Olímpicos e Paralímpicos de 2012 como uma estratégia prática de ensinar línguas. As receitas, inspiradas na culinária de sete países que participavam nos jogos, foram traduzidas para outras línguas e disponibilizadas na internet (School Food Trust s.d.b).

Um dos países escolhidos é o Brasil – e uma das receitas sugeridas é uma vitamina de banana com manga (School Food Trust s.d.c). A página sugere que alunos britânicos poderiam servir a vitamina durante eventos que lembram Brasil – como um jogo de futebol ou de vôlei de praia. Outra sugestão é de montar um carnaval brasileiro com música, samba e decorações típicas. Outras ideias envolvem a degustação de frutas tropicais – vamos experimentar a mesma fruta fresca, seca e enlatada – qual é mais gostosa? E a mais barata? E qual é mais saudável? Outra proposta é de montar uma degustação na escola de uma variedade de vitaminas tropicais, batizando cada uma com um nome em português. Os alunos também podem investigar as regiões onde cada fruta é produzida, descobrir mais sobre a época de colheita, conhecer melhor o processo de produção e comercialização de cada uma etc.

Quais os outros projetos disponíveis na internet? Vamos nos inspirar nos programas bem-sucedidos de outros países e de outras culturas, adaptando as propostas para nossa realidade, com o propósito de acabar com a malnutrição e de garantir a aquisição de hábitos alimentares saudáveis para todos.

Obesidade infantil: Sugestões no contexto do ensino religioso e da educação física

A pessoa obesa não está daquela maneira porque quer. Às vezes não conhece outra maneira de se alimentar, apenas segue os costumes da família. A obesidade infantil, na maioria dos casos, é uma condição criada pelas pessoas que cuidam da criança. São os adultos que escolhem a comida da criança, os adultos que compram alimentos do estilo *fast-food,* pré-preparados, com excesso de calorias vazias, sem os nutrientes e vitaminas essenciais à saúde, com excesso de sal, de gordura e de açúcar, criando hábitos muito difíceis de serem modificados mais tarde. Não são as crianças pequenas que decidem o que comer – elas se acostumam com a comida oferecida a elas.

O presidente da Sociedade Brasileira de Pediatria, Eduardo da Silva Vaz, no prefácio da segunda edição do manual de orientação *Obesidade na infância e adolescência* (Sociedade Brasileira de Pediatria 2012), apresenta números preocupantes em relação à obesidade infantil:

Segundo a Pesquisa de Orçamento Familiar (POF), realizada entre 2008/2009 pelo Instituto Brasileiro de Geografia e Estatística (IBGE), uma em cada três crianças com idade entre 5 e 9 anos está com peso acima do recomendado pela Organização Mundial da Saúde (OMS) e pelo Ministério da Saúde. Entre os jovens de 10 a 19 anos, 1 em cada 5 apresenta excesso de peso. É um problema que já afeta 1/5 da população infantil. Com o controle da obesidade também preveniremos hipertensão, diabetes, doenças cardiovasculares e câncer. (*Ibidem*, p. 5)

A obesidade causa muitos transtornos, tanto para crianças quanto para adolescentes e adultos. Na escola, crianças e adolescentes obesos, ou com sobrepeso, sofrem de discriminação e são motivo de chacota, de deboche, de gozação, práticas conhecidas atualmente como *bullying* – uma palavra inglesa ainda sem tradução em português. Quais as sugestões dos alunos – vamos inventar uma palavra em português que representa bem esse comportamento não desejável? De acordo com a cartilha sobre *bullying,* lançada pelo Conselho Nacional de Justiça, em 2010:

Os atos de violência (física ou não) ocorrem de forma intencional e repetitiva contra um ou mais alunos que se encontram impossibilitados de fazer frente às agressões sofridas. Tais comportamentos não apresentam motivações específicas ou justificáveis. Em última instância, significa dizer que, de forma "natural", os mais fortes utilizam os mais frágeis como meros objetos de diversão, prazer e poder, com o intuito de maltratar, intimidar, humilhar e amedrontar suas vítimas. (Silva, A.B.B. 2010, p. 7)

Os sinais que surgem repentinamente, sem explicações, apresentados pelos alunos alvos de *bullying* na escola são: isolamento, postura retraída, ansiedade, depressão, pânico, demonstração de tristeza, faltas frequentes nas aulas e mau rendimento na escola. Essa mudança repentina de comportamento serve de alerta para despertar a atenção do professor, que precisa investigar as causas de qualquer comportamento diferenciado para tentar erradicar o *bullying* na escola (Lopes Neto 2005).

Muitas vítimas de *bullying* possuem baixa autoestima, tornando-se vulneráveis aos ofensores. Desse modo, estratégias que sirvam para melhorar a autoestima das vítimas devem ser adotadas na escola. Trabalhos colaborativos, nos quais cada membro do grupo contribui para o produto final, oferecem oportunidades para a apreciação da diversidade presente no grupo. Quando cada aluno expressa opiniões, oferece ideias, sugere direções a serem exploradas e novos meios de alcançar os objetivos do grupo, todo esse grupo aprende a respeitar mais, e até admirar, a riqueza da pluralidade. Quando o professor estimula os alunos a comunicarem os próprios pensamentos e a escutarem os colegas com atenção, ele cria as condições necessárias para o desenvolvimento do respeito mútuo – uma arma poderosa contra o *bullying*.

Muitas sugestões oferecidas até agora poderão ser desenvolvidas com ajuda dos profissionais responsáveis pela área do ensino religioso. Por exemplo, as *Diretrizes e orientações sobre o ensino religioso no estado do Espírito Santo* (Espírito Santo 2007, p. 12) afirmam:

> Os conteúdos de Ensino Religioso serão definidos pela escola de acordo com seu projeto político-pedagógico, observando-se as Diretrizes Curriculares Nacionais para o Ensino Fundamental, subordinam-se aos seguintes pressupostos:
>
> a) da concepção de conhecimento humano em suas diferentes formas, das relações entre ciência e fé, da interdisciplinaridade e da contextualização como princípios estruturadores da organização curricular;
>   (...)
> c) do reconhecimento dos principais valores éticos e morais presentes nas tradições religiosas e sua importância para a defesa e a garantia da dignidade do ser humano, a promoção da justiça e da solidariedade entre as pessoas e os povos, a convivência harmoniosa com a natureza e a criação de cultura de paz;
> d) da compreensão das várias manifestações de vivências religiosas presentes na sociedade brasileira, cujo conhecimento deve promover a tolerância e o convívio respeitoso com o diferente e o compromisso sociopolítico com a equidade social em nosso país. (...)

Dessa forma, percebemos que a valorização das relações interpessoais, a cooperação, a inclusão de todos e o respeito mútuo, entre muitos outros assuntos, são perfeitamente pertinentes aos estudos religiosos.

Quando os principais tópicos investigados são a obesidade infantil e os transtornos provocados por essa condição, fica claro que os profissionais da área da educação física têm também muito a contribuir. A discriminação contra o obeso baseia-se no formato do corpo e parte da solução para a obesidade envolve o investimento em exercícios físicos. Assim, qualquer proposta de trabalho que contribua para a redução de peso ou para a formação de hábitos saudáveis ligados ao bem-estar do corpo exigirá a participação de professores de educação física.

E quais conteúdos da área da educação física poderiam ser trabalhados em relação a essas questões? Nas *Orientações curriculares para o ensino médio* (Brasil 2006a, pp. 218-219) encontramos a seguinte discussão sobre a identidade da educação física como componente curricular:

> A leitura da realidade pelas práticas corporais permite fazer com que essas se tornem "chaves de leitura do mundo". As práticas corporais dos sujeitos passam

a ser mais uma linguagem, nem melhor nem pior do que as outras na leitura do real, apenas diferente e com métodos e técnicas particulares. (...) Por meio do movimento expressado pelas práticas corporais, os jovens retratam o mundo em que vivem: seus valores culturais, sentimentos, preconceitos, etc. Também "escrevem" nesse mesmo mundo suas marcas culturais, construindo os lugares de moças e rapazes na dinâmica cultural. (...) O diálogo das práticas corporais realizadas com outras linguagens, disciplinas e métodos de ensino deve respeitar as práticas corporais como sendo elas mesmas um conjunto de saberes. Os saberes tratados na Educação Física nos remetem justamente a pensar que existe uma variedade de formas de apreender e intervir na realidade social que deve ser valorizada na escola numa perspectiva mais ampliada de formação.

Infelizmente, existem muitos jovens na sociedade atual que não utilizam as práticas corporais para se expressar, estão se movimentando cada vez menos e essa realidade precisa mudar. A criança obesa provavelmente viverá menos tempo que uma criança com peso normal. Nos Estados Unidos, há previsões de que, pela primeira vez na história, a geração atual de crianças terá uma vida mais curta e menos saudável que seus pais. É isso que queremos para as futuras gerações? Vamos mudar essa realidade? Como?

A maioria dos estudos sobre obesidade enfatiza o fator sedentarismo como uma das causas determinantes da condição. Logo, os alunos com excesso de peso precisam se movimentar mais. Aliás, seria atributo dos profissionais de educação física promover a prática de atividades físicas pensando na formação de hábitos saudáveis que permanecerão durante toda a vida. No entanto, nem sempre é possível ofertar aos alunos um leque atraente de opções – e ninguém vai continuar a praticar nada se não gostar da proposta inicial. Sendo assim, um primeiro passo seria ampliar as opções disponíveis na tentativa de despertar interesse em alguma atividade.

Existem vários esportes que envolvem equipes trabalhando em conjunto (futebol, vôlei, basquete), mas nem todo mundo gosta de trabalhar em equipe. E também não são todas as pessoas que conseguem trabalhar bem com bola. Portanto, precisamos pensar em alternativas. Quais as atividades físicas já praticadas pelos alunos? Andam de bicicleta, de *skate*, nadam, dançam, praticam surfe, *body-board*, ioga, caratê, jogam futebol, vôlei, capoeira? Quais atividades poderiam ser realizadas na escola? Quais são as mais valorizadas e as menos valorizadas pelos alunos? Quais as atividades praticadas em outros países? Países diferentes valorizam diferentes atividades? Vamos investigar? Experimentar? Lembramos que

os conteúdos da Educação Física são constituídos a partir de uma multiplicidade de práticas corporais produzidas no interior de contextos culturais diferenciados.

Portanto, essas práticas corporais são também práticas culturais, visto que são um produto das relações travadas entre diferentes sujeitos. Justamente por constituírem uma produção cultural, as práticas corporais carregam consigo um conjunto de valores, sentidos e significados vinculados aos sujeitos que as produzem/reproduzem. (Brasil 2006a, pp. 226-227)

Dessa forma, percebemos a ligação estreita entre educação física e ensino religioso. Na realidade, muitos movimentos realizados durante cerimônias religiosas expressam a conexão entre o ser humano e o ser divino. Por exemplo, a dissertação de mestrado de Oliveira (2011) ilustra muito bem essa ligação. O título é "Um ato de fé e(m) festa: Análise do encontro entre devoção e diversão na dança de São Gonçalo de Amarante" e o resumo começa assim:

A pesquisa aqui proposta tem por escopo observar e examinar determinadas relações que se estabelecem entre corpo, dança e religião na prática ritual em louvor a São Gonçalo de Amarante (...) anunciando a partir do encontro entre devoção e diversão fenômenos que revelam pontos de familiaridade entre as representações artísticas e as manifestações de religiosidade popular, auxiliando-nos, deste modo, a apreender planos de interseções e diálogos entre as categorias do sagrado e do profano no contexto cerimonial. (Oliveira 2011, p. 7)

Mais uma vez, percebemos uma infinidade de possibilidades de trabalho. Vamos descobrir mais sobre a religiosidade popular brasileira; as danças diferentes vindas de culturas diferentes; o significado das danças indígenas; as ligações entre mitologias, religiosidade e movimentos corporais. Vamos unir a prática de atividades físicas à prática de valores como persistência, respeito, responsabilidade, solidariedade, tolerância, autonomia, cidadania, cooperação, honestidade, humildade, liderança, ética.

Obesidade e as sete chaves para alcançar o peso saudável

Um livro muito interessante escrito pelo norte-americano Jay McGraw, filho do famoso psicólogo Phil McGraw[11] – intitulado *The ultimate weight solution for*

---

11. Phil McGraw tornou-se conhecido do grande público ao participar nos programas de Oprah Winfrey como consultor de comportamento e relações humanas. É conhecido por Dr. Phil. Em 2002, lançou o próprio programa de televisão.

teens: The seven keys to weight freedom [A solução definitiva para os adolescentes perderem peso: As sete chaves para alcançar o peso ideal] (McGraw 2003) –, comenta que o agressor em alguns casos de *bullying* pode ser a própria vítima. Ele traz muitos exemplos de diálogos com adolescentes com excesso de peso, onde o próprio adolescente admite que muitas ameaças e agressões verbais surgem na sua própria cabeça. Ele mesmo se chama de feio, gordo, perdedor, fraco, burro, incapaz. Em outras palavras, seus próprios pensamentos são tremendamente negativos – já criando as condições próprias para o fracasso de qualquer tentativa de mudança de vida. Quando um jovem se compara constantemente com os outros e decide que é sempre inferior; quando acredita que seus planos nunca serão bem-sucedidos; quando coloca a culpa nos outros em vez de assumir a responsabilidade pelos problemas da sua vida; quando tem certeza que qualquer tentativa de perder peso vai fracassar – esses pensamentos destroem a autoestima e a autoconfiança, criando as condições perfeitas para a derrota e a frustração. De acordo com o autor (*ibidem*, p. 58), sua "verdade pessoal" é aquilo que você mesmo acredita com relação a você, reflete a maneira como você vive todos os dias, é a sua definição de você mesmo. E essa verdade pessoal pode ser uma verdade positiva acumulada, ou pode ser uma teia de mentiras, distorções e atitudes negativas. O que você acredita ser verdade sobre você determina como você vai viver a vida. E quando a sua visão pessoal é negativa, você está criando as condições próprias para a infelicidade. É isso que queremos? Não. Portanto, a mudança precisa começar de dentro para fora.

O mesmo autor sugere que o primeiro passo para mudar a forma como pensamos sobre nós mesmos é analisar criticamente os nossos pensamentos (*ibidem*, pp. 60-61). Para ajudar a fazer isso, ele oferece uma lista de frases – se a frase estiver presente na cabeça da pessoa, esta deve circular o "S" para sim; se não, o "N" para não. Por exemplo:

S – N – Só vou ficar feliz quando ficar magro/a.
S – N – Não consegui manter a minha dieta, portanto vou comer o que quero.
S – N – Ganhei um quilo – sabia que era impossível manter aquele peso.
S – N – Ninguém gosta de mim porque sou gordo/a.
S – N – Se eu experimentar fazer esportes ou exercícios, não vou conseguir.
S – N – Perdi algumas sessões de exercícios, estraguei tudo, é melhor parar.
S – N – Preciso de comida para aliviar meu estresse.

Outra sugestão de McGraw (2003) é escrever o que você pensa sobre: (a) sua aparência; (b) seu corpo; (c) seu peso e seu nível de exercício. Frases positivas e negativas devem ser registradas. Agora deverão ser analisadas as frases circuladas da sugestão inicial e as escritas produzidas com relação à aparência etc. As afirmações devem ser averiguadas e contestadas, para depois serem substituídas por pensamentos positivos e, por fim, os pensamentos positivos devem ser colocados em prática.

Por exemplo, um dos adolescentes entrevistados por McGraw acreditava que ninguém gostava dele porque era gordo. Assim sendo, ele precisava analisar essa crença fazendo perguntas como: "Como é que sei que ninguém gosta de mim?"; "Será que existe alguém que gosta de mim?". Assim, deve fazer uma lista dessas pessoas – o que leva à conclusão de que, se existem pessoas que gostam dele, a frase que afirma que ninguém gosta dele não é verdade. De acordo com o autor (*ibidem*, p. 65), "quando *você* começa a gostar de você mesmo de verdade, não importa tanto o que os outros pensam de você".

Uma proposta interessante para reduzir a negatividade é criar uma frase positiva para contestar a frase negativa registrada anteriormente. Por exemplo:

TABELA 8: COMPARAÇÃO DE PENSAMENTOS NEGATIVOS COM POSITIVOS

PENSAMENTO NEGATIVO	PENSAMENTO POSITIVO
Perdi algumas sessões de exercícios, estraguei tudo, é melhor parar.	Desistir não vai adiantar nada. Vou mudar meus horários e priorizar o exercício.
Só fico feliz quando estou magro/a.	Não vou esperar para me sentir feliz. Vou gostar da minha vida agora e trabalhar com confiança para alcançar meus objetivos.
Preciso de comida para aliviar meu estresse.	Posso fazer outras coisas para aliviar o estresse – fazer exercícios, ou conversar com amigos.

Fonte: Elaborada pelas autoras, com base em McGraw (2003).

Quando começamos a adotar pensamentos positivos e verdadeiros, essa prática certamente contribui para a realização dos objetivos.

O autor apresenta sete chaves para o sucesso em alcançar o peso saudável, e a primeira exige (1) o pensamento positivo e verdadeiro, já discutido. As outras são: (2) curar os sentimentos; (3) criar um ambiente que garanta sucesso; (4) assumir o controle do consumo aleatório de alimentos; (5) aderir ao planejamento consciente de porções; (6) praticar o exercício intencional; (7) estabelecer um círculo de apoio. É claro que todas essas estratégias envolvem aspectos essenciais de várias áreas de conhecimento eleitos como propulsores ao longo deste capítulo, portanto vamos acrescentar alguns detalhes para ilustrar as ideias propostas por Jay McGraw (2003).

(2) *Curar os sentimentos*

Uma forte razão de pensar sobre a relação entre os sentimentos e o consumo de alimentos é que muitas pessoas comem em excesso quando se sentem estressadas ou infelizes. Por isso é importante reconhecer o que fazemos nessas situações. Por exemplo, podemos pensar um pouco sobre as razões por que comemos. Comemos com amigos mesmo sem sentir fome? Comemos em excesso para agradar à pessoa que preparou a comida? Comemos doces quando estamos nos sentindo tristes, deprimidos, ansiosos, com raiva? Pensamos em comida o tempo todo? Quando reconhecemos a relação entre os nossos hábitos de comer e os nossos sentimentos, adquirimos a capacidade de modificar alguns desses hábitos.

Não são os acontecimentos da vida que nos afetam, é a nossa reação ao que acontece conosco que determina os caminhos que trilhamos. McGraw (2003, pp. 84-87) fala dos "filtros" que usamos para interpretar os eventos da vida. Os filtros refletem nossa personalidade, nossas atitudes, nossas crenças, nossos pontos de vista, nossas experiências anteriores. O filtro da negação está sendo utilizado quando uma pessoa com anorexia continua acreditando que está com excesso de peso. O filtro da aprovação significa que a pessoa toma decisões pensando principalmente na aprovação dos outros. A validação vem de fora – e às vezes a pessoa se torna escrava das preferências dos outros, sem enxergar que seriam as próprias opções de vida que lhe proporcionariam uma vida muito mais feliz. O filtro perfeccionista obriga a pessoa a estabelecer objetivos impossíveis de serem alcançados. Consequentemente, quando não consegue alcançar a perfeição, surgem sentimentos negativos que podem levar à depressão. O filtro do pessimismo amplia qualquer falha desproporcionalmente. Quando ganhamos meio quilo é o fim do mundo. Qualquer tentativa de perder peso se torna impossível.

Quais os outros filtros que contribuem para a nossa interpretação dos acontecimentos da vida? Vamos conversar com os alunos e depois pedir que escrevam poesias, narrativas, letras de música, que montem um desenho animado, ou uma peça de teatro para explorar o efeito de diferentes filtros de percepção nas nossas decisões ou planos de vida? McGraw (2003, p. 91) garante que "você mesmo decide como reagir a qualquer situação, e sua reação determina seu destino, seu peso e sua felicidade. Isso exige comprometimento e coragem, mas mudará sua vida".

(3) Criar um ambiente que garanta sucesso

A terceira chave do plano de McGraw envolve a criação de um ambiente que garante sucesso. Quando vivemos num ambiente cheio de tentações, precisamos resistir aos desejos o tempo todo. Uma estratégia é de mudar o nosso ambiente na tentativa de modificar nosso comportamento. Por exemplo, quando a pessoa trabalha numa sorveteria e tem direito de comer a quantidade que quiser como empregado do estabelecimento, será que consegue resistir a essa tentação? É pouco provável. Nesse caso, mudando de emprego pode reduzir drasticamente a ingestão de açúcar e de calorias. Precisamos pensar nas pessoas com quem vivemos, nos lugares que frequentamos, e nos objetos que fazem parte de nosso ambiente para descobrir as pistas que desencadeiam o desejo de comer.

Lembramos ainda o papel fundamental dos sentidos – a aparência, o cheiro e o gosto da comida são estimulantes poderosos. Mas, em vez de ceder à tentação da propaganda e dos cheiros do ambiente, é muito importante lembrar que é a fome que deve funcionar como estímulo principal. Uma estratégia extremamente eficaz para reduzir peso é de comer apenas quando sentir fome e parar de comer na hora quando começar a sentir que a fome passou.

Quais as pistas mais comuns que provocam o desejo de comer nos alunos? Quais as mais difíceis de resistir? Vamos investigar? Comparar os dados de diferentes grupos? Organizar os dados de acordo com idade, gênero etc.? Quais os desejos alimentares dos pais? E dos avós? Eles se sentem atraídos pela propaganda do *fast-food*? Gostam de comer lanches ou comidas desse tipo entre as refeições? O que os avós comem que os jovens não comem? O que os jovens comem que os avós não comem? Quais os horários de comer das diferentes gerações? O *fast-food* é consumido no lugar da refeição ou pode ser consumido em qualquer momento?

Quanto cada aluno gasta semanalmente em *fast-food*, doces, petiscos e lanches pouco saudáveis? Com esse dinheiro poderia comprar o quê? Quais as opções mais saudáveis? Se os alunos fossem ajudar a mãe a fazer a lista de compras, quais as três comidas que deveriam sair da lista? E quais os três itens mais saudáveis que poderiam ser acrescentados? Por que a gula é considerada pecado? Vamos investigar a história dessa associação no cristianismo? Será que outras religiões também proíbem a gula? Vamos descobrir mais? Qual o efeito da gula no funcionamento do corpo? Como mudar os nossos hábitos? Quais as sugestões dos alunos para criar um ambiente mais saudável que contribua para a modificação de hábitos indesejáveis? Vamos pensar juntos?

(4) *Assumir o controle do consumo aleatório de alimentos*

Todo mundo tem hábitos negativos em alguma área de sua vida, comportamentos que repetimos mesmo sabendo que não fazem sentido. Mas de acordo com McGraw (2003), quando repetimos comportamentos indesejáveis com relação à alimentação, na certeza que essas práticas estão nos fazendo mal, deve existir algum motivo, alguma justificação que satisfaz o nosso subconsciente. É só descobrir qual é! Uma vez identificado o motivo, é necessário descobrir como alcançar o prêmio, ou recompensa, sem ter recurso aos comportamentos indesejáveis. Precisamos perguntar: Com relação à comida – o que faço que considero errado? Por que faço isso? O que é que eu ganho com isso? Qual seria uma alternativa mais saudável?

Exemplo: será que estou comendo demais para fugir de uma situação de estresse, para me acalmar? Será que estou fazendo dieta para chamar a atenção? Será que estou comendo *fast-food* para garantir a aceitação pelos colegas ou porque é mais fácil e não exige tempo de preparação? Lembramos que pessoas com sobrepeso comem mais rapidamente que pessoas com peso normal e, consequentemente, não saboreiam o gosto da comida (*ibidem*, p. 145). O *fast-food* é muito macio, derrete na boca, e exige muito pouca mastigação. Assim, o ritmo de consumo é muito rápido, com as pessoas praticamente engolindo a comida, sem mastigá-la de forma adequada, e sem o prazer que devem sentir ao comer, a curtição de estar socializando com a família, sentados à mesa, conversando. Quando comemos mais lentamente, torna-se mais fácil controlar a quantidade de comida ingerida e a sensação de saciedade surge após o consumo de uma quantidade menor. Lembramos do movimento Slow Food, cujo manifesto, escrito por um dos fundadores, Folco Portinari, em 9 de novembro de 1989 diz o seguinte:

> O nosso século, que se iniciou e tem se desenvolvido sob a insígnia da civilização industrial, primeiro inventou a máquina e depois fez dela o seu modelo de vida. Somos escravizados pela rapidez e sucumbimos todos ao mesmo vírus insidioso: a Fast Life, que destrói os nossos hábitos, penetra na privacidade dos nossos lares e nos obriga a comer Fast Food. (...) Nossa defesa deveria começar à mesa com o Slow Food. Redescubramos os sabores e aromas da cozinha regional e eliminemos os efeitos degradantes do Fast Food. (Portinari 1989, s.p.)

Em restaurantes *fast-food*, além de o alimento ser pouco nutritivo, também está sendo servido em porções muito grandes, pois frequentemente as porções grandes e extragrandes têm um preço menor do que as porções "regulares". Por essa razão, o cliente acaba escolhendo as porções grandes, uma para cada pessoa, em vez de pensar que poderia dividir uma porção extragrande com um colega ou outro membro da família. Quando os alunos comem alimentos reconhecidos como *fast-food* com sua família, quantas pessoas optam pelas porções maiores? Quantas pessoas dividem uma porção com outro membro do grupo? Todo mundo consegue comer toda a sua comida? Quantas pessoas não conseguem comer a porção toda? É necessário forçar um pouco para comer além da quantidade que satisfaz? Descreva os sentimentos físicos e os emocionais enquanto você se esforça para comer além da sensação de conforto. O que acontece na próxima saída em conjunto – você muda seu pedido? Ou mantém? Fica mais fácil comer a porção maior na segunda tentativa, na terceira? Ou leva mais tempo para se acostumar com a quantidade excessiva? Você se sente pressionado pelo grupo? Percebe que está comendo além da quantidade sadia? Qual o comportamento dos outros membros do grupo? Todos se preocupam com o bem-estar dos companheiros ou inventam desafios para decidir quem come mais que os outros? Vamos analisar os nossos hábitos alimentares dentro e fora de casa na tentativa de identificar os hábitos positivos e os negativos?

(5) *Aderir ao planejamento consciente de porções*

Não é apenas o que comemos que é importante, precisamos analisar também o quanto comemos. Uma refeição típica de *fast-food,* como, por exemplo, um *cheeseburger* duplo, batatas fritas, refrigerante e uma sobremesa representa em torno de 2.200 calorias – uma quantia que deveria ser consumida ao longo do dia todo. Contudo, devemos lembrar que as nossas escolhas foram influenciadas por muitas forças diferentes. Muitas informações adquiridas na família e na escola contribuíram para a nossa situação atual.

Os adultos na nossa vida tomaram todas as decisões sobre alimentação durante os anos formativos. Às vezes os pais ou avós utilizaram comida como prêmio ou como punição. Quando fizemos algo positivo, recebemos doce como prêmio, e se nos comportamos mal, a sobremesa foi cortada. Os pais frequentemente insistem que os filhos "limpem bem o prato" e são os exemplos que imitamos durante a fase de crescimento. Se os adultos na nossa vida consomem comidas com altos níveis de gordura, açúcar, sal e calorias, aprendemos automaticamente a fazer a mesma coisa, adquirindo um hábito que não será fácil de mudar. Nesse caso, se o filho tentar fazer uma reeducação alimentar sozinho no meio de uma família que come *fast-food,* ele vai obter sucesso? Ou será que a família precisa dar um exemplo e trabalhar em conjunto com a criança na tentativa de mudar as escolhas alimentares? De acordo com McGraw (2003, p. 156), "alimentos com níveis altos de açúcar – além de gordura e sal – podem causar uma dependência, para muitas pessoas, parecida com a do vício do cigarro ou do álcool, sendo igualmente difícil de abandonar". Sabendo disso, precisamos elaborar um plano, de preferência em conjunto com a família, e apoiado pelos amigos, que estabeleça quantidades, horários e qualidades desejáveis de alimentos saudáveis que substituam os hábitos negativos adquiridos.

O que devemos comer? O autor (*ibidem*) recomenda três porções de seis grupos de alimentos diariamente: proteínas magras (leguminosas, frango, peixe); produtos lácteos sem gordura (iogurte, leite); frutas; verduras sem amido; carboidratos naturais (arroz, macarrão, legumes com amido, grãos); gordura saudável (azeite, óleo vegetal). E sugere uma estratégia para ajudar a acompanhar a aquisição de hábitos mais saudáveis que envolve o registro dos alimentos consumidos durante a semana para checar se, de fato, estamos comendo as porções recomendadas de todos os grupos. Uma tabela como a que segue pode ser utilizada para indicar o consumo das porções de cada grupo:

TABELA 9: REGISTRO SEMANAL DE PORÇÕES E GRUPOS ALIMENTARES

DIA	Proteína	Produtos lácteos	Frutas	Verduras	Carboidratos	Gordura saudável
Domingo	1 – 2 – 3	1 – 2 – 3	1 – 2 – 3	1 – 2 – 3	1 – 2 – 3	1 – 2 – 3
Segunda	1 – 2 – 3	1 – 2 – 3	1 – 2 – 3	1 – 2 – 3	1 – 2 – 3	1 – 2 – 3
Terça	1 – 2 – 3	1 – 2 – 3	1 – 2 – 3	1 – 2 – 3	1 – 2 – 3	1 – 2 – 3
Etc.	1 – 2 – 3	1 – 2 – 3	1 – 2 – 3	1 – 2 – 3	1 – 2 – 3	1 – 2 – 3

Fonte: Adaptada de McGraw (2003, p. 167).

Vários alimentos nos grupos acima exigem mais esforço para comer em comparação ao gênero *fast-food,* como as frutas frescas, as verduras cruas e os grãos integrais. O tempo de preparação e de consumo é importante porque aumenta a sensação de saciedade.

(6) *Exercício intencional*

Todos sabem que o excesso de peso surge quando ingerimos mais calorias do que gastamos. Sendo assim, um dos fatores essenciais para reduzir o excesso é queimar mais calorias. Precisamos nos movimentar mais, levantar do sofá na frente da televisão, parar de mexer no computador, no iPod ou no *videogame*. Para gastar calorias, precisamos nos mexer – algum dia! Só que "algum dia" não consta no calendário. De acordo com McGraw (2003), pensamentos sem ação constituem o maior empecilho ao sucesso. Queremos fazer exercício, mas sempre existe uma desculpa, uma razão inventada que impede a realização do desejo. Se for assim, precisamos transformar os nossos desejos, os nossos sonhos, em planos de ação – planos executáveis. Os sonhos precisam ser transformados em objetivos alcançáveis. E uma das táticas que contribuem para o sucesso é a escolha de uma atividade física que achamos divertida, que conseguimos realizar, que oferece desafios, como também oportunidades para o desenvolvimento. Devemos definir as metas a serem cumpridas a fim de garantirmos os resultados esperados. Todo o processo deve ser gratificante, podendo incluir prêmios quando alcançarmos objetivos – prêmios que *não* sejam relacionados à comida.

Vamos descobrir mais sobre os níveis de exercício praticados pelos alunos? Quanto tempo gastam fazendo exercício e quanto tempo passam sentados? O que fazem quando estão sentados? Quais os exercícios favoritos? E os pais dos alunos – fazem exercícios regularmente? O trabalho dos pais envolve exercício físico? E o trabalho dos avós – envolvia exercício físico? Alguns alunos apresentam problemas de sobrepeso? E os pais desses alunos? E os avós? Qual a relação entre a comida ingerida e o exercício realizado por cada geração? Como era a preparação da comida antigamente? O que mudou de uma geração para outra? Vamos pesquisar?

(7) *Estabelecer um círculo de apoio*

Qualquer pessoa que está com excesso de peso, ou que está obesa, precisa de um grupo de apoio para ajudá-la a alcançar seus objetivos. Às vezes, os amigos nos pressionam para fazer o que o grupo está fazendo, e acabamos cedendo sem querer. Mas é necessário assumir a responsabilidade para nossas próprias decisões para determinar a direção de nossa vida. Não precisamos mudar as decisões dos outros, é só mudar as nossas decisões e a maneira como reagimos às propostas não desejáveis do grupo. "Vamos tomar sorvete com a turma?" "Não obrigada, que tal jogar um pouco de vôlei?" De acordo com McGraw, "ninguém tem o poder de forçar você a desistir dos seus objetivos, a não ser que você mesmo deseje que isso aconteça" (McGraw 2003, p. 214).[12]

O autor fala ainda de pessoas, às vezes até colegas de classe, que utilizam a violência verbal contra pessoas com excesso de peso – uma das formas de *bullying* –, o que pode ter consequências perigosas, porém apenas quando a pessoa se deixa abalar. As nossas reações ensinam aos outros como devem nos tratar. Quando não nos preocupamos tanto com o que os outros pensam e começamos a dar mais valor à nossa própria opinião sobre nós mesmos, a violência verbal perde efeito. À medida que nossa autoestima aumenta e percebemos que estamos começando a vencer as diversas etapas de nosso próprio plano para obter uma vida cada vez mais saudável e feliz, adquirimos mais e mais força para enfrentar possíveis sabotagens. No entanto, precisamos de familiares e amigos para nos acompanhar nessa caminhada que, afinal de contas, envolve uma mudança drástica de vida. Precisamos de pessoas que ofereçam conselhos saudáveis sobre alimentação, nutrição e exercícios físicos, pessoas que se alimentem de maneira saudável e/ou que possam nos acompanhar quando fazemos exercícios, pessoas que nos elogiem quando estamos trabalhando duro para alcançar nossos objetivos, e pessoas que nos apoiem quando surgem

---

12. No original: *"No one has the power to make you give up on your goals unless you let them"*.

dificuldades no caminho. Quando a pessoa se responsabiliza perante um grupo de apoio, as chances de sucesso são bem maiores.

> As crianças aprendem no lar algumas das suas lições mais importantes sobre a alimentação, e esta aprendizagem pode ser positiva. Estudos atestam que participantes em programas familiares de controle de peso – quando pais e filhos aprendem e praticam hábitos alimentares saudáveis em conjunto – são mais bem-sucedidos no longo prazo que participantes em programas envolvendo indivíduos. A educação nutricional baseada na família também pode servir como modelo positivo para a prevenção do aumento indesejável de peso, antes que se torne um problema sério que é custoso e difícil de eliminar. (Gardner e Halweil 2000, p. 51)

Transtornos alimentares e as sete chaves

Os transtornos alimentares são definidos como desvios do comportamento alimentar que podem levar ao emagrecimento extremo ou à obesidade, entre outros problemas. De acordo com McGraw (2003, p. 231), os transtornos alimentares representam a terceira doença crônica mais comum entre adolescentes do sexo feminino. Em 2003, estimava-se que, nos Estados Unidos, em torno de 50 mil indivíduos morreriam a cada ano como resultado de um transtorno alimentar.

> Os transtornos alimentares são doenças psiquiátricas caracterizadas por graves alterações do comportamento alimentar e que afetam, na sua maioria, adolescentes e adultos jovens do sexo feminino, podendo originar prejuízos biológicos, psicológicos e aumento da morbidade e mortalidade. Os dois principais transtornos alimentares são a anorexia e bulimia nervosas. A anorexia nervosa é caracterizada pela perda de peso à custa de dieta extremamente restrita, a busca desenfreada pela magreza, distorção da imagem corporal e alterações do ciclo menstrual. A bulimia nervosa caracteriza-se por episódios repetidos de grande ingestão alimentar (episódios bulímicos, do inglês "binge eating") e uma preocupação excessiva com o controle do peso corporal. O paciente chega a adotar medidas extremas, a fim de evitar o ganho de peso, devido à ingestão exagerada de alimentos. (Borges *et al.* 2006, pp. 340-341)

McGraw (2003) acredita que as sete chaves já apresentadas com relação à conquista da obesidade também poderão ser utilizadas por pessoas com doenças crônicas relacionadas a transtornos alimentares, no entanto adequando as sugestões à realidade de cada pessoa. Vamos examinar as sete chaves em conjunto com os alunos, alterando as sugestões no contexto dos transtornos alimentares? O que precisa ser modificado? Existem ações "opostas" quando comparamos uma pessoa com excesso de peso e outra com anorexia? Será que as duas pessoas conseguirão aprender uma com a outra? Existem semelhanças entre esses transtornos tão diferentes?

Muitos estudos indicam que esses transtornos surgem por causa de uma insatisfação corporal na adolescência – vamos investigar a satisfação/insatisfação corporal na nossa escola? Quais os fatores que estão contribuindo para a insatisfação corporal? Quais as sugestões que poderão ser adotadas para melhorar a nossa imagem do próprio corpo? Qual o conceito de beleza mais popular entre os alunos? Focalizaram na beleza exterior ou interior? O conceito de beleza é diferente para culturas diferentes? Vamos pesquisar mais para aprender a apreciar a beleza do corpo na sua diversidade?

Considerações finais

Tardido e Falcão (2006, p. 118) descrevem a transição nutricional que está gerando a epidemia atual de obesidade do seguinte modo:

> A prevalência da obesidade está sempre aumentando, e alguns dos fatores que contribuem para a ascensão desta epidemia é [sic] a transição nutricional, com aumento do fornecimento de energia pela dieta, e redução da atividade física, o que podemos chamar de estilo de vida ocidental contemporâneo.
> A industrialização e urbanização trouxeram aumento da ingestão de calorias e diminuição da atividade física, estabelecendo o princípio do sobrepeso, ou seja, maior ingestão calórica e menor gasto energético, com acúmulo de gordura. Na população infanto-juvenil, outros fatores agravam o problema, como o desmame precoce e introdução de alimentos altamente calóricos desde o início da vida. Crianças e jovens têm cada vez menos espaços gratuitos para praticar atividades físicas e incorporam formas de lazer sedentárias, como computadores e televisão. As refeições rápidas e fora de casa com refrigerantes, salgadinhos, sanduíches e biscoitos substituíram o arroz, feijão, carne e verdura, até mesmo a merenda escolar. A obesidade é hoje a terceira doença nutricional do Brasil, apenas superada pela anemia e desnutrição. Cerca de 32% dos adultos brasileiros apresentam algum grau de excesso de peso.

O que precisa ser feito para mudar esse cenário? A alimentação saudável perdeu importância no estilo de vida atual? Será que os jovens atuais percebem o que está acontecendo com seu corpo, com sua saúde, com seu bem-estar?

Infelizmente as soluções para a redução do peso em excesso têm sido tecnológicas na sua maioria – lipoaspiração, cirurgia bariátrica, a procura do "gene" responsável –, em conjunto com lançamentos de modas dietéticas passageiras. Enquanto isso, estudos recentes (Gardner e Halweil 2000, p. 50) apontam três elementos essenciais à perda inicial e à manutenção da perda de peso: uma dieta com baixo teor de gorduras; controle sobre a ingestão de calorias; e a prática regular de exercícios físicos vigorosos. Porém o nosso ambiente socioeconômico-político-cultural está empurrando os jovens atuais na direção da obesidade e da inevitável perda de qualidade e de tempo de vida.

Como professores, precisamos enxergar os problemas atuais da nossa sociedade e assumir a responsabilidade pelas nossas ações em sala de aula. Concordamos com as tendências atuais? Quais estratégias poderiam ser utilizadas em sala de aula no intuito de desenvolver uma consciência mais crítica, mais atenta? Como desenvolver uma atitude mais investigativa, mais autônoma, que permita a tomada de decisões com base no conhecimento seguro? Quais conhecimentos poderão ajudar os alunos a tomarem decisões mais saudáveis para seu futuro?

Worldwatch, uma organização de consumidores nos Estados Unidos (Gardner e Halweil 2000, p. 52), publicou informações no ano 2000 de que dois terços dos compradores entrevistados se interessavam muito em consumir mais frutas e verduras frescas, mas não as compravam por não saber prepará-las. Conhecimento relevante é fundamental, porém seria mais fácil colocar em prática o que aprendemos se o conhecimento adquirido fosse aliado a decisões políticas que apoiassem a luta a favor de alimentação e estilo de vida mais saudáveis. Incentivos poderão ser implantados para promover a utilização de bicicletas como meio de transporte, em conjunto com as condições necessárias que garantam a segurança dos usuários. A propaganda infantil a favor de alimentos não saudáveis poderia ser limitada ou até proibida enquanto campanhas a favor da alimentação saudável seriam noticiadas com muito mais força. Quais as outras sugestões dos alunos? De que forma os políticos poderiam contribuir para a mudança necessária de paradigma? Vamos pensar em conjunto?

Lembramos que o movimento Slow Food começou nos anos 1980 na cidade de Bra, na Itália, em oposição ao hábito do *fast-food,* promovendo o prazer de comer bem e defendendo a gastronomia e a herança culinária de todas as culturas. Porém, os associados perceberam logo que a sua filosofia também exigia uma postura política. Vejamos:

Acreditamos que todos têm o direito fundamental ao prazer de comer bem e consequentemente têm a responsabilidade de defender a herança culinária, as

Nutrição 87

tradições e culturas que tornam possível esse prazer. O *Slow Food* segue o conceito da *ecogastronomia*, reconhecendo as fortes conexões entre o prato e o planeta. *Bom, limpo e justo*: é como o movimento acredita que deve ser o alimento. O alimento que comemos deve ter bom sabor; deve ser cultivado de maneira limpa, sem prejudicar nossa saúde, o meio ambiente ou os animais; e os produtores devem receber o que é justo pelo seu trabalho.

Somos *Co-produtores* e não simples consumidores, pois tendo informação sobre como nosso alimento é produzido e apoiando efetivamente os produtores, nos tornamos parceiros no processo de produção. (Slow Food Brasil 2007, s.p.)

Que processos de produção estamos apoiando atualmente? Os níveis de sal, açúcar e gordura nos alimentos *fast-food* ocultam o sabor original dos ingredientes, e os processos tecnológicos adotados na industrialização dos alimentos priorizam meios artificiais para garantir uma aparência melhor, o sabor desejado e um prazo cada vez maior de validade. Dessa forma, muitos jovens desconhecem o sabor dos alimentos naturais e não possuem informações relevantes sobre os efeitos dos alimentos que consomem. Por conseguinte, torna-se imprescindível incentivarmos a apreciação da comida como um tesouro nutricional e cultural, fomentando a aquisição de conhecimentos relevantes no contexto de projetos que fazem sentido para os alunos a fim de garantir uma aprendizagem mais efetiva. Como resultado, o público se tornará cada vez mais letrado em termos nutricionais, e agirá como coprodutor dos alimentos que consome, podendo exercer pressão considerável sobre as indústrias alimentícias, forçando-as a produzir alimentos muito mais saudáveis com baixo teor de gordura, menos sal, pouco açúcar, alto teor de fibras, e níveis adequados de vitaminas e nutrientes essenciais.

Esperamos que os alunos de hoje aprendam a cultivar os sabores inesquecíveis dos alimentos naturais e se tornem defensores de movimentos como o Slow Food, que enfatiza a nossa responsabilidade social e ambiental, ao mesmo tempo que degustamos pratos deliciosos com nossos familiares e amigos.

3
FRUTAS, VERDURAS E LEGUMES

Introdução

Quantas crianças na sala de aula gostam de frutas e verduras? Quais são as suas frutas favoritas? Qual a importância de serem incluídas frutas e verduras no cardápio das pessoas? Que nutrientes estão presentes nas frutas e verduras? Sabem de que forma as frutas e verduras contribuem para o bem-estar do seu corpo? Que frutas e verduras são consumidas por outras culturas – por exemplo, pelos indígenas? Quais as preferências dos diversos grupos étnicos em relação ao consumo desses alimentos? Quais as restrições impostas por religiões ou culturas diferentes? O que os alunos sabem sobre esse assunto? Que perguntas fazem?

As frutas e verduras são essenciais para o funcionamento normal do organismo das pessoas. São responsáveis pelo fornecimento de vitaminas e minerais ao corpo, tendo cada nutriente uma função importante. Quando as pessoas não consomem frutas e verduras com frequência, o organismo começa a funcionar de forma inadequada, pois cada nutriente tem um papel a exercer no bom funcionamento organoléptico do indivíduo. As frutas são ricas em vitaminas e minerais, tais como as vitaminas A, C, K, o ácido fólico e outros nutrientes. Por exemplo, as frutas cítricas – o abacaxi, a laranja, o limão e a acerola – são ricas em vitamina C, vitamina A, ácido fólico, cálcio, magnésio, potássio, entre outros, todos nutrientes muito importantes para o organismo. Lembramos que a pirâmide alimentar recomenda o consumo

Nutrição 89

diário de 3-5 porções de frutas para garantir uma alimentação saudável – quantas porções são consumidas pelos alunos? Quais consomem com mais frequência? De que forma as frutas contribuem para a nossa saúde?

Como começar os trabalhos nesta área? Lembramos que é sempre fundamental sondar o conhecimento prévio dos alunos, procurar conhecer um pouco de sua realidade e envolvê-los na definição dos caminhos a serem trilhados. As perguntas na abertura deste capítulo podem servir como um passo inicial na investigação. No entanto, se o professor simplesmente fizer as perguntas e não investir na organização das respostas, o caminho será muito curto! Devemos criar condições favoráveis para que as crianças formulem suas perguntas, e depois utilizar as perguntas como ponto de partida para futuros trabalhos.

■ FRUTAS

Grupo 26A do Projeto Formar[1] inicia as investigações

Um grupo de professores (de uma escola pública do norte do Espírito Santo) que participava do Projeto Formar escolheu "Frutas" como seu tema gerador, baseando-se em suas observações das crianças do primeiro ano escolar durante a hora do lanche – a maioria optava por comer biscoitos e *chips* em vez de preferir as frutas que estavam sendo oferecidas na escola. A proposta de trabalho era a seguinte: "Vamos fazer duas listas – uma com as frutas de que gosto, outra com as frutas de que não gosto"; veja a Figura 4.

A criança copiou do quadro de giz as frases: "As frutas de que eu gosto"; "não gosto"; "Eu sou:". E o professor acrescentou algumas informações, como os nomes "cana" e "goiaba", na lista de frutas de que a criança gostava e os comentários feitos pela aluna sobre as frutas de que ela não gostava: "abacate" – por "dar dor de barriga"; e "abacaxi" – porque "é grande demais". Organizando as informações dessa forma, a criança fica estimulada a investir na área de matemática, uma vez que ela está formando conjuntos de objetos com propriedades diferenciadas. Investe também no processo da alfabetização.

---

1. Lembramos que o Projeto Formar foi desenvolvido pela Ried (Rede Interdisciplinar de Educação) em parceria com a Aracruz Celulose S.A. e coordenado por uma equipe de formadores que acompanhava vários grupos de estudo de professores de escolas públicas de diferentes municípios do Espírito Santo. No ano 2000, cada grupo de estudo escolheu um tema gerador relacionado à alimentação.

FIGURA 4: AS FRUTAS DE QUE GOSTO E AS DE QUE NÃO GOSTO (GRUPO 26A)

Uma vez produzidos os dois conjuntos, o professor poderá estimular os alunos a analisar os resultados, fazendo perguntas do tipo: Quais as pessoas que gostam muito de frutas? Qual a lista que tem o maior número de frutas? E quais as frutas mais rejeitadas pela turma? Por que algumas frutas são rejeitadas pelas pessoas? Vamos investigar? Qual a fruta preferida pela turma? Por que as pessoas gostam tanto dessa fruta? Vamos descobrir quais as frutas mais apreciadas pela turma?

Assim, a turma poderá desenvolver ainda mais o pensamento matemático, culminando com a montagem de uma tabela, montada pelo professor com os alunos, para mostrar, por exemplo, que dez escolheram "uva" como sua fruta preferida, nove escolheram "morango", e assim por diante; veja a Tabela 10.

O ideal é que a tabela seja montada usando uma cor diferente para cada fruta. Fica claro que a montagem do gráfico de barras com a participação ativa das crianças durante o processo, utilizando cores relacionadas aos objetos representados e escrevendo os nomes e números com clareza, vai contribuir para a construção do conhecimento interdisciplinar dessas crianças, pois são estratégias que associam dados de variadas áreas. Uma vez montado o gráfico, o professor pode estimular o raciocínio lógico dos alunos, perguntando primeiramente o que eles gostariam de comentar sobre a tabela. Nesse momento, com base nos comentários e observações dos alunos, pode-se direcionar o pensamento das crianças usando perguntas como: Quais as frutas de que a turma mais gosta? Quais as menos populares? Se a turma fosse preparar uma salada de frutas, quais as combinações que agradariam ao maior número de pessoas? Quais as frutas mais baratas da lista? E as mais caras? Vamos confirmar na feira?

TABELA 10: FRUTAS PREFERIDAS

MAÇÃ	MORANGO	BANANA	GOIABA	UVA
				🍇
	🍓			🍇
	🍓			🍇
	🍓			🍇
	🍓			🍇
🍎	🍓	🍌		🍇
🍎	🍓	🍌		🍇
🍎	🍓	🍌		🍇
🍎	🍓	🍌	🍐	🍇
🍎	🍓	🍌	🍐	🍇
5	9	5	2	10

Fonte: Elaborada pelas autoras.

As crianças mais maduras poderão trabalhar em pequenos grupos, montando seus próprios gráficos, comparando dados de diferentes equipes e chegando a conclusões que contemplem todo o grupo. Uma proposta de trabalho para alunos do ensino médio seria uma análise das propriedades nutricionais das frutas preferidas e das frutas rejeitadas.

No caso do Grupo 26A do Projeto Formar, após uma troca de ideias com os alunos do 1º ano do ensino fundamental, o professor descobriu que as crianças não comiam frutas porque suas frutas favoritas eram muito caras, ficando acima do poder aquisitivo de suas famílias. Foi o que declararam. Com base nessa afirmação, as professoras participantes do grupo de estudos decidiram fazer um levantamento da disponibilidade de frutas em seu próprio bairro para descobrir se havia árvores frutíferas em torno da escola e, em caso positivo, quais eram. Saíram, então, com as crianças, tiraram fotos e mais tarde montaram um livro, com a ajuda da comunidade, contendo informações sobre as frutas locais, receitas de sucos e bolos, sugestões de como aproveitar as cascas e registros de trabalhos realizados pelas crianças.

As crianças também fizeram um registro das árvores frutíferas que encontraram em suas próprias casas, examinaram o formato das folhas e descobriram que as folhas tinham propriedades medicinais. Essa informação é confirmada pelo Projeto Quintais Orgânicos de Frutas da Embrapa[2] (Embrapa Clima Temperado, s.d.), quando diz: "(...) nas folhas da pitangueira foram identificados flavonoides, terpenos, tanino e óleos essenciais [que] podem ser utilizados no tratamento de diversas enfermidades, como doenças estomacais, hipertensão, obesidade, doenças cardiovasculares". Ao final, as crianças estavam percebendo que as frutas eram objetos muito interessantes. E depois de ajudarem a fazer diversas receitas e experimentarem uma variedade grande de sucos, começaram a consumir frutas com muito mais prazer, principalmente as frutas locais colhidas das próprias casas.

Problematizações com base no trabalho do Grupo 26A

Todas as atividades realizadas com as crianças do primeiro ano escolar podem ser reeditadas em outras etapas da escolarização, ampliando o leque e aprofundando o conteúdo. Por exemplo: investir no mapeamento do bairro, fazendo um levantamento das árvores frutíferas e de sua distribuição nas diversas áreas. Após análise dessas árvores, a turma poderá identificar algumas frutas que não

---

2. O projeto privilegia, técnica e conceitualmente, os princípios da produção orgânica, contribuindo com a segurança alimentar e ambiental de comunidades carentes em áreas rurais e urbanas, voltado principalmente para agricultores familiares, comunidades quilombolas, indígenas e escolas do campo e da cidade. É desenvolvido com a parceria entre Eletrobras (CGTEE), Embrapa Clima Temperado e Fapeg.

foram encontradas e estimular o plantio de variedades adequadas àquela região, aumentando assim a diversidade de frutas ao alcance dos alunos. Lembramos que, após qualquer plantio, é necessário investir nos cuidados necessários para que a planta cresça saudável. Os alunos podem ser distribuídos em pequenos grupos, assumindo cada grupo responsabilidade para uma das árvores recém-plantadas. Essa prática é válida para alunos de todas as idades: cuidar de uma árvore, acompanhar seu crescimento, conscientizar-se da necessidade de cuidados permanentes – todos esses fatores levam o aluno a estar mais atento ao ciclo da vida.

Outras turmas poderiam investigar os preços das frutas específicas de cada estação, comparando o custo de produção, o lucro do produtor, do atravessador e o do feirante ou supermercado. Com base nessa pesquisa, poderia ser montada uma tabela de sugestões para mostrar quais as frutas mais baratas em cada época do ano, com o objetivo de estimular o consumo que leva em consideração o custo das mercadorias.

Professores que gostam de investir nas ciências exatas, ciências naturais ou ciências humanas podem selecionar temas interessantes para serem pesquisados. Que caminhos poderiam ser explorados? As perguntas que se seguem sugerem alguns: Qual o suco com maior teor de vitamina C? Qual a composição nutricional das frutas preferidas e das rejeitadas? Quais os benefícios nutricionais das frutas rejeitadas? Quais as frutas com maior cadeia de vitaminas? Qual o efeito das diferentes vitaminas no corpo? Que reações produz no corpo a carência de certas vitaminas ou nutrientes? Quais as vitaminas e os nutrientes mais importantes para o corpo, em relação às diferentes fases da vida? Quais os membros da família que apresentam necessidades diferenciadas? Por exemplo, será que o aluno com mãe ou avó com problemas de osteoporose sabe que a vitamina C das frutas auxilia na absorção do cálcio, enquanto o café inibe essa absorção? Ora, se a mãe toma uma xícara de café com leite, pensando que está ingerindo o cálcio que está no leite, está muito enganada! Mas se ela tomar uma vitamina de leite com frutas, a presença da vitamina C nas frutas garante que ela estará absorvendo muito mais cálcio. Esses dados são muito importantes.

Os alunos conhecem as frutinhas vermelhas e pretas chamadas em inglês de "*berries*"? Esse nome genérico abrange frutas como *strawberry* (morango), *raspberry* (framboesa), *blackberry* (amora), *blueberry* (mirtilo). Aliás, a frutinha azulada chamada mirtilo está ganhando fama devido aos seus poderes medicinais. Ela possui pigmentos chamados antocianos que agem de maneira benéfica sobre o nosso organismo. Pesquisadores da Universidade Federal do Rio Grande do Sul (UFRGS) comprovaram que "é este pigmento que (...) combate os radicais livres, é antiinflamatório, melhora a circulação e reduz o colesterol ruim. Outro benefício comprovado do mirtilo está ligado à saúde dos olhos. Estudos científicos têm mostrado que o mirtilo previne doenças relacionadas à visão, como catarata e glaucoma, melhorando a capacidade de leitura e o foco da visão" (Fachinello 2008, s.p.). São muitos os benefícios. Mais uma vantagem dessa frutinha azul: se os alunos souberem de alguém na família que sofre de alguma doença degenerativa, principalmente o mal de Alzheimer, o mal de Parkinson ou a esclerose lateral, eles podem sugerir que essa frutinha seja incluída na alimentação do familiar porque, de acordo com Antunes (2007, s.p.), "os polifenóis encontrados no mirtilo são capazes de reverter declínios na tradução de sinais neuronais bem como déficits no sistema motor e cognitivo, além de a suplementação da dieta com mirtilo ser capaz de aumentar a plasticidade Hipocampal". Assim sendo, a frutinha azulada já está adquirindo o apelido de *brain-fruit*, ou "fruta do cérebro", porque contribui para combater os efeitos de muitas doenças que afetam a mente. Pode ser pequenina, mas é poderosa!

Ao comer uma fruta, acontecem muitas coisas no nosso corpo! E uma das características de todas as frutas é a presença de fibras na sua composição. Qual o papel da fibra no corpo humano?

Fibras: Informações nutricionais

As fibras alimentares, compostas por uma ampla variedade de substâncias, são as partes comestíveis das plantas que resistem à digestão e à absorção pelo intestino delgado. Promovem efeitos benéficos no organismo, funcionam como laxante, reduzem a absorção do colesterol sanguíneo e da glicose, influenciam na concentração dos componentes tóxicos do intestino (principalmente os que provocam câncer), evitam hérnia de hiato e diminuem o risco de desenvolver hemorroidas. São classificadas em solúveis e insolúveis. As fibras solúveis produzem importantes efeitos sobre o esvaziamento gástrico e sobre a velocidade do trânsito no intestino delgado. Diminuem a velocidade da absorção de carboidratos simples e de gorduras. As fibras insolúveis agem sobre a motilidade e o tônus da musculatura do cólon, regulando o tempo de permanência de seu conteúdo e aumentando o volume fecal.

O consumo de fibras deve ser diário. No entanto, é essencial lembrar que o consumo de água aumenta os efeitos benéficos das fibras no organismo. O consumo regular de água é fundamental, pois a ingestão de fibra, sem o acompanhamento de água, pode provocar uma constipação grave.

Frutas e fibras: Estudos do grupo independente

As frutas e verduras são ricas em fibras. Elas funcionam como alimentos reguladores, que auxiliam a digestão e promovem o funcionamento adequado do intestino. Será que as crianças compreendem o sistema digestivo do seu corpo? Uma olhada nos textos produzidos por crianças do grupo que estudou fora do sistema escolar[3] pode nos trazer informações importantes. Por exemplo: uma criança de 8 anos produziu o seguinte texto sobre o sistema digestivo: "Primeiro a comida entra na barriga. Depois sai e vai para as pernas e um pouco da comida fica no estomago e depois sai pela bunda". Outra criança de igual idade escreveu o seguinte: "O sange é pasado nas veias tem uma divisa para as coisas ruin e as coisas bouas batem em uma mola que vai para o coração as coisas ruins vão para o intestino". A criança de 12 anos escreveu: "1. a comida entra mastigada; 2. a comida é amassada até ficar em pedaços minúsculos; 3. a comida passa por veias que separam a proteína do lixo. Depois a proteína vai direto para o sangue e o lixo vai para um lugar; 4. um filtro tira o líquido do lixo; 5. o líquido e o sólido saem separados".[4]

O objetivo desse exercício de escrita era uma sondagem do conhecimento prévio das crianças. Como vemos, nenhuma delas menciona a contribuição do próprio alimento para o funcionamento bem-sucedido do sistema digestivo. O primeiro texto aponta as pernas como o destino principal do alimento. De acordo com o segundo texto, o alimento já se transforma em sangue – as características boas indo direto para o coração e as negativas saindo através do intestino. No terceiro texto, o aluno diz que a proteína é o componente principal do alimento que é aproveitado no corpo. O restante se transforma em lixo. Percebe-se que os alunos não compreendem que os alimentos contêm uma diversidade de propriedades – todas com funções diferentes.

Quais os alimentos com maior teor de fibras? O professor pediu àquele pequeno grupo de crianças que escolhesse alguns alimentos diferentes para serem organizados em ordem crescente, de acordo com o teor de fibra de cada um. Depois montou uma tabela usando as respostas de cinco alunos:

---

3.   Trabalhos que resultaram no livro *Ensinando o pensar na alfabetização* (Currie 1998a). No entanto, lembramos que os textos e trabalhos citados e analisados nesta obra são inéditos.
4.   Os textos produzidos pelas crianças foram mantidos em sua versão original.

TABELA 11: QUAL O ALIMENTO QUE TEM MAIS FIBRA?

ALIMENTO	+ FIBRA	Ordem correta	ALUNOS				
			DO	AS	BE	FR	SH
Feijão	↑	1	8	2	2	5	1
Ervilha		2	5	4	6	7	4
Banana	↑	3	7	3	7	3	3
Batata assada	↓	4	4	7	4	4	5
Amendoim		5	2	6	5	2	7
Pão integral	↓	6	1	1	1	1	8
Maçã		7	6	5	8	6	2
Pão branco	− FIBRA	8	3	8	3	8	6

Resultados muito interessantes – como organizá-los? Primeiro, as crianças queriam saber quem acertou mais. No entanto, após uma análise mais detalhada dos erros e acertos, surgiu o comentário de que a aluna SH, apesar de acertar apenas dois alimentos, chegou "perto" várias vezes. Assim, o grupo montou uma nova tabela usando as palavras "certo" e "perto" para registrar as respostas certas e aproximadas.

TABELA 12: RESPOSTAS CERTAS E APROXIMADAS

DO		AS		BE		FR		SH	
Certo	Perto	Certo	Perto	Certo	Perto	Certo	Perto	Certo	Perto
1	1	2	4	2	2	3	1	2	5

Em termos lógico-matemáticos, é muito importante desenvolver o conceito da aproximação. Na vida real, nem sempre é necessário acertar uma conta até o terceiro décimo! É muito mais útil saber a resposta aproximada. Por exemplo, quando fazemos compras no supermercado, é importante saber aproximadamente quanto estamos gastando, à medida que vamos colocando os itens no carrinho, em vez de esperar conhecer o total no caixa. Saber aproximadamente quanto estamos gastando facilita o controle das nossas compras. E quando estamos preparando um almoço familiar, mais uma vez é muito útil saber aproximadamente a quantidade de comida necessária para satisfazer um determinado grupo, na tentativa de controlar o desperdício. Todos esses conceitos podem ser discutidos com os alunos, de acordo com a capacidade de cada um. Alunos dos anos iniciais poderiam fazer uma estimativa de quantas frutas e verduras eles conseguiriam comprar com certa quantidade de dinheiro. Cada aluno (ou grupo) faria uma lista de compras e depois, no supermercado, cotejariam os preços estimados com os da etiqueta. Feitas as contas, eles descobririam quem "acertou" e quem chegou "perto".

E os alunos do ensino médio? O que sabem eles sobre o conteúdo da cesta básica? Será que é possível comprar alimentos ainda mais saudáveis sem aumentar o custo? Os alunos poderiam analisar as características nutricionais da cesta básica e comparar esses dados com a necessidade nutricional do corpo. O que está faltando? Quais alimentos atenderiam às necessidades observadas? A família que ganha uma cesta básica teria de investir quanto em frutas e verduras? Qual a porcentagem do salário mínimo investida na compra de frutas e verduras? De que forma esses alimentos são consumidos?

Por exemplo, quando comemos uma goiaba fresca, ou um pedaço de goiabada, ou quando tomamos uma vitamina de goiaba com laranja (com açúcar ou sem açúcar?), quais as modificações que ocorrem durante os diferentes processos de preparação dos alimentos em relação às suas propriedades nutricionais? Existe alguma perda nutricional relacionada ao modo de preparo? Quando o alimento passa pelo processo de cocção, quais os nutrientes perdidos? Quais as perdas que podem prejudicar o organismo? Qual a relação "custo-benefício" quando analisamos as propriedades nutricionais de cada receita comparada com seu custo total?

Grupo 91 do Projeto Formar: Pesquisando a banana

No ano 2000, vários trabalhos foram realizados no Projeto Formar com um grupo de alunos portadores de necessidades especiais que frequentavam a Sociedade Pestalozzi. O tema do grupo era "banana". Inicialmente, os professores e alguns alunos saíram em busca de informações sobre a banana. Descobriram que não é uma fruta brasileira, é originária da Ásia, e existe uma variedade muito grande de bananas, cada uma com propriedades e características próprias. Por exemplo, no Brasil existem: banana-branca, nanica, nanicão, ouro, ouro-da-mata, prata, prata-zulu, são-domingos, são-tomé, piruá, jangada... e tantas outras! Será que existem as mesmas variedades na Ásia? Quais as variedades produzidas fora do Brasil? Que outros países cultivam a banana?

No final dessa busca, os alunos descobriram que a variedade nanica é a mais sensível ao frio; a maçã, a mais resistente; já a banana-ouro é pouco tolerante à falta de água. No entanto, os professores não limitaram suas propostas de trabalho a atividades envolvendo leitura e escrita. Vários alunos não conseguiam ler e escrever, mas eram capazes de aprender muitas coisas relacionadas à banana por outros meios. Sendo assim, eles saíram da escola para visitar uma plantação de bananas, observaram tudo detalhadamente, fizeram muitas perguntas e ouviram atentamente as explicações. Perguntaram por que havia um número maior de bananeiras que produzem banana-da-terra (maior produtividade e mais fáceis de vender); por que havia pés de aipim e amendoim no meio das bananeiras (maior aproveitamento do solo); o que é "agrotóxico" (produto químico usado para combater pragas). Uma aluna comentou que gostava muito da banana cozida servida na escola, enquanto outro aluno disse que sua mãe utilizava as cascas de banana para fazer doces e bolos muito gostosos. Os professores estavam atentos e anotaram muitos dos comentários que poderiam servir de subsídios para futuros trabalhos. E, quando voltaram para a escola, alguns alunos registraram a experiência criando desenhos ou textos; um aluno surdo produziu uma excelente história em quadrinhos. A seguir está um de seus quadrinhos:

FIGURA 5: ILUSTRAÇÃO DE UMA VISITA À PLANTAÇÃO DE BANANA (GRUPO 91)

Outros alunos plantaram no pátio da escola a muda de banana que ganharam durante o passeio. Alguns meses depois, a bananeira da escola produziu o primeiro cacho. Quanta felicidade!

Os professores da escola também estudaram a banana e temas afins, passando a se encontrar para fazer planejamentos de atividades que poderiam ser realizadas pelas diferentes classes. Por exemplo, depois de estudarem os meios de sustentabilidade, um dos grupos decidiu se dedicar à confecção de papel de fibra, utilizando as folhas da bananeira como matéria-prima. Ao final do projeto, na montagem do livro, o papel artesanal produzido pelos alunos transformou-se nas páginas e até na capa! Veja, na Figura 6, a capa e a citação na contracapa.

Alguns alunos produziram diferentes representações da banana através da técnica de colagem. O professor entregava a eles folhas de papel com o desenho do contorno de uma banana e eles usavam diferentes materiais para representar as cores que a banana adquire nos diversos estágios de desenvolvimento. Um aluno usou canjiquinha para representar uma banana considerada "de vez", enquanto outro aluno colou grãos de feijão preto para representar uma banana madura demais. Quais as propriedades nutricionais da banana verde, da banana de vez, da banana madura, da banana passada e da banana desidratada? Será que cada estágio apresenta características próprias?

FIGURA 6: CAPA DE LIVRO CONFECCIONADA COM FOLHAS DE BANANA (GRUPO 91)

"Florestas inteiras são transformadas em polpa. Transforme em um novo papel aqueles que pretendia jogar fora. Estará assim se expressando através das mãos. Coloque uma flor de algum jardim, escreva nele uma mensagem e envie a um amigo. Uma pequena parte de uma árvore será prolongada por muito tempo, e a flor se eternizará nesse gesto de amor."
Diva Elena Buss
http://www.comofazerpapel.com.br

Outros grupos procuraram receitas de pratos com banana e entraram na cozinha da escola para ajudar a preparar uma boa seleção das receitas anotadas – banana verde frita, paçoca de banana-da-terra, bife de soja com casca de banana, diferentes bolos de banana, vitaminas de banana com outras frutas. Qual a receita preferida de cada turma? E da escola? Qual a receita menos indicada em termos nutricionais? Qual a melhor receita do ponto de vista do reaproveitamento? Qual o efeito do cozimento ou da fritura nas propriedades nutricionais dos alimentos? Quais as combinações de alimentos que promovem a absorção máxima das vitaminas ou nutrientes presentes na banana? Quais as receitas oriundas de outras culturas? Existem grupos étnicos que não consomem banana? Por quê? Dependendo da capacidade e do interesse da turma, essa investigação tomará rumos imprevisíveis.

Frutas: Projeto Formar e o grupo independente

Outro grupo do Projeto Formar, o 24A, optou por abordar o "maracujá" como tema de investigação, por ser uma fruta produzida nas fazendas da região, o que levava muitos membros da comunidade a se envolver de um modo ou de outro na sua comercialização. Por ser a fonte de renda de muitas famílias, as crianças demonstraram grande interesse em aprender (e ensinar) algo sobre esse assunto. Como sempre, o levantamento do conhecimento prévio das crianças é o primeiro passo – e, nesse caso, vários alunos contribuíram com informações bem interessantes. Ensinaram aos professores a maneira correta de plantar e cuidar da plantação de maracujá, assim como explicaram o que pode ser feito para evitar pragas nas lavouras. Durante a troca de informações, surgiram várias perguntas interessantes como, por exemplo: Será que todas as espécies de maracujá podem ser comercializadas? Qual a diferença entre o maracujá do mato e o comercializado? Faltava apenas organizar o conhecimento produzido durante as discussões para então definir novas áreas a serem exploradas na busca de um aprofundamento cada vez maior, enriquecido pela troca de saberes diversificados.

A organização e o registro do conhecimento, seja qual for o nível, ajudam a desenvolver a capacidade de pensar, escrever, ler, analisar, repensar e reescrever, na tentativa de comunicar, da melhor forma possível, a mensagem desejada. Assim, toda produção escrita deve ser lida e discutida, no intuito de deixar muito claro o ato comunicativo. Por exemplo, antes da discussão inicial sobre o tema focalizado, seria importante subdividir a turma em grupos pequenos – cada um com uma tarefa a ser realizada após a discussão. Um grupo poderia assumir a tarefa de registrar conteúdos com os quais estão familiarizados; outro grupo documentaria as questões levantadas; um terceiro grupo poderia anotar propostas de continuidade; um quarto grupo poderia identificar pessoas da comunidade que têm uma contribuição a dar ao desenvolvimento do trabalho etc. Quando a tarefa de cada grupo é definida com antecedência, a participação de cada aluno durante a discussão posterior torna-se maior. E quando as ideias surgem dos próprios alunos, em parceria com o professor, o envolvimento no projeto aumenta consideravelmente.

O pequeno grupo independente que desenvolveu atividades fora do ensino formal também investigou diferentes áreas do conhecimento ligadas às frutas. De acordo com o registro (literal) de uma das crianças, os trabalhos começaram da seguinte forma: "Nos fomos no quintal olhamos as folhas. Depois nós passamos o lápis envolta [de uma folha] depois nos contamos os quadradinhos. Depois nos fizemos um gráfico". Inicialmente, essas crianças produziram desenhos colocando as folhas sobre uma página quadriculada e riscando em volta de cada folha para produzir seu contorno. Assim ficava registrada a área das folhas de diversas árvores frutíferas que encontravam no quintal. Em seguida, contaram os quadrados cobertos pelas folhas e montaram gráficos que mostravam as áreas diferentes de cada folha.

FIGURA 7: MEDIÇÃO DA ÁREA DE DIVERSAS FOLHAS

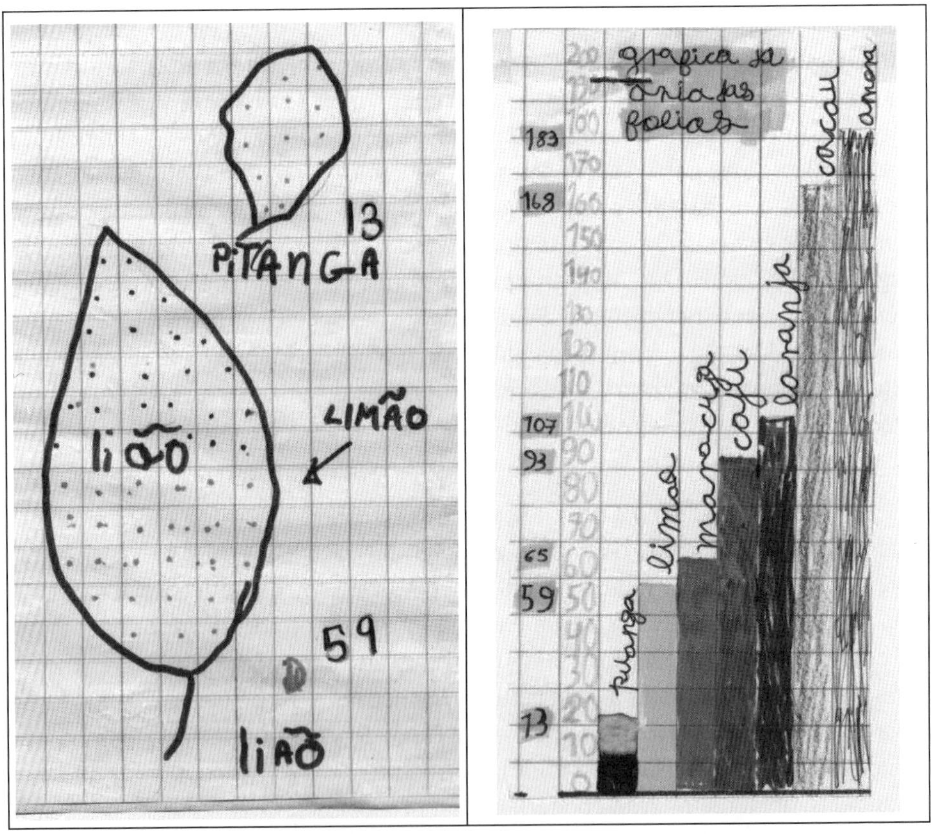

Perceberam que a folha da amora era muito maior que a folha da pitanga, apesar de a pitanga ser uma frutinha um pouco maior que a amora. Em contraste, a folha do cacau era um pouco menor que a folha da amora, enquanto a fruta do cacau era a maior de todas as frutas examinadas naquele dia. Essas percepções poderiam ser aprofundadas e detalhadas, pesando as frutas, comparando peso com volume, circunferência, diâmetro, observando as medidas das folhas da mesma árvore em estágios diferentes de desenvolvimento, entre muitas outras possibilidades.

Mais tarde, como se pode ler na figura abaixo, "cada um escolheu um. Pegou um limão para medir o peso, depois a circunferência e finalmente cortamos o limão para medir o diâmetro".

FIGURA 8: TRABALHOS DE MATEMÁTICA USANDO O LIMÃO

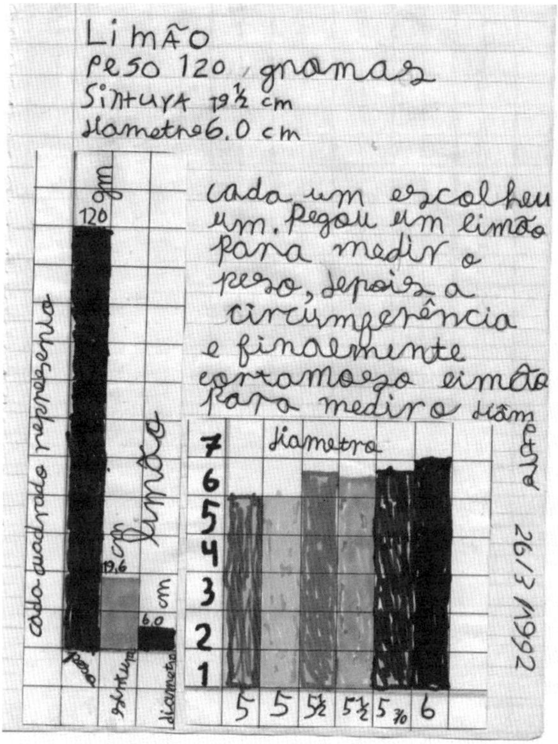

Quais áreas de conhecimento estavam sendo trabalhadas? Será que era apenas a matemática? Claro que não. As crianças estavam documentando as diferentes etapas de sua experiência em áreas tão diversas quanto desenho, gráficos, números e cores. No entanto, a escrita estava também fortemente presente em todos os trabalhos, promovendo a aprendizagem da interligação dos diversos códigos. Outros conceitos estavam presentes também. Cada criança escolhia a folha que queria medir e, quando o grupo montou gráficos que mostravam os dados informados por elas, todas perceberam que espécies diferentes apresentavam características diferentes – tamanho, formato, cor, textura, espessura, cheiro etc. Esse tipo de trabalho pode ser ampliado, incorporando discussões sobre as características das diversas raças, culturas, línguas; a origem de cada espécie; a árvore genealógica de cada árvore frutífera: o limoeiro é parente próximo da laranjeira, da mexeriqueira, mas não tem parentesco com o cacaueiro. À medida que vão investigando a história de diversas espécies, as crianças vão percebendo que a história e a geografia humanas estão intimamente ligadas. Basta olhar a história do cacaueiro no Brasil e no mundo e suas consequências para a economia dos países. São muitos os caminhos a explorar.

■ VERDURAS E LEGUMES

Quais as verduras e legumes mais consumidos pelos alunos? Quando os alunos podem escolher o que comer (em casa, na própria escola ou em um restaurante a quilo) o que é que eles colocam no prato? Observando os pratos dos clientes de restaurantes onde a comida é vendida por peso, percebe-se com muita frequência uma total ausência das cores fortes de verduras e legumes frescos! A maioria dos pratos contém arroz, feijão, carne, farinha, macarrão ou batata frita – cor branca com tonalidades de marrom! Onde estão as cores vivas? Será que os alunos sabem que as cores do nosso prato de comida funcionam como uma verdadeira farmácia para promover o nosso bem-estar? Vamos então saber mais sobre as características nutricionais sugeridas pelas cores da nossa comida?

Um dos legumes mais conhecidos e mais acessíveis aos consumidores é a cenoura – a fonte mais rica de betacaroteno, que é transformado pelo corpo em vitamina A. Uma xícara de cenoura cozida tem 70 calorias, 4 g de fibra e aproximadamente 18 g de betacaroteno – o suficiente para fornecer 150% da Ingestão Diária Recomendada (IDR) de vitamina A, essencial para o cabelo, a pele, as unhas, os olhos, os ossos etc. Essa vitamina também ajuda a combater infecções. Portanto, quando existe um déficit de vitamina A, o cabelo e a pele ficam muito secos, as unhas quebram com facilidade, a visão, principalmente no escuro, fica comprometida, assim como a imunidade contra infecções. Quem gosta de comer cenoura? Qual a receita preferida dos alunos? Sabem que a cenoura levemente cozida aumenta o seu valor nutritivo porque quebra as paredes celulares duras que envolvem o betacaroteno, facilitando assim a sua absorção? No entanto, o cozimento reduz drasticamente a vitamina C dos alimentos. Às vezes é necessário escolher entre um nutriente e outro na hora de montar o nosso cardápio. Para garantir uma absorção completa do betacaroteno, o corpo precisa de um pouco de gordura, porque os carotenoides são solúveis em gorduras e não em água. Portanto, uma receita que inclui um pouco de azeite garante uma ingestão mais eficiente desse nutriente. Quanta ciência para compreender a relação complexa entre uma simples cenoura e o corpo humano! Vamos estudar? Procurar saber mais?

Na sala de aula "tradicional", os responsáveis pelo ensino tendem a tratar os alunos como se fossem um grupo homogêneo, para o qual o professor apresenta os mesmos exercícios, esperando que as respostas produzidas sejam as mesmas, seguindo padrões preestabelecidos, dentro de um mesmo limite de tempo. Tal procedimento pressupõe que os alunos são capazes de absorver o conhecimento que é apresentado pelo professor com forte ênfase no uso da linguagem e na utilização de análises lógico-matemáticas. Mesmo em uma sala de aula de língua estrangeira, a maior parte do ensino visa à memorização de vocabulário e de estruturas gramaticais, que são com frequência apresentadas fora de contexto e organizadas de acordo com uma ordem predeterminada. Esse tipo de organização apresenta, em primeiro lugar, estruturas mais simples antes de avançar para as mais complexas, definidas de acordo com o livro didático que está sendo usado. Os professores tentam "descobrir" se seus alunos adquiriram o conhecimento a que foram expostos e submetidos, utilizando sistemas de avaliação limitados e limitantes, que frequentemente envolvem testes mecânicos, dos quais os resultados mais positivos (ou as melhores notas) privilegiam os alunos que possuem mais habilidade para a memorização. Como mudar esse quadro triste e desanimador?

A teoria das múltiplas inteligências

Muitos professores já conhecem alguma coisa sobre a teoria das múltiplas inteligências – a teoria MI – proposta por Howard Gardner em seu livro *Frames of mind: The theory of multiple intelligences*,[5] publicado em 1983, e desenvolvida de várias formas pela sua equipe na Universidade de Harvard através do Projeto Zero. Mas nem todos os professores sabem como aplicar essa teoria na sala de aula para melhorar o processo de ensino-aprendizagem. No livro *The unschooled mind* [A mente pré-escolar],[6] Gardner apresenta alguns conceitos básicos de sua teoria, como segue:

---

5. No Brasil, publicado em 1994 com o título *Estruturas da mente: A teoria das inteligências múltiplas* (Gardner 1994a).

6. Publicado posteriormente no Brasil como *A criança pré-escolar: Como pensa e como a escola pode ensiná-la*; veja Gardner (1994b, p. 14).

Tenho afirmado que todos os seres humanos são capazes de, pelo menos, sete diferentes modos de conhecer o mundo – modos que, em outros lugares, eu defini como as sete inteligências humanas. De acordo com esta análise, todos nós estamos aptos a conhecer o mundo através da linguagem, da análise lógico-matemática, da representação espacial, do pensamento musical, do uso do corpo para resolver problemas ou fazer coisas, de uma compreensão de outros indivíduos e de uma compreensão de nós mesmos. Onde os indivíduos diferem é no "vigor" destas inteligências – o assim chamado perfil de inteligências – e na forma com que tais inteligências são invocadas e combinadas para executar diferentes tarefas, resolver problemas variados e progredir em diversas áreas. (Gardner 1991, p. 12)

E em seu trabalho original (*Frames of mind*), publicado em 1983, Gardner definiu as sete áreas de inteligência, baseando-se em suas observações e em pesquisas feitas em diferentes áreas do conhecimento, tais como: antropologia, psicologia do desenvolvimento, pesquisas envolvendo o cérebro humano, ciência cognitiva, biografias de pessoas portadoras de necessidades especiais e pessoas portadoras de altas habilidades (incluindo prodígios, idiotas, sábios e crianças autistas), estudos multiculturais de cognição e estudos psicométricos. Duas décadas depois, Armstrong (2003) publicaria o livro *The multiple intelligences of reading and writing* [As múltiplas inteligências da escrita e da leitura], no qual descreveu, de modo abreviado, as principais características de cada uma das sete inteligências, conforme exposição a seguir:

1. *Inteligência linguística.* O entendimento da fonologia, sintaxe e semântica da língua e seu uso prático para convencer outros de um curso de ação, ajudar a lembrar informações, explicar ou comunicar conhecimento, ou refletir sobre a língua por si mesma. Exemplos de indivíduos proficientes nessa área incluem o contador de histórias, o orador, o poeta, o editor e o escritor.

2. *Inteligência lógico-matemática.* O entendimento e uso de estruturas lógicas incluindo o reconhecimento de configurações e relações, afirmações e proposições, através de experimentação, quantificação, conceitualização e classificação. Exemplos incluem o cientista, o matemático, o lógico, o programador de computadores e o estatístico.

3. *Inteligência visual-espacial.* A habilidade de perceber detalhadamente o mundo visual, de realizar transformações e modificações sobre a percepção inicial do indivíduo, e ser apto a recriar aspectos da experiência visual (mesmo na ausência de estímulo físico relevante). Exemplos incluem o arquiteto, geógrafo, cartógrafo, topógrafo, o inventor e o artista gráfico.

4. *Inteligência corporal-cinestésica.* A habilidade de controlar os movimentos corporais e a capacidade de lidar com objetos de forma habilidosa. Exemplos de indivíduos proficientes nessa inteligência incluem o ator, o mímico, o artesão, o atleta, o dançarino e o escultor.

5. *Inteligência musical.* A habilidade de entender e expressar componentes da música, incluindo padrões rítmicos e melódicos, através de meios simbólicos ou intuitivos (o músico natural) ou através de meios analíticos formais (o músico profissional). Exemplos incluem o compositor, o pianista, o percussionista, o crítico musical e o cantor.

6. *Inteligência intrapessoal.* A habilidade de acessar sua própria vida emocional através do reconhecimento e compreensão de seus sentimentos interiores, intenções, motivações, potenciais, temperamentos e desejos, e a capacidade de simbolizar essas experiências internas e aplicar esses entendimentos para ajudar pessoas a viverem suas próprias vidas. Exemplos incluem o psicoterapeuta, o autodidata, o artista criativo e o pajé.

7. *Inteligência interpessoal.* A habilidade de observar e fazer distinções a respeito de sentimentos, temperamentos, motivações e intenções dos outros indivíduos, e usar essa informação de forma prática, para persuadir, influenciar, manipular, mediar ou aconselhar indivíduos ou grupos de indivíduos em direção a algum propósito. Exemplos incluem o sindicalista, o professor, o terapeuta, o administrador ou o líder político. (Armstrong 2003, pp. 13-14)

Mais recentemente, Gardner propôs uma oitava inteligência (a inteligência naturalista), que tem sido aceita pela maioria das pessoas que trabalham nessa área. Em seguida, uma nona inteligência (a moral) seria também acrescentada à sua teoria, que, ao contrário das demais, não tem tido fácil aceitação.

Gardner enfatiza em todas as suas publicações que cada ser humano possui todas as áreas de inteligência, embora manifestadas de diferentes formas e em graus diferentes. Assim, não há duas pessoas que tenham perfis intelectuais idênticos. Nem irmãos gêmeos, pois, mesmo quando o material genético é idêntico, cada um deles vivenciará experiências diferenciadas.

Essa modificação dos níveis de competência através do tempo, em cada área da inteligência, sinaliza uma diferença fundamental entre a teoria de Gardner e a teoria da inteligência geral.

De modo geral, podemos dizer que, no âmbito das teorias da inteligência existentes, atualmente coexistem duas formas de ver o fenômeno, duas grandes teorias mais ou menos antagônicas. Uma delas considera que inteligência é uma capacidade única com aplicações múltiplas, uma inteligência geral que pode ser aplicada a qualquer tipo de problema ou situação que exija do indivíduo o uso dos próprios recursos mentais para adequar seu comportamento ao meio. Chamaremos essa versão de "teoria da inteligência geral".
A outra versão da estrutura da inteligência propõe a existência de vários tipos de inteligência, inteligências específicas que têm-se desenvolvido e servem a diversas finalidades no comportamento adaptativo e social dos indivíduos humanos. Esta teoria é a denominada "teoria das inteligências múltiplas". (Flores-Mendoza e Colom 2008, p. 81)

Normalmente, o número apurado no final do processo de análise da inteligência geral é considerado definitivo, isto é, não vai mudar no decurso da vida da pessoa. Ao contrário, Gardner acredita fortemente nas mudanças que ocorrem em função das novas experiências de vida. Quando investimos no pensamento criativo e inovador, é possível ampliar a competência em áreas não muito desenvolvidas até então. Porém o oposto também é possível. Por exemplo: se na juventude a área da inteligência corporal de uma pessoa estava em alta porque ela praticava esporte com frequência, 20 anos depois, trabalhando horas a fio diante de um computador e relaxando na frente de uma televisão vendo filmes, o nível de sua competência corporal pode ter uma queda vertiginosa.

Outra característica fundamental enfatizada por Gardner em sua teoria MI é o fato de que as inteligências trabalham invariavelmente em conjunto, não de forma isolada. É muito comum que se encontrem perfis com várias áreas igualmente bem desenvolvidas – um perfil farol. Como também existem pessoas com um perfil, conhecido como perfil laser, no qual uma área sobressai muito mais do que todas as outras. Mesmo assim, a pessoa com perfil laser não deve ser rotulada com base na área mais desenvolvida, porque ela estaria utilizando todas as áreas de inteligência em conjunto, apenas com níveis variados de competência. Por exemplo, um jogador de futebol com perfil laser, que priorize a inteligência corporal, não conseguirá jogar com perfeição utilizando apenas o seu domínio sobre o corpo. Precisará também da inteligência visual-espacial para se localizar em campo, da intrapessoal para conhecer bem suas aptidões, seus pontos fortes e fracos, saber do que ele é capaz, da interpessoal para funcionar como membro integrado de uma equipe etc. Pode ser que esse jogador tenha sido selecionado apenas com base no seu domínio sobre o corpo mas, se não conseguir desenvolver as outras áreas, não funcionará bem como membro de uma equipe.

Da mesma forma, é muito importante evitar a rotulação de nossos alunos, dizendo: "André é visual", "Pedro é linguístico-verbal", "Raquel é musical", "Marcos é intrapessoal", "José é interpessoal". Todos os alunos possuem todas as áreas de inteligência – cada um com um perfil diferente dos outros. Alguns funcionam bem no ambiente escolar – outros encontram maiores dificuldades. Por exemplo, os alunos com as áreas linguística-verbal e/ou lógico-matemática bem desenvolvidas se sentirão muito bem na escola e normalmente são bem-sucedidos academicamente porque a maioria dos trabalhos escolares se baseia nessas duas inteligências. No entanto, alunos que priorizam áreas como a corporal, a musical, ou a visual, frequentemente encontram dificuldades na escola, pois não têm oportunidade de utilizar esses conteúdos em situações de aprendizagem ou como forma de apresentação de conhecimentos adquiridos. Precisamos flexibilizar mais nossas propostas pedagógicas em sala de aula, visando à ampliação e à diversificação das situações de aprendizagem e da avaliação, para que todas as áreas da inteligência dos alunos sejam desenvolvidas.

Vamos agora refletir sobre possibilidades de trabalho com base no tema "verduras e legumes", focalizando as sete áreas identificadas originalmente por Gardner. Lembramos, mais uma vez, que, embora nas próximas páginas as sugestões de trabalho apareçam organizadas por área, fatalmente qualquer proposta de trabalho envolverá conjuntamente as outras áreas.

Inteligência linguística-verbal

Esta área de inteligência já é trabalhada maciçamente na escola, onde se dá uma ênfase muito grande à leitura e à escrita durante o processo de aprendizagem, seja qual for a disciplina. Mas será que está sendo suficientemente estimulada ou desafiada? Até recentemente, uma grande parte dos trabalhos escritos na escola envolvia a mera cópia de informações provenientes de fontes preestabelecidas. Geralmente os professores não querem saber o que os alunos pensam sobre o assunto em discussão, não pedem aos alunos que procurem suas próprias fontes – quase sempre era o próprio professor que indicava as fontes a serem utilizadas. Em síntese, não é estimulada uma produção escrita mais personalizada.

De acordo com Campbell, Campbell e Dickinson (2004, p. 3), ler, escrever, ouvir e falar são habilidades essenciais para a aprendizagem em todas as áreas do conhecimento. Esses autores citam o Conselho Nacional dos Professores de Inglês dos Estados Unidos (National Council of Teachers of English s.d.), que eram responsáveis pela definição do que os alunos deveriam saber, e do que deveriam ser capazes de fazer com a linguagem. Recomendam que os alunos deveriam:

- Ler uma variedade de materiais que visem a uma diversidade de finalidades;
- Aprender e aplicar múltiplas estratégias de leitura;
- Compreender o funcionamento das convenções linguísticas, a estruturação e a variação da linguagem;
- Criar textos escritos;
- Participar ativamente em investigações;
- Utilizar materiais de pesquisa, inclusive os disponíveis por meio da tecnologia;
- Experimentar um currículo multicultural de linguagem;
- Utilizar a leitura e a escrita para se aprofundar em tópicos pessoalmente e socialmente significativos;

- Experimentar a aprendizagem colaborativa, utilizando as habilidades linguísticas para promover e sustentar sentimentos comunitários;
- Utilizar as habilidades linguísticas para descobrir a própria individualidade e direcionar a aprendizagem futura e seus objetivos comunicativos.

Da mesma forma que aprendemos a falar antes de aprender a ler ou a escrever, a linguagem oral existe há muito mais tempo que a linguagem escrita. De acordo com Armstrong (2003, p. 112), "a primeira língua humana surgiu em torno de 150.000 anos atrás no Leste da África, enquanto a escrita apareceu há apenas 6.000 anos". Isso significa que, durante a maior parte da história humana, as culturas passaram seu conhecimento oralmente de geração em geração. E hoje em dia, antes de aprender a ler ou a escrever, todos que conseguem ouvir e articular sons já dominam a linguagem oral: são capazes de construir frases complexas, com sintaxe elaborada e significados apropriados para todas as possíveis situações sociais. Portanto, é fundamental manter e desenvolver ainda mais a comunicação oral durante os trabalhos escolares.

Campbell, Campbell e Dickinson (2004, p. 7) apresentam sugestões para melhorar a capacidade de ouvir, dizendo que os alunos deveriam (entre outras coisas): (1) descobrir suas áreas de interesse; (2) concentrar-se no conteúdo e não na apresentação oral; (3) manter a mente aberta, procurando não fazer julgamentos até conseguirem entender bem o que está sendo dito; (4) resistir a distrações, saber se concentrar; (5) trabalhar com uma variedade de opções – ser capazes de raciocinar utilizando diversos pontos de vista; (6) saber tirar proveito do fato de que o pensamento é mais veloz que a fala[7] – antecipando, questionando, resumindo, analisando os dados e argumentos apresentados, atentos às entrelinhas. Todas essas estratégias (e muitas outras) contribuem para o desenvolvimento de melhores hábitos de escuta. No entanto, de acordo com Costa (2001, p. 81), o ato de ouvir é uma habilidade muito complexa, que requer a capacidade de monitorar o próprio pensamento durante o processamento da fala do outro. Alguns psicólogos acreditam que a capacidade de ouvir o outro, ter empatia com o outro e compreender o que o outro pensa pertence ao nível mais elevado de comportamento inteligente. Costa (2001) ainda afirma que a capacidade de ouvir não é ensinada nas escolas. Os alunos zombam de seus colegas, interrompem a fala deles e são incapazes de perceber os argumentos positivos do outro. Com frequência, quando se pensa que

---

7. Quando falamos, produzimos em média 200 palavras por minuto, enquanto compreendemos entre 300 e 500 palavras no mesmo espaço de tempo quando ouvimos com compreensão (Campbell; Campbell e Dickinson 2004, p. 6).

estão ouvindo o colega, estão apenas ensaiando o que vão dizer em seguida. Diante disso, constatamos que há necessidade de montar estratégias que estimulem maior concentração durante o ato de ouvir.

Uma sugestão: após a conclusão de um trabalho em pequenos grupos, cada grupo deve apresentar seus resultados a toda a turma. Nesse momento, os ouvintes precisam praticar o ato consciente da escuta. Um exemplo: suponhamos que cinco grupos de alunos tenham produzido uma lista dos legumes que consumiram durante a semana, e em seguida colocado uma cópia na mão de cada membro do grupo, para que cada grupo leia sua lista em voz alta. Ao ouvir a leitura das listas montadas pelos outros grupos, cada aluno marcaria na sua própria lista qualquer menção aos legumes que coincidissem com os seus. Os resultados esperados apareceriam da seguinte forma:

TABELA 13: LEGUMES CONSUMIDOS DURANTE UMA SEMANA

GRUPO 1	GRUPO 2	GRUPO 3	GRUPO 4	GRUPO 5
Cenoura – III	Abóbora	Chuchu	Batata-baroa	Inhame – II
Aipim – II	Batata-doce	Repolho	Vagem – I	Couve-flor
Batata-inglesa – I	Espinafre	Abobrinha	Milho	Nabo
Couve – III	Jiló	Couve – III	Tomate – I	Quiabo – I
Quiabo – I	Cará	Cebola – III	Couve-chinesa	Berinjela
Tomate – I	Aipim – II	Batata-inglesa – I	Cebola – III	Cebola – III
Brócolis – I	Vagem – I	Beterraba	Palmito	Cogumelo
Cebola – III	Couve – III	Inhame – II	Brócolis – I	Cenoura – III
Inhame – II	Cenoura – III	Aipim – II	Cenoura – III	Couve – III

Fonte: Elaborada pelas autoras.

O próximo passo seria a análise dos resultados registrados pelos alunos. Cada grupo deve analisar as listas produzidas pelos seus membros, observando diferenças e semelhanças. Os alunos devem refletir sobre as possíveis causas de qualquer problema de registro como, por exemplo, a semelhança entre diversos nomes (batata-inglesa + batata-baroa + batata-doce; couve + couve-chinesa + couve-flor; abóbora + abobrinha) ou entre sons iniciais (cebola + cenoura; couve + cogumelo). Quais os outros problemas encontrados? Será que as primeiras listas lidas foram registradas com maior exatidão, ocorrendo um maior número de erros com as listas finais? Após quanto tempo de escuta os alunos começaram a mostrar sinais de cansaço?

Que outras áreas do conhecimento poderiam ser desenvolvidas com base nesse levantamento dos legumes consumidos pelos alunos? Na área de matemática incluem-se a montagem de conjuntos, a apresentação de dados (tabelas, gráficos etc.), os processos de comparação, análise, levantamento de hipóteses, peso, tamanho, circunferência etc. A investigação em língua portuguesa poderá focalizar a estrutura silábica, rítmica e/ou morfológica dos nomes registrados. Quando os nomes sugerem relações entre as espécies, podem-se fazer conexões com estudos na área das ciências naturais. Por exemplo, ao investigar os membros da família "batata", os alunos poderão desejar saber mais sobre uma nova batata que está começando a aparecer nos supermercados – a batata yacon. Originária dos Andes, seu nome vem do quechua, a língua oficial do Império Inca, e significa "aguado". Nada mais apropriado, já que essa batata tem um teor de água em sua composição que pode chegar a 83%. Essa quantidade de água – e a incrível resistência ao sol da batata yacon – fazia dela o alimento principal dos *chasquis*, os carteiros do Império Inca, que eram obrigados a percorrer diariamente 150-200 km entre as cidades do império e não dispunham de tempo para procurar água. A batata yacon é bem doce e normalmente é consumida crua. Nos Andes ela é vendida nas bancas de frutas, não nas de legumes. E, se a deixarmos curtir durante mais ou menos uma semana, ela fica ainda mais doce, com sabor semelhante ao de uma pera ou maçã.

De acordo com o Departamento de Química da Universidade Federal de Santa Catarina (UFSC), além de ser cultivada nos Andes, essa planta é também cultivada na Colômbia, no Equador e no Peru, em altitudes de 900 a 2.750 metros. Já está sendo chamada de "batata *diet*" por sua influência sobre a diminuição dos níveis de açúcar no sangue após consumo continuado. Essa batata, diferentemente da maioria dos tubérculos que armazenam amido, acumula inulina, com alto poder adoçante e baixo poder calórico. A inulina não é digestível, pois as ligações entre as unidades de frutose não podem ser hidrolisadas pelas enzimas digestíveis humanas. Assim, a inulina não aumenta nem a glicemia nem a taxa de insulina no sangue, sendo por esse motivo indicada para diabéticos (Canal Fala Química 2011). Quantas áreas do conhecimento são envolvidas nessa pequena pesquisa?

A área de ciências poderá desencadear outras investigações das características nutricionais dos legumes mais consumidos ou dos mais rejeitados. Na área de educação física, podem ser pesquisados os legumes com maior teor energético e maior concentração de água; pode-se também procurar descobrir quanta energia é consumida no preparo dos legumes – cortando, ralando, fritando –, qual distância o aluno consegue percorrer carregando um número ou peso específico de legumes e assim por diante. Em história, é possível pesquisar a origem de alguns legumes, bem como as modificações ocorridas no seu preparo e o consumo através do tempo. Enquanto isso, a pesquisa geográfica focalizaria as diferentes formas de preparo e consumo nas diversas culturas contemporâneas; as características específicas do solo necessárias para o desenvolvimento de cada planta, os limites de altitude; os

112   Papirus Editora

efeitos sobre o meio ambiente, sejam eles positivos ou negativos, provocados pelas várias formas de produção (monocultura, pluricultura, agricultura orgânica). Quais as áreas de interesse dos alunos? E as dos professores?

Todas as propostas de trabalho implicam leituras de diversas fontes – livros, revistas, artigos, propaganda, informações *on-line* etc. Contudo, lembramos que a maioria das publicações científicas é disponibilizada em língua inglesa. Sendo assim, os alunos poderiam se dedicar ao estudo do inglês enquanto buscam informações sobre qualquer outro assunto apesar de ser muito raro utilizar-se uma língua estrangeira para adquirir conhecimentos que "pertencem" a outras disciplinas. Infelizmente, a aprendizagem de línguas estrangeiras ainda tende a focalizar a estrutura da língua e não sua função. Portanto, seria interessante pensar um pouco mais sobre como desenvolver nos alunos o gosto pela leitura estimulando-os a escrever com prazer, a se orgulharem ao ver seus próprios pensamentos registrados por escrito, seus conhecimentos sendo adquiridos por meio de esforços pessoais, utilizando tanto a língua materna como uma língua estrangeira. Afinal, o exercício da leitura e da escrita como fator de desenvolvimento do pensamento não é privativo da língua materna apenas.

Com o objetivo de ensinar a estrutura da escrita alfabética em contexto, os professores poderão levar os alunos da primeira fase do ensino fundamental a investigar os nomes de diferentes verduras e legumes que começam com a primeira letra do seu nome. Assim, Bernardo poderia montar uma lista com as palavras batata, batata-doce, berinjela, beterraba e brócolis, enquanto Carolina montaria uma lista com cebola, cenoura, chuchu, couve e couve-flor. Analisando a lista da Carolina, observamos uma oportunidade perfeita para discussões sobre a relação complexa entre o símbolo gráfico e o som. Por exemplo: o mesmo grafema < c >[8] pode representar sons diferentes (cebola [s], chuchu [ʃ] e couve [k][9]) e o mesmo som [k] pode ser representado por letras diferentes < c > e < qu > (couve e quiabo).

Alunos de classes mais avançadas poderiam relacionar os nomes de algumas verduras e legumes em português, com sua tradução em outras línguas – cada grupo escolhendo os produtos que deseja investigar. Na medida da disponibilidade de fontes, toda a turma poderia investigar as mesmas línguas (usando dicionários da biblioteca) ou cada grupo poderia definir as línguas a serem investigadas (se tiverem acesso à internet ou a uma variedade de dicionários), montando, em conjunto, tabelas que permitam a comparação dos resultados obtidos. Por exemplo:

---

8.   Os colchetes triangulares (< c >) indicam que a letra representa um símbolo gráfico.
9.   Entre colchetes retos ([k]), o símbolo representa o som. Veja o Alfabeto Fonético Internacional (IPA s.d.).

TABELA 14: NOMES DE LEGUMES EM DIVERSOS IDIOMAS

PORTUGUÊS	INGLÊS	ESPANHOL	FRANCÊS	ALEMÃO	ITALIANO
Batata	Potato	La papa	La pomme de terre	Die kartoffel	La patata
Brócolis	Broccoli	El brócoli	Le brocoli	Der broccoli	I broccoli
Cebola	Onion	La cebolla	L'oignon	Der zwiebel	La Cipolla
Cenoura	Carrot	La zanahoria	La carotte	Die möhre	La carota
Milho	Corn	El maíz	Le mais	Der mais	Il granoturco

Fonte: Elaborada pelas autoras.

É evidente que a busca de informações e a organização dos dados coletados implicam a utilização da inteligência lógico-matemática – mais uma vez confirmando que as diferentes áreas trabalham em conjunto. O que os alunos podem observar na tabela acima? Que outras hipóteses se oferecem à investigação com base nessa organização do vocabulário?

Alunos de ensino médio poderiam investigar a etimologia dos nomes de verduras e legumes de sua escolha. Por exemplo, a palavra "batata" se refere à batata-doce, não à batata-inglesa. É originária do Caribe e foi levada para a Espanha no início do século XVI, como uma curiosidade. Já em meados do mesmo século, os comerciantes portugueses levaram o produto à África, à Índia e a Java. Mais tarde, a palavra "batata" passou a ter mais um referente: a batata-branca do Peru. A palavra *kartoffel*, em alemão, é uma variante do italiano *tartufulo*, que significava *trufa*, do latim *terra tuber*, enquanto a expressão *pomme de terre* em francês significa literalmente "maçã da terra", estabelecendo uma forte conexão com o latim. À medida que os alunos pesquisam a origem das palavras, vão também explorando noções de história, geografia e botânica, com base nas reflexões linguísticas.

Os autores Cohen e Hilts (2001, p. 262) apontam uma importante semelhança entre o ato de comer e o ato de aprender, ao dizerem que ambos são impulsos básicos da vida. O ato de comer é tão essencial à vida que o ser humano é programado de forma a garantir o processo permanente de procurar, preparar e consumir alimentos. Da mesma maneira, sentimos fortes desejos de procurar e compreender novas ideias e informações para depois compartilhar o que aprendemos com os outros: "(...) de forma parecida com um banquete esplêndido que oferece uma combinação criativa de sabores, quando proporcionamos oportunidades integradas, os aprendizes se mostram famintos/sedentos para saber mais" (*ibidem*). Quando esses autores discorrem sobre preparação e apresentação de dados, enfatizam a importância das habilidades de avaliação e interpretação, bem como a utilização de diversas formas de análise, dizendo que, enquanto especialistas de diferentes áreas elegerem um único formato de organização ou de análise, a percepção de que técnicas diferentes podem ser complementares será perdida.

É a precisão matemática que produz pontes e BMWs. É a tolerância da imperfeição da ciência que leva à descoberta da penicilina, enquanto a abordagem abstrata dos estudos sociais cria contextos humanos mais significativos para todas as fórmulas e descobertas. Todos esses processos são valiosos. E cada um depende, em certos momentos, de um quarto método – o da comunicação. A comunicação oral e a escrita são processos fundamentais de preparação que combinam novas percepções com o senso crítico da avaliação [ao preparar material] para o consumo público. (*Ibidem*, p. 263)

Projetos interdisciplinares utilizam todas essas competências em conjunto, e os alunos aprendem a compartilhar suas ideias, tornam-se capazes de comparar sua proposta com as dos outros, passando a apreciar os pontos positivos e negativos de ambas, conscientes da credibilidade, consistência e fundamentação dos diversos argumentos. Também aprendem a investir na escrita e na reescrita, escrevendo e reescrevendo seus textos inúmeras vezes, se for necessário, na tentativa de produzir material que seja efetivamente compreendido (Cohen e Hilts 2001). A comunicação, seja ela oral ou escrita, é uma competência que precisa ser desenvolvida em qualquer proposta de ensino-aprendizagem – e está presente em todas as propostas de trabalho neste livro.

Inteligência lógico-matemática[10]

Em suas pesquisas, Gardner (1983, 1991, 1993, 1999) destaca que a aquisição de conhecimentos só ocorre de fato quando o aluno está efetivamente envolvido no processo de aprendizagem. Para que isso aconteça, o professor precisa conhecer bem seu aprendiz e montar estratégias de ensino de acordo com suas capacidades. Inicialmente, Gardner diz que, quando as estratégias de ensino são baseadas nas áreas de inteligência mais desenvolvidas pelo aluno, ele pode sentir-se mais motivado para a aprendizagem. Em outras palavras, o aluno se sente mais à vontade quando é estimulado a explorar conhecimentos novos por meio do exercício de suas capacidades mais desenvolvidas. Exemplo: se o aluno se sente bem na área da lógica ou da matemática e pretende aprender uma língua estrangeira, seria interessante criarmos estratégias de ensino envolvendo os raciocínios indutivo e dedutivo, a identificação de relações específicas entre estruturas gramaticais ou itens de vocabulário, e assim por diante. Para tanto, é necessário que o professor seja capaz de identificar as competências específicas de cada aluno. Como fazer isso?

---

10. A introdução deste trecho se baseia no capítulo 7 ("Música e inteligência lógico-matemática") de Currie e Felipe (2014).

Alunos com a inteligência lógica bem desenvolvida normalmente gostam de matemática e mostram competência para o raciocínio e a solução de problemas. Frequentemente fazem perguntas lógicas e gostam de organizar objetos, categorizar coisas, classificar, calcular, experimentar. Sentem-se atraídos por atividades como coordenação de pesquisa, análise de resultados, elaboração de argumentos lógicos e têm facilidade para construir hipóteses, fazer relações abstratas e inferir consequências. São aprendizes que se deleitam em descobrir como funcionam as coisas e por que funcionam assim. Eles são "bons" ao categorizar, raciocinar e pensar de forma lógica.

Mas o que fazer quando encontramos uma diversidade de aprendizes (o que quase sempre acontece) na mesma sala de aula? Diante de tal situação, deverá o professor utilizar estratégias baseadas em matemática para os alunos que gostam dessa área, estratégias direcionadas para a música com o grupo "musical", e assim por diante? Não. Gardner e seus seguidores sugerem que o professor deve oferecer opções, deve flexibilizar suas estratégias de ensino, observar os alunos durante o processo de aprendizagem e se preparar sempre para modificar suas propostas de ensino, visando atender melhor aos diferentes perfis dos diferentes grupos de alunos.

Quando o professor propõe estratégias diferenciadas de ensino, é possível que, inicialmente, os alunos passem a investir apenas naquelas que lhes são mais atraentes ou com as quais tenham mais afinidade. Mas, ao perceberem que as propostas de trabalho apresentadas em sala de aula estão sempre mudando, e ao se darem conta de que em algum momento serão confrontados com propostas que certamente irão considerar mais "atraentes" ou mais "fáceis" (em um futuro não tão distante), esses aprendizes, após terem sido expostos a estratégias de ensino em que se saíram bem, terão adquirido a autoconfiança necessária para se aventurar em estratégias baseadas em inteligências mais "difíceis" para eles, isto é, em áreas que eles normalmente rejeitavam por medo de fracassar. Gardner (1991) chama atenção para a importância de o professor reconhecer o perfil de cada indivíduo. No entanto, ele defende a ideia de que cada um de nós deve observar as áreas mais fortes e as áreas mais fracas de nosso próprio perfil, de modo que tomemos consciência da necessidade de investirmos em nosso autodesenvolvimento, envolvendo todas as áreas possíveis.

Para conhecer o perfil dos alunos em sala de aula, Currie (2004) sugere que seria interessante utilizar um questionário simples como primeiro passo. De fato, a autora adota essa prática como professora universitária. Todos os alunos atualmente matriculados no curso de licenciatura em Língua Inglesa da Ufes, e todas as turmas que passaram pela sua sala de aula identificaram a inteligência lógico-matemática como sua área mais fraca.[11] Essa constatação não se baseia apenas em um simples questionário aplicado como avaliação inicial, mas também nas demonstrações de forte rejeição por parte dos alunos a essa área do conhecimento, observadas pela professora, bem como na comprovação de suas dificuldades em aplicar conceitos básicos relativos a essa competência. Se os futuros professores de língua inglesa, cuja rejeição à lógica e à matemática já foi comprovada, apresentarem dificuldades nessa área, como reagirão quando se depararem em sala de aula com alunos "bem desenvolvidos" na área de sua rejeição? Professores que não entendem ou que não dominam bem características pertinentes a essa área do conhecimento certamente encontrarão dificuldades para montar estratégias de ensino que atraiam alunos detentores dessa competência.

Mas precisamos alertar para o fato de que esse tipo de problema ocorrerá também nas áreas relativas às outras inteligências. Quando um professor não se interessa pelo desenvolvimento da inteligência corporal e encontra uma turma de alunos muito interessada e competente nessa área, surgem conflitos que se tornam difíceis de resolver. O que fazer? Segundo a proposta de Gardner, devemos investir no desenvolvimento de nossas áreas mais fracas, a fim de entender melhor o que estamos rejeitando. E a maneira mais eficaz de fazer isso é relacionar a área "desconhecida" à área que mais conhecemos. No caso dos alunos de Letras-Inglês, seria interessante relacionar a competência lógico-matemática à área de linguística. Dessa forma, é essencial que os futuros professores (bem como os atuais) de todas as áreas se conscientizem das conexões imprescindíveis existentes entre diferentes esferas de conhecimento, para que sejam mais motivados a investir no entendimento de alguns conceitos da lógica e da matemática, uma vez que se torna cada vez mais evidente a importância desses conceitos para a compreensão de outras áreas.

Como desenvolver a inteligência lógico-matemática em sala de aula? São muitas as possibilidades. Uma delas é a utilização de perguntas para estimular o pensamento do aluno. Para tanto, é dever do professor: analisar primeiro as perguntas que ele mesmo utiliza em sala de aula; verificar se está usando perguntas "abertas" ou "fechadas", perguntas "verdadeiras" ou "didáticas", e assim por diante. Uma pergunta "fechada" exige apenas uma resposta "certa", isto é, aquela resposta que o professor já sabe e pela qual já está esperando. Para "acertar" a resposta, o aluno só precisa de uma boa memória, não precisa necessariamente ter compreensão do conceito em estudo, não precisa exercitar sua inteligência lógica. Por outro lado,

---

11. Lembramos que os resultados apontados referem-se a *turmas* de alunos, não ao aluno individualmente. Em cada turma existem alguns (poucos) alunos com a área lógico-matemática bem desenvolvida.

uma pergunta "aberta" induz o aprendiz a raciocinar em torno de uma variedade de respostas possíveis, normalmente seguidas de uma discussão em grupo, situação em que a capacidade de análise, de comparação e a consequente formulação de outros conceitos "lógicos" podem ser desenvolvidas.

Na maioria das salas de aula é muito comum a utilização de perguntas supostamente didáticas, que não exigem nem mesmo uma resposta verdadeira. Podem ter a função de um comando, ou ser parte de uma rotina escolar. Em sala de aula de língua estrangeira, por exemplo, os alunos às vezes repetem estruturas de perguntas, uma após outra, sem esperar nenhuma resposta. Ou então repetem amostras de perguntas e respostas do livro didático sem qualquer referência à veracidade da resposta em relação à realidade (Willis 1992). Por outro lado, uma pergunta autêntica estimula a exploração do significado das palavras e dos conceitos. Vejamos alguns exemplos de perguntas conceituais frequentemente propostas por crianças muito pequenas: "O que é um número?"; "Onde está o amanhã?". Por outro lado, Karl Popper (1972) afirma que as perguntas mais importantes não são as conceituais, mas as perguntas práticas, tais como "o que fazer nessas circunstâncias?". Para esse filósofo da ciência contemporânea, as perguntas mais interessantes são aquelas que estimulam um pensar problematizador, que vai além das palavras e faz conexões com o mundo real do aluno.

De acordo com Fisher (1987, p. 5),

> um currículo formal pode reprimir rapidamente a curiosidade natural da criança. A educação tradicional tende a apresentar o conhecimento como se fosse um conjunto de respostas para perguntas formuladas por outras pessoas. Com base nessa abordagem, a identificação da resposta certa representa a realização acadêmica. (...) [No entanto], esse tipo de habilidade não vai preparar o aprendiz para resolver problemas. Quando se ensina a resposta, a pergunta – a razão da busca – perde o sentido. A elaboração de perguntas constitui uma estratégia importante para a aquisição de informações novas, e o ensino problematizador estimula ativamente essa habilidade.

Quais as perguntas que contribuem para o desenvolvimento do pensar científico? Ao focalizarem o tipo de pergunta que podemos fazer em sala de aula para que os alunos sejam estimulados a ampliar sua capacidade de raciocinar, Campbell, Campbell e Dickinson apresentam o quadro a seguir:

FIGURA 9: PERGUNTAS QUE CONTRIBUEM PARA O DESENVOLVIMENTO DO PENSAR CIENTÍFICO

• *Relembrando* – quem, o quê, quando, como, onde?	• *Antecipando* – O que poderia acontecer se X...?
• *Comparando* – De que forma X é similar a/ diferente de Y?	• *Elaborando* – Quais as ideias ou o detalhamento que poderiam ser acrescidos a X?
• *Identificando atributos* – Quais são as características de X?	
• *Classificando* – Como seria possível organizar X?	• *Resumindo* – Você consegue resumir Y?
	• *Estabelecendo critérios* – Que critérios você utilizaria para avaliar ou analisar Y?
• *Identificando erros* – O que tem de errado com X?	• *Verificando* – Quais os dados que sustentam Y? De que forma seria possível provar/confirmar X?
• *Identificando as ideias principais* – Qual o conceito básico/a proposta principal em Y?	
• *Inferindo* – Quais as possíveis conclusões relacionadas a Y?	• *Identificando relações/estruturas* – Você consegue montar um diagrama/construir um esboço para representar X?

Fonte: Campbell, Campbell e Dickinson (2004, p. 45).

Para desenvolver o pensar científico, portanto, o professor precisa aprender a criar perguntas interessantes. É com essas perguntas que se estimula a utilização da lógica e do raciocínio pelo aluno que, assim, também terá a oportunidade de desenvolver o seu pensar científico. De conformidade com DeGarmo (*apud* Campbell, Campbell e Dickinson 2004, p. 42), "na utilização habilidosa da pergunta, mais que qualquer outra coisa, encontra-se a arte fina de ensinar, porque através da pergunta apontamos para ideias claras e brilhantes, instigamos a imaginação, estimulamos o pensar, incentivamos a ação".

Com base nessa discussão, quais perguntas poderíamos formular com o intuito de estimular o pensar lógico sobre verduras e legumes?

Relembrando: Quais verduras consumimos hoje, esta semana, durante o mês passado? De acordo com muitos nutricionistas, o primeiro passo para melhorar os hábitos alimentares é registrar o que se come atualmente para descobrir o que precisa ser modificado. *Comparando:* Após a coleta de um conjunto de dados, os alunos devem ser encorajados a organizá-los sozinhos, com base em semelhanças e diferenças. Aí então podem-se montar gráficos, tabelas, conjuntos etc. *Identificando atributos:* Para organizar dados, é essencial definir suas diferentes características. Portanto, após o registro das verduras consumidas pelos alunos em trabalho de grupo, eles poderão comparar a lista elaborada por cada grupo, definindo algumas características que poderiam ser utilizadas na organização dos dados, por exemplo: a quantidade total consumida; a variedade; a qualidade (batatas fritas comparadas com batatas cozidas) etc. *Classificando:* Definidas as características a serem analisadas, a decisão seguinte é sobre a própria organização – vamos produzir gráficos, tabelas, conjuntos? Que tipo de gráfico/tabela apresentará os dados de forma mais clara?

Nutrição 119

Identificando relações/estruturas: Após a organização dos dados, é muito mais fácil *identificar as ideias principais*; *inferir*; e verificar os *erros*.

Portanto, após a análise dos gráficos/tabelas etc. os alunos devem ser estimulados a registrar suas conclusões, anotando algumas das relações percebidas, as inferências, os possíveis problemas identificados. Talvez eles percebam que a maioria dos membros do grupo come poucas folhas e muita fritura, que vários membros do grupo não comem nenhuma verdura na parte da tarde, na hora do lanche ou no jantar. Durante essa fase, eles estarão *estabelecendo critérios* para a avaliação dos dados. E assim entram na próxima fase, que é definir o que pode ser feito para melhorar a condição alimentar dos alunos (*antecipando* e *elaborando propostas inovadoras*). Ao produzirem relatórios e propostas para trabalhos futuros baseados na sua análise dos dados coletados, os alunos estarão *resumindo* as ideias centrais de sua pesquisa, enquanto *verificam* as suas conclusões. Os relatórios produzidos podem ser apresentados em diversos formatos, considerando as sugestões de cada grupo e contando com a flexibilidade do professor. Por exemplo, nas aulas de informática os alunos poderão explorar as diferentes possibilidades de organizar tabelas e gráficos, usando programas como Excel para que os relatórios tenham a maior clareza possível.

Inteligência visual-espacial

É claro que a elaboração de gráficos, tabelas e relatórios depende fortemente da inteligência visual-espacial. Embora essa área não seja reconhecida em toda a sua importância nos currículos tradicionais, hoje em dia o fator visual está se tornando cada vez mais central; e uma das principais ferramentas para exploração desse campo é, sem dúvida, o computador, pois oferece múltiplas possibilidades de utilização. Adicione-se a ele sua aliada, a internet, nossa biblioteca global. De acordo com o Censo Escolar 2010 (Brasil 2010), divulgado pelo Instituto Nacional de Estudos e Pesquisas Educacionais Anísio Teixeira (Inep), no Brasil, 94,8% dos alunos do ensino médio têm acesso à internet, enquanto no ensino fundamental os porcentuais de acesso à rede são mais baixos: 85,9% nas séries finais (6º ao 9º ano) e 71,6% nas séries iniciais. Os textos disponibilizados na internet são visualmente complexos. Sempre existem opções de visitar outros textos (hipertextos), ou de clicar imagens a fim de obter informações complementares, dentre outras possibilidades. O computador é uma ferramenta de aprendizagem verdadeiramente global, que pode nos fornecer informações sobre qualquer assunto em qualquer língua a qualquer hora. As informações são apresentadas de várias formas – o multiletramento e o multiculturalismo têm uma presença marcante. Vamos aprender a utilizar essa ferramenta de forma eficiente e estimulante?

Para que possamos nos expressar e compreender o outro no contexto da comunicação entre diferentes grupos ou sociedades, precisamos basear a nossa prática no conceito de multiletramento. Cope e Kalantzis (2000), no seu livro *Multiliteracies: Literacy learning and the design of social futures* [Multiletramento: Letramento e a configuração de futuros sociais], explicam que esse conceito abarca os múltiplos canais de comunicação que existem atualmente na mídia, ligados à diversidade linguística e cultural. Esses autores afirmam ainda que

> uma pedagogia do multiletramento (...) focaliza modos de representação muito mais amplos que a linguagem propriamente dita. Essas formas se diferenciam de acordo com a cultura e o contexto, e produzem efeitos específicos nas áreas da cognição, cultura e sociedade. (...) O multiletramento também cria um tipo diferente de pedagogia, na qual a linguagem e outras formas de expressar o significado funcionam como recursos dinâmicos de representação, que são constantemente reformulados por seus usuários a fim de alcançar seus vários objetivos culturais. (Cope e Kalantzis 2000, p. 5)

Na citação acima, percebemos uma ênfase no dinamismo da representação do significado, os objetivos específicos definidos pelos próprios usuários através das diferentes maneiras de comunicar algo a alguém. Sendo assim, o usuário se torna proponente, dono, usuário ativo das diversas formas de se comunicar com o mundo – uma visão bem diferente de muitas salas de aula em funcionamento hoje, nas quais o usuário é passivo, sem objetivos próprios, tratado como repositório de dados isolados, sem conexão e sem significado. Em nosso mundo globalizado, o conceito de multiletramento se torna ainda mais abrangente: "(...) o significado é construído de maneira cada vez mais multimodal – de tal forma que modos linguísticos escritos fazem parte da construção visual, oral e espacial do significado" (Cope e Kalantzis 2000, p. 5). A comunicação não se restringe mais a uma prática essencialmente intracultural, na qual grupos sociais diferentes se comunicam utilizando o bilinguismo individual e social. Hoje a pedagogia do multiletramento precisa ser multilíngue (Lo Bianco 2000), contemplando também as línguas estrangeiras.

Como explorar o conceito de multiletramento que abarca o multiculturalismo e o multilinguismo? Já que estamos falando da inteligência visual, vamos começar investigando verduras e legumes usando o Google Imagens. Qual a primeira impressão que temos? Imagens altamente multicoloridas, com certeza! Quantas cores vivas! Quantos formatos interessantes! Alunos dos anos iniciais podem escolher sua imagem preferida e fazer uma lista de todas as cores encontradas em cada imagem. Quando diferentes grupos compararem suas listas, descobrirão as cores mais comuns, as mais raras, as que nunca aparecem etc. Podem produzir desenhos ou montagem de recortes mostrando pratos coloridos, cheios de arranjos tentadores que vão convencer os colegas a consumir legumes mais variados – e, quem sabe, com maior frequência. De que forma os próprios legumes podem ser utilizados para estimular inovação e criatividade artística? Vamos experimentar?

Alunos de anos mais avançados poderão investigar o significado das cores em termos nutricionais. Por exemplo, o repolho roxo, a berinjela e a batata-roxa possuem nutrientes como polifenol e antocianina, que proporcionam uma energia antioxidante; legumes de tonalidades amarela e laranja, como a cenoura, o milho-verde, o pimentão amarelo e a abóbora moranga, possuem vitamina C (outra substância antioxidante) e também nutrientes como carotenoides e bioflavonoides que ajudam a manter o funcionamento do coração e o sistema imunológico. Enquanto isso, legumes de cor vermelha contêm nutrientes como o licopeno, o ácido elágico e a antocianina, que ajudam a manter o coração saudável, a memória ativa e a boa saúde do sistema urinário. Exemplos: o rabanete, o tomate, a beterraba, o pimentão vermelho e a batata-vermelha.

Como sabemos, o pigmento dos alimentos verdes é a clorofila, um energético celular que limpa o organismo e impede que ele absorva substâncias químicas, além de ajudar a proteger o cabelo e a pele. O alimento verde também contém substâncias como luteína e imidazol, que auxiliam na redução da incidência de câncer, melhoram a visão e fortalecem ossos e dentes. Esse grupo inclui todas as folhas verdes (alface, espinafre, rúcula), grãos verdes (ervilha, vagem), brócolis, pepino, quiabo, abobrinha etc. (Oliveira s.d.). Vamos procurar saber mais sobre esse assunto pesquisando outras fontes? Depois da pesquisa sobre o significado das diferentes cores, os alunos poderão montar cartazes para expor em reuniões com a comunidade, com o objetivo de convencê-la a investir em sua saúde comendo uma variedade maior de verduras e legumes.

Vamos soltar nossa criatividade e decorar a mesa de refeições utilizando as cores, formas e texturas das verduras e legumes? Quem conhece as esculturas de alimentos que são expostas em eventos promovidos pelo grupo Equipotel, de São Paulo, construídas em oficinas, extasia-se diante dessa rara combinação de comida e arte. O grupo Equipotel é responsável pela maior feira de hotelaria e gastronomia da América Latina. E um dos responsáveis pelas oficinas é o chefe de cozinha Charlie Carving, representante da escola tailandesa de entalhe de frutas e legumes no Brasil. Carving passou por vários países, em quase todos os continentes, estudando a culinária, a cultura e os costumes gastronômicos de cada um deles. Fundou em 2006 o Carving Studio, em São Paulo, que oferece cursos, livros e DVDs sobre a arte de esculpir alimentos e a decoração para eventos.

Vamos visitar o catálogo *on-line* (Carving s.d.) para conhecer as obras de arte criadas por Carving com frutas e verduras que comemos todos os dias? Será que alunos mais maduros enfrentariam o desafio de produzir esculturas tão complexas como as apresentadas no *site*?

Apesar da complexidade de algumas esculturas do *site*, até crianças pequenas podem criar obras de arte com legumes. Por exemplo, utilizando um prato como pano de fundo, elas poderão criar formas mais simples com folhas e legumes. Ou então, praticar a arte de esculpir, conforme a imaginação de cada uma.

O que os alunos pensam sobre as obras de arte do catálogo? O que dizem sobre as cores, as formas, as texturas, a composição visual? É hora de escolhermos uma imagem e registrarmos os nossos pensamentos, procurando utilizar as técnicas de descrição. É possível reproduzir uma imagem com palavras apenas? O professor poderia extrair de uma obra literária um trecho do gênero descritivo e distribuir cópias aos diferentes grupos, propondo a cada grupo que desenhasse o objeto ou cena descritos. Os resultados seriam certamente diferentes, e isso estimularia uma discussão sobre a relação entre a linguagem imagética e a linguagem verbal na modalidade escrita. O oposto também poderia ser feito – a mesma imagem, uma das esculturas acima, por exemplo, poderia ser distribuída aos diferentes grupos, e cada grupo teria a tarefa de produzir um texto descrevendo minuciosamente a imagem recebida. De novo, enquanto a turma troca ideias sobre os resultados, criam-se oportunidades para a discussão de tópicos ligados a comunicação verbal e visual. Esse trabalho estimulante certamente despertará a criatividade dos alunos e os motivará a experimentar mais verduras e legumes nos seus pratos de comida, tornando-os cada vez mais coloridos e saudáveis.

Alunos do ensino médio poderão investigar mais a fundo os efeitos químicos das diferentes substâncias associadas a cada cor – a bioquímica oferece caminhos fascinantes, na tentativa de estabelecer um elo entre as ciências e a alimentação. Ainda outra área poderia ser explorada, que são as diferentes formas dos alimentos. Vamos trabalhar ao vivo e em cores? Os alunos poderiam trazer legumes para a sala, definir suas formas de acordo com as três dimensões geométricas, e medir os objetos escolhidos por eles, garantindo assim uma conexão mais autêntica entre alunos, mundo real e temas em estudo.

Barbara Clark, em seu artigo "Integrative education" [Educação integrada] (Clark 1991, pp. 32-33), salienta que a sala de aula precisa incorporar informações novas sobre como facilitar e melhorar o processo de aprendizagem, informações vindas de pesquisadores das diversas áreas do conhecimento, que investigam o funcionamento do cérebro: a psicologia cognitiva, a teoria de sistemas, a linguística, dentre outras. Por exemplo, já se sabe que o pensamento mais complexo, a capacidade de síntese, a criatividade e a sensação de bem-estar são ampliados com a redução da tensão e o estímulo ao uso da visualização de imagens. Assim, quando estratégias de ensino que estimulam a inteligência visual são incorporadas às estratégias de ensino, estamos aprofundando importantes competências na vida dos nossos alunos.

Inteligência corporal-cinestésica

A exploração dos efeitos bioquímicos de verduras e legumes no corpo já é uma área de interesse para essa inteligência, mas outra característica de pessoas com a área corporal bem desenvolvida é que normalmente gostam muito mais de "atividade" do que de "passividade". Assim, não gostam muito de permanecer horas e horas sentadas numa cadeira, "ouvindo" um professor. Preferem mesmo se mexer, se movimentar pela sala, fazendo experiências práticas, descobrindo o conhecimento por meio do "fazer". "Aprende-se fazendo" é o lema dessa inteligência. E já que todas as áreas de inteligência estão presentes em cada pessoa, o professor deverá incluir sempre experiências práticas e situações de aprendizagem intimamente relacionadas à vida real dos alunos, um tipo de abordagem que estimule a aprendizagem dinâmica.

Quais as receitas utilizadas para preparar legumes nas casas dos alunos? O que acontece com o alimento após o cozimento? Quais as combinações mais saudáveis? Quais as verduras que os alunos já experimentaram? Alface, acelga, agrião, almeirão, chicória, escarola, mostarda, rúcula? Vamos experimentar as que não conhecemos? Vamos preparar sucos combinando frutas e verduras ou legumes? Quem conhece o suco de laranja com cenoura ou beterraba? Limão com agrião ou couve? Aliás, será que os alunos apreciam as propriedades mirabolantes desta superverdura – a couve? De acordo com Correa, Silva e Silva (2003), organizadores do projeto "Horta orgânica", da Universidade Federal de Mato Grosso do Sul, a couve é uma hortaliça muito especial. Uma xícara de couve crua contém o dobro das necessidades diárias de vitamina C e de betacaroteno, que o corpo transforma em vitamina A. Além disso, na mesma xícara encontram-se 5 mg de vitamina E, 30 mcg (microgramas) de folato (ácido fólico), 135 mg de cálcio, 2 mg de ferro e 450 mg de potássio. A couve também fornece mais de 1 g de fibras com apenas 50 calorias, o que torna essa admirável folha verde um alimento muito nutritivo e altamente recomendado para quem se preocupa com o peso. A couve contém mais ferro e cálcio que quase qualquer outra verdura, e seu alto teor de vitamina C aumenta a capacidade de absorção desses minerais pelo organismo. Se a couve é servida com limão ou com outras frutas cítricas na mesma refeição, a absorção de ferro e cálcio será ainda mais acelerada. Os bioflavonoides, carotenoides e outros componentes que combatem o câncer também estão presentes em grande quantidade na couve, além dos compostos indóis, que diminuem o potencial cancerígeno do estrogênio e induzem a produção de enzimas que protegem contra outras doenças (Correa; Silva e Silva 2003). Quem vai rejeitar a couve agora?

Para desenvolver a inteligência corporal, os alunos precisam se envolver de forma bem ativa em propostas práticas de trabalho. Podem procurar receitas diferentes, prepará-las e experimentá-las, preparar e degustar sucos, e, quem sabe, montar uma horta escolar para fornecer a matéria-prima. Se a escola tiver pouco terreno disponível, é possível utilizar vasos de diferentes tamanhos assim como outros recipientes, reciclados ou não, para plantar uma horta até mesmo dentro da escola, identificando espaços onde as plantas possam receber luz solar. Temos registro de reportagens de televisão e revistas que já mostraram hortas funcionando com êxito em apartamentos pequenos nas cidades grandes, como São Paulo. As plantas precisam de luz para fazer a fotossíntese, fator essencial para sua sobrevivência e crescimento. Por isso, é essencial identificar locais bem iluminados para as plantas – de preferência com sol direto durante parte do dia.

Questionários são bons instrumentos de levantamento de dados. Podem (e devem) ser usados também na escola. No caso das verduras, os alunos poderiam descobrir, através de um questionário, quais as verduras mais aceitas ou quais nunca foram experimentadas. Pesquisas realizadas com o objetivo de obter mais informações sobre o plantio e os cuidados necessários para garantir a sobrevivência e o crescimento da plantação envolvem leitura, escrita, matemática, ciências e outras áreas do conhecimento, e ao mesmo tempo um investimento no "aprender fazendo" a fim de que os alunos alcancem seus próprios objetivos. O cuidado permanente com as plantas garante o exercício constante da inteligência corporal, e os resultados obtidos também contribuirão para o bem-estar físico dos participantes.

Outra área de aprendizagem "ativa" que combina com esse tipo de inteligência é a produção de brotos – não apenas os famosos brotos de feijão, mas também os brotos em geral. No ano 2000, foi publicado o livro *Living food for health* [Alimentação viva a favor da saúde], de autoria de uma famosa nutricionista escocesa, Gillian McKeith. Nessa obra, a autora elege 12 alimentos superpoderosos, que podem transformar a saúde de qualquer pessoa, garantindo o aumento de energia e bem-estar, células e órgãos bem nutridos e o fortalecimento do sistema imunológico, dentre outros benefícios. No início do livro, McKeith coloca em evidência a importância de ingerir alimentos "vivos" como os brotos – sementes germinadas e transformadas em plantinhas após 3-4 dias.

Alguns alunos talvez conheçam o broto de feijão – quem já provou esse derivado do grão do feijão? Quem já produziu algum deles? Vamos fazer uma experiência? Qualquer leguminosa pode ser transformada em broto (todas as variedades de feijão, lentilhas, ervilhas, grão-de-bico etc.); todos os cereais ou grãos (arroz, milho, aveia, trigo, painço etc.); as nozes (castanha-de-caju, avelã, amêndoa, amendoim etc.); e, é lógico, as sementes (como, por exemplo, as de abóbora, girassol, alfafa, gergelim, linhaça). Como produzir brotos? Muito simples. Primeiramente lavam-se bem as sementes. Depois coloca-se uma camada no fundo de um recipiente limpo, deixando de molho na água durante a noite. No outro dia, lavam-se de novo as sementes, coando-as bem para tirar toda a água (do contrário, as sementes apodrecerão). Em seguida, coloca-se uma camada de sementes úmidas num recipiente, cobrindo o recipiente com um pedaço de pano. É preciso deixar bastante espaço para o desenvolvimento dos brotos. O recipiente deve ser colocado em um local escuro. Repete-se esse processo duas vezes por dia até que as sementes comecem a brotar. Ao primeiro sinal de brotação, coloca-se o recipiente durante algumas horas numa janela ensolarada, a fim de elevar os níveis de energia dos brotos. E aí estão prontos para comer!

Quais os benefícios do consumo de brotos? De acordo com McKeith (2000), cada broto contém força vital e energia nutricional e microbiológica suficientes para criar uma planta adulta saudável. Além disso, o processo de germinação garante a disponibilização dos nutrientes, facilitando o processo de digestão e assimilação no corpo humano. O resultado é um alimento superpoderoso, que oferece quantidades surpreendentes de proteínas, vitaminas, minerais, enzimas e clorofila. Quando consumimos qualquer planta na sua forma brotada, os nutrientes são multiplicados muitas vezes em comparação com as quantidades encontradas na planta adulta. Por exemplo, a quantidade de vitaminas B2 e B12 encontrada nos brotos aumenta em quase 2.000% em comparação com a planta adulta! A autora afirma ainda que, levando-se em conta o conjunto de todas as vitaminas, ocorre um aumento médio de 500% na comparação entre o broto e a planta adulta.

Além dessa quantidade surpreendente de vitaminas, os brotos também apresentam níveis muito altos de minerais, sendo considerados a melhor fonte desses nutrientes, perdendo apenas para algumas das plantas marinhas. Oferecem também níveis altíssimos de cálcio, magnésio, ferro, selênio, manganês, zinco e muito mais. E todos esses nutrientes estão muito mais disponíveis nos brotos, o que significa que o corpo consegue absorvê-los com maior facilidade. Os brotos são também uma importante fonte de proteína. Classificam-se acima da carne bovina, com a vantagem de não apresentarem os problemas associados à proteína animal. Lembramos ainda que o consumo de alimentos vivos é essencial para a nossa saúde,

126 Papirus Editora

já que é a fonte principal das enzimas ativas responsáveis por uma boa digestão. Os brotos também fortalecem o sistema imunológico, protegendo o nosso corpo contra radicais livres. Fahey, Yueshing e Talalay, pesquisadores da renomada escola universitária Johns Hopkins, dos Estados Unidos, descobriram, em 1997, que certos brotos de verduras apresentavam, em relação às verduras não brotadas, níveis bem mais altos de elementos anticancerígenos – os brotos de brócolis, um número 30 a 50 vezes maior do que os brócolis não brotados. Vamos produzir brotos de todos os tipos e promover uma semana gastronômica de brotos para a comunidade?

Outro tema indispensável, que associa a alimentação à inteligência corporal-cinestésica, é a relação entre o que consumimos e o que gastamos em termos de energia. Afinal de contas, não é rigorosamente correto dizer que "somos o que comemos". É verdade que precisamos prestar mais atenção no que comemos, porém é fundamental saber mais sobre a energia que gastamos diariamente. É preciso lembrar que as duas causas básicas da obesidade são: (1) o consumo excessivo de alimentos "errados" (gorduras, sal, açúcar e calorias vazias); e (2) o sedentarismo ou falta de exercício. Portanto, qualquer investimento em pesquisas relacionadas ao sedentarismo, qualquer tentativa de promover a prática de exercícios, despertaria essa inteligência. A equação é simples: precisamos utilizar o que ingerimos. Se consumirmos 2 mil calorias (kcal), é necessário que gastemos 2 mil calorias. E se o nosso desejo é perder peso, precisamos gastar mais do que consumimos.

Informações nutricionais – Calorias: Caloria é uma medida usada para expressar o calor (ou valor energético) do alimento e da atividade física. Através do método de calorimetria direta, descobriu-se que cada alimento libera um determinado calor ao ser queimado, e esse calor é considerado o valor energético do alimento. Por exemplo: ao queimar 100 g de purê de batata, são liberadas 100 kcal (dependendo dos ingredientes do purê), ou seja, quando esse alimento é consumido pelo organismo, é liberada a mesma quantidade de energia. Vamos saber mais sobre a matemática das calorias? Qual a necessidade diária de energia do seu corpo? Cada indivíduo gasta certa quantidade de energia básica para manter seu corpo funcionando normalmente. A ela deve-se acrescentar a energia utilizada para a realização de atividades físicas.

Gasto Energético Basal (ou básico): Para calcular a quantidade de energia utilizada no período de 24 horas com o objetivo de manter o corpo funcionando normalmente (respiração, batimento cardíaco, absorção de nutrientes etc.), utiliza-se a Equação da Taxa Metabólica Basal (TMB). Veja a tabela abaixo:

TABELA 15: GASTO ENERGÉTICO BASAL

GASTO ENERGÉTICO BASAL EM CADA FAIXA ETÁRIA		
Gênero	Idade	Equação da Taxa Metabólica Basal (TMB)
Masculino	10-18 anos	(17,5 x peso) + 651
	18-30 anos	(15,3 x peso) + 679
Feminino	10-18 anos	(12,2 x peso) + 746
	18-30 anos	(14,7 x peso) + 496

Fonte: Pacheco (2006).

Para calcular o Gasto Energético Total (GET) no período de 24 horas, o resultado da Equação da TMB é multiplicado pelo Fator de Atividade (FA). O resultado define o número de calorias necessárias para o bom funcionamento do organismo.

TABELA 16: GASTO ENERGÉTICO TOTAL – FATOR ATIVIDADE

	MASCULINO	
	Leve	1,50
	Moderado	1,80
Fator Atividade	Pesado	2,10
	Muito pesado (usado em atletas)	2,30
	FEMININO	
	Leve	1,50
	Moderado	1,70
	Pesado	1,80
	Muito pesado (usado em atletas)	2,00
GET	GET = TMB x FA	

Fonte: Pacheco (2006).

Exemplo de cálculo de GET: uma mulher de 25 anos, pesando 60 kg, que faz 2 horas de exercícios moderados por dia, necessita de um consumo energético de aproximadamente 2.343 kcal (TMB = 14,7 x 60 + 496 = 1.378; GET = 1.378 x 1,70 = 2.343) para suprir suas necessidades diárias de energia.

Assim como um carro precisa de combustível, nosso corpo precisa de calorias para garantir seu bom funcionamento. As proporções das calorias devem ser as seguintes: 50%-60% de carboidrato (pães, massas, grãos etc.); 20%-30% de lipídios (gordura, óleo e produtos que contêm óleo); e 10%-15% de proteína (ovos, leite, carne, peixes etc.). Com base nessas informações, concluímos que a mulher com as características acima, precisa, por dia, das seguintes proporções de:

- Carboidratos: 60% de 2.343 kcal = 1.406 kcal. Base: 4 kcal por grama = (1.289 / 4) = 352 gramas de carboidratos.

- Lipídios ou gorduras: 25% de 2.343 = 586 kcal. Base: 9 kcal por grama = (586 / 9) = 65 gramas de lipídios.
- Proteínas: 15% de 2.343 = 352 kcal. Base: 4 kcal por grama = (352 / 4) = 88 gramas de proteínas.

Assim, a mulher descrita acima precisa consumir em torno de 352 g de carboidratos + 65 g de lipídios + 88 g de proteínas por dia.

De que forma esses dados podem ser aplicados aos legumes que consumimos? Exemplo: se calcularmos o valor calórico da batata-inglesa cozida, em relação ao purê de batata, perceberemos que a opção que fizermos implicará redução ou aumento de calorias, já que 100 g de purê contêm em torno de 100 kcal, enquanto o mesmo peso de batata cozida tem apenas 53 kcal, além de 1,2 g de proteína, praticamente zero de lipídios e 11,9 g de carboidrato. E quando comparamos batata-inglesa cozida com batata-inglesa frita, ou com outros tipos de batata, como batata-doce ou batata-baroa, descobrimos que cada uma delas tem quantidades diferentes de proteína, lipídios e carboidratos. Além disso, a maneira de preparar o alimento também afeta essas quantidades. Dessa forma fica claro que é importante saber mais sobre os alimentos que consumimos para podermos tomar decisões apropriadas com relação às nossas opções alimentares. Se o nosso corpo necessita de cálcio, vamos comer batata-doce; porém, se o corpo necessita de proteína, torna-se necessário agir com cautela. Os *chips* apresentam maior teor de proteína na lista que segue – mas também incluem uma quantidade muito grande de lipídios e de carboidrato que podem ser prejudiciais à saúde. É imprescindível analisar todo o alimento e não focalizar apenas numa das características nutricionais. Observemos a tabela a seguir:

TABELA 17: CARACTERÍSTICAS NUTRICIONAIS DE DIVERSOS TIPOS E PREPAROS DE BATATA EM 100 G

LEGUME (100 g)	Energia (kcal)	Proteína (g)	Lipídios (g)	Carboidrato (g)	Fibra (g)	Cálcio (mg)
Batata-inglesa cozida	52	1,2	TR	11,9	1,3	4
Batata frita	267	5,0	13,1	35,6	8,1	6
Chips	543	5,6	36,6	51,2	2,5	12
Batata-doce cozida	77	0,6	0,1	18,4	2,2	17
Batata-baroa cozida	80	0,9	0,2	18,9	1,8	12

Fonte: Nepa (2011).
Nota: TR = traços.

Os alunos gostam mais de comer batata cozida, batata frita ou *chips*? Se preferirem batata frita, será necessário fazer mais exercícios para gastar as calorias, certo? Vamos descobrir mais sobre a quantidade de calorias gasta em diferentes exercícios?

Quais as atividades preferidas dos alunos? Quanto tempo por semana, em média, cada um pratica atividades físicas? Quem vai de bicicleta para a escola? Quanto tempo, em média, os alunos passam jogando futebol? E pulando corda? Quais as opções oferecidas pela escola? Que atividades, não disponíveis na escola, os alunos gostariam de praticar?

No parágrafo inicial da seção sobre a inteligência visual-espacial, apresentamos dados relacionados ao acesso à internet. No entanto, no mesmo Censo Escolar encontramos a afirmação de que, enquanto 71,6% dos estudantes nos anos iniciais do ensino fundamental (1º ao 5º) têm acesso à internet, apenas metade deles dispõe de uma quadra esportiva na escola. Que alternativas à quadra esportiva é encontrada pela escola que não a possui? Quais os outros espaços disponíveis? Qual o gasto calórico dos diversos exercícios? Quando identificamos o gasto calórico de uma determinada atividade física, que variantes são consideradas? Além de fazer cálculos baseados em peso, idade, gênero da pessoa, dentre outras características, precisamos também pensar na intensidade da atividade, além de outros fatores. Como exemplo, a tabela a seguir apresenta algumas variáveis associadas à simples atividade de andar:

TABELA 18: GASTO CALÓRICO EM DIVERSOS MODOS DE ANDAR

ATIVIDADE	Gasto Calórico	ATIVIDADE	Gasto Calórico
Andar normal na esteira	156	Andar na areia molhada afundando os pés	195
Andar acelerado	276	Andar em areia fofa	190
Andar na areia dura	160	Andar no mar com água nas canelas	140

Fonte: Souza (s.d.).
Nota: Cálculos relativos a uma pessoa pesando 60 kg em um tempo de 30 minutos.

Vamos investigar outras fontes para confirmar essas informações? Quais as variáveis presentes em outras atividades? Qual o efeito do tipo de solo no gasto calórico de correr – correr no asfalto, na areia, na grama, na lama, no concreto, nas pistas de atletismo? E numa esteira ergométrica? Quais os efeitos dessas variáveis sobre o corpo? Baseando-se em informações fornecidas pelo médico Rogério Teixeira da Silva, doutor em Ortopedia e Medicina Esportiva pela Universidade Federal de São Paulo (Unifesp), as autoras Zanolli e Everett (2010, p. 1) afirmam:

Quando corremos, nossos pés chegam a suportar de duas a três vezes o peso do nosso corpo a cada passada. E um dos fatores que podem diminuir ou aumentar esse impacto é a superfície onde corremos. Quanto mais rígido o piso, maior o impacto. Maior também a velocidade, porque boa parte da força é devolvida para os pés, aumentando o impulso. Mas o corpo vai ter de absorver essa energia e, por isso, é maior o risco de lesões em pontos mais vulneráveis, como as articulações.

Correr na areia, por exemplo, não é muito recomendado, por ser uma superfície bastante instável, que exige fortes movimentos de torção. Sempre apresenta desníveis, que acabam sobrecarregando um dos lados do corpo. Mas quando se corre na grama, o impacto é em grande parte absorvido pelo chão, em vez de retornar à perna. Por isso é recomendado para as pessoas que têm dor nos joelhos ou para quem está voltando a correr depois de se recuperar de uma fratura. Vamos saber mais sobre essas possibilidades? Vamos checar esses dados usando outras fontes?

E no caso dos alunos, que variáveis estão envolvidas quando eles andam ou correm? A posição no time de futebol afeta o estilo ou a velocidade da corrida em campo? Quem consegue correr com maior velocidade? Quem corre durante mais tempo? Quem consegue correr para trás? E para os lados? E segurando uma abóbora entre as pernas? E com os braços cruzados segurando folhas de taioba nas mãos? Quem consegue correr com uma colher na boca e uma batata equilibrada na colher? Que outras sugestões poderão fazer os alunos utilizando legumes ou verduras?

Quantas calorias são gastas nas atividades diárias? Cada grupo de alunos poderá montar uma tabela como a que segue, registrando todas as atividades físicas praticadas pelos membros do grupo durante o dia que antecede essa proposta de trabalho. Depois de montada, a tabela pode ser usada para calcular o gasto energético diário de cada aluno. E após o cálculo, os alunos poderão montar propostas de refeições para atender às suas necessidades energéticas – que devem incluir uma boa variedade de verduras e legumes.

TABELA 19: MÉDIA DE CALORIAS GASTAS POR UMA PESSOA DE 68 KG

ATIVIDADE	Calorias gastas em 15 min.	ATIVIDADE	Calorias gastas em 15 min.
Tomar banho	17	Lavar a janela	34
Arrumar a cama	17	Assistir a um jogo ao vivo	9
Lavar louça	22	Assistir à TV	0
Subir escada com compras	111	Jogar vôlei de praia	119
Estudar sentado	14	Jogar futebol	119

Elaborada pelas autoras, com base em CalorieLab (s.d.b).

Quais as atividades preferidas de cada aluno? Qual é melhor para a saúde – assistir à televisão ou jogar capoeira? Quais as sensações corporais que os alunos experimentam enquanto realizam as diferentes atividades? Vamos escrever textos descritivos? Peças de teatro? Poesias baseadas nos movimentos corporais? Vamos saber mais sobre o que acontece com o corpo durante as várias atividades? Quantas possibilidades de investigação! Mãos à obra!

Nutrição 131

Inteligência musical

Durante a Idade Média e a Renascença, a música era considerada um dos quatro pilares da aprendizagem, ao lado da geometria, da astronomia e da aritmética. É uma das mais antigas formas de arte a utilizar a voz humana e o corpo como instrumentos naturais para a expressão dos sentimentos. Mas como relacionar a música com a alimentação?

Um primeiro passo para conhecer melhor o universo dos legumes pode ser sua utilização para produzir música. Que tal? E, como estímulo, seria interessante buscar informações sobre tentativas já realizadas com sucesso. Por exemplo, um grupo de jovens, representando diversas artes (música, artes visuais, desenho industrial, arquitetura, poesia sonora, entre outras), reuniu-se em Viena, Áustria, em 1998 para formar a Orquestra de Legumes.[12] Eles criaram seus próprios instrumentos usando legumes comprados na feira – flautas de cenoura, pepino, nabo; saxofone construído de uma combinação de pepino e pimentão; tambor feito de abóbora; instrumento de percussão, de repolho; reco-reco, de cenouras; violino, de alho-poró; címbalos ou pratos, de berinjela; uma espécie de cuíca feita de pimentão, entre muitas outras possibilidades. O grupo tocava músicas de diversos estilos (*jazz*, música contemporânea, eletrônica experimental, entre outras) pelo mundo afora, testando sonoridades e o potencial musical do mundo vegetal. E, geralmente, no final do concerto, a plateia era premiada com uma bela sopa de legumes. Vamos experimentar o som dos legumes?

Outra fonte de pesquisa para trabalhos que procuram conexões entre a música e o mundo vegetal são as músicas que incluem legumes ou verduras na sua letra. Uma música perfeita para começar a cantar sobre o bem que as verduras fazem à nossa saúde é o *rap* dos legumes, intitulado "Verde que te quero verde", gravado em 2005 pela cantora Aline Barros. É uma música considerada infantil, mas cantada no ritmo de *rap*, que agrada a alunos de diversas idades. Vamos cantar juntos? Vamos ilustrar a letra com desenhos bem coloridos? Vamos reescrever a letra usando nomes, cores e características de outras verduras e legumes, para descobrir mais sobre o universo vegetal?

Vamos procurar músicas sobre verduras em outras línguas? Quais as línguas que os alunos conhecem ou estão aprendendo? Será que as letras em músicas infantis inglesas utilizam as mesmas verduras? Que verduras ou legumes

---

12. Mais informações e vídeos no *site* The Vegetable Orchestra [A Orquestra de Vegetais], disponível na internet: http://www.vegetableorchestra.org/index.php.

aparecem com maior frequência nas letras de músicas em diferentes culturas? Vamos cantá-las?

VERDE QUE TE QUERO VERDE[13]

O chuchu dá lá na cerca, cenourinha lá no chão,
Vai nascendo que nem flor, o alface e o agrião.
Batatinha quando nasce se esparrama pelo chão.
Já abriu meu apetite, hoje eu quero um pratão.

Verde que te quero verde na comidinha.
Verde que te quero verde na barriguinha.
Verde, vermelhinho, roxo, amarelinho.

Quero comer, quero comer.
Quero comer, quero comer.
Quero comer, quero comer, quero comer.
Quero comer, quero comer, quero comer.
Quero comer, quero comer, quero comer.

O vermelho do tomate,
O verde do pimentão,
Com o verde do espinafre
Eu fico bem saradão.
Mamãe, eu quero beterraba
Ela é toda roxinha, ela é vitaminada,
Eu vou ficar bem coradinha.

E tudo colorido,
Pra encher a barriguinha.
Eu oro, eu agradeço
Pela minha comidinha.
Eu sou vitaminado,
Eu sou forte, eu tenho luz.
Tem que ser bem forte
O soldadinho de Jesus.

Cada canção indicará novos caminhos a serem trilhados. Por exemplo, a música "Alface", gravada pela cantora Adriana Calcanhotto, pode ser explorada de várias formas, apesar de ser aparentemente muito simples:

ALFACE[14]

Alface! Ó alface!
Alface! Ó alface!
Faça-se, ó faça-se
Ó alface, afinal
Faça-se o nosso al
Moço, face a face
Ó alface!

Essa canção brinca com a pronúncia da palavra *alface* e com a segmentação das palavras *alface* e *almoço*. Portanto, serve para introduzir atividades envolvendo

---

13. Do CD *Aline Barros e Cia.*, composta por Beno César e Solange Cezar.
14. Do CD *Partimpim Dois*, composta por Cid Campos, Edward Lear e Augusto de Campos.

o estudo da fonética e da morfologia. No entanto, já que a palavra *alface* tem origem árabe (*al-khass*), cuja sílaba inicial é o artigo, enquanto a palavra *almoço* vem do latim (*admordere* – "morder de leve, principiar a comer"), a primeira das duas refeições substanciais do dia, em que a sílaba inicial é uma preposição, podem também ser acrescentados trabalhos relacionados à etimologia das palavras. Tomemos como exemplo outros alimentos com a mesma origem e estrutura da palavra *alface*: alcachofra, alcaparra, alecrim, alfafa, alfavaca, entre muitos outros.

O ritmo soporífico dessa música pode refletir uma das propriedades bem conhecidas da alface. Como diz Ribeiro (2011, p. 1), "para muitas pessoas, comer alface dá sono. Já se conhece a substância responsável por isso: a lactucina, que é encontrada, principalmente, no talo". E o autor continua: "Essa arma natural contra o estresse e a insônia já vem sendo estudada para virar um medicamento". Quais as outras propriedades dessa admirável folha? Vamos descobrir?

Outra canção que oferece oportunidades de expandir o intercâmbio de ideias é a música "Comida", dos Titãs. Eis aí:

COMIDA[15]

Bebida é água,	*Bebida é água,*
Comida é pasto.	*Comida é pasto.*
Você tem sede de quê?	*Você tem sede de quê?*
Você tem fome de quê?	*Você tem fome de quê?*
A gente não quer só comida,	*A gente não quer só comida,*
A gente quer comida, diversão e arte.	*A gente quer comida, diversão e arte.*
A gente não quer só comida,	*A gente não quer só comida,*
A gente quer saída para qualquer parte.	*A gente quer saída para qualquer parte.*
A gente não quer só comida,	*A gente não quer só comida,*
A gente quer bebida, diversão, balé.	*A gente quer bebida, diversão, balé.*
A gente não quer só comida,	*A gente não quer só comida,*
A gente quer a vida como a vida quer.	*A gente quer a vida como a vida quer.*

A letra começa associando *comida* a *pasto*, grama, folhinhas verdes, mas depois enfatiza o significado metafórico da palavra *comida*. Assim, os alunos podem investigar associações entre os seus desejos e a sua realização. O que é que os alunos querem? Quais os seus desejos, os seus sonhos? Eles têm sede de quê? Fome de quê? Até que ponto a fome de uma pessoa causa a fome de outras?

---

15. Do CD *Jesus não tem dentes no país dos banguelas,* composta por Arnaldo Antunes, Marcelo Fromer e Sérgio Britto.

Em 2010, a Ação Brasileira pela Nutrição e Direitos Humanos (Abrandh) publicou um relatório intitulado Direito humano à alimentação adequada no contexto da segurança alimentar e nutricional (Burity *et al.* 2010). E o documento começa com as seguintes palavras: "O acesso à alimentação é um direito humano em si mesmo, na medida em que a alimentação constitui-se no próprio direito à vida. Negar este direito é, antes de mais nada, negar a primeira condição para a cidadania, que é a própria vida" (Valente, *apud* Burity *et al.* 2010, p. 5). A essa altura, uma boa ideia seria analisar a Declaração Universal dos Direitos Humanos (Unesco 1948), proclamada pelas Nações Unidas em 1948. O Artigo XXV desse documento assim dispõe: "Todo ser humano tem direito a um padrão de vida capaz de assegurar a si e a sua família saúde e bem-estar, inclusive alimentação, vestuário, habitação, cuidados médicos e os serviços sociais indispensáveis" (*ibidem*, s.p.). Os alunos, em geral, conhecem esse artigo? Se conhecem, o que pensam dele? Esses direitos humanos já foram conquistados no Brasil? Quais as prioridades dos alunos? Quais os maiores problemas detectados na área da alimentação? Vamos pensar em propostas de solução? Quais as músicas conhecidas pelos alunos que tratam desse assunto – na sua língua materna e nas línguas que estão aprendendo? Vamos estudá-las, cantá-las, reescrevê-las, atualizá-las? São muitos os caminhos a serem experimentados.

Inteligência intrapessoal

Lembramos que todas as propostas de trabalho apresentadas até este momento envolvem várias áreas de inteligência. O professor poderá destacar uma dessas áreas para atrair a atenção dos alunos, no intuito de demonstrar que é possível ser inteligente de várias maneiras. Mas, conforme afirma Gardner (2006, p. 22), "qualquer papel cultural que requer certo grau de sofisticação exige quase sempre uma combinação de inteligências". Assim, percebemos que a inteligência intrapessoal está presente em quase todas as situações de aprendizagem descritas neste livro. Sempre que o aluno expressa sua opinião sobre qualquer assunto, sejam quais forem os meios utilizados, ele estará exercitando essa inteligência. De acordo com esse autor (*ibidem*, p. 17), a inteligência intrapessoal envolve

> o conhecimento dos aspectos internos da pessoa: a capacidade de acessar, no íntimo, os próprios sentimentos, a gama das próprias emoções, a capacidade de discriminar diferentes emoções, identificá-las e se beneficiar delas como meio de compreender e conduzir o próprio comportamento.

De acordo com Armstrong (1994, p. 3), essa inteligência inclui nossa capacidade de conhecer bem nossos pontos fortes e nossas limitações, de ter clareza quanto àquilo que nos motiva, e a capacidade de investir no autoconhecimento, para saber como promover os valores e virtudes de autodisciplina e autoestima. Todas essas características apontam para uma tendência de sucesso no processo de aprendizagem. Resta saber de que forma uma pessoa consegue expressar o conhecimento adquirido. Se o aluno possui uma inteligência intrapessoal bem desenvolvida, mas uma inteligência linguística-verbal pouco desenvolvida, provavelmente terá dificuldades em expressar seu conhecimento nas discussões orais e talvez na escrita – principalmente quando a escrita está sendo produzida em grupo. O professor precisa criar condições propícias para que os alunos utilizem suas áreas de inteligência bem desenvolvidas com o propósito de garantir a expressão de suas ideias.

Por exemplo, se o perfil de um aluno indica que ele tem as áreas intrapessoal e visual bem desenvolvidas, o professor poderá sugerir que ele trabalhe em conjunto com um colega que apresenta bons níveis de inteligência linguística e interpessoal. Nesse trabalho conjunto, as características intrapessoais de um membro da dupla garantirão motivação para uma busca mais personalizada na perseguição dos resultados, e aprofundamento ao enfrentar os desafios; enquanto isso, o bom desenvolvimento visual poderá levar a dupla a utilizar as artes visuais para aprimorar a apresentação dos resultados. Quando a característica da interpessoalidade é bem desenvolvida, o grupo se beneficia, tornando-se todos bons comunicadores, à medida que a capacidade linguística-verbal garantirá o registro e a expressão eficazes dos resultados por meio da linguagem verbal. Quando os alunos reconhecem que cada pessoa possui áreas fortes e áreas limitadas, torna-se muito mais fácil aceitar a existência de áreas que precisam de mais investimento. E essa percepção também contribui para a aceitação do "diferente", a troca de ideias e habilidades diferentes e a promoção do hábito de realmente aprender com o outro.

Como criar conexões entre a alimentação e a inteligência intrapessoal? O primeiro passo para um regime alimentar verdadeiramente saudável é conhecer os hábitos alimentares atuais. Para isso, os alunos deverão registrar o que comem e bebem durante uma semana inteira, com o propósito de incluir um fim de semana. Ou então pelo menos por um período de três dias. Depois, os dados apurados poderão ser analisados em pequenos grupos, com o objetivo de descobrir os pontos positivos e negativos da sua alimentação vigente. Vamos comparar o consumo dos alunos com a famosa pirâmide alimentar?

Vamos examinar diferentes imagens desse tipo de pirâmide? O que elas têm em comum? Quais as diferenças entre elas? Vamos saber mais sobre a pirâmide alimentar? Quais as fontes de pesquisa disponíveis? Quais as mais confiáveis? Se cada aluno montar a sua pirâmide alimentar, quais os alimentos mais consumidos, isto é, quais os alimentos que formam a base da sua pirâmide? E quais os menos ou pouco consumidos que formam o topo? O que precisaria ser modificado para tornar seus hábitos alimentares mais saudáveis?

FIGURA 10: PIRÂMIDE ALIMENTAR

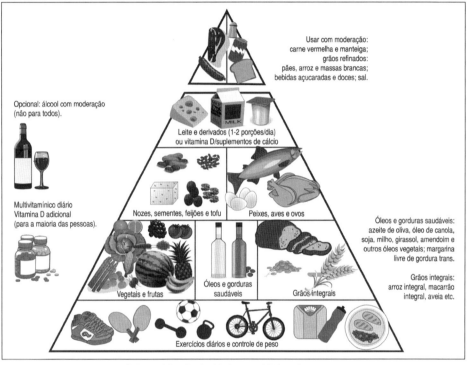

Fonte: Adaptada de Harvard School of Public Health, Harvard University, 2011.

Após análise dos dados inseridos na pirâmide, os alunos passariam a elaborar propostas de mudança de hábitos alimentares, começando por um segmento específico, por exemplo: parar de tomar refrigerantes; aumentar o consumo de verduras e/ou frutas; reduzir o consumo de doces etc. Uma vez definida a mudança a ser experimentada, eles se reuniriam em pequenos grupos com o objetivo de montar um plano estratégico para garantir que a mudança ocorra. Poderia também ser criado um grupo de apoio para fortalecer as tentativas de transformação de hábitos, uma vez que todos os membros passarão pelos mesmos problemas e dificuldades. Qualquer mudança traz transtornos, daí a importância do estímulo dos colegas. E quando os resultados aparecem, vale a pena celebrar. A celebração contribuirá para o alcance de níveis cada vez mais altos de investimento nas propostas de cada grupo. Ao aprenderem a elaborar e colocar em prática propostas de mudança de vida durante os anos escolares, com o apoio de professores e colegas, os alunos estarão fazendo um investimento inestimável no seu futuro.

Outras atividades que podem ser articuladas incluem montar peças de teatro, fazer cartazes, escrever poesias, compor músicas que focalizem a importância da mudança de hábitos alimentares. À medida que montamos cartazes coloridos e anúncios atrativos nos corredores da escola, apresentamos dramatizações instigantes e envolventes em outras salas de aula, cantamos músicas contagiantes durante o recreio, certamente ajudaremos a aumentar o número de pessoas envolvidas nesse empreendimento. E, quem sabe, talvez a escola inteira venha a desenvolver um trabalho em conjunto a fim de promover mudança de hábitos alimentares em toda a comunidade, desencadeando uma verdadeira revolução alimentar.

Inteligência interpessoal

Na base de uma revolução alimentar, do tipo que se propõe neste texto, está a comunicação. Portanto, é necessário estabelecer um clima de comunicação com o outro, trabalhar em conjunto, compartilhar dificuldades e sucessos. E, para isso acontecer, precisamos envolver a inteligência interpessoal. Armstrong (1994, p. 3) define as características principais dessa inteligência da seguinte forma:

> Inteligência Interpessoal: A habilidade de perceber e distinguir humores, intenções, motivações e sentimentos de outras pessoas. Isso pode incluir sensibilidade a expressões faciais, voz e gestos; a capacidade de discriminar entre diversos tipos de sinais interpessoais; e a habilidade de reagir da forma mais apropriada e de modo pragmático (por exemplo, conseguir convencer um grupo de pessoas a seguir uma determinada linha de ação).

Mais uma vez, fica óbvio que essa inteligência também está incluída na maioria das atividades sugeridas neste livro. Em primeiro lugar, queremos saber o que o próprio aluno pensa, qual a relação pessoal entre o aluno e o tópico investigado (intrapessoal), mas o passo seguinte quase sempre envolve o compartilhamento dos pensamentos de um grupo de alunos. No entanto, para desenvolver bem essa área, precisamos aprender a ouvir o outro com muita atenção – uma tarefa muito complicada e complexa. No texto do Berman (2001), o autor coloca em relevo a necessidade de ajudar o aluno a refletir sobre seu próprio processo de pensamento e a desenvolver hábitos de metacognição, uma característica intrapessoal. Contudo, uma das estratégias sugeridas é estimulá-lo a apreciar perspectivas alternativas, ouvindo os outros atentamente. Não é fácil compreender o ponto de vista de outra pessoa, principalmente se não concordamos com ela. Quando ouvimos uma palestra, por exemplo, nossa tendência é ouvir com atenção os pontos com os quais concordamos, mas quando surgem outras ideias das quais discordamos, tendemos a procurar falhas na argumentação, desconfiamos dos dados apresentados, em suma, fazemos de tudo para continuar acreditando nas nossas ideias preestabelecidas.

Nosso desafio, de acordo com Berman (2001, p. 14), "é ajudar os alunos a transcender os limites de sua própria experiência e entrar na experiência do outro". Para conseguirmos fazer isso, é necessário suspendermos temporariamente a nossa desconfiança, a fim de entendermos um posicionamento que é diferente do nosso. O autor sugere que cada pequeno grupo deveria procurar pontos de concordância com o outro, o que envolve uma análise mais flexível dos diversos argumentos, na busca de verdades comuns. Quando os alunos são estimulados a investir nesse tipo de estratégia, eles começam a usar estratégias de cooperação mútua em vez de estratégias egocêntricas de negociação. Quando procuramos compreender e apreciar a perspectiva do outro, somos obrigados a tolerar melhor a ambiguidade, e assim aprendemos a ser menos intransigentes, mais flexíveis.

Na conclusão do seu capítulo, Berman (2001, p. 17) fala da necessidade de mudar a nossa forma de pensar sobre a escola:

> Em vez de ver [a escola] como veículo para gerar um produto final, precisamos enxergá-la como uma comunidade participativa. Também precisa ser um ambiente seguro e colaborativo. Uma comunidade verdadeira é composta de um grupo de pessoas que reconhecem sua interconectividade, conscientes dos objetivos comuns, que respeitam as diferenças, participam ativamente das tomadas de decisão, assumem responsabilidade pelas ações do grupo e apoiam o crescimento de todos os membros.

Mas essa nova visão da escola somente será possível por meio de sérios investimentos no desenvolvimento da inteligência interpessoal. Em vista disso, dando continuidade às propostas da seção anterior, a revolução nutricional só vai se realizar através de ações cooperativas, em que cada membro do grupo assume a responsabilidade de envolver todos os participantes. Quando o objetivo de um grupo é garantir o crescimento de todos, os resultados são garantidos.

Qual seria o ponto de partida para nossa revolução alimentar? Que tal começar com o projeto de criação de uma horta escolar? Essa proposta já foi apresentada na seção sobre a inteligência corporal, tendo em vista as atividades físicas do plantio e a necessidade permanente de cuidados visando à produção bem-sucedida das verduras. É óbvio, porém, que a inteligência interpessoal também está fortemente presente durante todo o processo: o planejamento em conjunto, a manutenção da horta em equipe e a curtição coletiva dos benefícios. E os trabalhos relacionados à horta escolar também poderão estimular a criação de hortas domiciliares ou comunitárias, trazendo benefícios para famílias e comunidades.

Que outras áreas do conhecimento poderiam ser exploradas em relação à horta? O próprio plantio já requer cálculos relacionados à área e espaçamento, pois plantas diferentes terão necessidades espaciais diferentes: algumas crescem mais no sentido vertical enquanto outras ocupam um espaço maior no sentido horizontal. O mesmo se pode dizer do comprimento, da circunferência e do peso. Cálculos de tempo de crescimento e renovação de plantio são essenciais para garantir uma produção permanente, e o relacionamento entre produção e consumo torna-se muito importante também se a horta for planejada para atender às necessidades da escola. Além desse conjunto de ações que demandam conhecimento em uma diversidade de ciências, acrescentem-se: comparação entre a área da folha menor e a área da folha maior de várias verduras; área *versus* perímetro das fatias; quantidade de fatias da mesma espessura em diversos legumes; elaboração de tabelas e gráficos – todas essas ações, e muitas outras, contribuem para o desenvolvimento do conhecimento matemático.

A competência em leitura e escrita tem um papel essencial para: (1) a elaboração de questionários para se descobrir mais sobre os hábitos atuais em relação ao consumo de verduras e legumes (a fim de identificar as verduras conhecidas, as preferidas e as rejeitadas), que são dados essenciais para a tomada de decisões sobre o que plantar na horta; (2) o registro das receitas favoritas da família e a criação de receitas inovadoras; (3) a descrição minuciosa das diversas hortaliças; (4) a redação dos relatórios de cada etapa do projeto; (5) as leituras durante a busca de informações; (6) a montagem de livretos informativos sobre as características nutricionais; (7) a produção de peças teatrais; (8) a montagem de cartazes com frases instigantes e convincentes; (9) a produção de poesias e músicas apaixonadas para convencer a comunidade da necessidade de mudanças alimentares. São muitas as possibilidades de trabalho na área de linguagem. E muito convincentes.

O estudo das verduras e dos legumes certamente levará os alunos a se interessarem pelos diferentes períodos da história como também pelos diversos países e culturas. Vejamos, como exemplo, a alface: entre os egípcios, essa folha verde tão apreciada ganha *status* de objeto de arte, pois aparece esculpida nos antigos túmulos, enquanto os antigos gregos e romanos exploravam ao máximo suas propriedades terapêuticas, utilizando-a não apenas como alimento, mas também como medicamento. Outra verdura, a cenoura, foi cultivada originalmente na Ásia Central e em países do Oriente Médio, mas com coloração roxa, parecida com a berinjela. Vamos descobrir mais? Quais os vegetais nativos do Brasil? De onde vieram os vegetais não nativos? Em que época e sob quais circunstâncias chegaram até este país?

Ao pesquisarem sobre as diferentes espécies vegetais, os alunos começarão a investir em pesquisas nas ciências naturais e em geografia. A grande extensão territorial do Brasil e sua diversidade climática contribuem para a extraordinária riqueza vegetal do país. Porém, ao pesquisarem as origens de várias verduras e legumes, os alunos estarão investindo em estudos interculturais que se abrem a investigações da maior importância para o desenvolvimento da inteligência interpessoal.

Quais as outras áreas de conhecimento que poderiam ser trabalhadas? Quais as sugestões dos alunos de diferentes níveis de escolaridade? Enquanto sugerem, discutem, trocam ideias, fazem registros, pesquisam, compartilham, eles estão exercitando a sua inteligência interpessoal.

Considerações finais

Lembramos, mais uma vez, que cada um de nós possui o espectro completo de inteligências, em diversos níveis de intensidade. Por conseguinte, para avaliar o desenvolvimento de cada área, é necessário utilizar formas e meios adequados, que criem situações de observação pertinentes, a fim de avaliar a competência em cada área, levando em conta os atributos de cada um. Não basta aplicar um simples questionário, para que o aluno responda a perguntas básicas sobre as diversas áreas. Esse procedimento só deve ser utilizado como passo inicial, para demonstrar que cada aluno possui um perfil único, diferente de todos os outros. No entanto, a tarefa de conferir os níveis de competência em cada área impõe grandes desafios. Por exemplo, não adianta apenas perguntar às crianças se gostam de ler, tendo em vista testar seu grau de desenvolvimento na área linguística. Nesse caso, podemos estar confundindo preferências com competências (Gardner 1999). É necessário observar as leituras realizadas durante as pesquisas, discutir os livros ou textos recomendados, checar os hábitos de leitura junto à biblioteca etc. Quais são os alunos que querem saber mais por intermédio da leitura? Quem é que sempre procura textos alternativos, trazendo textos inéditos para a sala de aula? Quando se trata de pesquisa na internet, quem é que sabe achar fontes alternativas sobre o mesmo tema? Quem sabe distinguir entre informações confiáveis e fontes duvidosas? Quando há troca de informações na sala de aula, quais os alunos que citam autores já lidos ou fontes já pesquisadas? Inquirições dessa natureza vão contribuir para identificar aqueles alunos que se sentem mais confortáveis nessa área e demonstram ter capacidades mais desenvolvidas, em oposição a outros que precisam de novas oportunidades para elevar seu nível de competência – talvez com o acompanhamento e auxílio dos colegas com maior êxito.

Um ponto essencial a ser levado em consideração é que o professor também possui seu próprio perfil de inteligências e, como já vimos, cada perfil apresenta áreas mais fortes e áreas mais fracas. Dessa forma, é imprescindível reconhecer que os professores não detêm todo o conhecimento, não vão se sentir competentes em todas as áreas, não serão invariavelmente os donos das soluções mais apropriadas para cada situação-problema!

Certa ocasião, uma professora de língua inglesa queria entender por que uma determinada turma de alunos era muito mais problemática que a outra. Perguntou-se então a ela se os seus perfis de inteligência tinham sido porventura analisados. "Ainda não!" – respondeu. Naquela época, ela dava aulas para quatro grupos diferentes, todos os integrantes de todas as turmas na mesma faixa etária e com o mesmo nível de conhecimento do inglês. Mas um dos grupos não avançava, não fazia os trabalhos, não prestava atenção em nada. Ela estava desesperada. Decidiu então aplicar um simples questionário e depois observar os alunos mais atentamente, tendo em mente as características de cada área de inteligência.

Qual era o diferencial? A turma "problemática" apresentava altos níveis de competência na área corporal-cinestésica, justamente a área menos desenvolvida da professora. Enquanto isso, todas as outras turmas apresentavam perfis mais semelhantes ao perfil da própria professora. Havia um desencontro muito grande entre as propostas de trabalho da professora e as áreas de conforto e de competência dos alunos da sala "problemática". Os alunos não se interessavam pela aula, só queriam movimento, ação, propostas mais práticas de aprendizagem. E a professora ficou muito aflita: "Não sei nada sobre essa área, como é que eu vou montar propostas adequadas quando não entendo nada sobre isso?". Mas há várias possibilidades – aprender mais sobre a área que não conhecemos bem ou obter ajuda de quem sabe. Nesse caso em particular, dos próprios alunos. Ela optou pela colaboração dos próprios alunos. Foi quando a sala de aula se tornou verdadeiramente democrática. Como as propostas de trabalho foram montadas em conjunto, a área de interesse da professora manteve ligações fortes com as áreas de interesse dos alunos. A motivação aumentou, os alunos se tornaram altamente participativos e a professora aprendeu muito sobre a inteligência corporal-cinestésica. Os alunos sempre nos ensinam que é possível ensinar.

4
GULOSEIMAS

Introdução

A palavra "guloseima" vem do latim *gulosus*, que significa "comilão", que por sua vez vem da palavra "gula" – o vício de comer em excesso. Atualmente a palavra é mais associada ao sabor doce, embora também pode se referir a qualquer comida saborosa e tentadora. Quais as comidas que os alunos classificariam como "guloseimas"? Vamos ver se a maioria se refere ao sabor doce ou se também são incluídos alimentos de sal.

Quando pesquisamos essa palavra em imagens na internet, encontramos um festival de cores alegres, a maioria mostrando uma infinidade de doces variados no contexto de festas infantis. Será que a ideia de guloseima está sempre associada às ocasiões especiais quando a transgressão é permitida e até estimulada? Vamos sondar os alunos para entender melhor o que significam "guloseimas" para eles: poderiam produzir desenhos animados, incluindo as cores e formas das guloseimas preferidas; poesias concretas onde a aparência do poema contribui para a comunicação da mensagem; ou organizar listas de guloseimas usando uma cor específica para cada categoria, depois utilizar as cores para representar visualmente os diversos contextos onde se encontraria cada categoria. Quais as outras sugestões que surgem durante a troca de ideias?

Nutrição 143

Quando os alunos frequentam festas e encontram mesas fartas, cobertas de centenas de guloseimas, conseguem resistir à tentação? Comem apenas um exemplar e se consideram satisfeitos? Começam a comer os salgadinhos primeiro e depois os doces? Ou correm logo atrás dos doces com medo que acabem? Quais os contextos e comportamentos mais comuns quando se veem na frente de um banquete de guloseimas? Vamos compartilhar as nossas experiências?

Todavia, após a troca de ideias sobre o significado de guloseimas e as experiências dos alunos com relação a elas, é imprescindível reforçar a etimologia da palavra: a raiz significa "gula", o vício de comer em excesso. O que significa "gula" para os alunos? O que é que desperta gula em cada um de nós? Conseguimos resistir à tentação de consumir algo em excesso? Qual o contexto mais comum para encontrarmos guloseimas? Numa festa? Na escola? Em casa? Na padaria? Quantos alunos conseguem comer apenas uma amostra de guloseima – nas festas, na padaria, em casa? Contextos diferentes afetam o nosso comportamento? Comemos uma quantia maior quando cercados pelos amigos, pelos parentes, pelos professores ou quando buscamos comida sem a companhia de ninguém? Engolimos a primeira amostra apressadamente ou saboreamos cada mordida a fim de apreciar ao máximo o sabor delicioso? Lembramos que quando saboreamos a comida lentamente, mastigando bem a cada mordida, a sensação de saciedade é alcançada após o consumo de uma quantidade menor do alimento. Sendo assim, quando encontramos dificuldade em controlar o nosso consumo de doces, uma estratégia bem eficaz é mastigar bem a comida, apreciando melhor a riqueza de sabores a cada mordida.

Portas de entrada baseadas na teoria das múltiplas inteligências

A maioria das guloseimas inclui o açúcar refinado na sua receita, mas historicamente o açúcar era considerado um item de luxo – utilizado na composição de remédios, como conservante e como adoçante. O que os alunos sabem sobre o açúcar e a sua história? Inúmeros tópicos relacionados ao açúcar podem ser investigados de forma interdisciplinar em sala de aula visando à promoção de uma compreensão aprofundada da contextualização cultural de diversas áreas de conhecimento: saúde, consumerismo, economia, escravidão, direitos humanos, meio ambiente, entre muitos outros. Vamos pensar um pouco sobre possíveis direções a serem trilhadas e as variadas maneiras de realizar as explorações? Howard Gardner, fundador da teoria das múltiplas inteligências, no seu livro *Intelligence reframed: Multiple intelligences for the 21st century* [Inteligência reformulada: As múltiplas inteligências no século XXI] sugere sete pontos de entrada para iniciar investigações de qualquer área de conhecimento:

- *Narração:* Muitos alunos se envolvem rapidamente em qualquer tópico quando é apresentado inicialmente por meio de uma história envolvente. Pode ser um livro ou um filme – que contém protagonistas, conflitos, problemas a serem solucionados, objetivos a serem alcançados, situações de tensão, de emoção, etc. Por exemplo, poderiam assistir ao filme *Super size me*[1] aproveitando a oportunidade para se expor à mensagem em duas línguas, usando uma versão com legendas, em vez de uma versão dublada, além de incluir o estímulo visual.

- *Dados numéricos:* Alunos fascinados por números e suas implicações, a manipulação de dados, as relações entre mudanças de peso, espaço e tempo, podem ser despertados pela análise de dados atuais sobre o consumo de açúcar, gráficos que mostram a relação entre o consumo de açúcar e o desenvolvimento de doenças não transmissíveis etc.

- *Lógica:* Utilizar a lógica incentiva a mente a funcionar de forma dedutiva. Silogismos podem ser utilizados para despertar discussões e uma troca inicial de ideias entre os alunos. Por exemplo: se a sociedade moderna apresenta um consumo excessivo de açúcar, e se esse consumo em excesso contribui para o desenvolvimento de doenças não transmissíveis, a conclusão é que é necessário reduzir o consumo de açúcar. Como fazer isso?

- *Perguntas existenciais/fundamentais:* Os alunos que são estimulados pelas questões fundamentais ou existenciais expressas frequentemente pela mitologia ou pelas artes, ou aqueles que questionam e argumentam de forma mais filosófica, gostam de perguntas desafiadoras. Assim, o professor poderá escrever algumas perguntas sobre o tópico no quadro, mas também convidar os alunos a inventar suas próprias perguntas: *Por que o ser humano é atraído pelo doce? Quais as consequências sociais da gula? Por que a gula é considerada pecado?*

- *Estética:* Muitos alunos são inspirados por obras de arte ou pela organização de materiais que ilustram equilíbrio, harmonia e composição. Podemos utilizar obras visuais, musicais, obras que combinam movimento com música numa apresentação visualmente instigante. Vamos procurar exemplares que ilustram banquetes de guloseimas e a nossa predileção por doce? Por exemplo, o balé "O quebra-nozes" do compositor russo Tchaikovsky, baseado num conto infantil, traz uma história mágica que acontece na noite de Natal e inclui uma viagem para o Reino dos Doces – porta de entrada ideal!

- *Atividades práticas:* A maioria das crianças prefere atividades práticas que estimulem a participação plena – onde constroem alguma coisa, manipulam materiais ou realizam experiências. Sendo assim, o professor pode trocar ideias com os alunos a fim de montar uma lista de atividades a serem colocadas em prática: produzir e consumir uma variedade de guloseimas de diversas culturas; realizar experiências visando à investigação da química do sorvete

---

1. *Super size me: A dieta do palhaço*, 2004. Filme-documentário estadunidense independente de Morgan Spurlock (ator, produtor, diretor e roteirista).

ou da gelatina; inventar e experimentar receitas alternativas que procuram reduzir o teor de açúcar de algumas guloseimas preferidas, entre tantas outras possibilidades.

- *Propostas sociais:* Muitas pessoas aprendem melhor em grupos que individualmente. Promovendo trabalhos em grupos, os alunos assumem papéis diferenciados, percebem a perspectiva do outro, interagem com diversos pontos de vista regularmente, e se complementam. O grupo pode ser estimulado a resolver problemas, investir em pesquisas onde as áreas de cada membro se integrem para produzir o resultado final, ou executar simulações onde cada membro assuma um papel distinto. Por exemplo, o professor pode formar grupos para simular a vida social nas fazendas de açúcar em épocas diferentes da história. (Gardner 1999, pp. 169-172)

Quando os alunos começam a estudar um tópico por meio de um ponto de entrada que fomenta seu entusiasmo, o estímulo do compromisso cognitivo garante investimentos continuados nas pesquisas. Conhecendo bem os alunos, o professor saberá quais pontos de entrada funcionarão mais efetivamente. Uma opção seria formar vários grupos de alunos com cada grupo escolhendo uma das opções disponíveis (cada opção estimulando uma área, ou conjunto de áreas de inteligência diferente). Uma vez realizados os trabalhos, os resultados serão compartilhados e discutidos com todos, numa demonstração clara da complementaridade das diversas áreas.

Lembramos que todas as pessoas possuem todas as áreas de inteligência, sendo que cada indivíduo possui um perfil singular, com algumas áreas mais desenvolvidas que outras. Assim, cada grupo terá alunos com diversos graus de competência ou comprometimento na área sendo focalizada pela proposta de trabalho. Porém, os alunos com menos competência numa área, com certeza possuem mais competência em outras, e deverão ser encorajados a contribuir para as discussões do seu grupo com sugestões e ideias que considerem relevantes.

A ideia de utilizar propostas de trabalho em sala de aula baseadas na teoria MI nunca deve resultar na limitação de participação de qualquer indivíduo. Ao contrário, a sua inclusão deverá intensificar a participação dos alunos por meio do acréscimo de áreas de conhecimento pouco aproveitadas atualmente nos estabelecimentos formais de ensino. Quando os professores e alunos se tornarem mais conscientes das implicações da teoria das múltiplas inteligências, todo o grupo começará a apreciar melhor a riqueza da diversidade presente em qualquer sala de aula.

Lendo as sugestões a seguir, esperamos que seja possível pensar em situações de aprendizagem que atinjam todas as áreas de inteligência. Quando os alunos aprendem a trabalhar em pequenos grupos e conseguem apreciar as ideias do outro (*interpessoal*); quando o professor monta propostas de trabalho em conjunto com os

146 Papirus Editora

alunos, definindo tópicos de interesse deles, e quando são estimulados a expressar seus pensamentos (*intrapessoal*); quando as pesquisas envolvem a leitura e a escrita utilizando uma diversidade de gêneros textuais, e quando a discussão oral exige que cada um se manifeste livremente, porém aprendendo a se expressar da forma mais sucinta e relevante possível, enquanto todos os ouvintes prestam bem atenção para ouvir e apreciar o que o colega está dizendo (*linguística-verbal*); quando os alunos são estimulados a pensar, criar e testar hipóteses, analisar, argumentar (*lógico-matemática*); quando experimentam uma multiplicidade de atividades práticas e são incentivados a trabalhar ativamente com seu corpo (*corporal-cinestésica*); e quando os projetos de estudo e de avaliação promovem a ampliação da percepção e da produção visual e musical (*visual-espacial e musical*) – todas as áreas de inteligência serão contempladas enquanto os alunos são instigados a compreender o universo onde estão inseridos na sua plenitude. Vamos agora pensar um pouco sobre o universo do açúcar?

Problematizações com base no tema açúcar

Segundo Barreiros (2012, p. 5), professor de medicina da Faculdade de Ciências Médicas e da Saúde da Pontifícia Universidade Católica de São Paulo (FCMS-PUC-SP):

> Cinco modalidades de sabor foram identificadas no ser humano: adocicada, salgada, azeda, amarga e umami (saborosa). Durante a evolução humana, duas dessas modalidades mostraram-se mais importantes para a sobrevivência da espécie: a adocicada, que leva à procura de fontes energéticas na forma de carboidratos e a amarga, que resulta na aversão aos alcaloides e outras toxinas potencialmente letais encontradas na natureza.

Todavia, o ser humano demonstra uma forte preferência pelo sabor adocicado, sendo possível acalmar recém-nascidos com gotas de soro glicosado. Qual a preferência dos alunos? Todos preferem alimentos doces acima de alimentos de sal? As preferências mudam com a idade? Os pais ou os avós preferem doces ou salgados – vamos investigar?

O primeiro adoçante a ser adicionado à comida foi o mel (registrado em textos antigos da Índia, da China e da Grécia), depois substituído pelo açúcar, obtido da cana-de-açúcar, planta nativa da Índia, de onde originou a palavra "açúcar", do sânscrito *sarkara*, que significa "grão de areia". O sânscrito deu origem às palavras:

sukkar em árabe, *saccharum* em latim, *zucchero* em italiano, *seker* em turco, *zucker* em alemão, e *sugar* em inglês. Vamos descobrir mais sobre o uso do açúcar nessas outras culturas? Quais as suas guloseimas favoritas? Todas incluem o açúcar? Ou alguns são produzidos com base no mel? Qual a fonte original do açúcar em cada uma dessas culturas? Como era o processo de produção originalmente? E hoje, o que mudou? Qual a relação entre a produção e o consumo do açúcar nessas culturas? Todos seguem as recomendações para uma dieta equilibrada – consumindo apenas 50% do seu teor energético na forma de carboidratos e desta quantia apenas 10% a 15% provenientes da ingestão de açúcares? (Barreiros 2012, p. 5).

O que os alunos sabem sobre o açúcar? O que gostariam de saber? Encontra-se onde? Qual a sua composição? Onde procurar informações sobre esse assunto? De acordo com um dicionário *on-line* de biologia (Todabiologia s.d.), "o açúcar está presente em muitos compostos orgânicos e se apresenta em formas variadas dependendo do composto natural no qual está presente": o açúcar presente nas frutas é a frutose, o açúcar do leite é a lactose, e o que está na cana-de-açúcar é a sacarose. O texto continua:

> O açúcar em sua forma mais simples inclui a glicose, a ribose e a frutose, já na sua forma mais complexa apresenta a maltose, a sacarose, a lactose (açúcar do leite), além dos trissacarídeos (ex.: melitose). O açúcar mais consumido no mundo é o refinado. Mais barato, ele é muito utilizado na produção de bolos, doces, sorvetes e outros produtos. O consumo em excesso deste tipo de açúcar pode gerar obesidade, principalmente em pessoas com vida sedentária.

O que acontece quando ingerimos açúcar? Segundo Sams (2003, p. 63), o açúcar inclui uma molécula de glicose e uma de frutose. Já que o corpo só consegue utilizar a glicose imediatamente, a frutose é armazenada no fígado como glicogênio que é liberado em forma de glicose quando esse órgão detecta uma queda no nível de açúcar na corrente sanguínea. Normalmente, o corpo conta com uma média de 80 calorias de glicose no sangue (equivalente a 3 colheres de chá de açúcar) e mais 300 calorias armazenadas como glicogênio. No entanto, também existe uma reserva de pelo menos 100.000 calorias em forma de gordura corporal que podem ser rapidamente convertidas em glicose de acordo com a necessidade.

Quando consumimos açúcar em excesso, por exemplo, quando tomamos uma lata de refrigerante, que contém em torno de 4 colheres de chá de açúcar, 2 ou 3 colheres são convertidas rapidamente em glicose que entra imediatamente no sangue, dobrando o nível sanguíneo de glicose. Isso estimula o pâncreas a liberar insulina na corrente sanguínea com a tarefa de absorver o excesso de glicose, convertendo-o em gordura corporal. Quando a pessoa consome mais açúcar logo em seguida, a gordura não é convertida em glicose e acaba sendo acumulada no corpo, resultando no excesso de peso.

O consumo súbito e repetido de açúcar provoca a liberação frequente de insulina na corrente sanguínea, o que pode levar à síndrome de resistência à insulina, provocando um desequilíbrio na relação entre glicose e insulina que aumenta os níveis de triglicerídios e de colesterol LDL e diminui os níveis de colesterol HDL. A resistência à insulina é associada a doenças cardiovasculares, hipertensão arterial, diabetes do tipo 2 e obesidade, entre outras (Sams 2003).

Lembramos, no entanto, que o aumento súbito de glicose na corrente sanguínea é que é o problema e não a presença da glicose em si. Quando o nível de glicose no sangue é baixo demais, as células, os músculos e os nervos do corpo não funcionam corretamente, provocando cansaço, irritabilidade, estresse e tonteira. Sendo assim, a melhor maneira de consumir alimentos adocicados é ingeri-los em pequenas quantidades, de preferência em conjunto com alimentos de absorção mais lenta, ricos em fibras, como grãos integrais, leguminosas e verduras. Exemplos dessa combinação seriam: uma fatia de pão integral com um pouco de geleia, ou uma porção pequena de sobremesa após uma refeição que inclua arroz (de preferência integral), feijão e verduras.

Será que todos os açúcares são iguais? Funcionam da mesma forma? Vamos investigar mais? Qual o açúcar mais utilizado nas casas dos alunos? Quantas variedades eles conhecem – já experimentaram todas? Qual a diferença entre uma variedade e outra – o que os alunos gostariam de saber?

De acordo com Silva (2012), os principais tipos de açúcar são: açúcar refinado, açúcar cristal, açúcar mascavo, açúcar demerara, açúcar orgânico, açúcar de confeiteiro, melado de cana, açúcar *light*, estévia, mel. Quais as características de cada um – quais as diferenças e semelhanças? Qual é melhor para a saúde?

Quando o açúcar é refinado, o processo utilizado remove várias vitaminas e nutrientes e modifica a cor natural do produto usando métodos físicos e químicos. Quais as implicações nutricionais desse processo? Qual a diferença entre o açúcar mascavo e o melado de cana? Silva (2012, s.p.) afirma que o melado "é obtido a partir da fervura do caldo da cana, sendo a forma mais natural de açúcar a partir dessa fonte. Possui várias vitaminas e sais minerais, pois não passa por nenhum processamento industrial. Além disso, também possui alto teor de ferro". Já o açúcar mascavo, também obtido do caldo de cana, "passa por processo de refinamento, porém em menor grau [comparado com o do açúcar refinado], mantendo assim parte das vitaminas, além do cálcio, ferro e potássio" (*ibidem*).

O que sabemos sobre o açúcar demerara? Vamos investigar de onde vem esse nome? O nome "demerara" vem de uma divisão da Guiana Britânica onde, no meio de século XIX, fábricas parcialmente modernizadas de açúcar produziram açúcar parcialmente refinado, mantendo a cor marrom e o sabor do melado. Será que a Guiana Britânica ainda produz açúcar? Quais os maiores produtores de açúcar atualmente? Qual a história da sua produção? E no Brasil – qual o significado econômico da produção do açúcar hoje e no passado?

A cana-de-açúcar cresce espontaneamente na Ásia e é provável que a primeira utilização dessa planta tenha sido a mastigação da própria cana. A primeira evidência da produção de açúcar cristalizado (Kiple e Ornelas 2000) aparece em torno de 500 a.C. em textos sânscritos que mencionam a utilização medicinal desse produto na região norte da Índia. A técnica chegou até a China e, quase mil anos mais tarde, foi levada pelos árabes até o Mediterrâneo. É interessante que a produção de açúcar na Índia e na China apenas tenha se industrializado no século XX, e que, na China, ele continue sendo considerado apenas uma das muitas opções utilizadas na preparação da alimentação. O consumo de açúcar na China continua baixo – os autores (*ibidem*) afirmam que, em 2000, enquanto o Brasil consumiu 50 kg *per capita*, a China consumiu apenas 6,5 kg nesse mesmo ano, uma diferença bastante considerável. Vamos estudar as razões sociais e econômicas dessa diferença de consumo nos dois países?

A indústria açucareira se desenvolveu no Mediterrâneo utilizando a tecnologia já existente da produção de azeite como referência. Uma vez obtido o sumo da cana, era clarificado e reduzido até o ponto de cristalização. O xarope era colocado em panelas cônicas, com furo na parte inferior por onde saía o líquido excedente. O açúcar cristalizado, em forma de pão (que recebeu o nome pão-de-açúcar) era desenformado, podendo então ser comercializado.

Os alunos sabiam que a fabricação de açúcar historicamente gerava blocos de açúcar muito parecidos com o famoso morro de granito na entrada da baía de Guanabara no Rio de Janeiro? Os portugueses já tiveram experiência com a produção de açúcar no sul de Portugal e nas ilhas do Atlântico durante a primeira metade do século XV, assim, quando chegaram ao Rio, associaram o formato do morro de pedra aos blocos de açúcar cristalizados. Vamos comparar os dois formatos – quais as semelhanças e diferenças? Como calcular área, volume, peso, de cada um? Os alunos conhecem outros morros de pedra ou montanhas famosos com formatos parecidos? Diferentes culturas utilizam esse formato para diferentes objetos? Quais as outras indústrias que incorporam o formato cônico no processo de produção? Onde encontramos esse formato no nosso cotidiano? Vamos pensar? Como registrar os pensamentos? Trocar ideias em grupos? Produzir textos, poesias, músicas, desenhos, esculturas? Vamos utilizar materiais recicláveis para montar uma exibição que explora as múltiplas facetas dessa forma geométrica?

As fábricas precisavam de água, animais para movimentar as prensas e muita mão de obra. Os portugueses trouxeram sua experiência com a produção de açúcar na Europa e na ilha da Madeira para o Brasil no início do século XVI, e em 1570 já existiam 60 engenhos no país. O que os alunos sabem sobre esse assunto? O que gostariam de saber? A indústria açucareira utilizava mão de obra de escravos da África, de onde vieram? E em qual região do Brasil foram trabalhar? Como era a vida naquela época – dos escravos na senzala, e do proprietário na casa-grande? Quais as relações entre Brasil e Portugal na época açucareira? E agora, o que mudou? Quais as modificações tecnológicas que ocorreram no processo de produção nas fábricas e quais as alterações realizadas com base em pesquisas visando à melhoria da matéria-prima, a cana-de-açúcar?

Os alunos sabem que açúcar também pode ser produzido de uma espécie de beterraba? Os romanos usavam *Beta vulgaris* como alimento para os animais e também para os seres humanos, porém a indústria açucareira com base nessa planta apenas se desenvolveu em torno de 1800 (Kiple e Ornelas 2000), e não conseguiu competir efetivamente com a cana. Quais os países que produzem açúcar utilizando esse tipo de planta hoje em dia? Qual o processo de extração? Quais os maiores produtores de açúcar utilizando beterraba e quais utilizam cana? Quais os países que consomem mais *per capita*? Qual o tipo de açúcar mais consumido? Qual o efeito do consumo excessivo de açúcar?

Outra fonte cada vez mais barata de açúcar é o milho, fonte do xarope de milho rico em frutose, comumente chamado *high fructose corn syrup* (HFCS), inventado nos anos 1960, um produto altamente processado e usado atualmente como açúcar adicionado a inúmeros alimentos industrializados. Informações oferecidas por Sousa (2011),[2] médico especialista em endocrinologia e nutrologia no Hospital Sírio-Libanês de São Paulo, esclarecem as preocupações atuais com essa variedade de açúcar:

> (...) tem-se associado a obesidade ao alto consumo de xarope de milho com elevado teor de frutose, um produto barato usado em inúmeros alimentos industrializados, como refrigerantes, doces e sopas. Entretanto não há nenhuma evidência direta de que o consumo moderado de frutose tenha algum efeito danoso sobre os níveis de açúcar e glicose ou sobre a resistência à insulina.

---

2. Informações disponíveis no *site* de Drauzio Varella, um dos pioneiros no tratamento de Aids, que participou de séries sobre o corpo humano exibidas no programa *Fantástico*, da Rede Globo de Televisão.

(...) as frutas in natura, por trazerem a frutose combinada com fibras, minerais e vitaminas, não causam a mesma alteração, porque têm uma absorção intestinal mais lenta, assim como é mais lento o seu metabolismo no fígado. Portanto, nesse caso, a frutose não está em excesso e torna-se saudável.

(...) Em resumo, o consumo do açúcar em pequenas quantidades e de poucas frutas in natura diariamente não parece estar relacionado com doenças. Ao contrário. No entanto, seu uso abusivo em sucos de frutas e alimentos, que contenham em sua composição o xarope de milho com alta concentração de frutose, está diretamente associado ao aumento da incidência da síndrome metabólica e de suas principais consequências, a doença cardiovascular, o diabete e a obesidade. (Sousa 2011, s.p.)

De acordo com Oz e Roizen (2006, p. 47), quando ingerimos calorias de fontes saudáveis, o desejo de comer é inibido e paramos de comer. Porém a frutose mais concentrada no xarope de milho não é reconhecida pelo cérebro como alimento regular e por essa razão, após o seu consumo, o cérebro não envia sinais de saciedade. Alimentos com adição de frutose concentrada, que podem até ser alimentos com baixo teor de gorduras, estimulam a fome, e não ativam sensações de satisfação, nos incentivando a comer ainda mais. São alimentos ricos em calorias – mas mesmo após o consumo de vários pacotes de biscoitos acompanhados de refrigerantes, continuamos a sentir fome. Obesidade garantida! Com base nesses dados assustadores, torna-se imprescindível reduzir o nosso consumo de xarope de milho rico em frutose e o primeiro passo poderia ser a identificação dos alimentos que consumimos regularmente e que incluem essa variedade de açúcar entre os ingredientes. Vamos analisar os rótulos de alguns alimentos industrializados que consumimos – refrigerantes, sucos prontos, massas, molhos, *ketchup*, comidas congeladas, sorvetes, bolos, biscoitos, entre muitos outros. Vamos descobrir mais sobre esse adoçante?

Apesar de existir uma multiplicidade de adoçantes, o mais utilizado no mundo atualmente é o açúcar refinado. É utilizado na preparação de alimentos, principalmente os industrializados, e é utilizado para adoçar muitas bebidas diferentes – chá, café, chocolate, refrigerantes, sucos, licores etc. Também é usado como conservante e como fermento. Não há problemas com seu transporte e nem com armazenamento e possui uma durabilidade privilegiada. No entanto, o consumo generalizado do açúcar ocorreu apenas recentemente. Na Europa e na América do Norte, o açúcar só deixou de ser um produto de luxo depois de 1700, quando Brasil e as colônias das Antilhas começaram a produzi-lo em grandes quantidades, assim permitindo uma redução no preço e aumentando a sua disponibilidade para o consumo generalizado (Oz e Roizen 2006).

No começo do século XX, o consumo médio nos Estados Unidos estava em torno de uma colher de chá por dia, mas no final do mesmo século os americanos já consumiam em torno de 28 colheres por dia – um considerável aumento de 2.800% (Sams 2003). Segundo Lustig, Schmidt e Brindis (2012), nos últimos 50 anos, o consumo de açúcar triplicou globalmente, contribuindo fortemente para a epidemia das doenças crônicas não transmissíveis que, de acordo com as Nações Unidas, em 2012 apresentaram, pela primeira vez, uma sobrecarga maior para os sistemas de saúde em comparação com as doenças infecciosas. O que os alunos pensam sobre esse aumento de consumo? Vamos medir o consumo de cada um? Como fazer isso? Quais os alimentos que contêm açúcar? Qual a quantidade de açúcar por porção? Quais as bebidas que contêm mais açúcar, e quantos copos delas tomamos por dia? Essa quantia representa quantas colheres de chá de açúcar? As gerações diferentes consomem quantidades diferentes de açúcar?

As Nações Unidas identificam tabaco, álcool e alimentação como os fatores de maior risco para o desenvolvimento das doenças não transmissíveis (*ibidem*). Porém, apenas dois desses itens (o tabaco e o álcool) são regulamentados por governos visando ao bem-estar da saúde pública. Todavia, os autores (*ibidem*) argumentam fortemente a favor da regulamentação do açúcar – principalmente o açúcar que é adicionado aos alimentos industrializados (como, por exemplo, o xarope de milho com alto teor de frutose). Eles citam quatro critérios, bem-aceitos pela saúde pública, que justificam a regulamentação do álcool, e os aplicam à utilização atual do açúcar (*ibidem*, p. 28):

(1) *Sua disseminação generalizada* – os nossos ancestrais colheram frutas maduras apenas nas épocas de amadurecimento ou consumiram mel, outro produto sazonal, que era bem defendido pelas abelhas. A natureza limitava o acesso ao açúcar – enquanto hoje em dia o consumo médio do açúcar adicionado é em torno de 500 calorias por dia.

(2) *A toxicidade* – o açúcar induz todas as doenças associadas à síndrome metabólica,[3] que inclui hipertensão (a frutose eleva o nível de ácido úrico que por sua vez aumenta a pressão arterial); níveis altos de triglicerídios, e resistência à insulina, ambos causados pela produção de gordura no fígado; diabetes causado pelo aumento na produção de glicose em conjunto com

---

3. "A síndrome metabólica é definida como um grupo de fatores de risco que diretamente contribuem para o desenvolvimento de doenças cardiovasculares e/ou diabetes do tipo 2. A obesidade abdominal e a resistência à insulina parecem ter um papel fundamental na gênese desta síndrome. Seu tratamento deve ter como objetivo estimular mudanças no estilo de vida que promovam a perda de peso" (Penalva 2008, p. 245).

a resistência à insulina; e o processo de envelhecimento causado pela danificação dos lipídios, proteínas e DNA.

(3) *Tendência de criar dependência* – o açúcar afeta os hormônios *grelina* e *leptina* que regulam o apetite, e ao mesmo tempo reduz a sinalização da dopamina, diminuindo assim o prazer obtido da comida, o que força a pessoa a querer comer mais.

(4) *Seu efeito negativo na sociedade* – os custos diretos e indiretos com relação à síndrome metabólica são enormes (em torno de 75% dos gastos com a saúde pública dos Estados Unidos).

Os autores Lustig, Schmidt e Brindis (2012) argumentam que as evidências sólidas que comprovam a diminuição no consumo de álcool e de tabaco indicam que estratégias que controlam o fornecimento do produto podem ser eficazes também no caso do açúcar: estratégias como aplicação de impostos, controle de distribuição e limitação de acesso (por exemplo pela idade). Todas contribuirão para a redução da disponibilidade do produto.

O que pensam os alunos sobre esses assuntos? Acham justo pagar mais para alimentos que poderão danificar a saúde? Concordam que os refrigerantes deveriam sair das escolas? Que todos deveriam estar conscientes dos perigos envolvidos quando compram *fast-food* ou bebidas com açúcar adicionado? Quais as sugestões dos alunos para diminuir o consumo do açúcar? Uma das possibilidades é de substituir o açúcar pelos adoçantes não calóricos. O que os alunos sabem sobre o assunto – o que gostariam de saber? Vamos compartilhar os nossos pensamentos?

Quais as diferenças entre diet, light e adoçantes naturais?

Os adoçantes podem ser classificados em adoçantes nutritivos e não nutritivos. Os nutritivos incluem os açúcares calóricos, como a sacarose, frutose, lactose, mel, xarope de milho rico em frutose, melado etc. Em sua maioria, os adoçantes não nutritivos são considerados não calóricos por não serem metabolizados pelo corpo e, após a ingestão, passarem sem modificações pelo sistema digestivo humano. A utilização desses adoçantes surgiu inicialmente durante o período entre as Guerras Mundiais em decorrência da escassez do açúcar. Porém, mais tarde as pessoas começaram a utilizar essas substâncias visando à redução de ingestão de calorias. Segundo Barreiros (2012, p. 5),

apesar da intensa utilização dessas substâncias na atualidade, nas diferentes faixas etárias e em todas as camadas sociais, ainda existe muita dúvida em relação aos possíveis efeitos colaterais associados ao seu uso. Muitas vezes, as pessoas ingerem adoçantes sem terem consciência disso. Isto porque vários alimentos industrializados, como balas, doces, chicletes, sucos, refrigerantes, cremes dentais e medicamentos contêm adoçantes.

Será que os alunos reconheceriam os nomes dos adoçantes não calóricos nos rótulos dos alimentos? Vamos analisar alguns exemplos para descobrir quais são os mais usados? Cada adoçante possui características diferentes; alguns são alterados quando submetidos ao calor, portanto não podem ser acrescidos aos bolos e biscoitos. Outros não são facilmente solúveis em água, assim não são apropriados para uso em refrigerantes ou sucos. Vamos examinar os rótulos para descobrir quais adoçantes são utilizados com quais mercadorias? Vamos pesquisar as características específicas de cada um? O artigo de Barreiros oferece algumas informações sobre vários adoçantes não nutritivos:

> Os adoçantes não-nutritivos são também chamados de adoçantes intensos, de baixa caloria ou adoçantes alternativos. Atualmente, nos EUA, cinco adoçantes não-nutritivos (potássio de acesulfame, aspartame, neotame, sacarina e sucralose) são aprovados pelo FDA, e um açúcar não-calórico, derivado de uma planta (rebaudiosidio A, Stevia), é reconhecido como seguro pelo FDA.
> A *sacarina* é o mais antigo e é proveniente [de uma] substância que aparece naturalmente nas uvas. Foi descoberta em 1875. É cerca de 300 vezes mais doce que a sacarose. (...)
> O *ciclamato* (...) foi descoberto em 1937. Seu poder adoçante é pequeno quando comparado com outros adoçantes, somente 30 vezes o da sacarose. (...)
> O *aspartame* foi descoberto em 1965 (...). É cerca de 200 vezes mais doce que a sacarose. (...)
> A *acesulfame K* ou *acesulfame potássio* foi descoberta em 1967, na Alemanha. Trata-se de um sal orgânico constituído de carbono, nitrogênio, oxigênio, hidrogênio, enxofre e potássio. É cerca de 200 vezes mais doce que a sacarose. (...)
> A *sucralose* é um derivado da sacarose (...). É cerca de 400 a 800 vezes mais doce que a sacarose. (...)
> O *alitame* é formado por dois aminoácidos (...) e um amido, que é o principal responsável pelo alto poder adoçante, cerca de 2.000 vezes maior que a sacarose. (...)
> O *esteviosídeo* é obtido da *Estevia rebaudiana* originária das Américas, onde é usada como planta medicinal no controle de diabetes. Trata-se de uma substância termolábil, não-carciogênica e que não é metabolizada pelo organismo. Tem cerca de 300 vezes o poder adoçante em relação à sacarose. (...)
> O *advantame* é um novo adoçante artificial desenvolvido pela empresa Ajinomoto e é extremamente potente, sendo 20.000 vezes mais doce que a sacarose e 100 vezes mais doce que o aspartame. (...) Em 2009 foi solicitada a aprovação para uso nos EUA ao FDA. (Barreiros 2012, pp. 6-7; grifos nossos)

Nos EUA, a regulamentação da utilização dessas substâncias está a cargo da FDA (Food and Drug Administration) e, observando o primeiro parágrafo, percebemos que *apenas* cinco adoçantes não nutritivos são aprovados – e os outros? São proibidos? Por quê? Também são proibidos no Brasil? Vamos investigar mais? No Brasil, o Conselho Nacional de Saúde regulamentou o uso de adoçantes não nutritivos através da resolução n. 4/88 quando também começou a reconsiderar a regulamentação dos produtos *diet* e *light*. O que os alunos sabem sobre as diferenças entre produtos *diet* e *light*? Já experimentaram algum produto *diet* ou *light*? Qual a razão que os levou a experimentar esses produtos – preço, gosto, necessidade de perder peso, problema de saúde? Vamos procurar saber mais sobre esses produtos?

Segundo Lima-Filho, Oliveira e Watanabe (2009, p. 6), a legislação brasileira analisou os alimentos *diet* e *light* pela primeira vez em 1965, considerando esses produtos como medicamentos que podiam ser comercializados somente em farmácias, sob o controle da Vigilância Sanitária de Medicamentos. Porém, a legislação passou a considerá-los alimentos a partir de 1988. Posteriormente, em 2008, o Ministério da Saúde, em conjunto com a Anvisa, lançou um manual de orientação aos consumidores, visando à "educação para o consumo saudável" onde se encontram as seguintes explicações com relação às diferenças entre produtos *light* e *diet*:

Alimentos *DIET*
São os alimentos especialmente formulados para grupos da população que apresentam condições fisiológicas específicas. Como, por exemplo, geléia para dietas com restrição de açúcar. São feitas modificações no conteúdo de nutrientes, adequando-os a dietas de indivíduos que pertençam a esses grupos da população. Apresentam na sua composição quantidades insignificantes ou são totalmente isentos de algum nutriente.

Alimentos *LIGHT*
São aqueles que apresentam a quantidade de algum nutriente ou valor energético reduzida quando comparado a um alimento convencional. São definidos os teores de cada nutriente e ou valor energético para que o alimento seja considerado *light*. Por exemplo, iogurte com redução de 30% de gordura é considerado *light*. (Anvisa 2008, p. 19)

No entanto, a Anvisa (*ibidem*) alerta: "Tanto alimentos *diet* quanto *light* não têm necessariamente o conteúdo de açúcares ou energia reduzido. Podem ser alteradas as quantidades de gorduras, proteínas, sódio, entre outros; por isso a importância da leitura dos rótulos". Sendo assim, um alimento *diet* pode não conter sal, mas incluir uma quantidade considerável de açúcar, enquanto um alimento *light* pode conter uma quantidade reduzida de sal, e ao mesmo tempo incluir uma quantidade considerável de açúcar. A utilização de um rótulo *diet* ou *light* não garante a ausência de açúcar, nem de gorduras, nem de sal. É imprescindível ler o rótulo de qualquer produto para descobrir quais as alterações que foram realizadas no alimento para atender às características próprias de ambas as categorias. Com frequência o consumidor compra um produto *diet* ou *light* acreditando que não contenha açúcar, gordura ou sal, mas pode estar enganado. Por isso a importância da leitura do rótulo.

Por exemplo, Câmara, Marinho e Guilam (2008) afirmam que os produtos *diet* e *light* frequentemente são considerados indevidamente como alimentos de baixa caloria, que não engordam, e por isso podem ser consumidos em qualquer quantidade, o que resulta no uso inadequado dos produtos.

> Alguns produtos *diet* podem não conter açúcar em sua composição, mas apresentam alto teor de gordura. É o caso do chocolate *diet*, recomendado para portadores de diabetes por não conter açúcar, porém contra-indicado para pessoas que buscam o emagrecimento, pois apresenta valor calórico semelhante ao convencional (aproximadamente 565 kcal/100 g, para o convencional, e 535 kcal/100 g, para o *diet*) em virtude da presença de grande quantidade de gordura. (Câmara; Marinho e Guilam 2008, p. 41)

Dessa forma, fica reforçada a necessidade de prestar muita atenção nas informações incluídas nos rótulos. Porém, preocupados com a adequação/veracidade dos rótulos, os mesmos autores realizaram uma análise crítica da rotulagem de 75 produtos *diet* e *light* de 14 categorias diferentes, utilizando os dados da Associação Brasileira da Indústria de Alimentos para Fins Especiais e Congêneres (Abiad) como referência, para descobrir se as informações estavam adequadas. Descobriram o que segue:

> *Todos os rótulos analisados apresentaram mais de uma irregularidade.* Informação nutricional ilegível/incompleta (94,6%) e ausência do número do lote (30,6%) foram as principais não-conformidades encontradas entre as características gerais. Entre as específicas, destacam-se a não-especificação dos mono e dissacarídeos, informação nutricional não-expressa em 100 g/ml do produto pronto e desrespeito aos atributos "reduzido em" e "baixo em". Como principal conclusão é possível afirmar que tais inadequações podem implicar risco à saúde dos indivíduos e desrespeitam o direito do consumidor. Recomenda-se o exercício rigoroso de fiscalização para o efetivo cumprimento da legislação. (*Ibidem*, p. 35; grifo nosso)

Quais os problemas de saúde que poderão levar as pessoas a ingerir produtos *diet* e *light*? Vamos perguntar aos alunos? Quais as famílias que compram esses produtos com regularidade? Que tipo de produto é o mais popular? De acordo com um estudo realizado por Castro e Franco (2002), o produto mais popular é o refrigerante (61,7%) seguido pela gelatina (44,7%); e na família dos alunos? Vamos pesquisar? Quais as razões que levam a família dos alunos a comprarem esse tipo de produto? Será que estão comprando produtos que atendem adequadamente às suas necessidades? No manual de orientação da Anvisa constam as seguintes informações:

Os portadores de enfermidades *devem* ler os rótulos dos alimentos, observando a lista de ingredientes e a rotulagem nutricional para verificar a presença daquele ingrediente ou nutriente que não deve consumir ou que pode consumir em baixa quantidade.

Diabetes Melitus
Atenção aos alimentos com açúcares em sua composição, sendo ele *diet* ou *light*. Os produtos diet destinados para dietas com restrição de carboidratos, dietas com restrição de gorduras e dietas de ingestão controlada de açúcares, devem conter a seguinte advertência: "Diabéticos: contém (especificar o mono e/ou dissacarídeo – glicose / frutose / sacarose)", caso contenham esses açúcares.

Pressão alta
Atenção ao conteúdo de sódio descrito na informação nutricional dos rótulos. Os produtos *diet* ou *light* em sódio apresentam baixo ou reduzido teor em sódio. Devem ser evitados produtos que contenham sacarina e ciclamato de sódio, que, embora sejam adoçantes, são substâncias que contêm sódio.

Colesterol alto
A escolha de alimentos deve ser baseada no conteúdo de gorduras totais, gorduras saturadas e trans. Os produtos para dietas com restrição de gorduras (*diet*) só podem conter 0,5 g de gordura em 100 g do produto. Os produtos com baixo teor de colesterol (*light*) podem apresentar no máximo 20 mg de colesterol em sólidos e 10 mg em líquidos, em 100 g ou 100 ml do produto. (Anvisa 2008, p. 20)

As informações da Anvisa são claras? Precisam de um esclarecimento maior? Alguma informação no texto acima surpreendeu os alunos ou suas famílias? Vamos analisar alguns rótulos de produtos consumidos pelas famílias dos alunos a fim de descobrir se de fato correspondem aos problemas de saúde que estimularam a compra? Vamos montar um livreto informativo para distribuir na comunidade? Quais as dúvidas encontradas na comunidade, vamos saber mais a fim de confeccionar um livreto que de fato atenda às necessidades da comunidade?

Outros dados ainda não confirmados pela comunidade científica também precisam ser analisados com relação aos produtos *diet* e *light*. Existem vários estudos que examinaram a relação entre o consumo de produtos adoçados artificialmente e a perda de peso – com resultados contraditórios dependendo das variáveis examinadas. No entanto, uma pesquisa de longo prazo que examinou em torno de 4 mil participantes durante um período de 10 anos (1979-1988) descobriu que o consumo de pelo menos 21 bebidas adoçadas artificialmente (café, chá, refrigerante etc.) por semana resultou no risco quase dobrado de ganho de peso entre 1.250 participantes que começaram o acompanhamento com peso normal (RP[4] de 1,93) e um risco dobrado para os 2.571 participantes que já começaram o estudo com sobrepeso (RP de 2,03).

Os autores não afirmam que é apenas o consumo de bebidas consideradas *diet* ou *light* que estimula o aumento de peso, mas enfatizam a necessidade de investigações continuadas nessa área. Levantam a hipótese de que as pessoas começam a utilizar produtos *diet* e *light* porque já estão começando a ganhar peso; nesse caso, a simples substituição de bebidas com adição de adoçantes não calóricos não vai afetar o processo já instaurado. No entanto, os autores levantam outras hipóteses que poderão explicar a relação entre o aumento de peso e o consumo de bebidas com substituição de açúcar:

- O consumo de açúcar provoca uma sensação de saciedade. Na ausência do açúcar, a ingestão de gordura e proteína aumenta, podendo ocorrer uma compensação desvantajosa. Será que os consumidores de bebidas *light* ou *diet* superestimam as calorias economizadas e assim acabam exagerando no consumo de outros alimentos?
- A utilização de adoçantes não calóricos pode apoiar o déficit calórico num prazo curto, resultando numa diminuição da taxa metabólica, o que pode contribuir para o ganho de peso a longo prazo.
- Os adoçantes não calóricos são muito mais doces que o açúcar (de 30 a 20.000 vezes mais doces que a sucarose). É necessário descobrir se o consumo desses produtos aumenta o desejo de ingerir alimentos com sabor intenso de doce, que normalmente contêm uma quantidade alta de calorias.
- Estudos realizados com ratos e sua ingestão de aspartato (que constitui 40% de aspartame) mostram que níveis elevados dessa substância danificam neurônios num setor do cérebro responsável pela sinalização da leptina, responsável pela

---

4.   RP = risco de probabilidade.

redução de ingestão de alimentos. A ciência precisa verificar se a ingestão exagerada de aspartame pelos seres humanos também causa neurotoxicidade, resultando na resistência à leptina e no subsequente desenvolvimento da obesidade. (Fowler *et al.* 2008, p. 1.899)

Concordamos que os adoçantes não nutritivos podem ser consumidos sem acréscimo de calorias, porém precisamos analisar bem os produtos que contêm essas substâncias para saber mais sobre os outros ingredientes que acompanham o adoçante. Além disso, é necessário observar atentamente o que estamos ingerindo em conjunto com os alimentos *diet* e *light* para certificar a coerência, ou as anomalias, das nossas opções alimentares. Por exemplo, quando somos convidados para uma festa, será que optamos por beber refrigerantes com zero caloria para assim nos permitirmos exagerar no consumo do bolo do aniversariante e das outras guloseimas? Talvez seja muito mais saudável tentar apreciar melhor o gosto de alimentos que são doces por natureza, no sentido de evitar o consumo de adoçantes não nutritivos.

Quais as opções de redução do açúcar que não envolvem a compra de produtos *diet* e *light*? Certa vez, experimentamos um bolo de banana sem acréscimo de açúcar, muito gostoso, e pedimos a receita. Analisando a receita, vimos que incluía um copo de óleo e um copo de farinha de trigo. Querendo diminuir a quantidade de óleo e substituir o trigo por uma massa mais saudável, acabamos modificando a receita: eliminamos o óleo e o trigo, acrescentamos aveia, leite de coco e farinha de linhaça, aumentamos um pouco a quantidade de banana, e pronto – uma receita modificada, sem adição de açúcar e nenhum adoçante substituto, sem óleo, sem trigo, sem ovo, mas bem docinha com o doce natural da banana e da uva-passa, uma delícia! Mais tarde, experimentamos outras variações: a mais bem-aceita delas foi o bolo de abóbora com uvas-passas e quinoa (Apêndice). De novo, sem acréscimo de açúcar e nem de adoçantes, sem óleo, ovo, trigo, porém com ótimo sabor. Os nossos familiares, amigos e colegas são testemunhas. Vamos experimentar outras possibilidades e aprender a curtir o sabor doce natural das frutas e dos legumes, inventando combinações diferentes de acordo com as preferências de cada um? Quais as sugestões dos alunos? Mãos à obra!

Sorvete: Um olhar interdisciplinar

Quem na sala de aula gosta de sorvete? Apostamos que é a maioria total com raras exceções. Qual o sabor favorito de cada um? Com que frequência os alunos comem sorvete e em quais circunstâncias? Todos os dias? Apenas em dias de festa? Qual a quantidade consumida normalmente? Com as sorveterias a quilo, tornou-se mais fácil obter medidas de quantidade. Os alunos comem uma quantidade maior numa sorveteria a quilo, numa sorveteria que serve porções específicas ou em casa? Na família, quem é que come mais sorvete – são as mulheres, os homens, os jovens, os mais velhos? Vamos calcular? Cada membro da família gosta de um sabor diferente ou existem sabores de que todos gostam? Quando compram sorvete para casa, como são tomadas as decisões sobre sabor, quantidade e marca? As pessoas prestam atenção no rótulo de diferentes sorvetes? Há preferência para sorvetes com teor menor de gorduras? Quem já experimentou o iogurte congelado – o *frozen*? Quais as diferenças nutricionais entre o sorvete normal, o sorvete *diet* e o *frozen*? Vamos comparar?

Já estamos utilizando algumas palavras em inglês; sabemos o seu significado? Qual é a tradução de "sorvete" em inglês? Qual a origem dessas palavras diferentes? A palavra "sorvete" vem da palavra persa *sharbat*, significando "bebida com suco de fruta, açúcar e gelo" (Origem da Palavra s.d.). E na língua inglesa existe a palavra *sorbet,* do italiano *sorbetto,* descendente também da palavra persa. Porém, a palavra *sorbet* em inglês continua se referindo a uma sobremesa congelada de frutas, que é levemente diferente do inglês *ice-cream* (literalmente "creme congelado"), referindo-se ao sorvete baseado em leite. Vamos procurar alguns dados sobre as receitas preferidas, a quantidade consumida atualmente em comparação ao passado e as preferências de sabor, entre outros assuntos, usando o nosso conhecimento de língua inglesa para descobrir dados sobre culturas que falam essa língua, comparando os dados obtidos com o consumo de sorvete no Brasil? Quais as outras línguas que conhecemos? Vamos investigar culturas que falam as línguas que estamos aprendendo para saber mais sobre seus hábitos alimentares atuais e os do passado.

Por exemplo, no Equador a cidade de Salcedo produz um sorvete especial, parecido com um picolé. O *helado* consiste de várias camadas diferentes em formato cônico, cada uma de cor diferente usando combinações de leite e frutas, todas congeladas num palito. O resultado é um arco-íris congelado. Quais os sabores que os alunos escolheriam para montar seu *helado* de Salcedo personalizado? Vamos produzir desenhos, modelos, maquetes que representam o arco-íris de sabores possíveis? Explorar mais as combinações de cores com base nos alimentos utilizados? Investigar mais a fundo os diversos formatos utilizados para sorvetes vendidos em palito?

No Japão, são formadas bolinhas de sorvete que são cobertas com um arroz pegajoso chamado *mochi*. Os sabores favoritos não mudaram durante os últimos 10 anos, sendo baunilha, chocolate, *matcha* (chá-verde) e morango. Outro sabor favorito de pessoas com mais de 50 anos é o sabor do azuqui – um feijão vermelho. Quais os sabores favoritos nas famílias dos alunos? Cada geração gosta de um sabor diferente? Os gostos mudaram após alguns anos? Quais os sabores ofertados atualmente que não existiam alguns anos atrás? Como está o consumo dos sabores "novos" comparados com o consumo de sabores "clássicos"? Os sabores mais populares são diferentes para cada cultura ou sempre existem alguns sabores em comum?

Uma das sobremesas tradicionais no Irã e no Afeganistão é considerada o precursor do sorvete moderno, porque em torno de 400 a.C., gelo era transportado das montanhas dessa região e conservado em construções abaixo da terra, ou em construções refrigeradas com cata-ventos. O gelo era raspado e coberto com suco de uva, mel ou compotas de frutas. Vamos investigar mais para descobrir por quanto tempo o gelo permanecia congelado? Quais as temperaturas que a refrigeração antiga suportava? Vamos obter mais informações sobre o congelamento de alimentos? O ingrediente básico do sorvete tradicional ainda popular nessa região é uma espécie de macarrão "cabelo de anjo", misturado com água de rosas, suco de limão e pistácios moídos. Vamos descobrir mais sobre a história do sorvete, sobre os países que participaram na sua divulgação e sobre as peculiaridades do sorvete servido em diversas culturas?

Na Índia, a sobremesa *kulfi* é bem mais grossa e densa que outros sorvetes porque a mistura não é arejada com batedor. Inclui o acréscimo de pistácios e cardamomo – um condimento muito utilizado na alimentação – para produzir um sabor bem apreciado pelos indianos. Os alunos conhecem esses ingredientes, já os experimentaram? Existem nos supermercados do Brasil? Vamos descobrir mais sobre o processo de fabricação do sorvete, a física das texturas, e a química das combinações de ingredientes?

De acordo com Silva *et al.* (2012, pp. 169-170), no seu artigo "A visão bioquímica do sorvete",

> [o sorvete é] um produto complexo, que contém muitos ingredientes em distintos estados. A gordura apresenta-se na forma de emulsão; proteína, estabilizantes e açúcares insolúveis apresentam-se na forma de suspensão coloidal, e a lactose e sais em forma de dissolução verdadeira. A água se encontra no estado líquido como solvente de sais e açúcares, e na forma sólida como cristais de gelo.
> A composição do sorvete é bastante variada, normalmente apresentando de 8 a 20% de gordura, 8 a 15% de sólidos não gordurosos do leite, 13 a 20% de açúcar e 0 a 0,7% de emulsificante-estabilizante, porém pode haver variabilidade de acordo com a região e em diferentes mercados.

Com base nesse texto, percebemos que o sorvete serve como uma verdadeira aula de química e física – gotas de gordura, bolhas de ar, cristais de gelo, uma solução de açúcar com água no seu estado líquido, todos coexistindo em harmonia. Que alimento fascinante – vamos aprofundar ainda mais as nossas pesquisas científicas? Porém, quando analisamos as proporções de gordura e de açúcar devemos ficar atentos e de olho no nosso consumo.

Na China, uma sobremesa parecida com sorvete é feita com uma pasta doce de feijão cozido misturado com leite. Quais as características nutricionais de um sorvete feito de feijão comparado com outras variedades? De acordo com o *site* SelfNutritionData (SelfNutritionData s.d.), que oferece informações e gráficos muito interessantes, em inglês, sobre uma grande variedade de alimentos, meio copo de sorvete comum de baunilha contém 22% do VDR de gordura saturada e 10% do VDR de colesterol. A pirâmide calórica que mostra a razão entre carboidratos, gorduras e proteínas está na seguinte proporção: carboidratos, 45%; gorduras, 48%; proteínas, 7%. Diz o artigo de Silva *et al.* (2012, p. 172):

> De acordo com os estudos feitos podemos concluir que o sorvete é um alimento que, além das proteínas e dos carboidratos, apresenta um alto teor de gordura, o que torna o sorvete rico em calorias, gorduras saturadas e colesterol, que devem ser evitados, já que, em excesso, estas substâncias podem prejudicar a sua saúde e provocar doenças.

O mesmo *site* não possui dados para sorvete feito de feijão, mas os dados disponíveis para o feijão-azuqui enlatado e adocicado apresentam uma pirâmide calórica completamente diferente do sorvete de baunilha: carboidratos, 94%; gorduras, 0%; proteínas, 6%, sendo que os carboidratos são complexos e não simples, sendo absorvidos pelo corpo mais lentamente e assim aumentando a sensação de saciedade. O sorvete de baunilha contém 6% do VDR de vitamina A, 1% de vitamina C e 8% de cálcio, mas não possui ferro. A porcentagem de gorduras é muito alta e uma grande parte das calorias vem do açúcar (carboidrato simples), dois componentes prejudiciais à saúde. O feijão-azuqui contém 7% do VDR de cálcio e 19% de ferro e não contém gordura. Não contém vitamina A nem C, mas é considerado uma boa fonte de folato e manganês.

Como sempre, percebemos que a análise das opções alimentares torna-se sempre indispensável. Por exemplo, quando comparamos as calorias do sorvete com as do *frozen* (o iogurte congelado), no *site* SuperTracker (Usda s.d.b), descobrimos que o sorvete regular sabor baunilha possui um total de 137 calorias, sendo 104 calorias vazias, 59 de gorduras e 45 de açúcar adicionado, enquanto o *frozen* sabor baunilha tem um total de 112 calorias, sendo apenas 60 vazias, 10 de gordura e 50 de açúcar adicionado. Assim descobrimos que o *frozen*, comparado com o sorvete, contém menos gordura, porém um pouco mais de açúcar. Dependendo da marca, dos ingredientes, dos complementos que acrescentamos, uma opção aparentemente saudável pode não ser tão inocente quanto acreditamos! Vamos comparar os dados nutricionais de uma variedade de sorvetes e iogurtes congelados, calculando as opções de acordo com os complementos que os alunos costumam acrescentar? Será que os resultados vão surpreender?

As sugestões de trabalho nos últimos parágrafos incluem muitas propostas envolvendo matemática e ciências, sendo apropriadas para o desenvolvimento da inteligência *lógico-matemática*. Também incorporam sugestões que estimulam a inteligência *intrapessoal* quando os alunos são convidados a pensar nos seus sabores favoritos, seus hábitos alimentares, o que gostam e o que não gostam, o que sabem e o que gostariam de saber. Além disso, é possível ampliar a inteligência *interpessoal* com a pesquisa feita em grupos, analisando as informações adquiridas sobre culturas do passado e do presente para compreender melhor a história do sorvete e os diversos costumes relacionados a sua produção e consumo. A inteligência *visual-espacial* está sempre presente quando os alunos evocam imagens tentadoras de todos os tipos de sorvete, suas formas, cores e texturas; quando vêm à mente cenas das diversas culturas sendo estudadas; quando inventam ilustrações e diagramas que representam o processo de produção do sorvete; quando montam maquetes, modelos e cartazes e também na hora de apresentar suas conclusões em cartazes.

A leitura e a escrita, a troca de ideias na hora das apresentações orais garantem a presença da inteligência *linguística-verbal* e já que o tópico principal é o sorvete, um alimento consumido pela maioria dos alunos, todas as pesquisas desenvolvidas nessa área serão de maior interesse para a área corporal de inteligência. Conhecer melhor os efeitos no corpo de nossas escolhas alimentares certamente contribuirá para melhorias na sáude corporal. Sabendo que o consumo excessivo de sorvete pode entupir as veias em virtude das grandes quantidades de gordura saturada, e até provocar diabetes quando o consumo de açúcar é exagerado, os alunos aprenderão a respeitar seu corpo cada vez mais. E à medida que os alunos são estimulados a produzir maquetes, modelos, cartazes, experimentar receitas, a parte cinestésica da inteligência *corporal* também se desenvolve.

E a inteligência *musical* – cadê? Após a exploração de receitas de culturas diferentes, seria interessante escolher outros gêneros textuais que também poderiam servir como portas de entrada para o estudo de novos assuntos. Vamos perguntar aos alunos se conhecem alguma música que menciona sorvete? Será que conhecem a música da Xuxa intitulada "Sorvete",[5] que começa assim: *Quero ver quem adivinha / Me responde o que que é / É paixão de todo mundo / Toda hora a gente quer?*

Será que sorvete de fato é paixão de todo mundo? Em que horários ou ocasiões sentimos desejo de comer sorvete? O que acontece quando o nosso desejo de "toda hora" é atendido cada vez que o sentimos? A paixão continua forte? Qual o efeito no comportamento futuro quando qualquer desejo é atendido de imediato? Será que a paixão pelo sorvete faz bem à nossa saúde? Contribui para o nosso bem-estar? Que tal reescrever essa letra falando sobre paixões e desejos que poderiam beneficiar a nossa família, a escola, a comunidade onde vivemos? Vamos cantar juntos, tocar instrumentos e apresentar as diversas versões para outras turmas na hora do recreio?

Quem conhece a música gravada por Adriana Calcanhotto, também intitulada "Sorvete" (*Sorvetinho sorvetão / Eu quero de montão / Joana quer de banana / Marília quer de baunilha / – Tem Romeu e Julieta? / Não, só Julieta e Romeu / Então esse é o meu*)? Nessa letra a brincadeira é com nomes e sabores – vamos aproveitar e inventar outras combinações, com outros ritmos e rimas? Os alunos poderiam inventar uma coreografia que inclua roupas e modelos imitando frutas ou sabores, feitos de materiais reciclados, para ilustrar as novas versões. Vamos criar, inventar, nos movimentar, dançar, nos deliciar com nossos próprios ritmos e rimas?

Ou talvez os alunos prefiram trocar ideias sobre a música "Banho de sorvete",[6] interpretada por Silvinha, que começa assim: *Você não me engana, cria caso demais / Não me interessa viver de promessa / Você nunca faz, iê, iê / A minha turma já começa a falar / Você vai se estrepar, vou acabar / Te dando banho de sorvete / Pra você esfriar.* Vamos produzir narrativas que contam a história que provocou esse grito de frustração? Quais outras histórias poderiam envolver um banho de sorvete? Solte a imaginação! Vamos aprender a expressar os nossos pensamentos em forma de música, explorando melodias, harmonias e ritmos e estimulando emoções de todos os tipos na plateia. Vamos criar conexões sólidas entre a música e a poesia, aprender a apreciar a musicalidade dos grandes textos da literatura, enquanto incorporamos o que aprendemos nas nossas produções textuais, experimentando uma grande diversidade de gêneros e apreciando as características específicas de cada um.

---

5. Do CD *Xuxa: Luz no meu caminho*, composta por Fred Pereira, Beto Zettel e Zé Henrique.
6. Do CD *Silvinha*, composta por Carlos Imperial e Nenéo.

Interdisciplinaridade, multidisciplinaridade e transdisciplinaridade

Já falamos muito sobre propostas interdisciplinares de trabalho, mas talvez seja necessário aprofundar um pouco mais o significado desse conceito. O substantivo *disciplina* vem do latim *díscere*, e significa "aprender". Algumas palavras relacionadas são *discente* (aquele que aprende), *discípulo* (o seguidor que aprende com quem ensina – o docente), e *disciplina*, "objeto do conhecimento assimilado, aquilo que se aprende e passa a fazer parte da vida. Disciplina, por conseguinte, não é o mero conhecimento ou informação recebida; é o conhecimento assimilado que informa a vida do discípulo" (Coimbra 2000, p. 55). A mesma palavra estendeu seu sentido para incluir a relação de submissão de quem é ensinado, a obediência à autoridade.

De acordo com o autor (*ibidem*, p. 54), "o vocábulo 'interdisciplinaridade' apresenta-se despretensioso na sua origem, ambíguo na sua acepção corrente e complexo na sua aplicação". No entanto, a relação morfológica entre "disciplina" e "interdisciplinaridade" está clara. E continua:

> Por virtude da etimologia, a palavra [interdisciplinaridade] traduz esse vínculo não apenas *entre* saberes, mas, principalmente, de um saber *com* outro saber, ou dos saberes entre si, numa sorte de complementaridade, de cumplicidade solidária, em função da realidade estudada e conhecida. Nem poderia ser de outra forma, porquanto qualquer conhecimento, o mais abrangente que seja, será sempre parcial, jamais expressando plenamente a verdade do objeto conhecido, muito menos a sua inteireza, amplitude e totalidade. (*Ibidem*, p. 56)

Por isso, o ensino tradicional de disciplinas isoladas nunca oferece uma visão ampla do objeto de estudo. O conhecimento do aluno é fragmentado: o conhecimento adquirido numa disciplina não faz conexões com o conhecimento adquirido em outras disciplinas. Na realidade, os próprios professores possuem um conhecimento limitado pelas demarcações da disciplina de sua área de especialização, e essa situação precisa mudar. No ano 2000, os Parâmetros Curriculares Nacionais do Ensino Médio deixaram muito clara sua intenção de promover mudanças profundas nesse sentido. Dizem:

> Tínhamos um ensino descontextualizado, compartimentalizado e baseado no acúmulo de informações. Ao contrário disso, buscamos dar significado ao conhecimento escolar, mediante a contextualização; evitar a compartimentalização, mediante a interdisciplinaridade; e incentivar o raciocínio e a capacidade de aprender. (Brasil 2000, p. 4)

Coimbra (2000, p. 58) enfatiza a importância do envolvimento das pessoas que participam no processo interdisciplinar como também da sua intencionalidade de construir conexões entre as disciplinas:

O *interdisciplinar* consiste num tema, objeto ou abordagem em que duas ou mais disciplinas *intencionalmente* estabelecem nexos e vínculos entre si para alcançar um conhecimento mais abrangente, ao mesmo tempo diversificado e unificado. Verifica-se, nesses casos, a busca de um entendimento comum (ou simplesmente partilhado) e o envolvimento direto dos interlocutores. Cada disciplina, ciência ou técnica mantém a sua própria identidade, conserva sua metodologia e observa os limites dos seus respectivos campos. É essencial na interdisciplinaridade que a ciência e o cientista continuem a ser o que são, porém intercambiando hipóteses, elaborações e conclusões.

O mundo está mudando, passa por um processo permanente de metamorfose – os objetivos e preocupações atuais não são os mesmos do passado. Por isso, as escolas não conseguem preparar os alunos atuais a assumirem seu papel de cidadania de maneira eficaz sem uma mudança brusca de paradigma.

Ocorre, contudo, que tanto ciência e mundo do trabalho se reconfiguram na contemporaneidade, exigindo-se agora da escola um novo perfil de sujeito do saber. As novas habilidades e competências necessárias para o desenvolvimento da ciência e para as complexidades do mundo do trabalho e da produção não mais se compatibilizam com a manutenção do velho modelo de escola, que tão bem serviu aos propósitos estabelecidos em momentos anteriores. Ensinar, então, segundo uma perspectiva interdisciplinar e, portanto, tendo em vista trabalhar com objetos complexos, envolve, no mínimo, sair dos limites fixos das previsibilidades disciplinares e lançar-se nas zonas movediças das incertezas; pois é aí que reside o múltiplo e com ele o poder criador do não previsível (...). Não obstante, necessário aí se faz o rigor, inerente ao ensino sério e comprometido; livre, contudo, da clausura limitante da fixidez disciplinar. (Silva e Pinto 2009, p. 3)

Segundo os autores (*ibidem*, p. 5), os temas transversais sugerem um novo modo de enxergar o currículo, utilizando como foco do ensino tópicos relevantes do mundo contemporâneo que exigem configurações inovadoras do conhecimento. Segundo esses autores, a própria complexidade do objeto de estudo exige uma extrapolação das fronteiras disciplinares, uma amplitude maior de horizonte e uma compreensão mais profunda.

Não podemos esperar que os campos de pensamento que se iniciaram com a ciência clássica – de cuja vigência atual ninguém duvida – proporcionem conhecimentos sobre tudo aquilo que os homens e as mulheres do presente precisam saber, porque vivemos em uma sociedade que está clamando pela paz, pela igualdade de direitos e oportunidades entre o homem e a mulher, pela preservação e melhora do meio ambiente, por uma vida mais saudável, pelo desenvolvimento da afetividade e da sexualidade que permite melhorar as relações interpessoais; uma sociedade que necessita forjar personalidades autônomas e críticas, capazes de respeitar a opinião dos demais e de defender os seus direitos, ao mesmo tempo. Estas questões não são contempladas na problemática da ciência clássica. (Moreno, *apud* Silva e Pinto 2009, p. 5)

Porém é necessário lembrar que não é o objeto de ensino que define a metodologia a ser utilizada, e nem é a definição teórica do professor que determina se uma atividade é interdisciplinar ou não. A interdisciplinaridade na prática é percebida pelos aspectos processuais das atividades realizadas.

Todavia, o que acontece com certa frequência é um grupo de professores de diversas disciplinas se reunir e definir um tópico como objetivo de estudo e, depois, cada um na sua disciplina trabalhar separadamente com o tópico. Quando não existe nenhuma tentativa de realizar planejamento em conjunto nem de criar conexões entre as disciplinas, esse tipo de comportamento não pode ser considerado um trabalho interdisciplinar, seria mais apropriado chamá-lo de um trabalho multidisciplinar, em que várias disciplinas trabalham com o mesmo tópico, porém sem a troca de ideias e sem a intenção de criar ligações entre as diversas áreas. O professor de uma disciplina não faz nenhuma referência ao conhecimento de outras disciplinas teoricamente envolvidas no mesmo projeto pedagógico.

O trabalho multidisciplinar "evoca basicamente um aspecto quantitativo, numérico, sem que haja um nexo necessário entre as abordagens, assim como entre os diferentes profissionais. O mesmo objeto pode ser tratado por duas ou mais disciplinas sem que, com isso, se forme um diálogo entre elas" (Coimbra 2000, p. 57).

A multidisciplinaridade "caracteriza-se pela justaposição de matérias diferentes, oferecidas da maneira simultânea, com a intenção de esclarecer alguns dos seus elementos comuns, mas na verdade nunca se explicam claramente as possíveis relações entre elas" (SANTOMÉ, 1998, p. 71). Nessa modalidade, o objeto de estudo é visto sobre [*sic*] diferentes olhares em forma de agrupamentos disciplinares, mas sem a integração de conceitos, procedimentos e atitudes. O trabalho entre os sujeitos não é cooperativo, sendo que cada disciplina mantém seus próprios objetivos, formas e dinâmicas de trabalho. (Okada e Santos 2003, p. 5)

O trabalho multidisciplinar continua a apresentar o conhecimento de modo fragmentado, cabe aos alunos a tarefa de identificar ligações entre diversas áreas na tentativa de montar um modelo holístico da realidade – uma tarefa extremamente complexa quando a aprendizagem anterior focalizou apenas as peças individuais do quebra-cabeça, sem nunca estimular o aluno a experimentar a montagem do conjunto como um todo.

> Palmade (1979) indica que, num processo multidisciplinar, quando as relações de interdependência entre as disciplinas emergem é que se passa a ter interdisciplinaridade. Migra-se do simples intercâmbio de ideias a uma cooperação entre as disciplinas que pode gerar compenetração delas. A interdisciplinaridade constrói essa ligação entre o que era estanque e fechado para o que conversa, que coopera, que se mescla na busca de uma solução melhor do que a fornecida pelo isolamento. (Hoff *et al*. 2007, p. 46)

Dessa forma percebemos uma espécie de hierarquia entre os termos em discussão. O ensino baseado apenas na apresentação de disciplinas é a abordagem mais fragmentada; depois a abordagem multidisciplinar é utilizada, quando algumas disciplinas decidem trabalhar com o mesmo tema, porém cada área trabalhando de forma isolada. Mas a interdisciplinaridade brota quando as diversas disciplinas começam a trocar ideias e a perceber o tema como um conjunto integrador de partes interdependentes que interagem entre si.

As Ocems descrevem esse processo com maior detalhamento:

> Um primeiro passo, que pode ser produtivo e conduzir posteriormente à interdisciplinaridade sistêmica, é a abordagem simultânea de um mesmo assunto por diferentes disciplinas. Isso exige um acerto de planos de aula e de cronogramas entre os professores, respeitando-se as especificidades de cada disciplina. Nessa ação, professores de diferentes disciplinas e áreas podem descobrir conteúdos que permitam um trabalho conjunto. Podem, também, verificar como um mesmo conceito, processo ou fenômeno é abordado nas diferentes disciplinas e investigar pontos em comum que podem ser explorados nas aulas.
> A ideia não é uniformizar, mas expor o aluno à multiplicidade de enfoques, informações e conhecimentos de forma que perceba que os conhecimentos de cada disciplina apresentam múltiplas interfaces, sendo capaz de inter-relacionar fenômenos, conceitos e processos, e de construir um pensamento orgânico.
> É importante observar que a interdisciplinaridade não acontece somente por força da lei ou pela vontade do professor, do diretor ou do coordenador pedagógico.
> A interdisciplinaridade só é possível em um ambiente de colaboração entre os professores, o que exige conhecimento, confiança e entrosamento da equipe, e,

ainda, tempo disponível para que isso aconteça. Daí a importância do projeto pedagógico da escola, que deve prever tempo, espaço e horários de atividades dos professores para que um programa de interdisciplinaridade possa ocorrer. (Brasil 2006b, p. 37)

Uma das estratégias, já experimentadas por nós, que visa à iniciação de um projeto interdisciplinar na escola, é simples e funciona muito bem. Após a identificação de um tema, os professores de todas as áreas são convidados a sentar-se juntos para discutir o que trabalhar e como. Na medida em que cada disciplina sugere conteúdos específicos, professores de outras áreas criam vínculos lembrando-se de conteúdos de suas próprias disciplinas, e as conexões vão fluindo maravilhosamente. No entanto, essa troca precisa ser mantida, transformando-se num processo permanente. É imprescindível que a escola defina espaços e tempos que sustentem as propostas interdisciplinares, porque sem o intercâmbio de ideias e o acompanhamento constante de todos os aspectos do processo, a qualidade da reciprocidade se perde, e o trabalho interdisciplinar evapora.

> Quando o trabalho é norteado por experiências intencionais de interação entre as disciplinas e especialistas com intercâmbios, enriquecimentos mútuos e produção coletiva de conhecimentos, estamos diante de uma prática interdisciplinar. A interdisciplinaridade se caracteriza mais pela qualidade das relações, "cada uma das disciplinas em contato são por sua vez modificadas e passam a depender claramente umas das outras" (SANTOMÉ, 1998, p. 73), do que pelas quantidades de intercâmbios. Os objetivos, conceitos, atitudes e procedimentos são (re) significados dentro e fora do limite de cada área do conhecimento. As relações deixam de ser remotas e/ou pontuais para serem estruturadas pela colaboração e coordenação intencional de um projeto coletivo de trabalho. (Okada e Santos 2003, p. 7)

Todavia, existe mais outro nível de percepção do conhecimento, que é a transdisciplinaridade. Segundo Nicolescu (2000, p. 11),

> o prefixo "trans" indica, diz respeito, àquilo que *está ao mesmo tempo entre* as disciplinas, *através* das diferentes disciplinas e *além* de qualquer disciplina. Seu objetivo é *a compreensão do mundo presente*, para o qual um dos imperativos é a unidade do conhecimento.

O autor acrescenta:

A pesquisa disciplinar diz respeito, no máximo, a um único e mesmo nível de Realidade; aliás, na maioria dos casos, ela só diz respeito a fragmentos de um único e mesmo nível de Realidade. Por outro lado, *a transdisciplinaridade se interessa pela dinâmica gerada pela ação de vários níveis de Realidade ao mesmo tempo*. A descoberta desta dinâmica passa necessariamente pelo conhecimento disciplinar. Embora a transdisciplinaridade não seja uma nova disciplina, nem uma nova hiperdisciplina, alimenta-se da pesquisa disciplinar que, por sua vez, é iluminada de maneira nova e fecunda pelo conhecimento transdisciplinar. Neste sentido, as pesquisas disciplinares e transdisciplinares não são antagonistas, mas complementares. (*Ibidem*, p. 12)

Assim sendo, percebemos que a hierarquia mencionada anteriormente acrescenta mais um nível – do ensino disciplinar, onde não existe nenhum relacionamento entre as diversas áreas do conhecimento; avançamos para o ensino multidisciplinar, onde várias disciplinas trabalham com o mesmo tema, mas sem a intenção de criar conexões entre as diferentes áreas. Depois passamos para o ensino interdisciplinar no qual os professores das diversas disciplinas envolvidas trabalham propositalmente a favor da criação de conexões entre as áreas, enquanto promovem estudos interconectados sobre o mesmo tema com esperanças de chegar um dia no nível transdisciplinar, quando os alunos perceberão o tema de forma holística – um quebra-cabeça tão bem montado que o formato de cada peça, ou as fronteiras entre as diversas disciplinas, parecem derreter, dissolver, sendo até difícil saber onde uma disciplina acaba e outra começa. Porém, a construção de uma visão holística do tema em pauta só será possível quando trabalharmos com temas geradores, garantindo conexões com a realidade dos alunos, e com uma equipe de professores de diversas disciplinas comprometidos com a interconectividade do conhecimento liderando o projeto.

■ CHOCOLATE

Tema gerador

O último tema que optamos por desenvolver neste capítulo é o chocolate. Quais as guloseimas à base de chocolate que nos atraem mais? São as barras de chocolate que nos cercam por toda parte – nos supermercados, na caixa da farmácia, nos restaurantes a quilo? É o pudim de chocolate? Aquele bolo suntuoso de chocolate derretido? Ou algum sabor específico de sorvete de chocolate – chocolate com *marshmallow*, café com flocos de chocolate, chocolate com menta, com coco, com nozes? Quantas combinações os alunos conhecem?

Quando colocamos a frase "sorvete de chocolate" ou "bolo de chocolate" na internet imagens, encontramos uma profusão de formas, texturas, cores, combinações e receitas diferentes. Haja criatividade! Vamos escolher a imagem que desperta a nossa gula e conhecer melhor a receita? Descrever as sensações produzidas pela imagem? Escrever uma narrativa onde a imagem escolhida assume um papel central da história? Tecer uma poesia, compor uma música, explorar ao máximo os adjetivos visuais, táteis, que descrevem os cinco sentidos evocados pela imagem escolhida?

Ou será que os alunos preferiam reproduzir a receita que acompanha a imagem? Vamos fazer bolos, biscoitos, sorvetes e outras guloseimas de chocolate? Vamos descobrir mais sobre suas características nutricionais? Experimentar modificações para atender melhor às nossas opções alimentares ou às nossas preferências de gosto? De onde surgem as ideias para receitas inovadoras? Os alunos já assistiram a programas de televisão de competições culinárias? Existem até programas para crianças – pequenos *chefs* de cozinha de 8-12 anos, que recebem os mesmos ingredientes e produzem pratos completamente diferentes em pouquíssimo tempo. Impressionante! O que esses jovens precisam saber para inventar suas receitas suculentas?

Em primeiro lugar precisam de um imenso entusiasmo pela culinária, não podem temer o erro, precisam de criatividade em abundância para modificar qualquer tentativa que não alcance suas expectativas. Precisam de ousadia e persistência para continuar experimentando combinações inéditas, uma capacidade aguçada de analisar os processos e resultados, de detectar alterações minúsculas de textura, de cor, de sabor. Precisam conhecer profundamente os ingredientes com os quais trabalham, as propriedades, limitações, seus aspectos positivos e negativos. Precisam compreender e saber aplicar os princípios da química, da física e da matemática quando estão elaborando novos pratos; a culinária é uma ciência mágica que une conhecimentos de múltiplas disciplinas, temperados com uma boa dose de imaginação com o objetivo de satisfazer uma das necessidades básicas do ser humano – a fome.

Os resultados estimulam todos os sentidos, comer e beber são experiências sensoriais: um prato bem colorido e com apresentação atraente nos convida a comer com muito mais prazer que uma simples gororoba; o som da preparação da comida, cortando verduras fresquinhas, rasgando alface, fritando o alho, o "tim-tim" de copos de suco ou taças de vinho também fazem parte da experiência da degustação; a combinação de texturas e sabores estimula o paladar; o aroma convidativo do prato já provoca a salivação. Segundo Canabrava *et al.* (2006, pp. 2-3),

apesar de serem derivados de nervos diferentes, cheiro e gosto estão intimamente relacionados. Muitas vezes, só conseguimos saborear algo se a percepção dos aromas está intacta. Já observou que durante um resfriado a comida fica sem gosto? Isso é explicado pelo olfatório, o primeiro dos nervos cranianos que, dos cinco sentidos, é o que mais estimula sinapses nervosas, sendo até considerado como um verdadeiro prolongamento do cérebro.

Os sentidos gustativos e olfativos são chamados de sentidos químicos. Os receptores gustativos são estimulados por substâncias químicas existentes nos alimentos, e os olfativos por substâncias químicas existentes no ar, e trabalham em conjunto na percepção dos sabores. A gustação é, primeiramente, uma função da língua. O receptor sensorial do paladar é a papila gustativa. Na superfície de cada uma dessas células gustativas existem prolongamentos bem finos que vão em direção à cavidade bucal, que revestem a superfície e permitem o paladar.

Muito do que comumente chamamos de "gosto" dos alimentos é, na verdade, resultado do olfato, pois a comida, ao ser mastigada, libera certos odores que se espalham pelo nariz. As sensações olfativas funcionam ao lado das sensações gustativas, auxiliando no controle do apetite e da quantidade de alimentos que são ingeridos. Por isso, quando comemos demais, o cheiro da comida faz com que nos sintamos mal, nauseados.

Lembramos que os bebês gostam de comer tudo com as mãos, a fim de sentir os detalhes das diferentes texturas do seu alimento. Todos nós também comemos alguns alimentos com as mãos – quais são? Vamos investigar? Como nos sentimos quando comemos com as mãos, em comparação com as ocasiões em que utilizamos talheres? Existe uma diferença de formalidade/informalidade, de maior/menor envolvimento no ato de comer, sentimos maior proximidade/distância? Vamos saber mais sobre culturas que utilizam as mãos mesmo em situações mais formais? Por exemplo, na Índia, cada dedo da mão é considerado uma extensão de um dos elementos (espaço, ar, fogo, água e terra) e partes específicas da mão são associadas a algumas deusas de sua religião.

Além disso, muitas danças tradicionais, que datam do século II, utilizam posições e gestos específicos das mãos para comunicar os sentimentos e significados da dança. Por exemplo, a dança clássica *bharat natyam*, que se originou nos antigos templos da Índia, envolve um sistema complexo de posições de várias partes do corpo incluindo 37 gestos diferentes das mãos. Existe até uma crença de que ao comer com as mãos, se alimenta não apenas o corpo como também a mente e o espírito. O que sentimos quando comemos chocolate com as mãos? Ingerimos rapidamente ou queremos que o chocolate dure para sempre? Vamos pesquisar mais sobre a maneira de comer, a utilização das mãos e o uso de utensílios em diferentes épocas da história e em outras culturas contemporâneas? Que mais queremos saber? Qual a primeira cultura a experimentar o chocolate? De que forma era consumido? Vamos pesquisar mais?

Inteligências interpessoal, linguística-verbal e visual-espacial

A civilização maia começou a colher sementes de cacau da floresta nativa durante o período clássico (250-900 d.C.), plantando-as nas proximidades das suas construções. As sementes eram moídas e misturadas inicialmente com água, produzindo uma bebida bem amarga, apreciada por todos os membros da sociedade (The Field Museum 2007). Mais tarde os astecas (1250-1521) engrossaram a bebida acrescentando farinha de milho, mel, pimenta e baunilha. Eles afirmavam que era a bebida dos deuses e servia para aumentar a resistência e combater o cansaço, tanto que era possível para um homem andar durante um dia inteiro sem comer nada após o consumo de apenas um copo dessa mistura. Quando os espanhóis conquistaram o povo asteca, levaram o chocolate até a Europa, mas acrescentaram açúcar, canela, cardamomo e outras especiarias para criar um sabor que lhes agradava mais.

Na cultura maia, os aristocratas utilizavam copos de cerâmica, ricamente enfeitados por artistas especializados. No *site* do Museu de Artes de Denver (Denver s.d.), nos Estados Unidos, são disponibilizadas muitas informações fascinantes sobre obras de arte em exposição; o *site* também oferece algumas ideias que visam ao desenvolvimento de trabalhos pedagógicos. Por exemplo, um dos artefatos do acervo é um vaso cerâmico, de 28,5 cm de altura e 15 cm de diâmetro, produzido entre 600-800 d.C., no México ou na Guatemala (*ibidem*), com um texto hieroglífico circundando a borda, e uma pintura retratando uma cena típica da vida num palácio da cultura maia da época, onde um nobre está recebendo presentes do namorado de sua filha que incluem três sacos de cacau.

As sementes, ou amêndoas, de cacau eram muito usadas para realizar pagamentos de valores menores. Por exemplo, logo após a conquista espanhola, 3 amêndoas compravam um ovo de peru, 10 a 30 compravam um coelho, 100 pagavam uma pequena canoa e eram necessárias de 3 mil a 4 mil por um escravo (Porro 1997, p. 281). A pintura, que pode ser vista no *site* do Museu, mostra o nobre de frente para o futuro noivo da filha e um recipiente de chocolate entre eles. O noivo está acompanhado de um atendente, enquanto outro atendente senta-se ao lado das mercadorias que serão ofertadas ao futuro sogro. Quatro conselheiros estão sentados atrás do nobre, enquanto a noiva e sua mãe acompanham atentamente a conversa atrás de uma divisória. O texto na borda do vaso diz que serve para beber chocolate. Quantas informações colhidas de apenas um artefato histórico! O professor pode trabalhar com os alunos analisando essa obra.

Em primeiro lugar, os alunos precisam apreciar a beleza do vaso, usando fotografias, projeção em tela, imagens da internet, sendo estimulados a descrever o formato, as cores, as expressões faciais e as posições adotadas pelos personagens. Depois, poderiam imaginar a conversa que está se realizando, tentar compreender o contexto do evento, como o vaso é utilizado, entre outros assuntos. O professor poderia perguntar aos alunos sobre sua bebida favorita, e se já tomaram chocolate. Quente ou frio? Feito com leite ou com água? Acrescentaram outras especiarias? Quais? Qual o recipiente usado para tomar o chocolate? Vamos decorar os copos que usamos na escola? Qual cena gostaríamos de desenhar e o que essa cena representa com relação a nossa realidade? Os alunos aprenderão a observar e compreender; criar conexões entre sua realidade e a realidade de outra cultura, facilitando a transferência do conhecimento; a se expressar e a ouvir o outro; a pensar e a raciocinar. Já que o *site* do Museu de Arte de Denver oferece as informações em inglês, os alunos podem ampliar seu conhecimento dessa língua enquanto procuram informações inéditas sobre o recipiente de chocolate.

Para desenvolver ainda mais a leitura e a escrita, os alunos poderiam ler um conto, uma fábula ou uma lenda sobre o ato de doação ou de presentear. Por exemplo, os astecas acreditavam que o deus Quetzalcóatl trouxera sementes de cacau do céu para presentear os seres humanos. Como seria essa cena? Vamos representá-la com pinturas, modelagens, uma peça de teatro? Qual o significado desse presente? Os astecas acreditavam que quem tomasse o chocolate teria força, vigor e também compartilharia um pouco da sabedoria do deus. Qual o significado do chocolate hoje? Alguém já ofereceu chocolate como presente para outra pessoa? Qual o significado do presente contemporâneo? Vamos trocar ideias?

Depois da leitura de vários textos, o professor promoveria uma troca de ideias sobre o valor dos diversos presentes encontrados nos textos lidos comparado com o valor dos presentes retratados no vaso e o efeito esperado do ato. Hoje, em que ocasiões oferecemos presentes aos outros? Essas ocasiões variam em diferentes culturas? E os presentes ofertados – mudam muito de uma cultura para outra? De uma época histórica para outra? Quais os acontecimentos históricos associados à doação? Vamos pensar? Após a troca de ideias, os alunos escreverão seus próprios textos sobre o ato de doação para depois montar um pequeno livro a ser disponibilizado na biblioteca da escola.

Começando com um simples artefato arqueológico, é possível desafiar várias áreas de inteligência ao mesmo tempo. O estímulo inicial é visual, mas o ato de observar detalhes, fazendo conexões entre a cultura maia da Guatemala de 1.500 anos atrás e a realidade contemporânea dos próprios alunos exige um esforço de raciocínio e imaginação da área interpessoal expresso por meio da área verbal.

Inteligências lógico-matemática e corporal-cinestésica

Outro museu dos Estados Unidos, localizado na cidade de Chicago, The Field Museum (2007), oferece uma explicação interativa para crianças sobre a produção do chocolate; os alunos são convidados a cortar as frutas do pé de cacau, tirar as sementes, espalhá-las para secar, ensacar as sementes secas, apertar botões para descascar, torrar e espremer os grãos antes de misturar o liquor de cacau com leite, açúcar e manteiga de cacau, pronto para passar pelo processo de refinamento e formatação.

The Field Museum convida os alunos a interagirem em inglês no computador, uma oportunidade atraente de investir na aprendizagem desse idioma. No entanto, muitos alunos do Brasil são tão privilegiados que seria até possível acompanhar parte do processo presencialmente – uma proposta que garante o envolvimento da inteligência corporal-cinestésica. Vamos visitar uma fazenda de cacau? Ajudar a colocar os frutos na cesta? Espalhar as sementes no terreiro? Qual a fábrica de chocolate mais perto da escola? Os alunos conhecem fabricantes artesanais de chocolate? Vamos conhecer melhor o processo de produção pensando em manufaturar o nosso próprio chocolate? Quem vai nos ensinar? Quais os sabores que queremos fabricar? De quais ingredientes precisamos?

A maioria das fórmulas de chocolate inclui os mesmos ingredientes básicos: leite em pó integral ou desnatado, açúcar, massa de cacau (cacau torrado e moído) e manteiga de cacau, formando uma mistura final com teor de gordura total de 30% a 36%. O chocolate amargo não possui leite, o meio amargo pode ou não possuir uma quantidade reduzida de leite, e o chocolate branco não inclui massa de cacau, apenas a manteiga de cacau. O maior ingrediente em volume é o açúcar que chega a representar cerca de 45% a 55% da fórmula.

Os níveis altos de gordura e de açúcar são bastante preocupantes, porém estudos indicam que existem outros ingredientes na manteiga de cacau (como o ácido esteárico e o ácido oleico) que contribuem para a neutralização do metabolismo do colesterol (Richter e Lannes 2007, p. 358). Vamos procurar entender melhor o efeito desses ingredientes no nosso corpo? Lembramos também que o cacau é rico em vários minerais essenciais, como magnésio, cobre, potássio e manganês. Sendo assim, torna-se fundamental uma análise cuidadosa dos efeitos positivos e negativos de todos os ingredientes.

Segundo Richter e Lannes (*ibidem*), é necessário diferenciar entre notícias da mídia, que poderão incluir objetivos comerciais, e pesquisas científicas que procuram compreender melhor e com a maior neutralidade possível o objeto de estudo. É fundamental acompanhar pesquisas atuais para conhecer mais profundamente os diferentes efeitos de cada componente do chocolate no sentido de fazer as melhores escolhas alimentares.

> O chocolate vem ganhando cada vez mais espaço na mídia, não só pelas suas apreciadas propriedades sensoriais, mas também pelos benefícios potenciais à saúde. Uma análise mais profunda, baseada em pesquisas científicas, sugere que, realmente, *alguns chocolates podem ter o potencial de contribuir beneficamente para a saúde quando consumidos com moderação*. Entretanto, é ainda prematuro dizer que esta evidência promissora é conclusiva e cuidados devem ser tomados para interpretar e representar devidamente esta informação. (*Ibidem*; grifo nosso)

Por exemplo, recentemente, as pesquisas têm demonstrado que alguns produtos de cacau "são extraordinariamente ricos num grupo de antioxidantes conhecido como flavonoides, que pertencem a uma ampla e diversa classe de fitoquímicos chamados *polifenóis*" (*ibidem*). Os flavonoides podem melhorar o fluxo do sangue contribuindo assim para um coração saudável. No entanto, os mesmos autores alertam:

> A quantidade de flavonóides nos produtos de cacau e no chocolate industrializado é dependente da colheita de grãos e condições de processo subsequentes usado pelos fabricantes de chocolate (DILLINGER *et al.*, 2000). Os flavonóides do chocolate são facilmente destruídos pelo calor e inúmeras outras condições comuns ao processo de colheita do cacau e de fabricação do chocolate e, assim, um grande cuidado deve ser tomado pelo fabricante para preservar a existência natural de flavonóides para que quantias significativas permaneçam nos produtos finais. (*Ibidem*)

Sendo assim, percebemos que existem muitos fatores que afetam a presença ou não dos flavonoides no chocolate, portanto não devemos generalizar e acreditar que chocolate em todas as suas formas apresenta as mesmas características nutricionais.

Para ter uma noção dos ingredientes básicos do chocolate, os alunos poderiam preparar uma receita muito simples que poderia ser feita na escola ou em casa. A receita que segue foi disponibilizada por Mateus Meireles, e deixa bem evidente a proporção dos ingredientes: 1 kg de amêndoas de cacau ou 800 g de pó de cacau, 2 litros de leite e 2 kg de açúcar. O modo de preparar segue os seguintes passos:

(1) Torre as amêndoas do cacau em fogo brando até a casca se soltar, as que não se soltarem devem ser retiradas com a mão. (2) Depois, triture as amêndoas no moedor manual. (3) Bata no liquidificador o cacau moído com o leite e açúcar. (4) A mistura pronta segue para o cozimento em fogo baixo e deve ser mexida sem parar. (5) O chocolate caseiro demora em média uma hora e meia para ficar grosso. (6) Para descobrir o ponto tem um segredo: coloque um pouco de chocolate no fundo da panela de alumínio, quando estiver duro e a faca não conseguir penetrar está na hora de tirar. (7) Com a mistura pronta é hora de untar a bandeja e despejar o produto. Antes que endureça é preciso uma régua e faca para marcar os tabletes. (8) Em poucos minutos o chocolate endurece e é preciso força e jeito para cortá-lo. (Meireles s.d.)

Vamos procurar outras receitas para descobrir qual a mais gostosa, qual a mais saudável e qual a mais fácil? Vamos inventar receitas inovadoras de acordo com o gosto de cada um; montar uma coletânea para a biblioteca; calcular o teor de gordura e de açúcar; descobrir os pontos negativos e positivos de cada receita; analisar o gosto, a aparência, a textura; fazer desenhos, criar modelagens, compor músicas e poesias; montar uma feira de chocolate para a comunidade com informações atualizadas, degustações, exposição de esculturas e enfeites, maquete de uma fábrica autêntica de chocolate e outras de fábricas imaginárias – tudo isso poderia ser estimulado após a leitura do livro *Charlie and the chocolate factory* [A fantástica fábrica de chocolate] de Roald Dahl (1967), transformado também em filme em 2005 sob a direção de Tim Burton. Quais as propostas dos alunos, as direções a serem trilhadas?

Quando conseguimos incluir propostas que envolvam cálculos; quando estimulamos a capacidade dedutiva e indutiva do raciocínio; quando promovemos a coleta e análise de diversas informações, o estímulo à inteligência lógico-matemática é garantido. E quando os alunos são incentivados a realizar experiências práticas; convidados a utilizar todos os seus sentidos; quando os assuntos investigados são relacionados ao corpo e os alunos estudam os efeitos de qualquer pesquisa no próprio corpo ou o utilizam, a inteligência corporal-cinestésica também se faz presente.

Inteligências intrapessoal e musical

A combinação das inteligências intrapessoal e musical parece extremamente natural. A música provoca emoções, toca os nossos sentimentos íntimos e também oferece um meio de expressar o que sentimos. Quando decidimos trabalhar com a inteligência musical pensamos frequentemente em trabalhos associados à letra de diversas músicas. Mas também é interessante explorar as emoções provocadas pela música em si. Por exemplo, existe uma composição clássica para viola e piano, de James Grant, intitulada simplesmente "Chocolates". Vamos ouvi-la e registrar o que sentimos? Escrever textos, poesias, fazer desenhos que explorem as cores e texturas da música, trabalhar com massa de modelar, com barra para moldar formas que acompanham a música, montar coreografias para cada movimento para refletir as diferentes mensagens transmitidas?

Outra possibilidade seria investigar os títulos em inglês de alguns movimentos, como, por exemplo: *Valentine, bittersweet, triple mocha indulgence, endorphins.* Por exemplo, a palavra *Valentine* faz referência ao Dia dos Namorados; quais sentimentos os alunos associam a essa data comemorativa? O que sabem sobre sua origem? Como é comemorada em outras culturas? Alguém já recebeu chocolates no Dia dos Namorados? O que sentiu? Vamos descrever as emoções? Será que a melodia e o ritmo da música transmitem o que sentimos no Dia dos Namorados? Alguém se sentiu frustrado/a porque não recebeu nada nesse dia e decidiu exagerar no consumo de chocolate como compensação? O que sentiu depois do abuso? Quais os efeitos imediatos no corpo e na mente? E o que acontece se continuarmos a praticar esse tipo de recompensa? Vamos analisar as nossas emoções e os nossos hábitos alimentares visando alcançar um equilíbrio saudável?

A palavra *bittersweet* combina as palavras "*bitter* = amargo" e "*sweet* = doce" o que reflete o gosto puro do cacau, que é um pouco amargo, mas tem como resultado o chocolate adocicado. Quais os outros alimentos que transformam um elemento amargo num produto final considerado doce, ou que combinam o doce com o amargo? Quais experiências de vida dos alunos poderiam ser descritas como *bittersweet*? De que forma a música comunica essa combinação doce-amargo? Vamos trocar ideias?

A frase *triple mocha indulgence* faz referência a uma bebida atualmente muito popular nos Estados Unidos. Mocha (ou "mokha") é o nome dado a uma variedade de café arábica produzido na República de Iêmen, consumido em várias regiões da Península Arábica. Porém se alguém pedir um café mocha numa cafeteria dos Estados Unidos, lhe será servida uma bebida parecida com café com leite com acréscimo de chocolate. Por exemplo, a cafeteria Grind Coffee House oferece uma bebida conhecida como *triple chocolate mocha* que inclui três variedades de chocolate: chocolate ao leite, chocolate branco e chocolate amargo. De acordo com o *site* CalorieLab (s.d.b), um copo de 475 ml dessa bebida possui um total de 520 calorias que incluem 12 g de gorduras (incluindo 0,5 g de gordura trans) e 94 g de açúcar refinado. Enquanto um café simples, sem açúcar, possui apenas 0,3 calorias e café com leite desnatado, sem açúcar, 10 calorias. No entanto, é possível tomar um copo de mocha sem exagerar tanto nas calorias – o *caffe mocha* do Starbucks (MyFitnessPal s.d.), feito com leite desnatado, contém 220 calorias com apenas 2 g de gordura e 32 g de açúcar, menos da metade das calorias do *triple chocolate mocha.*

A palavra *mocha* representa a combinação de café com chocolate, enquanto *triple* significa três vezes, que pode se referir a uma quantidade três vezes maior, a inclusão de três variedades de chocolate, um teor de açúcar três vezes maior que o normal etc. E já que a substantiva *indulgence* é associada a conceitos como "excesso, a tendência a ceder à tentação, o hábito de apoderar-se de tudo, a falta de moderação ou de controle", a associação dessas três palavras no título da música de James Grant oferece diversas oportunidades de examinarmos os nossos hábitos de consumo, nosso comportamento alimentar, de descobrir mais sobre as tentações que são irresistíveis, as tentações permissíveis, as situações que induzem exageros, as situações em que o exagero é aceitável. Vamos descobrir alternativas mais saudáveis que justificam o nosso desejo de consumir chocolate, vamos experimentar estratégias de moderação que contribuam para o controle do exagero? Por exemplo, se constatarmos que quando acabamos de tomar um copo de *triple chocolate mocha* existe um desejo forte de tomar mais um, podemos decidir que enquanto ouvimos a música com esse nome, só podemos tomar um copo – e acabou!

Quando reconhecemos a nossa dificuldade de controlar o desejo de consumir uma caixa inteira de bombons, podemos tentar raciocinar o nosso consumo: abrir a caixa, dividir os bombons em pacotinhos de 2 ou 3, com um dia diferente da semana em cada pacote, reduzindo gradualmente o número de bombons por pacote, depois aumentando o espaçamento entre o consumo, até chegar a um consumo mais moderado. Outra possibilidade é de observar o modo como comemos o bombom. Colocamos o bombom inteiro na boca, enquanto estamos assistindo a um filme ou conversando com amigos, sem focar no alimento? Mastigamos rapidamente para engolir logo, já esticando a mão para pegar o próximo? Se esse for o caso, podemos optar por cortar um bombom pela metade (ou até em quatro), decidir que o consumo de chocolate só será permitido quando estamos em condições de focalizar a nossa atenção no ato de comer, e colocar cada pedacinho na boca lentamente, mastigando com concentração, devagar, sentindo a textura e o sabor com todos os detalhes. Comer um bombom dessa maneira garante o sentimento de saciedade após consumir uma quantidade muito menor enquanto curtimos muito mais o sabor do alimento de que gostamos tanto.

Além de modificar os nossos hábitos de consumo, também deve ser possível substituir o consumo de um alimento altamente prejudicial à saúde por outro mais aceitável, por exemplo, tomando um mocha simples com leite desnatado, ou comendo um bombom de chocolate amargo com menos gordura e um teor mais baixo de açúcar. Vamos conhecer melhor o nosso interior, enquanto descobrimos mais sobre o nosso relacionamento com o chocolate ao som da música clássica.

De acordo com Dyer (2006), o consumo de chocolate estimula a liberação de endorfinas, ou *endorphins*, o título de mais um movimento da composição para viola e piano do americano James Grant. As endorfinas são hormônios naturais produzidos pelo cérebro que geram sentimentos de bem-estar e prazer. Outro ingrediente do chocolate é triptofano, um aminoácido essencial usado pelo cérebro para produzir serotonina – que contribui para o sentimento de felicidade. No entanto, os sentimentos de felicidade e bem-estar não surgem apenas após o consumo de chocolate. A música também estimula a liberação de endorfinas – quando é uma música da qual gostamos muito, ou uma música que evoca memórias prazerosas. Sendo assim, os alunos poderiam comparar a música de James Grant com outros gêneros musicais e com as suas músicas favoritas – quais os sentimentos provocados pelas diferentes músicas? Quais provocam sentimentos positivos e quais provocam sentimentos negativos? Quais são mais calmos, e quais são agitados? Os alunos escolhem músicas diferentes de acordo com o que estão sentindo? Escolhem comidas também de acordo com seus sentimentos? Diferentes estilos de música provocam desejos de comer diferentes comidas? Vamos aprofundar mais a relação entre a música, a comida e os sentimentos?

Considerações finais

No Capítulo 3, cada área de inteligência foi apresentada separadamente visando à apresentação de algumas características de cada uma. Porém, ao problematizar o tema "chocolate", optamos pelo agrupamento de duas ou três áreas diferentes para ilustrar algumas possibilidades de investigação que reúnem áreas distintas. Evidentemente, mesmo quando focalizamos áreas específicas, é possível identificar a presença das outras áreas. Nos trabalhos que pretendem realçar as inteligências musical e intrapessoal, os alunos provavelmente investirão na leitura e na escrita (linguística-verbal); também devem compartilhar seus sentimentos e conclusões (interpessoal); poderão optar por analisar o seu consumo de chocolate na tentativa de elaborar estratégias que contribuirão para a redução do consumo. Com certeza esse processo exigirá a inteligência lógico-matemática. As múltiplas formas escolhidas para realizar e registrar os trabalhos também incorporarão outras áreas. Por exemplo, se os alunos decidem expressar seus sentimentos por meio de coreografias, danças, representações teatrais; ou se decidem montar uma feira de degustação de opções saudáveis de chocolate; se investigam na prática a relação entre o consumo de chocolate e o acompanhamento de diversos gêneros de música – todas essas estratégias automaticamente despertam a área corporal-cinestésica com muitas incluindo a visual-espacial. O fato é que nenhuma área de inteligência funciona em isolamento, mas é sempre possível destacar umas áreas mais que outras em determinados momentos, deixando claro para os alunos que todos possuem áreas mais desenvolvidas e outras áreas menos desenvolvidas. Essa percepção ajuda a construir o respeito mútuo tão essencial para a convivência verdadeiramente democrática.

Outros benefícios podem ocorrer quando professores são conscientes das possibilidades inerentes à teoria das múltiplas inteligências. A compreensão plena de um conceito ou teoria exige uma exposição repetida ao conteúdo, mas não adianta apresentar as mesmas informações da mesma maneira todas as vezes. A compreensão é construída de forma mais eficaz e com maior durabilidade quando o conteúdo é apresentado numa variedade de contextos e de diversas maneiras. Quando o aluno utiliza diversos pontos de entrada para explorar o mesmo conteúdo, a compreensão do conteúdo aumenta, já que redes distintas de neurônios são ativadas e, quando se conectam, a representação mental do conteúdo se torna mais sólida e duradoura (Gardner 2006, p. 60).

Infelizmente, há evidências comprovadas, acumuladas nas últimas décadas, de que

> a maioria dos alunos dos Estados Unidos e, até onde sabemos, em outros países industrializados também, não compreende os conteúdos trabalhados na escola. Isto é, quando apresentados a uma situação desconhecida, geralmente são incapazes de mobilizar os conceitos escolares relevantes, mesmo sendo bons alunos. (*Ibidem*, p. 124)

Com base em dados dessa natureza, torna-se imprescindível a experimentação de estratégias de ensino-aprendizagem alternativas com maiores possibilidades de sucesso, que garantam a aprendizagem efetiva de todos os alunos. O respeito pelas diferenças, a colaboração entre colegas com perfis heterogêneos, visando ao êxito de todos, são fatores fundamentais para garantir a cidadania plena de cada ser humano.

A gula de poucos no nosso mundo atual causa o sofrimento de muitos. Precisamos aprender a consumir apenas o necessário, a nos satisfazer com menos, a compartilhar o que temos para garantir a sobrevivência de todos. Aliás, na área da alimentação, quando exageramos no consumo de guloseimas, o próprio consumidor sofre as consequências também. E quando encorajamos a prática da gula, ou a falta de controle de desejos alimentares não saudáveis nos filhos ou nos alunos, estamos criando hábitos que certamente encurtarão suas vidas. É isso que queremos?

5
CARNES, PEIXES E PROTEÍNAS EM GERAL

Introdução

Qual a razão principal para comermos carnes e peixes? Vamos perguntar aos alunos? Quais as respostas que surgiram? "Porque sempre comemos carne – desde antigamente!"; "Porque a carne deixa a gente forte"; "A carne faz a gente crescer"; "Meu pai é pescador, então peixe fica mais barato pra gente"; "Precisamos de peixe para pensar melhor" etc. Quando compartilhamos e discutimos as implicações das diversas respostas produzidas pelos alunos é sempre possível definir linhas interessantes de investigação e estudo. E quando as propostas de estudo são montadas em conjunto com os alunos, garantimos níveis maiores de motivação. Vamos pensar um pouco sobre possíveis direções que poderão surgir numa discussão dos exemplos acima.

Hábitos alimentares: Passados e presentes

Quando um aluno comenta que come carne e peixe "porque sempre comemos carne – desde antigamente!", parece que de fato ele tem razão. Perlès faz referências às informações arqueológicas sobre os tempos pré-históricos com base na análise química dos ossos fósseis, segundo as quais verificou-se, por exemplo, que em grupos pré-históricos da América do Norte, havia uma alternância sazonal baseada na exploração sucessiva dos recursos aquáticos e dos recursos terrestres; inversamente, descobriu-se que, no mesolítico dinamarquês, as áreas costeiras e as áreas do interior não correspondiam a dois ciclos sazonais complementares, mas sim a grupos distintos de pescadores e de caçadores. (Perlès 1998, p. 37)

Em outras palavras, existiam grupos que comiam peixes e carnes em épocas diferentes do ano e outros grupos que comiam somente peixes ou somente carnes. Contudo, os autores nos alertam sobre as dificuldades da pesca e da caça na época remota da Antiguidade, dizendo que o consumo de carnes e peixes certamente representava um complemento esporádico de uma alimentação constituída essencialmente de vegetais. No final de uma discussão sobre "Os primeiros hominídeos: Bravos caçadores ou ladrões de carcaças?", Perlès (1998) conclui que o desgaste dos dentes dos primeiros seres humanos indica que o *Homo habilis* da África oriental, que vivia entre 2,5 milhões e 1,5 milhão de anos atrás, era "um onívoro oportunista, que se alimentava principalmente de folhas, frutas e grãos" (*ibidem*, p. 42), capturando animais de vez em quando ou até roubando presas de outros carnívoros.

O que os alunos pensam sobre a vida pré-histórica? Prefeririam pertencer ao grupo de pesca ou de caça? Por quê? Eles conseguem imaginar o trabalho envolvido na coleta e no preparo de comida naquela época longínqua? Vamos representar essas ideias por meio de pinturas, desenhos, esculturas, modelagens, representações, peças teatrais, poesias, músicas, entre outras propostas que com certeza surgirão dos próprios alunos?

Antes de existir o uso do fogo, toda alimentação era consumida crua,[1] mas após o domínio do fogo, que aconteceu mais ou menos 500 mil anos atrás, os hábitos alimentares modificaram profundamente. Perlès (1998, p. 44) comenta:

Além da vantagem nutricional da cocção dos alimentos, logo ficou patente sua importância no plano social: ela favorece, com efeito, a comensalidade, ou seja, o hábito de fazer as refeições em comum, introduzindo no seio do grupo uma divisão de trabalho mais efetiva, um ritmo de atividades comum a todos, e, de modo geral, um nível mais complexo de organização do grupo.

---

1. Com exceção de alimentos consumidos após incêndios naturais.

E hoje – quais os hábitos modernos de alimentação? Continuamos a comer em grupos? Ou será que cada membro da família está "caçando" seu próprio alimento e comendo sozinho? O que acontece na casa dos alunos? Vamos descrever o café da manhã, o almoço, o lanche da tarde ou o jantar? Quem é responsável por trazer a comida para dentro de casa? É sempre a mesma pessoa que faz as compras? Alguém da família cria algum animal doméstico para consumo (galinha, coelho, peixe) ou existe algum plantio caseiro que contribui para a alimentação da casa (temperos, folhas, tomates, brotos de feijão)? Quem prepara a comida da casa? É sempre a mesma pessoa? E a arrumação após a refeição? O que é feito com as sobras? São reaproveitadas, transformadas em outros pratos? Ou jogadas no lixo? Como são distribuídas as tarefas relacionadas à alimentação dos alunos? Quais as semelhanças e as diferenças entre as tarefas modernas e as tarefas pré-históricas? Vamos pesquisar?

O trabalho árduo envolvido na coleta, na caça e na preparação do alimento na época pré-histórica garantiu o aproveitamento de tudo. Após uma caça maior, quando o consumo inicial provavelmente seguia o formato de um churrasco, a carne era conservada por meio de secagem, defumação ou congelamento, normalmente em covas feitas na terra. O consumo posterior dos alimentos conservados acontecia usando água aquecida com pedras da lareira em recipientes de madeira, de cascas ou de pele. Seria possível produzir um almoço comestível utilizando as técnicas pré-históricas? Seria uma espécie de ensopado, não é? Mas lembramos que, para reconstruir as estratégias do preparo pré-histórico do alimento, não podemos utilizar nenhum utensílio moderno – teríamos que preparar a comida sem panelas ou espetos de metal, sem fósforos para acender o fogo etc. Como pescar sem linha de *nylon*, anzol de metal e molinete para trazer o peixe mais perto? Será que conseguimos tecer uma peneira, ou uma rede de pesca, usando folhas ou fibras de coco, de palmeira ou de outras plantas apropriadas? Vamos tentar?

O que os alunos pensam sobre o ato de pescar ou o ato de caçar um animal? Há vegetarianos no grupo? Quais as opiniões do grupo sobre o consumo de animais? De acordo com Pollan (2006, p. 322), em seu livro *The omnivore's dilemma* [O dilema do onívoro] "a prática predatória não é uma questão de moral pessoal ou política; (...) é uma questão de simbiose". Se todos os membros de um grupo de antílopes tivessem o direito de viver, o pasto da região que habitam não conseguiria sustentá-los para sempre. A presença do leão ou do lobo é essencial para a sobrevivência dos grupos herbívoros. Normalmente eles atacam os membros mais fracos desses grupos, garantindo assim a sobrevivência dos mais fortes e a conservação do alimento.

O mesmo autor tece comentários sobre a relação entre os bisões, um tipo de búfalo que vivia nas planícies ou pradarias dos Estados Unidos, e os índios caçadores que conviviam com esses grandes animais. Os índios caçavam apenas o número necessário de animais para garantir a sua sobrevivência. Utilizavam as peles para confeccionar roupas e construir suas casas (*tipis*), os tendões para fazer arcos, os ossos eram transformados em flechas e muitos outros utensílios, a gordura conservava a carne e era aproveitada no cozimento, cola era extraída dos cascos e o esterco seco era utilizado nas fogueiras. Aproveitamento total – sem nenhum desperdício! O que os alunos sabem sobre os grupos indígenas dos Estados Unidos? E os grupos indígenas do Brasil? Havia grupos que viviam nas planícies brasileiras? Quais os animais que habitavam nossas planícies antes da chegada dos europeus? Como era o relacionamento entre os grupos indígenas e os animais naquela época? O que aconteceu depois da chegada dos primeiros europeus? E agora – ainda existem herbívoros nas planícies brasileiras? Vamos investigar?

O próximo passo na história da alimentação ocorre com o começo da agricultura. Perlès (1998, pp. 48-49) diz o seguinte:

> Ainda que os cereais silvestres tenham sido colhidos antes, nos locais onde cresciam espontaneamente, foi preciso esperar o início do neolítico para ver surgir, no Oriente Próximo, no Oriente Médio e depois na Europa, a "revolução" econômica que, então, lança as bases de toda nossa alimentação tradicional: cultura de cereais (principalmente o trigo e o centeio), criação de carneiros, cabras, bois e porcos. Desde o neolítico, o trigo é usado na fabricação de pão fermentado e de bolos; a abundância de mós de pedra e o cuidado especial a elas dispensado nas casas revelam a importância que rapidamente passaram a ter os cereais na alimentação.

Quais as causas dessa modificação profunda nos hábitos de vida dos povos antigos? O que pensam os alunos? E os livros, enciclopédias, revistas, a biblioteca da internet? Ao pesquisar esse assunto, aparecem várias hipóteses: (a) *progressão cultural* – esta teoria diz que a vida com base na agricultura é superior à vida dos caçadores-coletores. Assume-se que a agricultura envolve menos trabalho e é mais produtiva. No entanto, há evidências recentes que sugerem que as culturas da época tiveram uma produção muito baixa e eram relativamente ineficientes. Vamos analisar os dados disponíveis?; (b) *mudanças climáticas* – a agricultura surge em diversas regiões do mundo no final da era Pleistocena, uma época marcada por mudanças climáticas e pela extinção de muitas espécies de animais caçados. Contudo, acredita-se hoje que a mudança climática não poderia ser a única razão para uma modificação tão drástica de estilo de vida. Deve haver outros fatores concomitantes. Quais os outros fatores – vamos estudar mais?; (c) *pressão populacional* – esta hipótese faz crer que, com o aumento da população, não era mais possível alimentar o grupo utilizando as fontes locais da natureza, assim tornou-se necessário investir no cultivo de cereais e leguminosas. Se o crescimento da população for o fator decisivo, há pesquisadores que perguntam por que a agricultura surgiu especificamente nos locais e nas épocas em que surgiu. O que sabemos sobre os locais e as épocas nos quais se iniciaram as práticas da agricultura?; (d) *processo de coevolução* – esta hipótese mais recente sugere que a proximidade entre os seres humanos e algumas espécies de plantas com flexibilidade genética promoveu mudanças genéticas nessas espécies de tal forma que reproduziam melhor em áreas "perturbadas" pelos aglomerados humanos. Por exemplo, quando os grupos humanos coletavam grãos de cereais selvagens, alguns grãos naturalmente seriam levados para novas localizações, e, de acordo com a sua capacidade de adaptação, poderiam produzir grãos maiores ou mais resistentes que atrairiam os coletores nas próximas coletas. Todavia, esta teoria parece focalizar em "como" ocorreu o processo de domesticação e não em "por que" isso aconteceu.

As evidências da arqueologia apontam para uma evolução gradual que pode ser resumida assim: (1) primeiro existiam coletores com alimentação razoavelmente variada; (2) com o tempo, os coletores diversificavam ainda mais, incorporando plantas levemente domesticadas; (3) com a diminuição das fontes selvagens e o desenvolvimento de plantas domésticas, começam a surgir agricultores incipientes; (4) a prática da agricultura como norma com base em plantações definidas.

Com a garantia de coletas maiores de cereais começa a tornar-se possível a domesticação de animais. Os autores Mazoyer e Roudart (2010, pp. 124-125) descrevem esse processo da seguinte forma:

O princípio da protocriação dos animais consiste em subtrair uma população animal selvagem de seu modo de vida natural para *poupá-la, protegê-la e propagá-la* visando explorá-la mais cômoda e intensamente. A cada geração, essa população se encontrará submetida a condições de vida e de reprodução distintas das populações que permaneceram selvagens. Essas novas condições tendem a eliminar certas características genéticas, comportamentais e morfológicas e a selecionar outras, sejam elas as características preexistentes nas populações selvagens de origem, ou surgidas por mutação durante o processo de domesticação.

O que os alunos pensam dessas teorias? Conseguem se imaginar vivendo na era pré-histórica antes de existir a escrita? Quais os pontos positivos e os negativos desse estilo de vida na sua opinião? Vamos montar debates? Testar alguma prática antiga de agricultura para compreender melhor como funcionava? Apresentar diferentes teorias em forma de teatro para simular os diversos pontos de vista?

Quais os nossos objetivos de ensino?

Às vezes os professores se demonstram cautelosos quando encontram tópicos que não constam nos seus livros didáticos. Como dar conta das matérias nos livros "obrigatórios" e ainda incluir outros assuntos que não constam nesses livros? Não haverá tempo suficiente para ensinar tudo. Concordamos – a sociedade pede cada vez mais dos nossos professores. No entanto, nunca será possível ensinar "tudo", e nem é concebível definir essa meta como objetivo alcançável; isso apenas levará ao fracasso e à frustração. Precisamos, então, definir o que exatamente queremos para os nossos alunos, os nossos objetivos principais. Para David Perkins (1992, p. 5), os três objetivos principais deverão ser: (a) a retenção de conhecimentos; (b) a compreensão de conhecimentos; (c) o uso ativo de conhecimentos. A frase que ele usa para resumir esses objetivos é "conhecimento generativo" porque descreve um conhecimento que não é passivo; ele possui uma função enriquecedora na vida dos aprendizes, contribui para a sua compreensão do mundo e orienta suas ações futuras.

A aprendizagem eficaz depende da capacidade de pensar. A retenção, a compreensão e o uso de conhecimentos adquiridos só é possível com experiências de aprendizagem nas quais os aprendizes pensam sobre o que estão aprendendo e o utilizam para pensar melhor. Sendo assim, torna-se essencial ouvir o pensamento dos alunos a fim de conhecer melhor os processos de pensamento de cada um. Pesquisas atuais demonstram que muitos alunos não possuem informações consideradas "básicas", informações que deveriam saber. No entanto, sabemos que investimentos na melhoria da memória não garantem que o aluno vai saber como utilizar os dados dos quais consegue se lembrar. Estudos indicam que existem vários problemas relacionados à falta de conhecimento: *conhecimento passivo, conhecimento ingênuo e conhecimento ritualístico.*

O *conhecimento passivo* é identificado quando o aluno demonstra conhecimento de informações quando perguntado sobre o assunto diretamente, mas não é capaz de utilizar esse conhecimento em contextos apropriados que demandam o seu uso. Perkins (1992, p. 22) cita uma experiência realizada por um psicólogo cognitivo, John Bransford: ele dividiu uma sala em dois grupos, ambos receberam as mesmas informações sobre nutrição, água como referência de densidade, aviões que utilizam energia solar etc. O grupo A recebeu as informações de forma tradicional e o grupo B recebeu as mesmas informações, mas os alunos tinham que utilizar as informações para pensar sobre os desafios de uma viagem que atravessava uma floresta tropical. Posteriormente ambos os grupos tinham que planejar uma expedição que cruzava um deserto. O grupo A não utilizava nada das informações estudadas enquanto o grupo B utilizava os dados de forma muito rica e criativa, pensando sobre os alimentos que sustentavam as pessoas durante mais tempo, o peso da água que teria que ser transportada etc. Os alunos do grupo A poderiam até ter retido as informações estudadas, mas não pensaram em utilizá-las.

O *conhecimento ingênuo* ocorre quando os trabalhos escolares não modificam as ideias construídas por crianças na idade pré-escolar. Por exemplo, as crianças pequenas acreditam que a Terra é plana e não um globo. Mas mesmo após estudar o globo, muitos jovens continuam a acreditar que a Terra é plana – sua ideia original não mudou. Pesquisas nessa área começaram na década de 1970 e demonstram fortemente que muitos estereótipos são, de fato, teorias ingênuas que permanecem na mente dos (não) aprendizes. Por que os alunos continuam a acreditar nas teorias ingênuas mesmo após estudos que contradizem essas teorias? Talvez o terceiro tipo de conhecimento problemático contribua para os outros dois; chama-se *conhecimento ritual*. Esse tipo de conhecimento se refere à memorização de informações escolares sem a devida compreensão do conteúdo. Os alunos conseguem sobreviver às demandas da instituição, conseguem se sair bem nas avaliações, mas estão usando fórmulas, rituais, dados decorados – sem compreender o que estão fazendo. O conhecimento adquirido não faz nenhuma conexão com sua realidade, com o mundo em que vivem. Dessa forma seu conhecimento anterior não muda, não existe aprendizagem de fato.

O conhecimento adquirido na escola é frágil, evapora com facilidade. Para evitar que isso aconteça, é fundamental criar contextos interessantes e conexões com a vida real dos alunos, com suas áreas de interesse. Os professores precisam desafiar os aprendizes, exigir que utilizem seu conhecimento novo para resolver problemas que fazem sentido para eles.

Tema gerador: Hábitos antigos de alimentação

Com base nesses comentários, percebemos a necessidade de pensar na montagem de contextos cativantes e desafiadores que estimulem os alunos a pensarem sobre a alimentação pré-histórica e as mudanças que aconteceram através dos tempos com relação ao consumo de carnes e peixes. Discutir os comentários iniciais dos próprios alunos e formar grupos de trabalho em torno de áreas de interesse já são estratégias promissoras. Talvez um grupo demonstre interesse em descobrir mais sobre os animais que existiam na época em questão, enquanto outro grupo decide investigar os diversos locais onde o homem pré-histórico vivia. Um terceiro grupo poderia se interessar pelos utensílios necessários ao preparo da comida, decidindo produzir artefatos da época; outro grupo poderia se interessar pelas técnicas pré-históricas da pesca; um quinto grupo investigaria as plantas daquela época – descobrindo quais eram consumidas pelo homem e quais pelos animais. Quando são os alunos que elegem os temas a serem investigados, investem mais energia e esforço nas suas pesquisas. E quando os grupos sabem que vão compartilhar seus resultados com o restante da turma, fazem bons investimentos nos seus produtos finais também – cartazes, textos, poesias, esculturas, mapas, desenhos, construção de maquetes etc.

E a domesticação dos animais, de que forma se desenvolveu? Mazoyer e Roudart (2010, p. 125) contam que provavelmente os animais agressivos ou perigosos foram eliminados pelos criadores enquanto os animais menos ativos e mais vulneráveis foram protegidos. "Finalmente, de geração em geração, a protocriação, tende (...) a selecionar animais pouco sensíveis, pouco nervosos, pouco vigorosos e de pequeno porte." Assim fica mais fácil cuidar dos animais e, se faltar comida, os animais menores sobrevivem com maior facilidade. No entanto, os autores (*ibidem*) comentam: "Se então as plantas domésticas aparecem logo de início como 'melhoradas' em relação às suas ancestrais selvagens (grãos mais numerosos e maiores etc.), os animais domésticos primitivos, por sua vez, aparecem 'degradados'". Porém se adaptam mais às novas condições de vida.

O que os alunos pensam sobre a "degradação" dos animais domesticados? E a "melhoria" das plantas domesticadas? Como são os animais atuais de criação? E as plantas usadas na agricultura? Vamos comparar as espécies originais, ou selvagens, com as espécies domesticadas? Quais as semelhanças? E as diferenças? Se os alunos pudessem modificar uma das características atuais de uma planta ou animal que consumimos atualmente, o que mudariam? Vamos descrever, desenhar, representar, investir em diferentes formas de compartilhar as nossas ideias?

Tema gerador: Conexões entre a agricultura e o meio ambiente

Onde se desenvolveram os primeiros rebanhos domesticados? Tudo indica que foi nas savanas intertropicais nas quais os dejetos animais garantiam a fertilidade das terras cultivadas, estabelecendo uma relação forte entre a criação de animais e a agricultura. Como anda essa relação atualmente? Quais as diferenças entre a agricultura de pequeno porte e a produção agrícola em grande escala? De acordo com Sams (2003, p. 102), a intensificação da produção de carne e de leite só foi possível após a introdução de antibióticos e outros remédios na ração dos animais, porque se o fazendeiro tentasse tirar leite em excesso ou se colocasse um número excessivo de animais num espaço pequeno, os animais não resistiam e morriam, dessa forma estabelecendo os limites da produção possível. Já com a aplicação de remédios, mais animais conseguiam sobreviver às tentativas de intensificação.

Mas os benefícios econômicos das estratégias da intensificação levaram os fazendeiros e grandes companhias a investirem em modificações de ração e de espaçamento que hoje em dia causam preocupações na população que consome os produtos. A redução de espaço provoca altos níveis de agressividade nos animais, e os bicos das galinhas, as unhas dos perus, os rabos dos porcos e os chifres dos bois são cortados. As vacas leiteiras produzem tanto leite que seus ossos não aguentam durante muito tempo e começam a desintegrar depois de apenas dois anos de produção. E como os matadouros conseguem abater cada vez mais animais em menos tempo, surge o problema do transporte de um número maior de animais, aumentando assim a taxa de mortalidade durante a viagem.

A União Europeia está introduzindo regras que visam melhorias de alguns dos aspectos mais problemáticos da criação de animais para consumo, mas parece que os Estados Unidos estão indo na direção oposta. Por exemplo, vários estados excluíram animais de consumo da legislação que protege os animais contra crueldade. O que os alunos pensam sobre essas decisões? O que sabem sobre as leis de proteção aos animais? Sobre a segurança alimentar?

Precisamos saber mais a respeito da carne que consumimos e assumir as consequências das nossas decisões. Lembramos que o consumidor é poderoso. Podemos rejeitar as carnes produzidas em condições inaceitáveis e tomar decisões a favor de carnes mais saudáveis, carnes produzidas em condições mais salubres. Afinal, a carne produzida em condições de intensificação contém um alto teor de gordura, muitos hormônios, antibióticos e outros remédios que afetam a nossa saúde. O sofrimento dos animais causa sofrimento nos consumidores – literalmente! Vamos procurar saber mais?

De onde vem a carne que consumimos atualmente? Conhecemos o produtor? Sabemos como os animais cresceram, o que comeram, como foram abatidos? Sams (2003, p. 106) afirma que "70% de todos os antibióticos usados no mundo são aplicados na agricultura. Muitos são idênticos ou muito parecidos àqueles utilizados na medicina humana. Quando a bactéria desenvolve resistência a um antibiótico é possível 'repassar' essa resistência a outras bactérias". A produção intensificada de frangos inclui antibióticos para promover crescimento; os perus consomem antibióticos diariamente para prevenir infecções de parasitas, da mesma forma que as galinhas que produzem ovos – e resíduos têm sido encontrados em ovos. O porco ingere até dez variedades diferentes de antibiótico para prevenir doenças e promover o crescimento. Bovinos criados com ração também consomem antibióticos que promovem crescimento enquanto aqueles criados no pasto não. Nem os peixes escapam. Quando são produzidos comercialmente, também consomem antibióticos que acabam se espalhando no ambiente local por meio da água, afetando os peixes que vivem livremente nos rios da região.

O que acontece no ser humano quando consome antibióticos presentes na carne ou no peixe? Os resíduos desequilibram nossa flora intestinal e consequentemente o sistema digestivo. Vamos pesquisar mais? Quais as melhores opções para a nossa saúde? O que pensam os alunos? O que querem saber sobre esse assunto? Quais as fontes disponíveis? Vamos checar as informações apresentadas aqui e descobrir o que está acontecendo atualmente? Lembramos que o volume 9 dos Parâmetros Curriculares Nacionais: Temas Transversais publicado pelo MEC em 1997 é intitulado *Meio ambiente e saúde* (Brasil 1997b), uma junção de duas áreas de extrema importância no currículo escolar que devem ser trabalhadas no sentido de promover a aquisição de conhecimentos generativos, com os alunos compreendendo bem os assuntos em pauta e utilizando os conhecimentos adquiridos para agir em favor do meio ambiente e da própria saúde. Quais propostas de trabalho poderiam promover esse tipo de aprendizagem?

Em primeiro lugar seria interessante descobrir mais sobre antibióticos – o seu descobrimento, os efeitos iniciais na sociedade e o seu uso posterior. Quantos alunos já tomaram antibióticos? Tomaram pela primeira vez com quantos anos? Em quais circunstâncias? Durante quanto tempo? Tiveram um efeito imediato? Houve alguma contraindicação ou efeito negativo? Quanto tempo se passou antes de tomarem antibióticos de novo? Quantas vezes tomaram na vida? As causas dos problemas de saúde foram identificadas? Sempre houve resultados positivos? O que acontece com o sistema imunológico do corpo quando tomamos antibióticos repetidas vezes? Quais as alternativas? Vamos convidar um médico, enfermeiro, farmacêutico para conversar com os alunos? Os alunos conhecem alguém da comunidade que utiliza plantas medicinais? O que querem perguntar? O que fazer com as informações obtidas? Vamos montar uma peça de teatro para sensibilizar a comunidade a respeito dos assuntos pesquisados? Escrever uma música, produzir um livreto informativo, montar cartazes? Quais as propostas dos alunos e dos professores?

O que sabemos sobre a criação de animais na nossa cidade, no município, no estado, no país? Onde fica a granja mais perto de nossa casa? A criação mais próxima de porcos, de bovinos, de peixes? Quais as condições físicas dessas criações? Os animais se alimentam de quê? É possível visitar um desses locais? O autor Michael Pollan (2006) sugere às pessoas que queiram saber mais sobre a segurança da carne que estão ingerindo que vejam com seus próprios olhos as condições de vida (e de morte) desses animais. Mas quando vivemos em grandes cidades e compramos a carne que consumimos apenas em supermercados, o que fazer? Como descobrir mais? De onde vêm as carnes e peixes que são vendidos no supermercado que frequentamos? Qual a distância de viagem entre seu local de criação e o abatedouro? E entre o abatedouro e o supermercado? Essas viagens levam quanto tempo? Quais as condições desse transporte?

Os alunos sabem que o peso de todos os bovinos do planeta é maior que o peso de todos os seres humanos? Um quarto da superfície da terra é utilizado como pasto para a criação de animais de consumo. Nos Estados Unidos 75% de todos os grãos e leguminosas produzidos são transformados em ração. Para produzir 1 kg de carne de boi são utilizados 7 kg de milho e de soja, enquanto 3 kg são necessários para render 1 kg de frango. Uma grande parte da destruição das florestas do Brasil foi realizada para produzir soja que forma a base da ração produzida na Europa.

No livro *Salve a Terra*, Jonathon Porritt fala sobre estudos envolvendo a pecuária nas áreas desmatadas da bacia amazônica:

> Uma vez que muito pouca atenção tem sido dada às práticas de pecuária sustentável, é duvidosa a quantidade de benefícios que os países amazônicos e da América Central extraíram da pecuária em solo de florestas tropicais. O custo ambiental é enorme, com pouca recuperação das florestas nos pastos abandonados, e o ciclo auto-sustentado de chuvas de toda a região amazônica está hoje ameaçado devido à destruição das florestas. (Porritt 1991, p. 61)

Quais os outros problemas ambientais provocados pela agricultura moderna de grande escala? Uma das áreas preocupantes é relacionada ao consumo de água. A produção de grãos e cereais se desenvolveu originalmente de acordo com as condições climáticas de diferentes regiões do globo. Nas áreas mais úmidas da Ásia surgiu o cultivo do arroz, e nas áreas mais áridas plantavam-se trigo, cevada, milho, sorgo e painço. Lamentavelmente, essa diversidade está se perdendo – com investimentos na modificação genética de arroz e trigo e a implementação de projetos dispendiosos de irrigação com objetivo de promover aumento no consumo de arroz. Porém, é pertinente observar que, mesmo quando os povos tradicionais passam a consumir mais arroz, às vezes seu estado nutricional deteriora porque deixaram de consumir outros cereais com maior riqueza nutricional. Por exemplo, o cultivo do arroz precisa de pelo menos duas vezes a quantidade de água em comparação com cultivos de trigo ou de milho, enquanto o sorgo, que utiliza a mesma quantidade de água do arroz, oferece 4,5 vezes mais proteína, 4 vezes a quantidade de minerais e rende 3 vezes a quantidade de alimento se comparado com o arroz (Black 2004,

p. 63). Dessa forma, fica claro que o cultivo do arroz nem sempre é a melhor solução alimentar.

Qual a quantidade de água necessária para produzir 1 kg de cereais? Em média são utilizados em torno de 1,5 m³, enquanto 15 m³ são necessários para produzir 1 kg de carne de boi. É um contraste enorme. Outro fato assustador é que metade da água consumida nos Estados Unidos é utilizada para produzir grãos para consumo de bovinos.

O autor Arjen Y. Hoekstra (2012), professor de Gestão de Recursos Hídricos da Universidade de Twente, na Holanda, e diretor científico da Water Footprint Network, é criador do conceito da "pegada hídrica", que mede a quantidade de água utilizada para produzir certos produtos. Ele afirma que em torno de 27% da pegada hídrica da humanidade é relacionada ao consumo de produtos animais. O que os alunos pensam sobre isso? De que forma poderiam registrar esses dados? Vamos utilizar desenhos, papel machê, esculturas, gráficos, poesias, músicas para conhecer melhor a diversidade de expressão dos alunos?

A pegada hídrica de qualquer produto animal é maior que aquela de qualquer cultura vegetal bem escolhida com o mesmo valor nutritivo. Dessa forma, mudanças na direção de dietas vegetarianas reduziriam o consumo da água existente no globo. Por exemplo, a pegada hídrica de um "sojabúrguer" de 150 g é em torno de 160 litros, enquanto a pegada de um "bifebúrguer" do mesmo peso é 15 vezes maior. É importante saber mais sobre as consequências ambientais das escolhas que fazemos com relação à nossa alimentação.

A produção de carne de boi também envolve outras questões ambientais. Por exemplo, uma grande porcentagem das terras cultivadas é utilizada para produzir os grãos que alimentam os rebanhos do mundo. Outra porcentagem considerável é convertida em pasto, que, com excesso de uso, leva à degradação do solo e à consequente perda do solo da superfície. Com a agricultura industrializada que prioriza a monocultura, além de um aumento considerável no uso de petroquímicos, mais energia é usada para produzir fertilizantes, pesticidas e herbicidas. De acordo com Porritt (1991, p. 67), "qualquer terra que seja acrescentada hoje à área agrícola é ultrapassada pelas perdas – por erosão e conversão da terra a usos não-agrícolas – enquanto o mundo luta para alimentar 90 milhões de pessoas a mais por ano".

O que os alunos pensam sobre esses problemas ambientais? Vamos montar modelos que mostrem as conexões entre a quantidade de terra destinada à produção de grãos utilizados para alimentar animais de consumo e a quantidade ocupada pelo cultivo de grãos consumidos diretamente pelos seres humanos? Quais os animais que consomem mais para produzir um quilo de carne? Quais as vantagens e desvantagens quando comparamos a criação de animais no pasto e a criação de animais à base de ração? Qual a quantidade de água utilizada em ambos os casos? Quais as consequências ambientais das diferentes formas de produção de carne para consumo? Vamos descobrir mais sobre a quantidade de água utilizada para produzir os nossos alimentos favoritos?

Promover investigações dessa natureza contribui fortemente para uma conscientização maior sobre as consequências ecológicas de nossas escolhas alimentares. Em torno de 40 mil anos atrás, estima-se que existiam em torno de 3 milhões de humanos no mundo, enquanto em 2010 estima-se que havia em torno de 7 bilhões. Os alunos conseguem compreender a diferença entre esses números e as implicações para o meio ambiente? Qual a quantidade de comida consumida diariamente por uma pessoa? E quando multiplicamos essa quantia por 3 milhões? E por 7 bilhões? Como visualizar ou compreender esses números gigantescos? Quais as consequências das nossas necessidades alimentares para o bem-estar de nosso planeta? Vamos descobrir mais, trocar ideias, propor soluções? Mãos à obra!

As propriedades nutricionais de carnes e peixes

Com base nos comentários fictícios apresentados no começo deste capítulo, seria pertinente investigar as propriedades nutricionais de carnes e de pescados: "Porque a carne deixa a gente forte"; "A carne faz a gente crescer"; "Precisamos de peixe para pensar melhor".

De acordo com a Escola de Saúde Pública de Harvard, nos Estados Unidos (Harvard s.d.), não há muita diferença entre a proteína animal e a proteína vegetal com relação à saúde do ser humano. O problema maior é o que acompanha a proteína. Um pequeno bife de carne de boi (contrafilé, grelhado) de apenas 100 g é uma fonte rica de proteínas (em torno de 30 g), mas também inclui em torno de 20 g de gordura, sendo 8,8 g saturadas (o que representa 44% da quantidade diária recomendada). A mesma quantidade de salmão contém 24 g de proteína e 14 g de gordura, sendo apenas 3 g do tipo saturado. Enquanto isso, 100 g de lentilhas cozidas contêm 9 g de proteína com apenas 0,05 g de gordura saturada (Nepa 2011). No entanto, outros fatores também precisam ser considerados. Por exemplo, a Escola de Saúde Pública de Harvard afirma que as fontes animais de proteínas oferecem todos os aminoácidos de que precisamos, enquanto nas frutas, verduras, grãos e sementes, faltam um ou mais desse espectro. Consequentemente, os vegetarianos precisam consumir uma variedade de alimentos que contenham proteínas para garantir a absorção de todos os aminoácidos necessários. Outro dado que precisa ser levado em conta, de acordo com Mahan e Escott-Stump (2005, p. 64), é que a proteína animal é digerida mais facilmente do que a proteína vegetal:

> A proteína vegetal não é tão bem digerida quanto a proteína animal, em parte porque está ligada aos carboidratos das paredes das células e está menos disponível. Algumas plantas também contêm enzimas que interferem na digestão de proteínas, de modo que as enzimas devem ser inativadas pelo calor antes do consumo.

Fica claro, portanto, que ao decidir qual proteína a consumir, precisamos saber mais sobre os outros componentes nutricionais do alimento. Vamos saber mais sobre a composição de diferentes fontes de proteína e seus efeitos no nosso corpo?

■ PROTEÍNAS

Em primeiro lugar, vamos pensar um pouco sobre as funções principais das proteínas no nosso corpo. Cada célula do corpo contém proteínas. Formadas por uma cadeia de aminoácidos, são os componentes básicos da vida, utilizados para a construção e manutenção do corpo. Gonçalves (2008, s.p.) oferece uma descrição bem resumida de algumas das funções biológicas desempenhadas pelas proteínas. São as que seguem:

- Enzimas
  As enzimas são catalisadores biológicos com alta especificidade. É o grupo mais variado de proteínas. Praticamente todas as reações do organismo são catalisadas por enzimas.
- Proteínas transportadoras
  Podemos encontrar proteínas transportadoras nas membranas plasmáticas e intracelulares de todos os organismos. Elas transportam substâncias como glicose, aminoácidos, etc. através das membranas celulares. Também estão presentes no plasma sanguíneo, transportando íons ou moléculas específicas de um órgão para outro. A hemoglobina presente nos glóbulos vermelhos transporta gás oxigênio para os tecidos. O LDL e o HDL também são proteínas transportadoras.
- Proteínas estruturais
  As proteínas participam da arquitetura celular, conferindo formas, suporte e resistência, como é o caso da cartilagem e dos tendões, que possuem a proteína colágeno.

- Proteínas de defesa
  Os anticorpos são proteínas que atuam defendendo o corpo contra os organismos invasores, assim como de ferimentos, produzindo proteínas de coagulação sanguínea como o fibrinogênio e a trombina. Os venenos de cobras, toxinas bactérias e proteínas vegetais tóxicas também atuam na defesa desses organismos.
- Proteínas reguladoras
  Os hormônios são proteínas que regulam inúmeras atividades metabólicas. Entre eles podemos citar a insulina e o glucagon, que possuem função antagônica no metabolismo da glicose.
- Proteínas nutrientes ou de armazenamento
  Muitas proteínas são nutrientes na alimentação, como é o caso da albumina do ovo e a caseína do leite. Algumas plantas armazenam proteínas nutrientes em suas sementes para a germinação e crescimento.
- Proteínas de motilidade ou contráteis
  Algumas proteínas atuam na contração de células e produção de movimento, como é o caso da actina e da miosina, que se contraem produzindo o movimento muscular. (Gonçalves 2008, s.p.)

Com base no resumo de Gonçalves (2008), torna-se óbvio a importância das proteínas para o funcionamento de nosso corpo. Uma estratégia que poderia iniciar investigações relacionadas ao tópico "proteínas" seria a identificação de alimentos que fornecem quantidades altas de proteína. O que os alunos sabem sobre esse assunto? Vamos formar pequenos grupos e pedir aos alunos para montarem uma lista de cinco alimentos com alto teor proteico? Será que conseguem organizar os alimentos de acordo com a quantidade de proteína de cada um? Após a montagem de suas listas, os alunos deveriam procurar fontes que informam o teor de proteína dos alimentos registrados. Vamos examinar as três listas que seguem com o propósito de pensar em possíveis direções de trabalhos futuros.

TABELA 20: COMPOSIÇÃO DE ALIMENTOS POR 100 G – PROTEÍNA

LISTA A		LISTA B		LISTA C	
ALIMENTO	Teor de proteína	ALIMENTO	Teor de proteína	ALIMENTO	Teor de proteína
Queijo parmesão	35,6 g	Porco grelhado	28,9 g	Amendoim cru	27,2 g
Camarão (Rio Grande cozido)	19 g	Carne de boi (acém cozido)	27,3 g	Cação cozido	25,6 g
Castanha-de-caju torrada com sal	18,5 g	Queijo minas (frescal)	17,4 g	Sardinha (conservada em óleo)	15,9 g
Ovo inteiro	13,3 g	Paçoca de amendoim	16 g	Ervilha em vagem	7,5 g
Feijão preto cozido	4,5 g	Pão de aveia	12,4 g	Arroz integral cozido	2,6 g

Fonte: Nepa (2011).

Introduzindo a Lista A

Em primeiro lugar vai ser importante checar a ordem de apresentação dos alimentos uma vez que os alunos consigam descobrir o teor de proteína de cada item na sua lista. Não no sentido de descobrir quantos "acertos" cada grupo conseguiu, mas com o objetivo de registrar os pensamentos do grupo ao descobrir a ordem "certa" de acordo com as fontes pesquisadas. O que foi a maior surpresa? Será que o queijo parmesão de fato estava liderando a sua lista? Ou elegeram o camarão como o alimento mais proteico? Será que eles sabiam que o camarão e a castanha-de-caju tinham quantidades muito parecidas de proteína? Que o ovo tinha mais que o feijão? Será que o feijão estava no final da sua lista original? Quais foram as surpresas? Quais as perguntas que surgem ao analisarem as tabelas de referência? Pelo menos um fato é de suma importância – fica evidente que a proteína não está presente apenas nas carnes e pescados, e nem sempre são as carnes ou pescados que estão liderando as diferentes listas.

Lista A: Queijo – Tema gerador

Por exemplo, ao pesquisar a quantidade de proteína atribuída ao queijo parmesão, é provável que os alunos descubram que outros queijos apresentam números menores (queijo minas frescal = 17,4 g; queijo ricota = 12,6; queijo requeijão cremoso = 9,6).[2] O queijo parmesão possui o dobro de proteínas do queijo minas frescal e quase três vezes a quantia do requeijão. Será que todas as marcas do mesmo tipo de queijo apresentam os mesmos valores? Qual o queijo mais consumido pelos alunos? Pelos seus pais? E pelos avôs? Cada geração consome as mesmas quantidades? Gostariam de experimentar outras variedades de queijo? Quais? Países diferentes consomem diferentes tipos de queijo? Utilizam temperos diferenciados? Quais os países que consomem mais? Por exemplo, de acordo com o Inmetro,

na comparação com os países europeus, a média de consumo brasileira ainda é baixa. Ao compararmos o consumo brasileiro (4 quilos/ano) ao consumo da Grécia e da França, por exemplo, percebemos que o consumo de queijo desses países é quase 7 (sete) vezes maior do que o do Brasil, representando um consumo de 25kg/habitante/ano. (Inmetro s.d., p. 4)

---

2. A discussão das listas se baseia nos valores apresentados pela mesma fonte: a Tabela de Composição de Alimentos (Taco) produzida pelo Nepa (2011).

Vejamos o gráfico abaixo:

GRÁFICO 3: CONSUMO DE QUEIJOS

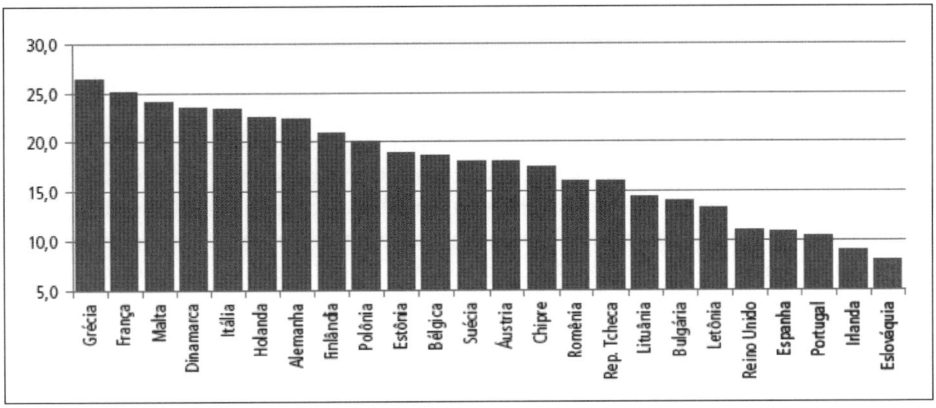

Fonte: Eurostat, *apud* Inmetro (s.d., p. 4).

Os alunos conhecem povos da história antiga que consumiam muito queijo? De que forma era fabricado historicamente? Como era conservado em épocas passadas? O que sabem sobre a produção atual de queijos? O mesmo processo é usado para produzir a ricota e o queijo parmesão? Quais as diferenças e semelhanças? Conhecem alguém que produz queijo de forma artesanal? Quais as diferenças nutricionais entre queijos artesanais e queijos industrializados? Quais os pontos positivos do queijo como alimento? E os pontos negativos?

Lembramos que a composição nutricional de qualquer queijo depende fundamentalmente do leite utilizado na sua fabricação. De acordo com o Inmetro (s.d., p. 4), "o queijo é um alimento sólido fabricado a partir do leite de vacas, cabras, ovelhas, búfalas e/ou outros mamíferos, sendo um concentrado lácteo constituído de proteínas, lipídios, carboidratos, minerais, cálcio, fósforo e vitaminas (principalmente A, B2, B9, B12 e D)". As proteínas do queijo são facilmente absorvidas e fornecem os aminoácidos necessários ao desenvolvimento do corpo. O queijo também é fonte excelente de cálcio, dependendo da umidade e da técnica de fabricação da peça. Os queijos frescos possuem teores mais baixos e os queijos prensados e cozidos apresentam teores mais altos. Assim o queijo tipo ricota apresenta em torno de 253 mg de cálcio em 100 g, enquanto o queijo parmesão registra 992 mg. Uma diferença muito grande. O leite de vaca integral contém 123 mg e o iogurte natural, 143 mg de cálcio. Por que existem tantas diferenças – vamos pesquisar mais?

E os pontos negativos do queijo, quais são? De acordo com o Inmetro (s.d., pp. 4-5),

> é importante que o consumidor esteja atento ao teor de gordura e colesterol dos queijos que consome, especialmente porque uma alimentação rica em gorduras saturadas faz com que o colesterol excedente se deposite nas paredes das artérias, que ficam mais estreitas e impedem o sangue de chegar ao cérebro.
>
> Pesquisa realizada pela Universidade de Harvard comprovou que o uso de gorduras consideradas saudáveis diminui bastante o risco de doenças do coração e que, ao contrário, a gordura saturada e a trans (encontrada em alguns biscoitos, bolos, alimentos processados) contribuem para o aumento do nível de colesterol LDL (ruim) no organismo. O estudo concluiu ainda, que cada vez que você aumenta em 5% o consumo de gorduras insaturadas, a boa gordura, você reduz em 10% o risco de problemas no coração.
>
> No entanto, para fazer um regime alimentar variado e equilibrado é importante conhecer bem a diferença entre os diferentes tipos de queijos para escolher qual deles se adapta melhor à dieta, ao gosto e ao bolso de cada consumidor.

Com base nesta citação, percebemos a importância de conhecer muito bem a composição nutricional dos alimentos que consumimos e seus efeitos na nossa saúde. Vamos nos informar um pouco mais sobre a gordura insaturada também?

Gordura insaturada: Castanhas, nozes e companhia

A gordura do queijo é saturada, sendo assim, precisamos tomar os devidos cuidados com o seu consumo. Porém, a castanha-de-caju, outro alimento da lista A, é exemplo de um alimento rico em gordura insaturada.

> A amêndoa da castanha-de-caju constitui-se num dos principais produtos de utilização do cajueiro. É rica em proteínas, lipídios, carboidratos, fósforo e ferro, além de zinco, magnésio, proteínas, fibras e gordura insaturada, que ajudam a diminuir o nível de colesterol no sangue. Da amêndoa também pode ser extraído um óleo que pode ser utilizado como substituto do azeite de oliva. (Gazzola *et al.*, 2006, p. 2)

Quase 50% da composição da castanha-de-caju é de lipídios, ou gorduras. São compostos químicos orgânicos conhecidos também como ácidos graxos que são imprescindíveis ao organismo, mas não são produzidos pelo próprio organismo.

Por esta razão é essencial incluir alimentos ricos em gordura insaturada na nossa dieta. De acordo com Paula Desgualdo, no seu artigo "Castanhas: Um punhado de muita saúde" na revista *Saúde*,

> um levantamento que acaba de ser conduzido na Universidade Loma Linda, nos Estados Unidos, sugere que a ingestão diária de 67 gramas de castanhas e companhia, o que dá aproximadamente dois punhados, reduziria o LDL, o mau colesterol, em 7,4%. As concentrações de triglicérides chegaram a cair até 10%. "Isso é resultado da grande quantidade de gorduras monoinsaturadas que esses alimentos fornecem", explica Joan Sabaté, chefe do Departamento de Nutrição da universidade, que revisou 25 estudos sobre o assunto, realizados em sete países. (Desgualdo 2010, s.p.)

No entanto, os especialistas brasileiros discordam da quantidade recomendada e sugerem um consumo diário de apenas 30 gramas, apenas *um* punhado por dia em vez de dois, para não aumentar demais o consumo de gordura e de calorias.

Vamos descobrir mais sobre a quantidade de calorias e os níveis de gordura saturada e insaturada? Os alunos poderiam comparar dados em inglês, como a tabela que segue, com outras informações em português ou em outras línguas estrangeiras. Quais os dados que são fáceis de compreender? Quais os mais complicados?

TABELA 21: NUTRIENTES ENCONTRADOS EM 28 G DE FRUTAS OLEAGINOSAS E AMENDOIM

Nut	Nuts per 1 oz. / 28 grams	Calories	Protein	Fat			
				Total	Sat	Mono	Poly
Almonds	20-24	160	6	14	1	9	3
Brazil nuts	6-8	190	4	19	5	7	7
Cashews	16-18	160	4	13	3	8	2
Hazelnuts	18-20	180	4	17	1.5	13	2
Macadamias	10-12	200	2	22	3	17	0.5
Peanuts	28	170	7	14	2	7	4
Pecans	18-20 halves	200	3	20	2	12	6
Pistachios	45-47	160	6	13	1.5	7	4
Walnuts	14 halves	190	4	18	1.5	2.5	13

(NUTRIENTS IN 1 OUNCE (28 GRAMS) OF SHELLED TREE NUTS AND PEANUTS*)

Fonte: Adaptada de Ros (2010).
* As anotações explicativas incluídas na tabela são as que seguem: todas as nozes mencionadas são sem sal; as nozes, amêndoas, castanhas-do-pará, avelãs, nozes-pecã e pinhões não são torrados; as nozes de macadâmia, de caju, pistácios (ou pistaches) e amendoim são torradas a seco. Foram utilizados os números mais próximos, dessa forma a quantidade total de gorduras pode apresentar variações. *Sat* = gordura saturada; *mono* = gordura monoinsaturada; *poly* = gordura poli-insaturada. Tecnicamente o amendoim não faz parte desse grupo, sendo membro da família leguminosa que inclui feijão, lentilhas etc.

Essa tabela simples oferece oportunidades fascinantes para trabalhos relacionados à tradução e línguas. Na língua inglesa existe um termo genérico que se aplica a todos os alimentos listados, são todos membros da família dos *nuts*. Mas quando procuramos um termo genérico em português, ficamos na dúvida – são nozes, castanhas, amêndoas ou frutas oleaginosas? Quando usamos a palavra "nozes" pensamos numa variedade específica em português, que em inglês se chama *walnut*, e quando usamos o termo "castanhas", este também se refere a outra variedade específica, conhecida em inglês como *chestnut*, enquanto a palavra "amêndoa" normalmente é traduzida como *almond*, mais um tipo específico. E como se diria em inglês "frutas oleaginosas"? *Oily fruit*? *Fat fruit*? Vamos examinar essa frase em português com maior detalhamento.

Em primeiro lugar é importante lembrar que os alimentos conhecidos popularmente como "frutas" não possuem significado botânico. Nem todos os frutos verdadeiros são considerados frutas. Por exemplo, o tomate, a berinjela, o jiló e a abobrinha, entre outros, não são considerados frutas, mas são frutos verdadeiros. De acordo com Aristonildo Cézar da Silva (2010), professor do Departamento de Fitotecnia e Zootecnia da Universidade Estadual do Sudeste da Bahia, a função principal do fruto é proteger as sementes, assegurando a propagação e a perpetuação das espécies. Os frutos surgem do desenvolvimento dos ovários e são formados por duas partes principais: o *pericarpo* (resultado do desenvolvimento das paredes do ovário) e as *sementes* (resultado do desenvolvimento dos óvulos fecundados). O *pericarpo* é composto de três camadas: o *epicarpo* (camada externa, popularmente conhecida como casca), o *mesocarpo* (camada intermediária) e o *endocarpo* (camada interna). Por exemplo, "nas melancias, o mesocarpo é uma camada espessa e resistente, e o endocarpo corresponde à polpa vermelha em seu interior" (Silva 2010).

Os frutos são classificados de acordo com várias características: frutos carnosos (maçã, limão etc); frutos monospérmicos, ou que possuem uma semente (pêssego, abacate etc.); frutos polispérmicos, ou com várias sementes (laranja, melão etc.); *baga* é um tipo de fruto carnoso com muitas sementes, como uva, goiaba, tomate, laranja; *drupa* é outro tipo de fruto carnoso com caroço geralmente formado em volta da única semente, como azeitona, manga e coco-da-baía. Também existem *pseudofrutos* cujos frutos se originaram a partir de outra parte floral que não seja o ovário, como o caju, por exemplo, que se forma a partir do *pedúnculo floral* e a maçã ou o morango que se formam a partir do *receptáculo floral*.

As sementes se classificam de acordo com o predomínio de amido, gorduras ou nitrogênio. Neste contexto as frutas oleaginosas são de fato as sementes oleaginosas comestíveis. São altamente calóricas, riquíssimas em nutrientes e com elevado teor de gorduras, sendo a maior parte gordura insaturada (ou gordura "boa").

Quantas pesquisas variadas! Nota-se a necessidade de investigar o significado de uma frase na sua língua original antes de tentar traduzi-la para outra língua. Assim, a melhor tradução para a palavra simples e curta em inglês – *nuts* – parece ser "sementes oleaginosas comestíveis", uma frase longa e bem complexa!

Uma vez descoberta a tradução para o nome genérico do grupo de alimentos listados na tabela, podemos investigar mais de perto os diferentes nomes incluídos na lista. Vários contêm a palavra *nut* na sua estrutura, como *Brazil nuts*, *hazelnuts*, *peanuts* e *walnuts* – incluindo a palavra *peanuts* que se refere ao amendoim, uma leguminosa. Essas palavras provavelmente são as mais difíceis de reconhecer à primeira vista. Vamos investigar por que as outras palavras são mais reconhecíveis, pesquisando suas origens? A palavra "*almond*" vem do grego "*amygdalos*", amendoeiro, via latim "*amygdala*"; "*cashew*" vem da língua tupi "*acajuba*" via português antigo "*acaju*" (ainda usado na região norte do Brasil); "*macadamia*" é o nome em latim atribuído a uma árvore da Austrália, em homenagem ao químico escocês John Macadam; "*pecan*" vem da palavra "*pacane*" da língua falada pela população indígena Algonquian, que morava no Canadá e no litoral leste dos Estados Unidos, que significava um pé de nozes-pecã; "*pistachio*" vem do latim "*pistacium*" que significava "pistácio". Dessa forma percebemos que metade das palavras facilmente reconhecíveis vem do latim (*almond*, *macadamia*), portanto vem da mesma língua que deu origem ao português. E as duas línguas, português e inglês, adotaram as mesmas origens indígenas das outras duas palavras (*cashew*, *pecan*).

Quantas áreas de conhecimento envolvidas nesta viagem! Começamos pensando na tradução de algumas palavras em inglês, mas precisávamos entrar fundo na disciplina de botânica, investigar o significado e organização semântica de palavras em português e passear pela história da origem das palavras em inglês e suas conexões históricas com português.

Lista A: Caju – Tema gerador

Quais as outras áreas que poderiam ser exploradas? A turma poderia se organizar em grupos, com cada grupo escolhendo um dos alimentos da tabela. O grupo do "*cashew*" aprenderia conceitos de geografia ao descobrir que é uma planta tropical, originária do Brasil e encontrada em quase todo o seu território. A região Nordeste é responsável por mais de 95% da produção nacional, sendo os principais consumidores os Estados Unidos e o Canadá. A importância social da produção do caju é muito grande, principalmente no semiárido nordestino onde os empregos são gerados na entressafra das culturas tradicionais como milho, feijão e algodão. Ao comparar os números da produção e consumo de diferentes variedades e tratamentos, porcentagens de aproveitamento e desperdício, o grupo estaria aplicando conceitos de matemática numa contextualização socioecológica. Se o grupo decide descobrir mais sobre as receitas envolvendo caju poderá descobrir o livrinho de receitas publicado pelo Serviço Social da Indústria (Sesi) (Mansur 2007) onde a maioria das receitas são preparações da fruta, ou da carne do caju, como alimento de sal.

Antigamente, as frutas eram desperdiçadas após a retirada da castanha, mas esse livrinho nos ensina a espremer a massa e temperá-la como se fosse carne, formando a base para muitos pratos saborosos, sem gordura saturada, com alto teor nutritivo, ótimo sabor, baixo custo e fácil preparação. Vamos experimentar um "cajubúrguer", uma *pizza*, pastel, coxinha de caju? De acordo com Meneguelli[3] (Mansur 2007), "a tecnologia foi desenvolvida pelos profissionais do Sesi do Ceará, com apoio da Embrapa e da Universidade Federal do Ceará. Faz parte da ação de aproveitamento integral da riqueza dos produtos alimentícios existentes nas regiões brasileiras". Vamos participar do trabalho da educação alimentar que pode transformar o desperdício numa alimentação de alta qualidade.

Quais as receitas conhecidas pelos alunos que utilizam a castanha-de-caju? Variam de uma região para outra? De um país para outro? Os indígenas do Brasil torravam a castanha junto com a casca no fogo, ou no forno, para queimar a casca e acessar a castanha, e no Ceará é comum fazer uma farinha especial com a castanha que é misturada com a farinha de mandioca, adoçada e vendida em pequenos saquinhos de papel. Essa combinação também pode ser misturada com o suco do próprio caju, ou com água, e é muito apreciada na região. Vamos comparar diferentes receitas que utilizam a castanha-de-caju? Examinar a apresentação dos pratos e apreciar as cores, formas, combinações de texturas, nos aprofundando na arte da culinária?

E na medida em que o grupo investiga as propriedades nutricionais da castanha-de-caju, aprende mais sobre o funcionamento do seu corpo – dados essenciais para o exercício da educação física. As gorduras insaturadas são essenciais para o funcionamento do organismo, e apesar de serem calóricas possuem ação antioxidante, diminuem o colesterol e impedem a formação de placas de gordura. Também são ricas em selênio, um mineral que estimula o sistema imunológico,

---

3. Jair Meneguelli, presidente do Conselho Nacional do Sesi, escreveu a apresentação do livro *Receitas de caju* (Mansur 2007).

prevenindo doenças como anemia e o envelhecimento precoce – lembrando que apenas uma ou duas por dia já são suficientes para manter os níveis desejados de selênio no sangue.

Lista A: Coco – Tema gerador

Outro alimento, também chamado *nut* em inglês, mas não incluído na Tabela 21, é o famoso *coconut*, ou coco, rejeitado por muitos porque contém alto teor de gordura saturada. O coqueiro é fortemente associado às praias brasileiras e a polpa e o leite de coco são ingredientes de muitas receitas consideradas tipicamente brasileiras, portanto talvez um dos grupos de alunos pudesse selecionar o *coconut* como tema para sua pesquisa.

De acordo com a Taco (Nepa 2011), 100 g de polpa de coco maduro contêm 42 g de lipídios, dos quais 30 g são saturados. Porém, de acordo com Tamara Mazaracki,[4] novas pesquisas descobriram que a gordura do coco é rica em ácido láurico, que, "devido a sua estrutura química, é digerido mais rapidamente do que as outras gorduras, evitando assim que seja armazenado (não é estocado pelas nossas células), e é utilizado imediatamente pelo corpo como fonte de energia" (Mazaracki s.d.). Na revista *Saúde* (Abuse... 2014), a mesma nutróloga afirma que o coco maduro é muito rico em duas gorduras – o ácido láurico e o monolauril – que reduzem a gordura corporal porque seus triglicerídios são de cadeia média, o que favorece a oxidação de ácidos graxos e a sua utilização como fonte de energia. Ela completa a explicação dizendo que "o ácido láurico e o monolauril também regulam o funcionamento da tireoide, acelerando o metabolismo orgânico, o que facilita o emagrecimento" (Abuse... 2014). Essa dupla possui outras funções importantes no organismo – vamos pesquisar mais? Vamos checar essas informações em outras fontes? Vamos também investigar os outros nutrientes na composição nutricional do coco, e as funções de cada um? Lembramos, no entanto, que o coco, da mesma forma que outras frutas ou sementes oleaginosas, possui uma grande quantidade de calorias, sendo excelentes fontes de energia, mas necessitando de um controle da quantidade consumida.

O que os alunos querem saber sobre o coco? Qual a sua origem? Ele flutuou até o Brasil vindo da África, ou foi levado da Índia para a África e depois para o Brasil? Vamos pesquisar? Quais as variedades diferentes do coco? As vantagens

---

4.   A médica Tamara Mazaracki desenvolve um trabalho voltado para a área de medicina anti-*aging* ou antienvelhecimento, com especialidades em nutrologia e medicina ortomolecular.

e desvantagens de cada uma? E as regiões onde crescem? Como é o cultivo do coco? De acordo com Siqueira, Aragão e Tupinambá (2002, p. 8), "o coqueiro não existia no Brasil quando da sua descoberta pelos portugueses em 1500". Eles afirmam que, "além de sua importância econômica, o coqueiro tem um papel muito importante na sustentabilidade de ecossistemas frágeis, a exemplo das comunidades costeiras e dos ilhéus", já que a adaptação do coqueiro aos solos arenosos da costa brasileira "ocupou um ecossistema com poucas possibilidades de outras explorações comerciais, cuja cadeia produtiva é muito diversificada e de grande significado social" (ibidem, p. 5).

Vamos descobrir mais sobre a importância do coco no nosso meio imediato, nas diversas regiões do Brasil e em outros países? Quantos alunos tomam água de coco e com que frequência? Vamos comparar este consumo com o de outros países? O que é feito com o coco depois? Quais as receitas feitas com coco ralado que são as mais consumidas pelos alunos? E as receitas em outras regiões do Brasil, e em outros países? Os alunos conhecem o coqueiro, conseguem desenhar as folhas, as flores, o formato geral do pé? Sabem quanto pesa um coco verde e outro maduro? Qual a porcentagem de água no coco no 5º, 6º e 7º mês após a inflorescência? E a espessura da polpa em diferentes fases de crescimento? E a porcentagem do peso da polpa madura em relação ao peso total? Perguntas dessa natureza ajudam a contextualizar alguns conceitos da matemática enquanto ciências, arte, história e geografia, entre outras áreas do conhecimento, são investigadas.

O coqueiro é uma árvore muito interessante porque no mesmo pé se encontra flores e frutos em todos os estágios de desenvolvimento e a água de coco traz inúmeras vantagens para a saúde. Wilson Rondó (2012, s.p.), especialista em medicina ortomolecular e nutrologia, afirma que a água de coco "é rica em vitaminas, minerais, aminoácidos, carboidratos, antioxidantes, enzimas e outros fitonutrientes que ajudam o corpo a funcionar com mais eficiência. Seu conteúdo eletrolítico (mineral iônico) semelhante ao plasma humano garantiu-lhe o reconhecimento internacional como melhor reidratante oral". O autor lembra que é tão compatível com o corpo humano que foi até injetada na veia durante as Guerras Mundiais e na Guerra do Vietnã. Quais os outros benefícios da água de coco? Vamos descobrir?

Do coco se aproveita tudo – a água do coco verde, a polpa madura, a gordura são usadas na alimentação e na fabricação de sabão, cosméticos etc. A casca dura do coco seco é usada para bijuterias, bolsas e artesanato, enquanto a fibra da casca é utilizada como combustível em fornalhas, enchimento de poltronas, tecido grosso para sacos, isolantes térmicos e acústicos, e também é usada na produção de mudas e no cultivo de hortaliças sem solo. Desperdício zero, 100% de aproveitamento, uma planta nota dez.

Lista A: Ovo e colesterol

Outro alimento que consta na Lista A é o ovo. Apesar de o ovo registrar em torno de 13 g de proteína em 100 g de peso do produto, um ovo, em média, contém cerca de 6 g de proteína (3 g na clara e 3 g na gema) além de vários nutrientes importantes. Lembramos que a proteína do ovo é de alto valor biológico sendo de rápida absorção. No entanto, um ovo também contém cerca de 190 mg de colesterol (Instituto Ovos Brasil s.d.), acima de 60% da quantidade recomendada por dia.[5] Em consequência disso, muitas pessoas evitam o consumo de ovos, apesar de ser considerado um dos alimentos mais nutritivos da natureza. É fato que um ovo grande representa cerca de 75 calorias e inclui 5 gramas de gordura, mas o corpo necessita de gorduras insaturadas. E de acordo com o Instituto Ovos Brasil (s.d.), a maioria dos alimentos contém uma mistura dos diferentes tipos de gorduras; por exemplo: um ovo grande (50 g) contém 22% de gorduras poli-insaturadas, 45% de gorduras monoinsaturadas (sendo um total de 67% de gorduras insaturadas) e 33% de gorduras saturadas. Além da porcentagem alta de gorduras insaturadas, um ovo grande contém 28 mg de cálcio, 317 mg de vitamina A, 1 mg de ferro, zinco e mais que 13 vitaminas (incluindo D, E, K e as de complexo B).

A discussão sobre o consumo de colesterol é muito interessante e merece investimento. Talvez os alunos pudessem montar um debate na tentativa de examinar os diferentes pontos de vista envolvidos. De acordo com Neil Stone (2007), professor de cardiologia na Universidade Northwestern, EUA, o colesterol é uma substância vital para os seres humanos. É usado para produzir hormônios necessários para o desenvolvimento e funcionamento do organismo. Os hormônios ajudam a regular os níveis de açúcar no sangue, a defender o corpo de infecções, a reter água e sal no organismo, a produzir a vitamina D (essencial para os ossos e dentes), entre muitas outras funções. O colesterol também é usado na produção de bile que ajuda o corpo a absorver as vitaminas A, D, E e K. Stone enfatiza que o corpo normalmente produz todo o colesterol que precisa. Mas quando nossa alimentação inclui produtos de origem animal, absorvemos colesterol dessa fonte externa. Assim o corpo precisa equilibrar essas duas fontes de colesterol, ajustando a quantidade produzida cada dia.

Vamos descobrir mais sobre esse assunto? Quais as fontes à nossa disposição? Quais as fontes confiáveis e as menos confiáveis? Quais os dados em comum e quais os dados "diferentes"? O professor poderia sugerir um levantamento de dúvidas sobre o assunto vindo dos alunos ou de suas famílias. Em seguida, os alunos

---

5.   O Valor Diário de Referência para uma dieta de 2.500 calorias é de 300 mg de colesterol (Anvisa 2001).

formariam grupos para escolher algumas das dúvidas levantadas como base para pesquisa. Mais tarde as informações coletadas poderão ser organizadas em forma de um livreto informativo.

Introduzindo a Lista B

A Lista B contém duas variedades de carne – o porco (grelhado) com 28,9 g de proteína e a carne de boi (acém cozido) com 27,3 g de proteína. Será que os alunos sabiam que a carne de porco possui um pouco mais de proteínas comparado com a carne de boi? Será que essa observação funciona como generalização ou os números variam de acordo com o corte e a forma de preparação das carnes? Vamos investigar?

TABELA 22: TEOR DE PROTEÍNA EM 100 G DE DIVERSOS CORTES
DE CARNE DE PORCO E CARNE DE BOI

CARNE DE PORCO	Teor de proteína	CARNE DE BOI	Teor de proteína
Lombo assado	35,7 g	Charque cozido	36,4 g
Pernil assado	32,1 g	Contrafilé sem gordura, grelhado	35,9 g
Costela assada	30,2 g	Músculo, sem gordura, cozido	31,2 g
Bisteca grelhada	28,9 g	Costela assada	28,8 g

Fonte: Nepa (2011).

De acordo com a tabela acima, a carne com maior teor proteico é o charque de boi, seguido pelo contrafilé. Mas a diferença é pequena entre esses dois cortes e o lombo de porco assado. As três carnes contêm entre 35,7 g e 36,4 g de proteína em 100 g de produto. Quais as carnes mais consumidas pelos alunos? Quais os cortes de preferência? Quantas vezes por semana os alunos consomem carne?

Lipídios e colesterol nas carnes

Lembramos, no entanto, que a Escola da Saúde Pública de Harvard nos Estados Unidos (Harvard s.d.), citada no começo da discussão sobre as características nutricionais das carnes e pescados, afirma que apesar de não existir muita diferença entre a proteína animal e a proteína vegetal, o problema maior é o que acompanha a proteína. Por esta razão, se torna fundamental investigar os níveis de lipídios e colesterol que acompanham as proteínas.

O termo lipídio se refere tanto às gorduras sólidas quanto aos óleos líquidos. As gorduras se constituem de ácidos graxos e glicerol. Quase todas as gorduras de nosso corpo e dos alimentos são triglicerídios, formados de três moléculas de ácido graxo e uma de glicerol. Existem cerca de 16 ácidos graxos que são mais comuns nos alimentos, e a natureza das gorduras depende dos ácidos graxos que as formam. As gorduras, tanto saturadas quanto insaturadas, constituem uma fonte de energia concentrada, as saturadas sendo encontradas normalmente nos alimentos de origem animal e as insaturadas nos de origem vegetal. As gorduras saturadas aumentam o nível de colesterol no sangue. De acordo com o Inmetro (s.d.a),

o corpo humano precisa [de colesterol] para desempenhar uma série de funções: faz parte da constituição da membrana que reveste as células dos tecidos e constitui matéria-prima para a fabricação de ácidos biliares, hormônios e vitamina D. Portanto, ninguém pode viver sem colesterol.

Os problemas começam quando as pessoas apresentam excesso de colesterol no sangue. Alimentos ricos em gorduras saturadas podem também elevar a taxa de colesterol, porque o fígado as transforma em colesterol. Uma alimentação muito rica em gorduras saturadas faz com que o colesterol excedente se deposite nas paredes das artérias, que ficam mais estreitas e impedem o sangue de chegar ao cérebro. Esse bloqueio causa uma doença chamada arteriosclerose. A arteriosclerose é a principal causa de morte por problemas cardíacos e circulatórios.

Vamos pesquisar mais sobre a relação entre gorduras saturadas e arteriosclerose? É imprescindível promover discussões sobre esses assuntos em sala de aula. Ao promover uma compreensão cada vez maior das consequências das nossas escolhas alimentares, o professor estará investindo na saúde dos seus alunos, e, quem sabe, na saúde dos seus familiares também!

Podemos iniciar a discussão sobre esses assuntos montando uma tabela com diferentes carnes mostrando as quantidades de proteína, lipídios e colesterol de cada item. Idealmente a tabela deveria ser montada com a participação dos alunos, visando maiores níveis de comprometimento e motivação. Apresentamos, a seguir, 6 variedades de carne de porco, de boi e de frango, da Taco (Nepa 2011), mostrando as quantidades de proteína, lipídios e colesterol de cada item, começando com a carne que apresenta maior teor de lipídios (ou gorduras).

TABELA 23: TEOR DE PROTEÍNA, LIPÍDIOS E COLESTEROL EM DIFERENTES CARNES

CARNES (100 g DE PRODUTO)	PROTEÍNA (g)	LIPÍDIOS (g)	COLESTEROL (mg)
Porco, toucinho frito	27,3 g	64,3 g	89 mg
Porco, costela assada	30,2 g	30,3 g	113 mg
Boi, costela assada	28,8 g	27,7 g	95 mg
Boi, peito, sem gordura, cozido	22,2 g	27,0 g	100 mg
Porco, linguiça frita	20,5 g	21,3 g	75 mg
Porco, bisteca grelhada	28,9 g	17,4 g	82 mg
Porco, pernil assado	32,1 g	13,9 g	110 mg
Frango, coração grelhado	22,4 g	12,1 g	280 mg
Frango, sobrecoxa, sem pele, assada	29,2 g	12,0 g	145 mg
Boi, charque cozido	36,4 g	11,9 g	113 mg
Frango, coxa, com pele, assada	28,5 g	10,4 g	145 mg
Boi, fígado grelhado	29,9 g	9,0 g	601 mg
Frango, filé à milanesa	28,5 g	7,8 g	84 mg
Boi, músculo, sem gordura, cozido	31,2 g	6,7 g	56 mg
Porco, lombo assado	35,7 g	6,4 g	103 mg
Frango, coxa, sem pele, cozida	26,9 g	5,8 g	133 mg
Boi, contrafilé, sem gordura, grelhado	35,9 g	4,5 g	102 mg
Frango, peito, sem pele, grelhado	32,0 g	2,5 g	89 mg

Fonte: Nepa (2011).

Lista B: Comparando proteína, lipídios e colesterol em diversas carnes

Quais os comentários dos alunos que surgem durante a montagem da tabela? Observaram que um teor alto de gordura nem sempre combina com um alto teor de colesterol? Que uma carne com muita proteína nem sempre terá uma quantidade alta de gordura nem de colesterol? Que o fígado do boi possui muito colesterol mesmo? Que a organização da tabela de acordo com teor de lipídios mistura as três carnes? As primeiras seis carnes com maiores quantidades de gordura incluem quatro variedades de porco e duas de boi, e as últimas seis carnes com menos quantidade de gordura incluem três de frango, duas de boi e uma de porco. O que os alunos pensam sobre esses dados? Vamos trocar ideias e organizar os pensamentos?

O professor pode dividir a sala em pequenos grupos e pedir uma análise inicial da lista. Na hora de compartilhar os resultados, é interessante convidar um grupo de cada vez para escolher apenas um dos seus comentários como o mais interessante. E se a mesma observação for duplicada por outros grupos, eles devem ser convidados a acrescentar comentários que complementam a apresentação original. Dessa forma, os grupos aprendem a priorizar o que consideram mais importante nos seus textos,

212   Papirus Editora

aprendem a escutar o que os colegas estão dizendo com maior atenção, e a transformar suas análises originais em comentários que complementam o que já foi dito. Quando práticas desta natureza são incluídas no cotidiano do trabalho escolar, os alunos acabam incorporando hábitos colaborativos de trabalho mais naturalmente.

Após a troca inicial de ideias, novos grupos podem se formar em torno de temas de interesse identificados. Cada carne poderia ser investigada em separado, formando um grupo interessado em saber mais sobre a carne de porco, outro pesquisando a carne de frango e um terceiro pesquisando a carne de boi. Enquanto outros três grupos poderiam se formar em torno de cada propriedade nutricional: proteína, lipídios e colesterol. O professor deve pedir que os alunos incluam no seu parecer perguntas sobre possíveis pesquisas futuras. Desse modo, os alunos apreciam melhor a pesquisa como processo continuado. Na busca de respostas sempre aparecerão novas perguntas! As investigações podem começar com análises ligadas mais estreitamente aos dados apresentados na tabela, mas podem continuar seguindo outras direções identificadas durante as pesquisas preliminares.

Lista B: Frango – Tema gerador

Por exemplo, o grupo estudando frango poderia apresentar observações iniciais assim: "O coração de frango tem muito mais colesterol que as outras partes. Será que todos os miúdos têm colesterol alto?"; "A sobrecoxa sem pele, assada, tem um pouco mais gordura que a coxa assada com pele. Será que a sobrecoxa com pele vai ter menos gordura que a mesma peça sem pele?"; "O grupo achou que a pele do frango tinha mais gordura, portanto queremos saber mais sobre isso"; "O peito de frango grelhado tem menos gordura que todas as outras peças. Queremos saber se é o peito que sempre vai ter menos gordura ou se tem menos gordura porque a carne foi grelhada"; "Tirando o fígado de boi, muitas carnes de frango (4 de 6) têm colesterol mais alto que todas as carnes de porco e de boi – o que é pior, a gordura ou o colesterol?".

Com base nessas observações, o grupo pode aprofundar seus estudos sobre o colesterol, comparando os miúdos com outras partes do frango. Também pode investigar a quantidade de gordura em diferentes partes quando preparadas com a pele ou sem a pele. Ao mesmo tempo o efeito da maneira de cozinhar a carne pode ser analisado. Os alunos também podem se informar mais sobre os pontos positivos e negativos da gordura e do colesterol. Por exemplo, analisando a Taco (Nepa 2011) descobrimos que o frango caipira inteiro cozido sem pele apresenta 7,7 g de lipídios e 106 mg de colesterol, enquanto o frango comum cozido sem pele apresenta 7,1 g de lipídios e 99 mg de colesterol. Será que é melhor comer frango comum? Continuando as nossas pesquisas e examinando os números atribuídos a outros nutrientes, descobrimos que o frango caipira contém 29,6 g de proteína, enquanto o frango comum contém apenas 25 g, porém o frango caipira contém níveis mais altos de magnésio (23 mg x 12 mg), de ferro (2,1 mg x 0,5 mg) e de cálcio (66 mg x 8 mg). Esses estudos, certamente, provocarão novas perguntas que poderiam levar os alunos a pesquisar mais a fundo as diferenças nutricionais entre frangos industrializados e frangos caipiras.

Qual a definição do frango caipira? O local e maneira de produção desses frangos são controlados? Os produtores são inspecionados com que frequência? Qual o custo do frango caipira para o consumidor comparado com o frango industrializado? Quais os custos de produção e transporte? O frango caipira é sempre criado mais perto do local de venda? Os frangos vendidos nas feiras locais são produzidos de forma industrializada ou de acordo com as regras aplicadas à criação do frango caipira? Qual a alimentação dos diferentes tipos de frango? De que forma a alimentação do frango afeta as propriedades nutricionais de sua carne? Qual a fonte de água utilizada na produção do frango? Existe algum controle sobre a qualidade de água consumida pelos frangos? Quais os remédios utilizados para controlar doenças? Quando consumimos a carne estamos consumindo um pouco desses remédios?

Investigações dessa natureza levam ao aprofundamento de todas as disciplinas escolares de forma contextualizada e quando os alunos trabalham de forma interdisciplinar, as interligações entre as diferentes disciplinas se tornam mais significativas. Lembramos os comentários do MEC nos PCNs do Ensino Médio:

Interdisciplinaridade e Contextualização são recursos complementares para ampliar as inúmeras possibilidades de interação entre disciplinas e entre as áreas nas quais disciplinas venham a ser agrupadas. Juntas, elas se comparam a um trançado cujos fios estão dados, mas cujo resultado final pode ter infinitos padrões de entrelaçamento e muitas alternativas para combinar cores e texturas. De forma alguma se espera que uma escola esgote todas as possibilidades. Mas se recomenda com veemência que ela exerça o direito de escolher um desenho para o seu trançado e que, por mais simples que venha a ser, ele expresse suas próprias decisões e resulte num cesto generoso para acolher aquilo que a LDB recomenda em seu Artigo 26: as características regionais e locais da sociedade, da cultura, da economia e da clientela. (Brasil 2000, p. 84)

Lista B: Porco – Tema gerador

O grupo que optou por estudar mais sobre a carne de porco poderia anotar suas ponderações iniciais assim: "Tem muitos cortes de porco com uma quantidade grande de gordura – 5 das 7 carnes que lideram a lista"; "Será que é só o lombo de porco que tem pouca gordura?"; "O toucinho de porco não é pura gordura?"; "Não entendemos por que o toucinho tem só 64,3 g de gordura em 100 g de peso enquanto tem 27 g de proteína"; "Onde está a proteína no toucinho?"; "O lombo tem pouca gordura, porém tem mais colesterol que o toucinho – qual é melhor para a saúde?"; "O nosso grupo gosta muito de feijoada que inclui muitas peças de porco que não constam na lista – como calcular a quantidade de proteína, de gordura e de colesterol na feijoada?".

Esse grupo pode investigar mais a fundo as propriedades do toucinho e procurar saber mais sobre a composição nutricional do lombo para poder tomar decisões sobre as opções alimentícias com base em informações de fontes confiáveis. Quando os alunos são estimulados a desenvolver o hábito de buscar dados seguros antes de tomar decisões importantes que podem afetar a sua vida, estão sendo educados a pensar de forma crítica sobre suas ações. Um investimento importante na formação do cidadão consciente. O grupo também poderia procurar informações nutricionais sobre os componentes da feijoada. Quais as receitas utilizadas pelas famílias dos componentes do grupo? E as receitas das gerações anteriores? O que mudou e o que permaneceu? As receitas variam de uma região do Brasil para outra? A feijoada é consumida em outros países? Quais as outras ensopadas ou cozidos produzidos com feijão e diferentes cortes de porco no mundo? Vamos experimentar algumas receitas diferentes?

Por exemplo, uma receita de Moçambique utiliza feijão branco, bucho, porco salgado, linguiça, as folhas do nabo, tomates, cenoura e pimenta; uma versão da Sérvia utiliza porco defumado, batatas, cenoura, raiz de salsa, linguiça defumada e pimenta, tudo cozido em caldo de galinha; uma ensopada de Cuba utiliza porco, grão-de-bico, cebola, pimentão verde, pimenta jalapeño, caldo de galinha, aipo e vinho tinto. Qual que os alunos gostariam de experimentar primeiro? Qual seria a versão mais saudável? Vamos procurar receitas de outras regiões do mundo? Vamos investigar a origem da feijoada? Os portugueses trouxeram para o Brasil? Foi invenção dos escravos que receberam as peças pobres do porco e as acrescentaram à sua panela de feijão? Ou era uma variação do feijão tropeiro, prato muito popular com os bandeirantes paulistas e os vaqueiros nordestinos?

Essas investigações promovem a percepção das diferenças culturais por meio do viés do tempo e do espaço. Na medida em que os alunos percebam as semelhanças e diferenças entre as culturas investigadas, com certeza desenvolverão um respeito cada vez mais forte pela diversidade cultural existente no próprio Brasil e no mundo. De acordo com os PCNs do Ensino Médio:

Como expressão de identidade nacional, a estética da sensibilidade facilitará o *reconhecimento e a valorização da diversidade* cultural brasileira e das formas de perceber e expressar a realidade própria dos gêneros, das etnias e das muitas regiões e grupos sociais do País. Assim entendida, a estética da sensibilidade é um substrato indispensável para uma pedagogia que se quer brasileira, portadora da riqueza de cores, sons e sabores deste País, aberta à diversidade dos nossos alunos e professores, mas que não abdica da responsabilidade de constituir cidadania para um mundo que se globaliza, e de dar significado universal aos conteúdos da aprendizagem. (Brasil 2000, p. 63)

Lista B: Boi – Tema gerador

O grupo que está estudando a carne de boi poderia observar imediatamente que a quantidade de colesterol associada ao fígado está pelo menos 5 vezes maior que a quantia registrada para os outros cortes de boi. E que o músculo cozido sem gordura apresenta o teor menor de colesterol de toda lista (apenas 56 mg), ambos apresentando níveis baixos de lipídios e níveis parecidos de proteína. Será que devemos optar sempre pelo músculo e evitar comer fígado? Vamos pesquisar mais sobre o assunto? Esta observação pode levar o grupo a descobrir que é o próprio fígado que produz e regula o colesterol do corpo. De acordo com a médica inglesa Campbell-McBride, responsável pela Clínica de Nutrição de Cambridge, Reino Unido:

> Um dos órgãos mais ativos do nosso organismo, em termos de produção de colesterol, é o fígado, que regula o seu nível no sangue. O fígado também coloca muito colesterol na produção da bile. Sim, a bile é feita de colesterol. Sem a bile, não conseguiríamos digerir e absorver as gorduras nem as vitaminas lipossolúveis. A bile emulsifica as gorduras. Ou seja, ela as mistura com água, para que as enzimas digestivas possam chegar até elas. Após completar sua missão, a maior parte da bile é reabsorvida no sistema digestivo e levada de volta ao fígado para ser reciclada. Na verdade, 95% da nossa bile é reciclada, pois as substâncias que a constituem (uma das quais é o colesterol) são por demais preciosas para que o organismo as desperdice. A Natureza não faz nada sem ter uma boa razão. Esse exemplo da cuidadosa reciclagem do colesterol por si só já nos deveria dar uma boa ideia sobre a sua importância para o organismo! (Campbell-McBride 2007, p. 4)

Após a leitura de informações desta natureza, os alunos poderão compreender melhor porque o colesterol é importante para o bom funcionamento de nosso corpo. Depois de checar essas afirmações em outras fontes, os alunos poderiam investigar as quantidades de colesterol nos fígados de outras carnes – porco, frango, peru, ganso, carneiro, coelho. Qual a imagem que os alunos têm do fígado como órgão do seu corpo? Conseguem desenhá-lo? Sabem onde se situa? Sabem que é a maior glândula do corpo?

O nome "fígado" vem do latim *jecur ficatu"*, que significa "fígado [*jecur*] engordado com figos [*ficatu*]". Em torno de 4.500 anos atrás, os egípcios observaram os hábitos de alimentação dos gansos que pousavam nas margens do rio Nilo durante suas viagens de migração. Comiam intensivamente, sem parar, se preparando para o gasto energético do próximo vôo. Depois da domesticação dessas aves, os egípcios incrementaram sua comida, incorporando figos na dieta dos gansos, adoçando a sua carne e engordando o fígado. Os romanos gostaram tanto do fígado engordado com figos que no século IV, a palavra utilizada para se referir a qualquer fígado engordado era *ficatum* que significa "com figos". Essa palavra em latim deu origem à palavra "fígado" em português, *higato* em espanhol, *fegato* em italiano e *foie* em francês.

Os hábitos alimentares dos romanos se generalizaram e se perpetuaram nos territórios conquistados e, no sul da França, o fígado engordado de aves se tornou uma especialidade chamada *foie gras* ou "fígado gordo". Os alunos já ouviram este nome? Como será a receita na França? E em outros países? Em 2005 a França produziu em torno de 18.450 toneladas de *foie gras* usando fígado de pato e de ganso, quase 80% do total produzido globalmente. No entanto o país consumiu 19 mil toneladas no mesmo ano, 550 toneladas acima do total produzido. Como é o processo de engorda hoje em dia? As gargantas dos gansos são naturalmente flexíveis, o que permitia uma alimentação muito volumosa antes de sua migração. Os produtores aproveitam esse instinto e a maioria utiliza tubos de 20-30 cm para praticar a alimentação forçada durante os últimos 12 a 18 dias de vida do pássaro. Atualmente essa prática da alimentação forçada já foi proibida em vários países. Quais as razões da proibição? Quais os efeitos causados pela alimentação forçada no fígado? O que os alunos pensam sobre isso? Quais os países que já ilegalizaram esta prática? O que dizem os defensores da produção deste alimento? Quais as regras de ética que devem ser observadas durante a criação de carnes? Vamos pensar juntos? Vamos montar um debate? Criar cartazes para expressar os nossos pontos de vista visualmente?

Lista B: Colesterol – Tema gerador

Se o grupo que decidiu descobrir mais sobre colesterol tivesse acesso ao artigo de Campbell-McBride, mencionado anteriormente durante a discussão do grupo trabalhando com a carne do boi, os alunos encontrariam várias informações surpreendentes que poderiam ser investigadas mais a fundo. Por exemplo, a autora afirma que fabricantes de fórmulas para mamadeiras sabem que o leite materno fornece muito colesterol que é essencial para o desenvolvimento do cérebro e dos olhos dos fetos, mas produzem fórmulas com níveis muito baixos desta substância seguindo a tendência geral de baixar os níveis de colesterol.

Campbell-McBride afirma também que quando tomamos remédios para abaixar o colesterol, estamos interferindo no funcionamento do organismo que pode colocar em risco a estrutura do cérebro e o sistema nervoso. Ela testemunhou na sua clínica na Inglaterra "um crescente número de pessoas que tomam pílulas para baixar colesterol apresentando perda de memória" (Campbell-McBride 2007, p. 2). Essa médica se preocupa com os remédios para reduzir colesterol e explica por quê:

> Quando ingerimos mais colesterol, o organismo produz menos. Quando ingerimos menos colesterol, o organismo produz mais. Como matéria-prima para produzir colesterol, o organismo pode usar carboidratos, proteínas e gorduras, o que significa que o macarrão e o pão que você come podem ser utilizados para fabricar colesterol no seu corpo. Estima-se que, numa pessoa mediana, cerca de 85% do colesterol sanguíneo é produzido pelo organismo, enquanto apenas 15% provém dos alimentos. Portanto, mesmo que você siga religiosamente uma dieta alimentar totalmente sem colesterol, você ainda terá uma grande quantidade de colesterol em seu organismo. Porém, os medicamentos para baixar o colesterol são uma questão completamente diferente! Eles interferem na capacidade do organismo de produzir colesterol, e assim reduzem a quantidade disponível para uso do nosso corpo. (*Ibidem*, p. 3)

Um dos efeitos de níveis baixos de colesterol é o aumento de problemas comportamentais, como instabilidade emocional, baixo autocontrole ou até comportamentos agressivos. Será que todas as fontes que falam sobre o colesterol concordam com as colocações desta médica inglesa? Quais as informações que provocaram as maiores discussões? Quais os assuntos que os alunos querem pesquisar mais? Como organizar a busca de informações?

A importância do metacurrículo

Quando os alunos são estimulados a tomarem decisões sobre os conteúdos a serem estudados, quando são os próprios alunos que buscam fontes e analisam as informações coletadas, quando os pequenos grupos são convidados a compartilharem suas conclusões, dúvidas e perguntas com o restante da turma, essas estratégias, propostas e acompanhadas pelo professor, contribuem para o desenvolvimento de um nível elevado de conhecimento que vai muito além da memorização de informações. Precisamos tomar decisões sobre "o que" ensinar. E quando nossos objetivos são de promover a retenção do conhecimento, a compreensão do conhecimento e o uso ativo do conhecimento, as estratégias utilizadas na sala de aula precisam ser montadas com esses objetivos em mente. É necessário ensinar de tal forma que os alunos aprendem a reter, a compreender e a usar de forma ativa qualquer conteúdo em pauta. Que tipo de conhecimento poderá levar os alunos a alcançar este nível elevado de aprendizagem? Perkins (1992) propõe a ideia do "metacurrículo" que inclui conteúdos como os que seguem:

- Quando os alunos são estimulados a fazer perguntas sobre o processo que devem percorrer até alcançar a compreensão de algum assunto, esse tipo de estratégia envolve conhecimentos sobre o processo de adquirir e compreender informações específicas.
- Quando o professor pede que os alunos subdividam algum problema e identifiquem seus componentes, ele está fornecendo conhecimento num nível mais elevado sobre como pensar de forma mais eficaz.
- Quando os alunos se familiarizam com conceitos como hipóteses e provas e aprendem o que é possível fazer com esses conceitos – como levantar uma hipótese e testá-la através da procura de provas –, essas estratégias também constituem conhecimento de nível elevado sobre a capacidade de pensar.
- O conhecimento sobre as características e a estrutura de evidências em diferentes disciplinas – provas formais na área de matemática, experimentação nas ciências, argumentação com base no texto e o contexto histórico na área de literatura – constitui conhecimento de nível elevado sobre a organização e o funcionamento de cada disciplina. (*Ibidem*, p. 101)

O conhecimento de nível elevado trata da estruturação dos conteúdos e como refletimos sobre o ato de pensar e o processo de aprender. Quando incentivamos a aprendizagem de conhecimento de nível elevado, estamos ensinando os alunos como aprender a aprender – o que fazer quando não sabe ou não conhece nada sobre um assunto –, uma lição valiosa para sua vida futura.

Lista B: Lipídios – Tema gerador

Os alunos que decidiram pesquisar mais sobre os lipídios poderiam registrar suas observações iniciais da seguinte maneira: "Não entendemos muito bem a diferença entre gordura e lipídios e queremos saber mais sobre gorduras saturadas e insaturadas"; "A gordura saturada é sempre ruim para a saúde?"; "E a insaturada é sempre uma coisa boa?"; "A televisão sempre fala que fritura faz mal, mas na lista percebemos que a linguiça frita tem menos gordura que a costela assada, de porco ou de boi"; "Se o óleo é vegetal e é gordura boa, por que a fritura no óleo faz mal?".

Ao investigar algumas das áreas identificadas no seu relato inicial, os alunos descobrirão que os termos "gordura" e "lipídios" são genéricos, ambos se referindo às gorduras saturadas (encontradas em estado sólido, predominantemente nas gorduras animais), e às insaturadas, que são divididas em dois subgrupos – as monoinsaturadas e as poli-insaturadas. Quando os alunos encontram palavras complexas nas suas pesquisas, é interessante discutir com eles algumas das regras morfológicas que determinam a formação de palavras. O conhecimento de algumas dessas regras vai ajudar os alunos a descobrir o significado de palavras longas e aparentemente complexas encontradas durante as pesquisas. Por exemplo, as palavras monoinsaturadas e poli-insaturadas possuem a mesma base – "saturada". Ambas acrescentam o prefixo "in", que introduz um sentido negativo. Assim, as duas palavras significam "não saturadas". Até agora as duas palavras são iguais – a diferença entre elas ocorre no primeiro prefixo "poli" ou "mono". Qual o significado desses prefixos? Os alunos devem pensar em outras palavras que começam do mesmo jeito. Será que conhecem um *monociclo*? Já viram esta bicicleta de uma roda só no circo ou na televisão? Já estudaram sobre palavras *monossilábicas*? São palavras com apenas uma sílaba, certo? Assim é possível descobrir que o prefixo "mono" significa "um". Para descobrir o significado do prefixo "poli", os alunos podem pensar em palavras como *poligonal*, que se refere a formas com vários ângulos, ou *policlínica* que é uma clínica que oferece atendimentos em várias áreas da medicina. Analisando a estrutura das palavras é possível descobrir que o prefixo "poli" significa "vários" ou "mais que um".

Lembramos que a maioria das gorduras do corpo humano e dos alimentos é composta de três moléculas de ácido graxo e uma de glicerol. Quando um ácido graxo possui todos os átomos de hidrogênio possíveis na sua molécula, chama-se saturado. Mas se alguns dos átomos de hidrogênio estiverem ausentes, e a ligação simples entre átomos de carbono for substituída por uma ligação dupla, o ácido graxo será insaturado. Quando existe apenas uma ligação dupla, chama-se monoinsaturado. E quando existe mais de uma ligação dupla, chama-se poli-insaturado. Quase todas as gorduras apresentam proporções diferentes de cada um dos três tipos básicos de ácidos graxos, mas normalmente são classificadas de acordo com aquele que predomina.

As explicações químicas são muito complexas; talvez os alunos compreendessem melhor os conceitos procurando informações visuais. Por exemplo, vejamos a figura a seguir:

FIGURA 11: A ESTRUTURA QUÍMICA DE ÁCIDOS GRAXOS

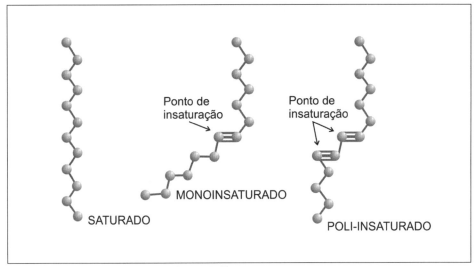

Fonte: Adaptada de Carnelocce e Pepeliascov (s.d.).

Muito mais fácil de entender agora, não é? Precisamos lembrar sempre da importância de estimular os alunos a buscar informações de várias fontes, não apenas utilizando uma diversidade de textos escritos. É essencial incluir uma variedade de gêneros comunicativos: as imagens visuais, o teatro, a música, a comunicação oral, de sinais, informações espaciais, matemáticas, entre outras. Vamos montar outras figuras para ilustrar os diversos tipos de gordura? Vamos produzir diagramas coloridos, modelos em três dimensões usando uma diversidade de materiais, escrever músicas com explicações bem ritmadas – e montar uma exposição bem variada na sala de aula. Com certeza todos os envolvidos vão compreender muito bem os conceitos apresentados.

Lista B: Proteína – Tema gerador

O grupo que decidiu analisar os dados focalizando na proteína poderia registrar observações como as que seguem:

> Procuramos saber quais das carnes tinham acima de 30 g de proteína, e descobrimos que havia 3 cortes de boi (charque, contrafilé e músculo), 3 de porco (lombo, pernil e costela) mas só um de frango (peito). Pensamos que o frango sempre teria menos proteína que os outros dois. Mas quando analisamos a quantidade menor de proteína de cada carne, descobrimos que o frango tinha

um pouco mais que os outros dois: coração de frango = 22,4 g; peito de boi = 22,2 g e linguiça de porco = 20,5 g. Depois decidimos ver a diferença entre a quantidade menor e a maior para cada carne e descobrimos que a carne com o maior intervalo era o porco (35,7 g – 20,5 g = 15,2 g), depois o boi (36,4 g – 22,2 g = 14,2 g), e a carne com menor variação era o frango (32,0 g – 22,4 g = 9,6 g).

Esse grupo começou com uma pergunta bastante simples, que levou a uma hipótese também simples. Mas ao seguir em frente com seu raciocínio, analisando os dados para descobrir se a sua hipótese seria confirmada, os alunos experimentaram caminhos cada vez mais complexos na busca de compreender os números da tabela.

Quando o professor formou pequenos grupos e cada grupo escolheu um tema diferente, os dados da tabela foram distribuídos entre diversas categorias (*boi, porco, frango, lipídios, colesterol* e *proteínas*). Ao organizar as informações originais, ele estava aplicando estratégias do metacurrículo, auxiliando os alunos a desenvolver um pensamento mais elevado. Da mesma forma, ao estimular os alunos a levantarem e testarem hipóteses, o professor cria condições favoráveis à construção de conhecimento de nível elevado.

Fica claro que este grupo está tentando manipular os dados referentes à proteína de várias maneiras, logo seria proveitoso trabalhar com noções de estatística e diferentes formas de apresentar dados. Por exemplo, existem gráficos considerados mais adequados para diferentes tipos de informação.

TABELA 24: GRÁFICOS – MODELOS

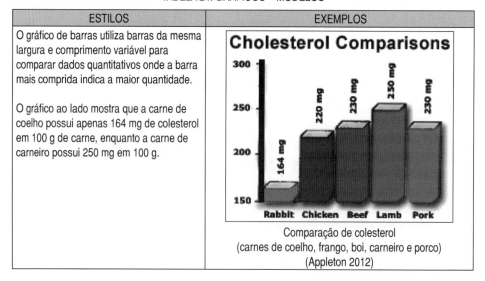

ESTILOS	EXEMPLOS
O gráfico de barras utiliza barras da mesma largura e comprimento variável para comparar dados quantitativos onde a barra mais comprida indica a maior quantidade. O gráfico ao lado mostra que a carne de coelho possui apenas 164 mg de colesterol em 100 g de carne, enquanto a carne de carneiro possui 250 mg em 100 g.	Comparação de colesterol (carnes de coelho, frango, boi, carneiro e porco) (Appleton 2012)

O gráfico do tipo setor é utilizado para organizar dados que, juntos, formam um total. A circunferência representa o total, e o círculo é dividido de acordo com os números relacionados ao tema abordado. O gráfico ao lado mostra que, em 1990, a produção de aves era 21,2% do total, a de carne bovina, 34,6%, e a de carne de porco, 44,3%. No entanto, em 2010, a produção de aves aumentou para 33,4%, enquanto a produção de carne bovina reduziu-se consideravelmente para apenas 23,9% do total.	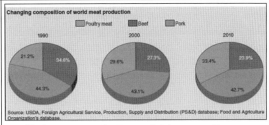 Mudanças na produção mundial de carnes diversas (carne de aves, boi e porco) (Usda, *apud* Big Picture Agriculture 2011)
O gráfico de linhas é usado para apresentar a evolução de um dado. Os eixos na vertical e na horizontal indicam as informações de referência, e a linha sobe e desce mostrando o percurso de um fenômeno específico. O gráfico ao lado mostra que, em 1955, os norte-americanos comiam perto de 60 libras (peso)* de carne bovina *per capita* (a linha de cima). Esta quantia subiu para 90 libras em 1976 e reduziu-se para 50 libras em 2012. No entanto, a terceira linha mostra que o consumo de frango, que estava em torno de 15 libras *per capita* em 1961, aumentou consideravelmente para 60 libras em 2006.	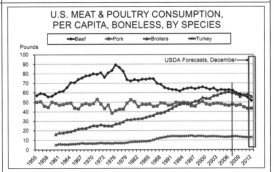 Consumo americano de carnes e aves, sem osso, por espécie (carne de boi, porco, frango e peru) (Usda, *apud* Grandoni 2012)

Fonte: Adaptada de Appleton (2012); Usda, *apud* Big Picture Agriculture (2011) e Usda, *apud* Grandoni (2012).
* Uma libra (peso) = 0,45 kg.

A representação visual de informações esclarece conceitos e oferece aos alunos um meio sensorial alternativo para compreender e comunicar o que aprenderam. Campbell, Campbell e Dickinson (2004, p. 98) enfatizam:

> Complementando a linguagem oral ou escrita usando gráficos, diagramas ou fotografias facilita a aprendizagem e fortalece a retenção. A frase "uma imagem vale mil palavras" certamente se aplica na sala de aula. As representações gráficas possuem funções educacionais valiosas: apresentam, definem, interpretam, manipulam, sintetizam e confirmam os dados. Auxílios visuais contribuem para o esclarecimento de conceitos e oferecem meios sensoriais alternativos para compreender e comunicar o que aprenderam.

Lembramos ainda a importância da manipulação de informações. Quando exigimos análises diferenciadas, produtos finais montados a partir da combinação de diversas áreas de inteligência, essas estratégias levarão os alunos a experimentar níveis mais profundos de compreensão.

Introduzindo a Lista C

Lista C: Amendoim – Tema gerador

Voltemos agora às três listas apresentadas no começo das discussões sobre a quantidade de proteína numa diversidade de alimentos. Já exploramos diversos caminhos de investigação a partir das listas A e B, e neste ponto vamos analisar um pouco a lista C.[6] Desta vez o amendoim está liderando a lista e o arroz integral está cotado com o menor teor proteico – será que os alunos acertaram a ordem desses alimentos? O que causou a maior surpresa? Quais as explicações dos alunos? Quais as áreas que gostariam de investigar primeiro?

Como vimos anteriormente, as sementes oleaginosas, como nozes, amêndoas, castanhas, avelãs, entre outras, trazem diversos benefícios para a saúde. Mas, apesar de adicionar o amendoim a esse grupo, ele de fato é uma leguminosa, não é uma semente oleaginosa, mas possui várias características em comum com este grupo. Vamos, portanto, saber um pouco mais sobre os valores nutricionais do amendoim. Além de um teor elevado de proteína, 100 g de amendoim também contêm 39 g de gorduras insaturadas (gordura boa); 2,7 g de fibra; 700 mg de potássio que auxilia na transmissão dos impulsos nervosos; 407 mg de fósforo, fundamental no crescimento, manutenção e reparo de ossos e dentes; 72 mg de cálcio que ajudam na formação óssea e na contração muscular; 70 mg de folato que previne doenças neurológicas na fase fetal; 8,8 mg de vitamina E que protege as células e tecidos do corpo contra o envelhecimento; 5 mg de sódio que garante o balanço hídrico do corpo; 2,2 mg de ferro, fundamental no transporte e distribuição de oxigênio nas células do corpo; e 12 mg de niacina, necessário a mais de 50 processos do corpo humano (Abicab s.d.). Como mostrar esses ingredientes visualmente? Os alunos podem produzir diferentes tipos de gráficos e analisar a eficácia de cada um na transmissão visual das informações.

Quantos alunos gostam de amendoim? De que forma é consumido? Cru, tirando a casca, assado com sal, no pé-de-moleque, na paçoca? Quais as vantagens

---

6. A tabela com as três listas aparece na p. 199.

e desvantagens nutricionais de cada receita? Observe-se na lista C que outro item é a paçoca de amendoim que contém apenas 16 g de proteína em contraste com 27,2 g do amendoim puro. Os dados se referem a 100 g de cada produto e a paçoca inclui outros ingredientes além do proteico amendoim. Quais os outros ingredientes? Quem sabe fazer paçoca? Todas as receitas são iguais? E as receitas de outras regiões do país, há diferenças? Os alunos conhecem outras culturas que também apreciam a paçoca? Quais são?

Come-se amendoim o ano todo ou o consumo aumenta no inverno – por exemplo, no mês de junho? Várias receitas com amendoim são associadas à festa junina – quais as comidas típicas de cada região? Qual a origem desta festa? Vamos pesquisar? Uma explicação associa o nome às festividades que ocorrem durante o mês de junho, e outra versão afirma que junho é o mês de são João, e que nos países católicos da Europa do século IV, as festas eram chamadas de "Festa Joanina" em homenagem a são João. Qual a versão conhecida pelos alunos? Quais as "festividades" do mês de junho que deram origem ao nome? Vamos pesquisar mais sobre alguns elementos típicos dessa festa, as comidas, as danças, as roupas, as músicas, as encenações, formando grupos de pesquisa em torno de cada um?

Por exemplo, historicamente a quadrilha era uma das danças de salão da corte francesa chamada *quadrille,* e os vestidos coloridos e rodados da quadrilha brasileira representam as riquezas da corte. A dança era bem animada e surgiu inicialmente por volta de 1760. De acordo com Darren Sylvester[7] (s.d.), dançarino profissional especializado nesse estilo de dança, o *quadrille* se desenvolveu na França como dança da corte na época de Napoleão, sendo levado para a Inglaterra no começo do século XIX, e introduzido posteriormente no Caribe pelos colonizadores. Os escravos dos colonizadores eram proibidos de praticar sua própria cultura, mas os fazendeiros às vezes mandavam os escravos tocar a música dos *quadrilles* para seu entretenimento. É claro que os escravos também aprenderam a dança e a modificaram com o propósito de ridicularizar seus donos.

O que aconteceu no Brasil? De acordo com Barreto e Pereira (2002), os responsáveis pela introdução da quadrilha no Brasil eram os maestros franceses Milliet e Cavalier que levaram a dança inicialmente aos salões da corte. Mas logo ela se espalhou pelas províncias sendo dançada na região rural nas festas de casamento quando o cortejo desfilava pelas ruas após a celebração da cerimônia. Todavia, os mesmos autores afirmam que as origens da dança sofisticada da corte francesa remontam às antigas danças rurais da Normandia e da Inglaterra. Assim, a

---

7.   Membro do grupo profissional de dança The Dona Quadrille Dance Group, de Londres.

quadrilha brasileira reflete a dinâmica da cultura: do popular ao erudito voltando ao popular, a criação e a recriação, a tradição e a modernização. Vamos pesquisar mais?

De que forma a quadrilha local é dançada atualmente? Como era dançada na época dos pais, e dos avôs? Quais as diferenças, e as semelhanças? Os passos ainda são puxados usando traços da língua francesa? Como por exemplo: *anarriê* = *Fr.* "*en arrière*" (quando os pares voltam em marcha-ré até o ponto em que estavam); *anavantur* = *Fr.* "*en avant, tout*" (os cavalheiros tomam as damas e andam de mãos dadas até o centro do salão); *sangé* = *Fr.* "*changer de dame*" (os cavalheiros rodam as damas pela sua esquerda, passando-as para trás e, a cada sinal do marcador, largam as suas mãos e vão pegar as da sua frente até chegaram aos pares certos) etc. Os alunos conhecem essas palavras? Seus pais ou seus avôs usavam palavras parecidas na sua época de dançar quadrilha? Vamos aprender mais francês? Vamos procurar imagens dessa dança na corte francesa, no Caribe e no Brasil no século XIX? Como são as roupas, o cabelo, os instrumentos da época? Qual a comida que acompanhava esta dança na França, no Caribe e no Brasil do século XIX? E hoje – o que mudou? Vamos aprender a dançar a quadrilha daquela época? Vamos procurar receitas da época e experimentá-las? Quais as outras danças populares das festas juninas? Os alunos conhecem? Sabem dançar todas? A música original da quadrilha era a polca, mas agora o ritmo mudou; de onde vêm os nomes *xote, xaxado, baião, ciranda, marcha, forró,* entre outros ritmos e danças usados na festa em diversas regiões do país?

O que os alunos sabem sobre a simbolização nas festas juninas? O casamento caipira faz uma sátira aos casamentos tradicionais; em que sentido? A fogueira simboliza a proteção contra os maus espíritos que atrapalhavam a prosperidade das plantações – de onde vem essa crença? Os alunos sabem que cada santo tem direito a uma fogueira de formato específico: a de santo Antonio é quadrada; a de São João, redonda; e a de são Pedro, triangular. Quais as origens dessa diversidade? Os balões foram criados para reverenciar os santos da festa, agradecendo a realização de pedidos. O lançamento de balões originou-se na China simbolizando o envio de uma mensagem da terra para o reino dos céus. Por que não são usados atualmente?

Os fogos, inventados na China cerca de 2.000 anos atrás, também são elementos de proteção e agradecimento pelas boas colheitas. Quando é que os alunos e suas famílias costumam usar fogos? A lavagem dos santos ocorre quando as bandeiras são mergulhadas em água para trazer purificação. Qual foi a origem dessa prática? As comidas típicas celebram a abundância proporcionada pela natureza, sendo que o milho assume um papel central – por quê? O "pau-de-sebo" pode estar ligado ao mastro de São João, sendo um símbolo da escalada que leva ao Paraíso e do esforço a ser desprendido para alcançar a divindade. Uma interpretação alternativa

226   Papirus Editora

diz que o mastro é um símbolo fálico de fertilidade que proclama a abundância de alimentos produzidos pela terra. Qual a origem dessas simbolizações? Quantas interpretações diferentes os alunos conseguem descobrir? Vamos investigar?

Percebe-se que começamos essa secção pensando um pouco sobre o pequeno amendoim, e já estamos investigando o simbolismo de uma das maiores festas do Brasil. O conhecimento não é dividido em pequenos pacotes a serem distribuídos aos alunos com data marcada para consumo. O entrelaçamento das diversas áreas, a contextualização de conteúdos, estratégias colaborativas e cooperativas são fatores que contribuem para a aprendizagem efetiva de conhecimentos generativos.

Inteligência distribuída

Outro elemento que merece atenção nas tentativas de melhorar a situação atual do ensino se refere ao papel da inteligência distribuída. No intuito de iniciar reflexões sobre esse assunto, Perkins (1992, pp. 131-133) compara o que acontece com três cadernos diferentes produzidos pela mesma pessoa, Alfredo. O primeiro caderno é produzido quando Alfredo está estudando para uma prova na escola. Ele faz anotações sobre o tema de acordo com o material estudado e, ao ler e pensar sobre o assunto, também acrescenta suas próprias ideias e análises provocadas pela reflexão. O registro das informações, as leituras extras, as ideias próprias e o investimento em análises, com certeza, contribuem para uma aprendizagem mais eficaz do conteúdo, porém as anotações em si não são consideradas na hora da prova. Normalmente as provas escolares são realizadas individualmente e sem acesso a qualquer informação "exterior".

O segundo caderno de Alfredo surge durante jogos de *Dungeons & dragons*[8] quando ele sente a necessidade de fazer diagramas e anotações sobre os perigos e riscos, sobre as histórias criadas, os personagens, as estratégias propostas, entre outros detalhes essenciais a um jogo tão desafiante. Esse caderno se transforma numa ferramenta permanente durante o jogo, uma fonte externa de informações. Ao esquecer qualquer detalhe, Alfredo ou os colegas que estão colaborando com ele podem recorrer às anotações. Cada membro do grupo depende de vários outros membros e o conhecimento de cada um é compartilhado e construído em conjunto – bem diferente de muitas estratégias usadas comumente nas escolas.

---

8. Um jogo do tipo RPG, ou *role-playing game*, no qual os jogadores assumem personagens, trabalham em conjunto para criar roteiros de histórias e montar estratégias de jogo com o propósito de desafiar os oponentes.

O terceiro caderno de Alfredo surge 15 anos mais tarde quando ele, agora um jovem engenheiro, faz parte de uma equipe técnica que está projetando uma nova ponte. Além do caderno de Alfredo, cheio de ideias, desenhos, cálculos e especificações, a equipe também tem acesso a computadores, programas especializados, e sempre ocorre a troca de sugestões e mensagens entre os membros da equipe. Ainda são disponibilizados livros de referência, de regulamentos, revistas com sugestões inovadoras, maquetes de simulação e muito mais.

De acordo com Perkins (1992), essa terceira situação serve para ilustrar como as pessoas funcionam na vida real, nas suas casas, no trabalho, no lazer; elas não funcionam de forma isolada, sem acesso às informações externas. Ao interagir com colegas, amigos, vizinhos, todos fazendo uso de inúmeras fontes de informação, as atividades se tornam muito mais motivadoras e mais bem-sucedidas. Essa ideia é conhecida como "inteligência distribuída". Outro estudioso que apoia o conceito da inteligência distribuída é Pea (1993, p. 47), que contesta a noção da inteligência "solitária" ou individual, dizendo que "qualquer pessoa que observa de perto as práticas cognitivas logo percebe que a mente raramente trabalha sozinha. As inteligências reveladas são distribuídas – entre diversas mentes, pessoas, e ambientes simbólicos e físicos".

Por essas razões, é fundamental criar situações de aprendizagem que reflitam a realidade da vida cotidiana. Quando estimulamos o trabalho em grupo, garantindo a troca de informações não só entre os membros de cada grupo, como também entre todos os grupos da sala, demonstramos claramente aos alunos que o conhecimento, via de regra, é construído socialmente. Quando tarefas são distribuídas entre pessoas que estão se esforçando de forma colaborativa a alcançar objetivos em comum, ou quando os alunos são incentivados a participar em diálogos onde há divergências de opinião, o desafio de incorporar algo "diferente" no seu próprio projeto ajuda o aluno a perceber que cada um tem algo diferente a oferecer. Experimentando na prática estratégias dessa natureza diariamente em sala de aula, trabalhando com o outro, ouvindo o outro, trocando ideias com o outro, nos enriquece. A inteligência distribuída ou compartilhada tende a ser muito mais ampla que a inteligência solitária ou individual.

Lista C: Pescados – Tema gerador

Agora voltando às listas compiladas pelos nossos alunos imaginários. Ainda examinando a Lista C, observamos a presença de dois pescados diferentes: o cação, com 25,6 g de proteína em 100 g de produto, e a sardinha conservada em óleo, com 15,9 g de proteína. Qual a melhor opção nutricional? Será que devemos sempre escolher cação em vez de sardinha? Bem, se investigamos a Taco, descobrimos que a sardinha assada contém 32 g de proteína, bem mais que o cação. Portanto precisamos analisar as diferentes formas de preparar o alimento em análise para poder tomar as decisões mais apropriadas.

Será que a sardinha assada é o pescado com maior teor proteico? Se analisarmos a Taco mais uma vez, descobrimos vários pescados com quantidades altas de proteína. Por exemplo, o atum conservado em óleo tem 26,2 g em 100 g de peso; o filé de merluza assado tem 26,6 g; e a corvina grande assada tem 26,8 g. O pescado com maior teor proteico nesta tabela é o pintado assado com 36,5 g de proteína, mas quando ele é grelhado esse valor desce para 30,8 g e cru possui apenas 18,6 g de proteína. Por que a quantidade de proteína aumenta após cozimento – vamos pesquisar?

Todavia é fascinante observar que o teor de proteína do pintado assado é maior que qualquer carne na lista da Taco, onde a carne com maior teor de proteína é o charque cozido com 36,4 g. Percebe-se claramente que os pescados possuem quantidades altas de proteínas. Vamos comparar os níveis de colesterol e de lipídios dos pescados e das carnes? Por exemplo, o charque cozido possui 36,4 g de proteína em 100 g de produto; 113 mg de colesterol e 11,9 g de lipídios, sendo 4,8 g saturados, 5,4 g monoinsaturados e 0,4 g poli-insaturados. O pintado assado possui 36,5 g de proteína, 126 mg de colesterol e apenas 4 g de lipídios, sendo 1,8 g saturadas, 1,3 g monoinsaturadas e 0,3 g poli-insaturadas. O peixe tem menos gordura saturada, mas um pouco mais de colesterol. Será que todos os pescados possuem níveis altos de colesterol?

Voltando à Taco, descobrimos um fato intrigante: os peixes crus apresentam níveis mais baixos de colesterol que os cozidos e, já que o consumo de peixe cru está tendo maior aceitação através da ascensão do sushi, talvez esta seja uma opção alimentar interessante. Por exemplo, o atum fresco cru possui 48 mg de colesterol, enquanto o mesmo peixe em conserva de óleo apresenta 53 mg, menos da metade da quantidade apresentada pelo pintado. O salmão, outro peixe utilizado frequentemente para fazer sushi, quando fresco no estado cru apresenta 53 mg de colesterol, enquanto que o grelhado sobe para 85 mg – uma diferença considerável.

Observamos que o modo de preparação do peixe afeta não apenas os níveis de proteína como também os níveis de colesterol e de lipídios. A sardinha crua tem 61 mg de colesterol e 2,7 g de lipídios. Quando conservada em óleo os números sobem para 73 mg de colesterol e 24 g de lipídios, e quando frita o colesterol sobe de novo para 103 g enquanto a quantidade de lipídios desce para 12,7 g. Porém, quando analisamos a composição dos lipídios, descobrimos que os 24 g na sardinha conservada em óleo incluem 11,9 g de gorduras poli-insaturadas e 5,5 g de monoinsaturadas, um total de 17,4 g de "gordura boa". Mais uma vez fica claro que

Nutrição   229

a química dos alimentos é imensamente complexa. Não podemos tomar a simples decisão de comer alimentos com mais proteína. Precisamos saber mais sobre os elementos que acompanham a proteína, precisamos conhecer o nosso corpo e as suas necessidades atuais e compreender melhor as funções dos diversos nutrientes e seus efeitos no nosso organismo.

Quais as outras propriedades dos pescados? Escrevendo na revista *VivaSaúde* Carlini declara:

> Independentemente do tipo, a maioria dos peixes é rica em proteínas, tem grande quantidade de fósforo, iodo, cobalto, e cálcio — possui quatro vezes mais cálcio que os outros tipos de carne. Os pescados também contêm vitaminas A, E, do complexo B e, principalmente, D, que possui importante atuação na calcificação óssea, o que ajuda na prevenção da osteoporose. Mas, sem dúvida, seu principal nutriente é o ômega-3, que diminui o risco de doenças cardíacas e contribui para o desenvolvimento cerebral e a regeneração das células nervosas. E, por agir nessas células, também pode ajudar no combate à depressão e à ansiedade. (Carlini 2010, s.p.)

Essas informações parecem confirmar a declaração fictícia dos alunos apresentada no começo deste capítulo quando afirmaram que: *Precisamos de peixe para pensar melhor.* Mas ao ler as informações da revista *VivaSaúde*, os alunos poderão perguntar: o que é ômega 3 e onde se encontra?

O termo ômega 3 se refere aos ácidos graxos poli-insaturados (gorduras boas). Podem ser de origem vegetal ou animal. Algumas fontes importantes são os peixes oleosos de água fria (atum, arenque, sardinha, cavala e salmão); óleo de canola ou de soja; azeite; rúcula; espinafre; e linhaça. Vamos ler sobre esses assuntos usando uma variedade de fontes para descobrir os dados em comum e os divergentes? Quais as fontes disponíveis? E quais as confiáveis? Vamos investigar?

Em 2008, o governo federal lançou uma campanha de incentivo ao consumo de pescado como parte do *Plano de desenvolvimento sustentável: Mais pesca e aquicultura* (2008-2011) cujo objetivo principal era o fortalecimento do setor. As diretrizes incluíam: (a) a inclusão social; (b) a estruturação da cadeia produtiva; (c) o fortalecimento do mercado interno; (d) a sustentabilidade ambiental; e (e) a promoção da participação social e organização do setor, entre outras. Quantas áreas interessantes a serem investigadas na sala de aula!

Uma das ações do governo foi o lançamento de uma cartilha com informações sobre pescados junto com algumas receitas. Na cartilha encontram-se as seguintes informações sobre ômega 3:

Vários tipos de pescado são fontes de ômega 3, que é encontrado principalmente em peixes como atum, pintado, sardinha, arenque, anchova, tainha, bacalhau e truta. O ômega 3 auxilia na manutenção de níveis saudáveis de triglicerídeos, desde que associado a uma alimentação equilibrada e hábitos de vida saudáveis. Tanto os peixes de rio como de mar fazem bem à saúde. (Brasil 2011, p. 7)

É imprescindível ficar atento à recomendação de que o consumo de alimentos ricos em ômega 3 só terá efeitos positivos quando aliado a uma alimentação equilibrada e hábitos de vida saudáveis. O equilíbrio é essencial; tudo em excesso pode causar problemas. Por exemplo, quando ingerimos proteína em excesso, ela não é armazenada pelo organismo e sua eliminação sobrecarrega o fígado e os rins, podendo criar condições favoráveis ao desenvolvimento de câncer de cólon, azia, gases, difícil digestão, desidratação, inflamação das articulações, perdas de cálcio e fadiga. Os problemas surgem em virtude do excesso dos subprodutos responsáveis pela metabolização da proteína, tais como ácido úrico e ureia, entre outros. Quando os alunos conhecem bem o seu corpo e entendem melhor as funções dos diversos nutrientes, são mais capacitados a tomar decisões responsáveis com relação a sua alimentação. Vamos examinar alguns nutrientes para exemplificar.

Fósforo – Informações básicas

O fósforo participa na formação dos ossos e dentes em combinação com o cálcio e também nas contrações musculares. Pessoas com deficiência deste nutriente podem sentir dores ósseas ou apresentar dificuldades de memorização ou outras atividades mentais, entre outros sintomas. Alguns alimentos ricos em fósforo são: queijos (parmesão = 745 mg; prato = 461 mg); sementes oleaginosas (castanha-do-pará = 853 mg; amêndoa = 493 mg; castanha-de-caju = 594 mg); amendoim (cru) = 407 mg; carnes (porco – pernil assado = 247 mg; bovina – patinho grelhado = 289 mg; bovino – fígado grelhado = 420 mg; frango – peito assado = 297 mg;); pescados (lambari frito = 1.067 mg; manjuba frita = 735 mg; sardinha assada = 578 mg; sardinha conservada em óleo = 496 mg; salmão grelhado = 350 mg) (Nepa 2011).

Cálcio – Informações básicas

O cálcio é o quinto elemento químico mais abundante no organismo, a maior parte sendo armazenada nos ossos e dentes. Algumas das funções do cálcio no organismo são: é construtor dos ossos e dentes; atua na coagulação do sangue; reforça a membrana celular e as ligações intercelulares; coordena a ação do sódio e do potássio na contração cardíaca; atua na contração e relaxamento muscular; e atua na defesa do organismo contra infecções. De acordo com o Dossiê: Os minerais na alimentação (2008, p. 49), "o excesso de proteínas na refeição aumenta a eliminação urinária do cálcio. (...) e (...) A cafeína, o álcool e diversos medicamentos são fatores desfavoráveis à disponibilidade do cálcio". As pessoas deficientes em cálcio apresentam uma redução na defesa do organismo contra infecções, cãibras frequentes, cáries dentais, dificuldades na coagulação do sangue entre outros sintomas. No entanto o excesso de cálcio pode interferir com a absorção de ferro, causar fraquezas musculares, formação de cálculos renais, perda de apetite e palpitações. Alimentos ricos em cálcio são: pescados (lambari frito = 1.881 mg; camarão frito com casca = 960 mg; manjuba frita = 575 mg; sardinha em óleo = 550 mg; caranguejo cozido = 357 mg); queijos (parmesão = 992 mg; prato = 940 mg; mozarela = 875 mg); semente de gergelim = 825 mg; amêndoa torrada = 237 mg; coentro desidratado = 784 mg; couve refogada = 177 mg; espinafre refogado = 112 mg (Nepa 2011).

Ferro – Informações básicas

O ferro é imprescindível para o desenvolvimento correto de inúmeras funções fisiológicas. É um componente da hemoglobina, o pigmento dos glóbulos vermelhos do sangue que transporta oxigênio, além de exercer um papel fundamental na armazenagem de oxigênio no músculo e na respiração celular. De acordo com o Dossiê: Os minerais na alimentação (2008, p. 52), "a carência de ferro pode ser devida a perdas excessivas (hemorragias digestivas) (...), à má absorção (...) ou ainda, a dieta diária insuficiente, causada por alimentação composta de gorduras, farinhas brancas e açúcar refinado, todos pobres em ferro". A falta de ferro "interfere com o mecanismo de controle da temperatura corporal, aumenta a queda de cabelo e baixa o sistema imunológico, tornando o indivíduo mais vulnerável a infecções" (European Food Information Council 1999, s.p.). O ferro está presente nos alimentos em duas formas – o ferro heme (que é encontrado principalmente em produtos de origem animal) e o ferro não heme (que está presente nos alimentos de origem vegetal). Para aumentar a absorção do ferro devemos ingerir vitamina C na mesma refeição, ao passo que bebidas como chá e café devem ser evitadas porque o tanino combina com o ferro formando um composto insolúvel que não é absorvido. Outros alimentos como chocolate, amendoim e as fibras presentes em cereais também inibem a absorção de ferro.

Ferro – Problematizações

Quando o médico fala com a mãe que o filho está um pouco anêmico e precisa comer alimentos com mais ferro, quais as comidas que são acrescidas ao cardápio?

Vamos perguntar às mães? Mais tarde, os alunos podem analisar as respostas obtidas e pesquisar fontes diferentes para descobrir as quantidades de ferro nos alimentos identificados pelas mães. Vamos imaginar que os alunos trouxeram as seguintes respostas após a consulta com suas mães: carne de boi, fígado, espinafre, ameixa, feijão, melado, sardinha. O que fazer agora? Vamos consultar a tabela Taco para descobrir o teor de ferro desses alimentos e organizá-los colocando o alimento que possui mais ferro em primeiro lugar? A lista ficaria assim: fígado de boi cozido = 5,8 mg; melado = 5,4 mg; sardinha = 3,5 mg; carne de boi (acém cozido) = 2,7 mg; ameixa em caldo = 2,7 mg; feijão preto cozido = 1,5 mg; espinafre = 0,6 mg. Será que as mães sabem que o melado possui quase o mesmo teor de ferro que o fígado de boi? Qual dos dois alimentos os alunos preferem? No entanto, lembramos que o ferro de origem animal é absorvido com maior facilidade e rapidez em virtude da estrutura do ferro heme. Algumas pessoas acreditam ainda que o fígado cru possui mais ferro que o cozido, mas, examinando a Taco, descobrimos o oposto: o fígado cru tem apenas 5,6 mg de ferro, 0,02 mg a menos que o cozido.

É provável que quando os alunos procurassem a quantidade de ferro nos alimentos eleitos pelas mães, também encontrassem outros dados interessantes na tabela. Por exemplo, ao investigar o teor de ferro do espinafre, poderiam descobrir que a alface roxa possui 2,5 mg, o agrião 3,1 mg e o coentro desidratado 81,4 mg! Ao pesquisar o teor de ferro do feijão, descobririam que cada feijão apresenta quantidades diferentes, sendo que todos apresentam números maiores quando o feijão está cru. Por exemplo, o feijão preto cru possui 6,5 mg de ferro, 5 mg a mais que o feijão preto cozido! O melado possui 5,4 mg, mas o açúcar mascavo apresenta um teor ainda maior com 8,3 mg. Vamos pesquisar mais? O que os alunos querem saber? Vamos organizar grupos? Um grupo pode investigar o teor de ferro em diferentes carnes; outro pode investigar os pescados; um terceiro pode comparar diferentes verduras e legumes; o quarto pode analisar sobremesas; e o quinto grupo pode pesquisar frutas. Cada grupo poderia confeccionar sua tabela, toda colorida e bem ilustrada para ser afixada nas paredes.

Posteriormente, cada grupo montaria uma refeição e calcularia o teor total de ferro de acordo com as porções propostas. Por exemplo, o coentro contém muito mais ferro que o espinafre – mas será que os alunos vão preferir comer 100 gramas de coentro desidratado ou 100 g de espinafre refogado? Quando refogamos o espinafre, o teor de ferro muda? Quanto pesa uma porção "normal" de espinafre no prato do aluno? Vamos calcular o teor de ferro? Vamos descobrir o feijão com maior teor de ferro? Por que o feijão cru apresenta níveis mais altos de ferro comparado com o cozido? O que acontece com o ferro durante o cozimento? Será que os alunos sabem que, ao consumir alimentos ricos em vitamina C com alimentos que contêm ferro, a vitamina C auxilia a absorção do ferro? Sendo assim, as refeições poderiam incluir sucos com alto teor de vitamina C. Vamos comparar um suco de laranja com espinafre e um de laranja com coentro? Qual o teor de ferro de cada um? Por que existe essa relação fascinante entre o ferro e a vitamina C – vamos pesquisar mais?

Na procura de respostas para essas perguntas, os alunos aprofundarão seus conhecimentos nas áreas de matemática, química e ciências de forma contextualizada, lendo informações e registrando suas descobertas sabendo que haverá uma troca de informações com colegas após a realização das pesquisas. Quando o professor pede aos alunos para montar refeições utilizando suas próprias tabelas como referências, ela está investindo na construção de conhecimentos generativos porque os alunos estarão utilizando ativamente informações recém-adquiridas.

Várias páginas atrás, começamos a pensar sobre os pescados registrados na lista C como alimentos ricos em proteínas. Em seguida optamos por investigar as características de alguns nutrientes que acompanham as proteínas e logo depois levantamos algumas perguntas relacionadas ao ferro. Vamos agora retornar ao tópico de peixes, apresentando alguns trabalhos realizados por grupos do Projeto Formar que escolheram pescados como tema para seus estudos.

O Grupo 30 do Projeto Formar trabalha com pescados

O Grupo 30 do Projeto Formar trabalhou durante o ano 2000 realizando vários trabalhos interessantes sobre o tema "peixes". No final do ano letivo produziu um livro xerocado de 137 páginas com exemplos interessantes de alguns trabalhos realizados. O título do livro é *Riquezas que fazem diferenças* e, na apresentação, os autores dizem:

> Oferecemos às crianças e jovens o nosso livro (...) com a intenção de introduzir os conhecimentos e experiências, pesquisas que em nosso entender contribuem para a melhoria qualitativa do processo ensino-aprendizagem. Ao tratar do tema alimentação e sustentabilidade de peixes e mariscos de forma integrada nosso objetivo é auxiliar os alunos na compreensão global do processo de desenvolvimento social e cultural manifestado pelas experiências adquiridas ao longo da vida e assim tornar mais rico e mais eficaz o contato direto e indiretamente com a natureza. (Grupo 30, Projeto Formar, professores e alunos da 3ª A da EMPG Dr. Mário Vello Silvares, Conceição da Barra-ES, 2000)

De fato os trabalhos incluem entrevistas com vários pescadores da região onde o objetivo dos alunos é de compreender melhor a profissão do pescador, os perigos envolvidos, a sua contribuição ao bem-estar da população e os problemas financeiros enfrentados por muitos membros da profissão. As perguntas também procuram ampliar o conhecimento dos alunos sobre as épocas de proibição de certos tipos de pesca e demonstram preocupação com o desaparecimento de algumas espécies de peixe.

Há vários textos produzidos coletivamente, dos quais cada aluno escreve uma parte, e depois o grupo organiza todas as contribuições para formar um texto único. Com certa frequência, quando esse tipo de trabalho é realizado nas escolas, ele estaciona neste ponto: juntaram-se as diversas frases, formou-se um texto. No entanto, seria ainda melhor continuar mais um pouco para desenvolver noções de coesão textual. Por exemplo, um dos textos coletivos deste grupo inclui várias frases que começam com o mesmo sujeito *"os peixes"*: *"Os peixes são alimentos que quase todo mundo gosta de comer"*; *"Os peixes ferozes comem os pequeninos"*; *"Os peixes vêm da natureza bela e pura"*. Se o professor trabalhasse um pouco com a transformação de sentenças em cláusulas, usando também a pronominalização, os alunos aprenderiam a produzir textos cada vez mais complexos, mais coesos e mais ricos. Por exemplo, as três sentenças acima poderiam ser transformadas em duas: *"Os peixes, que vêm da natureza bela e pura, são alimentos que quase todo mundo gosta de comer. No entanto, os mais ferozes às vezes comem os pequeninos"*. Talvez durante a discussão dessas modificações, os alunos percebam que a utilização da conjunção *"no entanto"* demonstra que o comentário sobre os grandes comendo os pequenos contradiz de forma implícita a afirmação anterior sobre a beleza e pureza da natureza. Essa percepção poderá levá-los a sugerir algum acréscimo que, com certeza, enriquecerá ainda mais o seu texto.

Os alunos do Grupo 30 também procuraram "curiosidades" sobre o assunto e incluíram uma seleção no final de cada capítulo. Descobrimos, por exemplo, que a água é símbolo de prosperidade e dinheiro e os peixes, por viverem neste meio, também são incluídos nesta comparação. Os alunos, posteriormente, associam a noção da prosperidade com os aquários em restaurantes chineses que, com frequência, se localizam perto da caixa! Porém, na cultura japonesa, as lagoas com carpas são utilizadas para neutralizar as energias negativas. Assim, os alunos percebem as diferenças culturais enquanto apreciam a riqueza da diversidade.

O livro investiga a história da pesca, desde a pré-história, passando pelos egípcios, e os romanos, notando várias menções dessa profissão na *Bíblia*, até chegar à história da sua própria cidade que surgiu entre o rio e o mar. Lendo o depoimento do sr. Zé Melado, o leitor aprende muito sobre a profissão de caranguejeiro. Será que todos nós sabemos que a melhor época para pegar caranguejo é no mês de maio "na lua escura porque é época da andada, eles espumam e ficam gordos". Interessante, não é?

Nutrição 235

Sr. Zé Melado conversou com os alunos sobre a pesca predatória e demonstrou preocupação com a preservação dos manguezais dizendo: "Temos que preservar essa preciosidade dada por Deus". Os alunos também registram um pouco da vida econômica do pescador, anotando o preço cobrado por corda (composta de 6 caranguejos) e a observação do sr. Zé de que "o dinheiro às vezes é na mão, outras não, pagam depois". Mais tarde, escrevem que "com o dinheiro do caranguejo e a aposentadoria de sua esposa, ele e mais 6 pessoas conseguem sobreviver". Vamos investigar mais a fundo a economia da pesca? Quais as regiões do Brasil onde são pescadas as maiores quantidades de peixes? Quais as variedades pescadas? São de água doce ou do mar? São pescados por indivíduos ou a pesca é industrializada? Qual a diferença entre as propriedades nutricionais do peixe obtido do seu ambiente natural e do peixe produzido por uma empresa de piscicultura? Quais as regiões que consomem mais pescados? Quais as variedades preferidas? Quais os países que consomem mais peixes – e suas receitas, são bem diferentes das nossas?

Os alunos também descobrem que o nome do sr. Zé se refere ao fato de que ele sai do mangue todo melado de lama. No final da entrevista, o relatório afirma: "Saímos da casa de Zé Melado com a certeza de que nosso objetivo tinha sido alcançado e muito mais, aprendemos que o respeito pela Natureza e a paixão pelo que se faz é fundamental na nossa empreitada de construção de um mundo melhor". Numa ocasião posterior, os alunos acompanharam o sr. Zé até o mangue onde ele ensinou os alunos sobre a sua profissão na prática. Parabéns ao Grupo que soube unir muito bem a teoria e a prática durante a sua pesquisa.

Manguezais: Direções sugeridas com base nos trabalhos do Grupo 30

Quantas áreas relevantes poderiam ser exploradas ainda mais a partir de entrevistas como a do sr. Zé Melado. Os hábitos de vida do caranguejo poderiam ser comparados aos hábitos de outros crustáceos, pescados ou até aos hábitos de vida dos alunos. As noções de socialização poderiam ser pesquisadas e os resultados apresentados em forma de teatro, músicas, cartazes ou de acordo com outras sugestões dos alunos. Debates poderiam ser montados sobre a pesca predatória, a preservação dos manguezais, a vida econômica dos pescadores. Analisando situações passadas e presentes, diferenças históricas e geográficas, montando gráficos e tabelas com o objetivo de socializar os dados colhidos com maior visibilidade, os alunos estariam trabalhando de forma interdisciplinar, aprofundando seu conhecimento sobre o meio ambiente e a comunidade onde vivem.

A frase do sr. Zé Melado de que é necessário "preservar essa preciosidade dada por Deus" poderá incentivar estudos relacionados ao ensino religioso, fazendo conexões com as áreas de ciências, geografia, história entre outras. Por que é necessário preservar os manguezais? De acordo com Black (2004, p. 91), cerca de 50% dos mangues ribeirinhos já foram drenados, e o fluxo natural de 60% dos rios principais do mundo interrompido por construções humanas. De acordo com análises recentes, o impacto do ser humano no ambiente hidrológico multiplicou nove vezes a partir de 1950. A maior causa é a manipulação humana do fluxo natural dos rios através da construção de barragens, represas e açudes.

Durante séculos, os manguezais desempenharam uma função importante de proteção contra tempestades, inundações e ondas gigantes. Outra função importante dos mangues é a sua participação no tratamento de águas residuais por meio da absorção de nitratos e fosfatos, dessa forma prevenindo a contaminação das águas costeiras. As árvores dos manguezais possuem características específicas que permitem a sua sobrevivência nos pântanos salinos – as raízes aéreas filtram o sal que é expelido pelas folhas. Há muito tempo os ecossistemas criados no seu entorno fornecem meios de subsistência – alimentação, medicamentos, materiais de construção, fontes de energia – para as populações do litoral.

No entanto, mais recentemente, a expansão desordenada da aquicultura no mundo está contribuindo para a destruição maciça dos manguezais costeiros, arruinando as comunidades tradicionais de pesca. No sul de Bangladesh, o volume de água doce entrando na Bahia de Bengal diminuiu bastante por causa das barragens no rio Ganges, causando tamanha salinidade nos manguezais dos Sundarbans, e assoreamento da rede natural de canais, que o ecossistema está desmoronando. A redução de água doce e a intrusão do sal nas regiões costeiras acarretarão perdas agrícolas significativas (Black 2004).

A extinção de manguezais também contribui para o aumento de desastres que afetam as populações do litoral. Entre 1991 e 2000 foram registrados 2.557 desastres naturais, dos quais 90% eram relacionados à água. A extinção dos manguezais é um dos fatores importantes, mas o desmatamento é outro fator que impede o acúmulo de água no solo. Consequentemente o escoamento das chuvas é superficial, com o acúmulo das águas acrescentando volume nas cabeceiras dos rios. O volume maior do rio aumenta o risco de inundações, e, com o acréscimo das populações ribeirinhas, que frequentemente moram em locais inadequados, as enchentes sazonais se tornam muito mais perigosas causando maiores níveis de destruição.

Contudo, os manguezais não servem apenas como defesa contra os elementos, também funcionam como berçários para os oceanos. O Projeto Ecossistemas Costeiros (Berchez 2009) da Universidade de São Paulo (USP), oferece textos educativos *on-line* sobre mangues e outros ecossistemas do litoral acreditando que "a partir do conhecimento, pode-se desenvolver um sentimento de responsabilidade e, através deste vínculo afetivo, a vontade de cuidar e preservar" (Berchez 2009). Carvalhal e Berchez (2009, s.p.), autores dos textos, afirmam que "os manguezais são um local muito nutritivo, onde muita matéria orgânica é decomposta pelos micróbios e disponibilizada na forma de nutrientes para o meio". Também é um local de pouca movimentação das águas, comparado com outros locais costeiros, favorecendo o abrigo e o desenvolvimento de organismos jovens. Muitos animais que vivem nos manguezais não passam a vida toda nesse ambiente. Por exemplo, os camarões nascem em alto-mar, migram para dentro do manguezal enquanto crescem, depois voltam ao oceano. Muitos peixes, como sardinhas, garoupas, tainhas e outros, anfíbios, répteis e outros animais, além de uma grande variedade de aves marinhas, todos frequentam o manguezal para se reproduzir, se alimentar, descansar ou para se esconder. "A partir do que foi dito, percebe-se que os manguezais são um refúgio natural para milhares de espécies, (...) o berçário para organismos que vivem no estuário e no oceano" (Carvalhal e Berchez 2009, s.p.).

Vamos descobrir mais sobre os manguezais, aumentar os vínculos afetivos e assumir a nossa responsabilidade de proteger esse berçário? Dessa forma, percebe-se como uma simples entrevista pode estimular uma infinidade de direções futuras para a continuidade dos estudos.

O Grupo 31A do Projeto Formar: Viajando no mundo dos peixes

Vários grupos do Projeto Formar trabalharam com o tema "pescados" no ano 2000 porque muitos grupos de estudo moravam no litoral e decidiram conhecer melhor o seu meio. O livro xerocado produzido pelo Grupo 31A é intitulado *Uma viagem ao mundo dos peixes* e uma rápida olhada no índice já demonstra a amplitude dos estudos realizados. O primeiro capítulo fala do salmão, da defesa dos peixes, da sua comida, das cores, das formas estranhas de vários pescados, do cavalo-marinho, dos cuidados maternais, das mudanças de cara e das nadadeiras.

Os alunos escrevem um pouco sobre a pesca do salmão e a importância da sua preservação, dizendo que é um peixe muito importante para a alimentação. Porém, a investigação poderia se aprofundar ainda mais no sentido de descobrir mais informações sobre os benefícios desse pescado. Mencionam também que o salmão passa um período da sua vida no oceano, mas não descrevem a trajetória toda.

O salmão de fato é um peixe muito interessante porque divide sua vida entre o mar e a água doce. Nasce na água doce onde madurece durante um mês, ou até 2 anos conforme a espécie, e depois inicia sua viagem em direção ao mar, se movimentando principalmente nas horas mais escuras para se esconder dos predadores. Depois de chegarem ao mar, os salmões seguem para zonas de alimentação onde permanecem até começar um novo ciclo que os impele a regressar aos rios onde nasceram.

As migrações de desova podem levar o salmão a percorrer mais de 5 mil km, enfrentando correntes fortes e turbulentas, lançando-se em grandes saltos até ultrapassarem quedas d'água no caminho. Eles não se alimentam durante essa viagem, e mesmo assim conseguem percorrer até 90 km por dia durante várias semanas até chegarem ao destino, seu local de nascimento, completamente extenuados. Após a desova, os adultos normalmente morrem, raramente conseguem voltar para o mar. Fazem todo esse esforço para alcançar seu local de nascimento, que acaba se transformando no seu local de descanso eterno. É uma história fascinante (Rodrigues 2002).

Infelizmente o ser humano está acabando com esse alimento altamente nutritivo em virtude da pesca excedente e da poluição dos mares. De acordo com o Greenpeace Portugal (s.d.), a poluição do petróleo provocada pelos acidentes marítimos não é o maior problema nos oceanos. A entidade se preocupa mais com poluentes de outras fontes, como

> os esgotos domésticos, as descargas industriais, o escoamento de superfície urbano e industrial, os acidentes, os derrames, as explosões, as operações de descarga no mar, a exploração mineira, os nutrientes e pesticidas da agricultura, as fontes de calor desperdiçadas e as descargas radioativas. (Greenpeace s.d.)

De acordo com o Greenpeace (s.d.), a poluição que tem sua origem em terra é responsável por cerca de 44% dos poluentes que afetam o mar, as fontes atmosféricas são responsáveis por 33% e o transporte marítimo é responsável por apenas 12%.

Segundo Sams (2003, p. 99), "poluentes orgânicos persistentes como dioxina e bifenilos policlorados (PCBs) de resíduos industriais, tintas para aplicações marítimas, produtos de isolamento e pesticidas [se] acumulam nos peixes, sobretudo em peixes gordos e seus fígados". Por essas razões precisamos tomar cuidado com o nosso consumo não apenas de pescados como também de produtos como as cápsulas de óleo de fígado de bacalhau. Infelizmente os peixes de criação, ou da piscicultura, não são livres de problemas. Os organofosforados – componentes altamente tóxicos nos pesticidas usados para controlar infestações de parasitas – e antibióticos são frequentemente encontrados nos peixes de viveiros, sejam do mar ou de água doce. E, quando escapam para os rios ou para o alto-mar, esses peixes criados em cativeiro podem reproduzir com peixes selvagens, assim afetando a integridade genética das futuras gerações.

A maior concentração de peixes por unidade de espaço nos viveiros, em comparação com o ambiente natural, e a falta de predadores naturais são fatores que facilitam a invasão de parasitas que representam as maiores causas de perdas econômicas na piscicultura. No entanto, precisa haver um controle maior dos pesticidas utilizados para combater esse problema, já que o acúmulo de material tóxico em torno dos viveiros polui as águas afetando as populações selvagens da região. Devemos prestar muita atenção na fonte dos nossos pescados, na certificação de produtores, nas condições de transporte, entre outros fatores. Quando compramos o nosso peixe, a carne e as escamas devem estar firmes; as guelras, vermelhas; e os olhos, bem claros e brilhantes. Se tiver um cheiro forte, o peixe não está fresco. Lembramos também que na compra de peixe congelado devemos sempre checar a data de embalagem e a sua validade.

Começamos com a história do salmão e continuamos a nossa viagem em várias outras direções; quais as linhas de investigação que interessam aos alunos? Gostariam de descobrir mais sobre as diferentes viagens das diversas espécies de salmão? O ciclo de reprodução de outras espécies aquáticas? As suas propriedades nutricionais? Gostariam de saber mais sobre a piscicultura, comparar o número de peixes por área nos tanques e viveiros comparado com os números normais da procriação natural? Pesquisar os dados econômicos das diferentes formas de pesca? Querem investigar a fundo a poluição das águas? Quais as áreas do litoral brasileiro consideradas menos poluídas? E os rios mais poluídos?

Lembramos que os sistemas hídricos são interconectados. Dessa forma, quando são construídas grandes barragens para gerar energia, o fluxo natural dos rios é prejudicado interferindo com as populações de peixes. Estima-se que um terço dos peixes de água doce do mundo já está extinto ou ameaçado por causa das ações do homem. Quais os programas governamentais preocupados com a despoluição das nossas águas ou com a garantia da manutenção saudável das diversas populações aquáticas? O que está sendo feito no nosso município? De que forma a nossa escola pode contribuir? Quais os alunos que pertencem a famílias de pescadores? O que pensam os pescadores sobre esses assuntos?

O Grupo 31A do Projeto Formar

O Grupo 31A dedica seu segundo capítulo à coleta de dados de pescadores da comunidade. Os alunos entrevistaram um pescador de rio e outro do mar, perguntando sobre os equipamentos utilizados na pesca, na navegação, na comunicação. Interessaram-se em saber detalhes sobre os artefatos pirotécnicos e equipamentos de salva-vidas. O grupo também registrou histórias verídicas de cada pescador entrevistado e o capítulo seguinte continua com o registro de algumas lendas e histórias criadas pelos alunos. O capítulo 4 registra um fato real que aconteceu durante a escrita do livro quando os pescadores locais conseguiram pegar um peixe muito grande da espécie mero pesando 220 quilos. A história está muito bem ilustrada, mostrando o barco em alto-mar, a pesca do mero, o seu transporte em carrinho de mão até a peixaria, a limpeza do peixe e o ensacolamento das postas, até o transporte em caminhão para a capital do estado. Nesse capítulo, os alunos também pesquisaram os preços de várias espécies de peixes, visitando a maioria das peixarias da cidade para montar uma tabela com os dados coletados. No último capítulo, o grupo apresenta uma coleção de receitas feitas com pescados.

Quantas áreas de saber fascinantes – e todos podem ser aprofundados de acordo com o interesse dos alunos, os conteúdos em estudo, o direcionamento dos professores, as características da escola e da comunidade.

Lembramos do comentário de um aluno imaginário no começo deste capítulo quando respondia à pergunta: "Por que comemos peixes e/ou carnes?". E ele respondeu: "Meu pai é pescador então peixe fica mais barato pra gente". Vamos explorar direções relacionadas a esse comentário? Por exemplo, a tabela de preços poderia levar os alunos a pesquisarem a relação custo-benefício das diversas formas de pesca. Por que o peixe chega até o consumidor com preços elevados? Qual o lucro do pescador autônomo? E o pescador que trabalha para uma grande indústria pesqueira? A família do pescador come peixe de graça? A comunidade de pescadores paga menos pelos peixes capturados localmente? Quais os benefícios do consumo local de alimentos frescos comparado com o consumo de pescados congelados? Com base nessas perguntas iniciais surgem conexões entre assuntos ligados à saúde, ao meio ambiente, à matemática, à economia, às ciências sociais e naturais, entre muitos outros.

Considerações finais

Começamos este capítulo pensando em carnes e pescados como fontes de proteína e descobrimos que a proteína pode ser encontrada numa grande diversidade de alimentos e que precisamos prestar muito atenção nas características de qualquer alimento. Não podemos escolher o que comer com base em apenas um dos componentes. Passeamos pela história da agricultura, da domesticação de animais, e pensamos sobre os problemas envolvidos quando o produtor, seja de grãos ou

Nutrição 241

de animais, decide intensificar a sua produção visando lucros cada vez maiores. Descobrimos mais sobre proteínas, lipídios, colesterol e outras propriedades como ferro, fósforo e cálcio, sugerindo sempre que os conhecimentos sejam trabalhados de forma contextualizada. Percebemos uma gama infinita de possibilidades de pesquisa relacionadas ao simples amendoim, e imaginamos inúmeras direções de estudo focalizando a complexidade dos manguezais. Refletimos sobre os objetivos principais do ensino, a inteligência distribuída, e as contribuições indispensáveis da interdisciplinaridade e da contextualização, concordando plenamente com a síntese de Stein (1998) apresentada nos PCNs do Ensino Médio (Brasil 2000) a seguir:

> (...) é interessante citar a síntese apresentada por Stein (1998) sobre as características da aprendizagem contextualizada: em relação ao conteúdo, busca desenvolver o pensamento de ordem superior em lugar da aquisição de fatos independentes da vida real; preocupa-se mais com a aplicação do que com a memorização; sobre o processo assume que a aprendizagem é socio-interativa, envolve necessariamente os valores, as relações de poder, a negociação permanente do próprio significado do conteúdo entre os alunos envolvidos; em relação ao contexto, propõe não apenas trazer a vida real para a sala de aula, mas criar as condições para que os alunos (re)experienciem os eventos da vida real a partir de múltiplas perspectivas.
>
> A reorganização da experiência cotidiana e espontânea tem, assim, um resultado importante para a educação, pois é principalmente nela que intervêm os afetos e valores. É com base nela, embora não exclusivamente, que se constróem as visões do outro e do mundo, pois uma parte relevante da experiência espontânea é feita de interação com os outros, de influência dos meios de comunicação, de convivência social, pelos quais os significados são negociados, para usar o termo de Stein. (Stein, *apud* Brasil 2000, p. 83)

A maioria das propostas neste livro envolve trabalhos realizados em pequenos grupos, dessa forma criando oportunidades para a interação social, a troca de ideias diferenciadas, a construção de valores e a negociação permanente. A ênfase está sempre na contextualização do conhecimento, na criação de situações de aprendizagem que obrigam os alunos a colocarem seu conhecimento em prática. A experiência cotidiana do aluno deve ser utilizada como ponto de partida para a sua ressignificação, na medida em que cada aluno se torna mais consciente da multiplicidade das possíveis visões do mundo. Vamos apreciar a diversidade que nos cerca – enquanto existe!

6
ÁGUA: A BASE DA VIDA

Introdução

A água é nosso alimento básico, sem o qual não é possível viver. O ser humano pode passar até 28 dias sem comer, mas sobrevive apenas 3 dias sem água. Nosso corpo é constituído de mais ou menos 66% de água. Então, será que a água é mais importante que a comida que ingerimos? O que os alunos pensam sobre isso? E os nutricionistas? Será que a água deve representar dois terços de nossa alimentação? Quais as comidas com maior teor de água? O chuchu possui mais água que a carne? O que estamos bebendo? Qual a quantidade de água que os alunos consomem diariamente? E semanalmente? E qual a quantidade de refrigerantes, de leite e de sucos? Quais as bebidas preferidas dos alunos? Será que todos os líquidos que bebemos podem substituir a água pura? Será que beber 1 litro de refrigerante vai surtir o mesmo efeito que beber 1 litro de água? Os alunos sabem que, além de água, os refrigerantes contêm muito açúcar (ou adoçante, no caso dos *light*), cafeína, conservantes, gás carbônico, entre muitos outros ingredientes? Vamos investigar todos os ingredientes dos refrigerantes de preferência da turma? Qual o efeito desses ingredientes na saúde? Vamos descobrir?

Quando comparamos as calorias de um copo de suco de laranja (90 kcal) com as de um copo de refrigerante (em torno de 85 kcal), o refrigerante possui um pouco menos. Isso significa que é melhor tomar refrigerantes? Lembramos que esse tipo de pergunta emerge quando focalizamos apenas um elemento da bebida que pretendemos ingerir – nesse caso, o número de calorias. Porém precisamos lembrar que um copo de refrigerante não possui nenhum nutriente: é considerado um produto com calorias vazias, isto é, um alimento que fornece calorias sem nenhum valor nutricional como, por exemplo, o álcool, as balas, o açúcar de mesa, entre outros. No entanto, um copo de suco de laranja contém várias vitaminas e minerais que são importantes para o bom funcionamento do organismo.

Vamos comparar nossos refrigerantes preferidos com os sucos mais consumidos pela turma? E os sucos menos conhecidos? O que estamos perdendo quando escolhemos um refrigerante em vez de um suco diferente? Quais os sucos "diferentes" que os alunos já experimentaram? Conhecem abacaxi com hortelã? Suco de couve com limão? Maracujá com manga ou com inhame cru? Jabuticaba com caqui? Manga com batata yacon? Lembramos que, quando incluímos yacon no suco, essa batata "dietética" ajuda a diminuir a absorção de glicose, contribuindo assim para o tratamento e a prevenção do diabetes. Vamos montar uma degustação de sucos diferentes para ver qual é o mais popular?

Degustação de sucos: Possíveis problematizações

Com a proposta de iniciar uma série de atividades a partir de uma degustação de sucos, a turma poderia se dividir em grupos, cada grupo criando sucos diferentes e registrando cada suco no quadro para evitar repetições. Após montada a lista, os grupos poderiam investigar as propriedades nutricionais dos sucos escolhidos, divulgar suas descobertas em cartazes montados de forma convincente, preparar uma quantidade previamente combinada de cada suco e oferecer os sucos a outra(s) turma(s) durante o recreio.[1] Um pequeno questionário poderia ser elaborado para ser preenchido pelos consumidores dos sucos e os dados colhidos seriam analisados posteriormente na sala de aula. O questionário a seguir, que já inclui algumas respostas para ilustrar a discussão, pode servir de base para outras atividades. Como veremos, vários dados interessantes podem ser analisados:

---

1. É importante lembrar que os alunos precisam decidir se pretendem acrescentar açúcar ou não. Idealmente, os sucos não devem ter açúcar adicionado, mas a decisão precisa ser tomada em conjunto.

FIGURA 12: COLETA DE DADOS RELACIONADOS À DEGUSTAÇÃO DE SUCOS

QUESTIONÁRIO
Queremos sua opinião sobre os nossos diferentes sucos!

1. Ingredientes do suco: *Laranja com beterraba.*

2. Você já tomou esse tipo de suco?

Muitas vezes	Algumas vezes	Poucas vezes	Nunca
			X

3. O que você achou do suco?

Adorei	Gostei	Não gostei muito	Achei horrível
	X		

Por favor, explique por quê: *Gostei do sabor da laranja, estava bem doce. E gostei muito da cor!*

4. Você tomaria esse suco de novo numa outra oportunidade?

Com certeza	Provavelmente	Não sei	De jeito nenhum
	X		

5. Se você tivesse de escolher entre as opções abaixo, qual escolheria?

Esse suco	Um refrigerante	Água	Outro (preencher)
			Suco de laranja

6. Entre as opções da questão anterior, qual a melhor escolha para sua saúde?
Esse suco.
Por quê? *Tem laranja e beterraba. E frutas e legumes fazem bem à saúde.*

7. Entre as mesmas opções da questão 5, qual a pior?
Refrigerante.
Por quê? *Porque tem açúcar e isso engorda.*

8. Você aprendeu alguma coisa interessante durante a sessão de degustação?
Sim, aprendi que beterraba tem vitamina C e que pode ser usada contra o câncer.
Assim, eu devo comer mais beterraba.

9. Que suco "diferente" você gostaria de experimentar, além dos que você experimentou hoje?
Ouvi dizer que o suco de açaí com guaraná é muito bom para dar energia, por isso gostaria de experimentar.

Fonte: Elaborada pelas autoras.

Se as amostras de suco forem servidas em copinhos de café, os alunos terão oportunidade de experimentar uma grande variedade de sucos. Após a degustação, cada um poderia ser convidado a votar no seu suco preferido, colocando em uma urna o nome do suco escolhido.

O que é possível aprender com uma atividade dessa natureza? Em primeiro lugar, os alunos aprenderão a experimentar sucos que fazem bem à saúde. Quando a degustação é promovida como atividade social, às vezes os degustadores experimentam coisas que jamais experimentariam fora de um grupo. É possível que um colega de sala seja um pouco mais corajoso e demonstre interesse em experimentar sucos diferentes. Se gostar do que tomou, poderá convencer os outros a experimentar também. A troca de opiniões e comentários durante a degustação traz inúmeros benefícios. Já que o planejamento da atividade prevê que cada grupo fique responsável pelo estudo das propriedades nutricionais do suco que escolheu, adquirindo assim conhecimentos específicos sobre os ingredientes utilizados, todos estarão compartilhando informações diferenciadas naquele momento. Esse tipo de troca propicia o acúmulo de informações e sua consolidação – principalmente quando essa troca é realizada numa atividade prática e prazerosa.

Dependendo das capacidades e interesses dos alunos, muitos temas afins podem ser trabalhados. Crianças do primeiro ano escolar já podem aprender nomes de diferentes frutas e verduras, assim como observar detalhadamente as formas, cores, cheiros e gostos de todos os ingredientes utilizados. Podem montar gráficos de acordo com suas preferências e aprender sobre quantidades de líquido: quantos copinhos de café (50 ml) são necessários para encher um copo normal (200 ml), e quantos copos de água devem ser ingeridos todos os dias? Quais os alunos da sala que mais consomem água? E suco? E refrigerante? Podem também fazer desenhos do corpo humano a fim de mostrar a quantidade de água dentro de nosso corpo.

Por outro lado, alunos dos anos mais adiantados podem investigar a distribuição de água nos diferentes órgãos, montando tabelas para mostrar os órgãos mais "aquáticos", como por exemplo:

TABELA 25: DISTRIBUIÇÃO DE ÁGUA NO ORGANISMO HUMANO

CÉREBRO	PULMÕES	SANGUE	MÚSCULOS	PELE	OSSOS	DENTES
85%	80%	79%	73%	71%	22%	10%

Fonte: Anjum (s.d.).

Quais as outras fontes de informação sobre este assunto? Os dados acima se confirmam ou não? Quais as fontes mais confiáveis?

Durante a pesquisa, os alunos poderão descobrir que a proporção de água no corpo varia em função da idade e do gênero. Por exemplo, o corpo de um feto de até 5 meses contém 94% de água, enquanto o corpo de uma criança pequena

246 Papirus Editora

contém 75%, o de um homem adulto, 65%, o de uma mulher adulta, 60%. Em pessoas idosas, a proporção de água pode chegar até a 50%, demonstrando um processo lento de desidratação durante a vida. Quais as consequências desse processo natural? Uma delas é de ordem prática: é preciso produzir um cálculo que indique qual a quantidade de água recomendada para manter o corpo humano bem hidratado nas diversas fases da vida. A quantidade de água que se deve beber depende da constituição física da pessoa, do seu nível de atividade e da umidade do ar, mas também depende da faixa etária e do peso. De acordo com Mahan, Escott-Stump e Raymond (2005), um adulto deve ingerir por dia em torno de 2,5 litros ou 35 ml por quilo de peso. Com base nesse cálculo, um adulto pesando 50 kg teria de consumir pelo menos 1.750 ml por dia, enquanto outro de 100 kg teria de tomar pelo menos 3.500 ml – o dobro! Porém, a recomendação para crianças é de 50 a 60 ml/kg por dia e, para bebês acima de 6 meses, 150 ml/kg por dia. No entanto, reafirmamos que o leite materno é o líquido ideal para o bebê, pois além de fornecer a água necessária, também fornece os nutrientes essenciais.

Com base nessas informações, ficamos sabendo que a idade é apenas um dos fatores a serem levados em conta quando se calcula a quantidade recomendada de consumo diário de água. Desse modo, fica claro que não é possível recomendar uma quantidade que atenda a todos os seres humanos – inúmeros fatores precisam ser levados em conta e analisados. E o que acontece com os diversos órgãos do corpo quando não ingerimos água em quantidade suficiente? Vamos pesquisar mais?

Retomando os dados colhidos em nosso primeiro questionário sobre as preferências manifestadas pelos alunos durante a degustação de sucos,[2] poderemos identificar outros caminhos para futuras investigações. Por exemplo, quando os alunos descobrem quais os sucos que mais agradaram seus colegas e quais os menos apreciados, uma boa ideia é sugerir à diretora que inclua no cardápio da escola os que agradaram mais. Após registro e análise das razões da aceitabilidade de diferentes combinações de sucos, os alunos poderão planejar uma segunda etapa da degustação, na tentativa de diminuir a rejeição dos sucos não apreciados. Podem ainda investir mais na pesquisa das propriedades nutricionais das frutas e verduras que menos agradaram os colegas e comparar os benefícios dos sucos com os malefícios de opções como os refrigerantes.

Outro veio a ser explorado é a disponibilidade de frutas e verduras da região. O objetivo dessa investigação seria baratear a oferta de sucos na escola e testar combinações inovadoras. Quando se investe na continuidade de uma investigação,

---

2. Ver Figura 12 na p. 245.

e o professor apoia as decisões tomadas pelos alunos, e quando o conhecimento construído é colocado em prática, as estratégias de ensino certamente garantirão uma aprendizagem muito mais efetiva. Ao mesmo tempo, poderão provocar mudanças educacionais, sociais e culturais. O processo educativo não deve limitar-se à mera aquisição de informações, deve também abranger "conteúdos procedimentais e conteúdos atitudinais, que envolvem a abordagem de valores, normas e atitudes" (Brasil 1997a, p. 74). Quais as outras áreas que podem ser exploradas?

As funções da água no nosso corpo

Para iniciar trabalhos nesta área, alunos dos anos finais do ensino fundamental poderão se empenhar na busca de dados atualizados sobre as funções da água no corpo. O que é que a água faz no nosso corpo? Que noções têm os alunos sobre esse assunto? Como organizar suas ideias? Como compartilhá-las? Onde procurar informações confiáveis sobre este assunto?

De acordo com a nutricionista Roberta dos Santos Silva (2007, p. 1), "a água é a bebida mais importante, pois ela desempenha diversas funções em nosso organismo". Será que as crianças conseguem identificar todas as funções da água no corpo humano? Silva (2007) aponta como as mais importantes funções as que seguem:

- colaborar no processo de digestão, absorção e transporte dos nutrientes;
- ajudar a manter a temperatura do corpo estável;
- contribuir para a formação de células e tecidos do organismo;
- beber água, e consumir alimentos ricos em fibras, aumenta a formação do bolo fecal, contribuindo para o bom funcionamento do intestino;
- ativar o funcionamento do sistema urinário etc.

Qual a função mais importante, na opinião dos alunos? E a menos importante? O que dizem os livros disponíveis? Quando não bebemos água, o que acontece no nosso corpo? Quanta água devemos consumir cada dia? Vamos fazer os cálculos? E os alunos? Eles consomem uma quantidade suficiente de água?

De acordo com o Instituto Hidratação e Saúde (s.d.), a desidratação resulta da eliminação de água e sais minerais do organismo quando o balanço hídrico é negativo, isto é, quando as perdas de água não são repostas. Nosso corpo armazena pouca água e uma grande parte do que é consumido evapora através da pele ou perde-se na respiração, nas fezes e na urina. Por isso é necessário beber água constantemente. No entanto, é importante saber que, no momento em que sentimos sede, já sofremos uma perda de aproximadamente 5% da água do corpo. A desidratação ocorre quando a quantidade de água do nosso organismo é menor do que a que ele exige. Essa baixa no nível de água pode decorrer de ingestão insuficiente ou de excesso de perda, e é percebida na cor da urina – quanto mais escura, maior a possibilidade de desidratação.

As perdas hídricas ocorrem em diversas situações como, por exemplo: (1) após uma atividade física. Nesse caso, o organismo fica com um déficit de água devido ao excesso de transpiração e à respiração exagerada; (2) após ingerir bebidas alcoólicas. Nessa situação, é comum o corpo perder água, pois o álcool contém pequenas moléculas que atravessam a membrana de todas as células e, em decorrência de sua atração por meios aquosos, desloca a água das células, desidratando-as. Com isso, altera-se o equilíbrio do pH e dos sais minerais, comprometendo o funcionamento normal das células. A relação entre a água e os sais minerais existente em nosso corpo precisa estar equilibrada para garantir o metabolismo de nosso corpo.

Qual a nossa preferência: Água ou refrigerante?

O que acontecerá com o nosso corpo se decidirmos beber refrigerante em vez de água? De acordo com Carvalho e Zanardo (2010, p. 125):

> Recomenda-se, como uma escolha inteligente, o consumo de água e líquidos nas quantidades recomendadas para cada idade, preferindo sempre o consumo de água pura, sucos de frutas naturais ou sucos preparados com polpas de frutas congeladas, preferencialmente não adoçados. Deve-se evitar o consumo de refrigerantes e sucos artificiais em pó, por seu elevado conteúdo de açúcar e reduzido valor nutritivo.

Alunos do ensino médio poderiam investigar as variáveis que influenciam a escolha dos líquidos que bebemos. Há vários estudos sobre os efeitos do estilo de vida e de fatores demográficos como gênero, idade e educação. Os autores Lima-Filho, Oliveira e Watanabe (2009, p. 6) informam:

A Abiad (2004) realizou estudo sobre o consumo da população de produtos *diets* e *lights* e constatou que o consumo desses alimentos aumenta de acordo com a renda. Sendo assim, a maior incidência de consumo desses produtos se dá nas classes mais ricas (...). De um modo geral, percebe-se que a preocupação com a saúde está presente em todas as classes econômicas, fato que abre um espaço grande no mercado para produtos naturais e de baixa caloria. (Lima-Filho; Oliveira e Watanabe 2009, p. 6)

Mas mesmo assim 60% da classe A consomem refrigerantes, contra apenas 19% da classe E (Abiad 2004). Quais os dados da nossa turma? E da escola? Quais os fatores que mais influenciam essa escolha? Vamos investigar? Que chances temos de modificar nossos hábitos de consumo? A população local está bem informada sobre os malefícios causados pela ingestão de bebidas como refrigerantes? Qual o nível de aceitação dos produtos naturais pelos alunos, seus pais e a comunidade local? Quais os dados colhidos no dia da degustação dos sucos "diferentes"? Quais as previsões de consumo de refrigerantes e de água para o mercado local?

No artigo citado acima (Lima-Filho; Oliveira e Watanabe 2009) encontramos uma análise das estratégias de *marketing* utilizadas pelos grandes líderes da indústria de refrigerantes, e um ponto muito interessante abordado é a importância de entender os hábitos dos consumidores – entender até que ponto eles estão dispostos a investir seus recursos, isto é, dinheiro, tempo e esforço (*ibidem*, p. 3). Outros fatores, tais como poder de compra, escolaridade, saúde, estilo de vida, gênero e idade também contribuem para a tomada de decisão quanto à escolha de alimentos.

Quais as áreas que mais interessam aos alunos? Vamos trabalhar em pequenos grupos? Cada grupo poderá eleger um dos fatores acima apontados como base para investigação. Mas como descobrir dados atualizados sobre esses assuntos? Quais as áreas de conhecimento que poderiam ser envolvidas? É possível incluir várias áreas de estudo na mesma investigação?

Os Parâmetros Curriculares Nacionais para o Ensino Médio (Brasil 2000) se dividem em três grandes áreas de conhecimento: linguagens, códigos e suas tecnologias; ciências da natureza, matemática e suas tecnologias; e ciências humanas e suas tecnologias. Vamos pensar um pouco sobre cada uma dessas grandes áreas?

■ LINGUAGENS E CÓDIGOS

Linguagens, códigos e suas tecnologias: Um olhar interdisciplinar

Quando se começa a pensar sobre esta primeira grande área, é provável que a maioria dos professores se lembre logo de disciplinas como língua portuguesa e língua estrangeira. Mas, de acordo com os PCNs do Ensino Médio (Brasil 2000),

> é importante destacar que o agrupamento das linguagens busca estabelecer correspondência não apenas entre as formas de comunicação – das quais as artes, as atividades físicas e a informática fazem parte inseparável – como evidenciar a importância de todas as linguagens enquanto constituintes dos conhecimentos e das identidades dos alunos, de modo a contemplar as possibilidades artísticas, lúdicas e motoras de conhecer o mundo. A utilização dos códigos que dão suporte às linguagens não visa apenas ao domínio técnico, mas principalmente à competência de desempenho, ao saber usar as linguagens em diferentes situações ou contextos, considerando inclusive os interlocutores ou públicos. (*Ibidem*, p. 92)

Sendo assim, concluímos que as artes, as atividades físicas e a informática devem ser incluídas nas propostas de ensino de expressão e comunicação. Leitura e escrita em língua portuguesa e língua estrangeira; a utilização do computador para acessar fontes confiáveis de informação e organizar os resultados das investigações; a observação detalhada de ilustrações no material pesquisado; a análise do corpo em diferentes períodos artísticos; a utilização do corpo e a produção artística dos próprios alunos como ferramentas da comunicação efetiva das suas descobertas – todas essas áreas devem ser incluídas nos trabalhos previstos.

Um exemplo maravilhoso de como utilizar a educação física para pensar um pouco sobre as nossas opções alimentares foi usado em um programa de televisão levado ao ar em janeiro de 2011, quando o famoso chefe de cozinha inglês, Jamie Oliver, viajava pelos Estados Unidos, tentando mudar alguns hábitos alimentares nos lugares por onde passava. Um dos seus desafios era descobrir como convencer as pessoas que comida é um tema gostoso, que deve produzir alegria e bem-estar. Mas quando Jamie chegou a Huntington, em West Virginia, encontrou muita resistência e acabou fazendo uma aposta com um famoso locutor da emissora de rádio local, que se posicionava fortemente contra qualquer proposta de mudança alimentar.

Jamie apostou que seria possível convencer 1.000 pessoas, dentro de uma semana, a experimentar alguma comida mais saudável que até então não conheciam. Como fazer? Uma das ideias que funcionou muito bem surgiu quando Jamie conheceu uma professora de educação física da universidade local. A professora sugeriu que os movimentos do ato de cozinhar poderiam ser transformados numa dança coletiva. A sugestão foi aceita. Ela montou a coreografia, atraiu voluntários, coordenou ensaios, e o grupo de "cozinheiros-dançarinos" apresentou a dança enquanto cozinhava na praça principal da universidade – um resultado inédito para a mensagem de Jamie. Assim a dança foi utilizada como meio de comunicação.

Outra estratégia que ajudou Jamie a ganhar sua aposta foi a seguinte: ele convidou seu oponente, o locutor, a conhecer um pouco mais da sua própria comunidade. Os dois visitaram uma funerária local, e o impacto visual do tamanho dos caixões chocou ambos. Chocou-os também a descrição de funerais de pessoas obesas, já realizados pela firma: o caixão não podia ser transportado em um carro, sendo necessário contratar um caminhão com guindaste; além disso, algumas vezes foi necessário adquirir dois lotes no cemitério em vez de um, e também apelar para o corpo de bombeiros para ajudar na transferência do caixão de um lugar para outro. São medidas que impressionam e fazem a cerimônia fúnebre perder sua dignidade, num momento de forte emoção. É isso que desejamos para nosso futuro? É isso que desejamos para o futuro daqueles a quem queremos bem? As imagens projetadas por essa história acabaram convencendo o locutor da importância de ajudar Jamie Oliver a reeducar a população no que se refere às suas opções alimentares. O poder do elemento visual e os movimentos físicos contribuíram para o sucesso da comunicação.

> A interdisciplinaridade pode ser também compreendida se considerarmos a relação entre o pensamento e a linguagem, descoberta pelos estudos socio-interacionistas do desenvolvimento e da aprendizagem. Esses estudos revelam que, seja nas situações de aprendizagem espontânea, seja naquelas estruturadas ou escolares, há uma relação sempre presente entre os conceitos e as palavras (ou linguagens) que os expressam, de tal forma que (...) uma palavra desprovida de pensamento é uma coisa morta, e um pensamento não expresso por palavras permanece na sombra. Todas as linguagens trabalhadas pela escola, portanto, são por natureza "interdisciplinares" com as demais áreas do currículo: é pela linguagem – verbal, visual, sonora, matemática, corporal ou outra – que os conteúdos curriculares se constituem em conhecimentos, isto é, significados que, ao serem formalizados por alguma linguagem, tornam-se conscientes de si mesmos e deliberados. (Brasil 2000, p. 77)

De que forma seria possível utilizar as linguagens visual e corporal para conscientizar os alunos ou a comunidade da importância da água em nossa dieta? Quais as sugestões dos alunos? Neste momento nos vêm à mente algumas apresentações de diferentes escolas do município de Domingos Martins, no Espírito Santo, durante o ano de 1996, quando professores estavam experimentando propostas interdisciplinares de trabalho, utilizando apostilas que resultaram na publicação do livro *Meio ambiente: Interdisciplinaridade na prática* (Currie 1998b). É claro que o tema "água" aparece inúmeras vezes nesse livro, pois nele encontramos sugestões de trabalho relacionadas ao meio ambiente. Mas foram sempre os professores e alunos que definiram o rumo de seus próprios trabalhos, mantendo um diálogo aberto entre professores e técnicos da área de educação, professor/professor, professor/aluno e aluno/aluno. Várias escolas se apaixonaram pelo tema e apresentaram danças e peças de teatro em praça pública, elaboraram cartazes com mensagens visuais fortemente chamativas quando participavam de desfiles, modificaram a letra de músicas bem conhecidas com o propósito de alertar as comunidades sobre problemas relacionados à qualidade da água que consumiam, à contaminação dos rios pelo esgoto, à importância da água para nossa sobrevivência etc. Essas mensagens foram transmitidas verbalmente, visualmente, cinestesicamente, musicalmente, e através de combinações de vários meios ao mesmo tempo.

Pensando sobre a água

Vamos ouvir os alunos para definirmos em conjunto os próximos rumos? Retornemos às *Portas de entrada baseadas na teoria das múltiplas inteligências*, que foram apresentadas no começo do Capítulo 4 – nada mais apropriado para a nossa discussão de "Linguagens e códigos" do que usar a porta da "narração". Vamos procurar uma história envolvente na literatura, nos contos, na mitologia – com protagonistas cativantes e situações de tensão ou de emoção relacionadas de alguma forma com o tema "água". Quais os filmes que os professores e alunos conhecem, relacionados a esse tema? Quais os assuntos que gostariam de investigar? Quais as músicas – em português, inglês, espanhol e outras línguas em estudo – que tratam de conflitos ou problemas envolvendo a água, que necessitam de solução? Quais as outras linguagens e códigos que poderiam ser utilizados como portas de entrada para este tema?

Por exemplo, quando estudam o mapa do Brasil, os alunos percebem que a maioria das capitais brasileiras está localizada no litoral, normalmente às margens de um grande rio? E que as outras cidades também cresceram na proximidade de fontes de água doce? Quando examinam mapas históricos e estudam as grandes civilizações do passado, também perceberão a importância fundamental dos grandes rios – começando pela Mesopotâmia, que se desenvolveu em torno dos rios Tigre e Eufrates. Quais os rios que forneceram água para os fundadores de Roma, Paris, Londres? Qual a importância do rio Nilo para os egípcios?

É bom lembrar que a importância da água para o desenvolvimento do ser humano não reside apenas no funcionamento do corpo. A água é fundamental para qualquer processo econômico, e indispensável para a irrigação das plantações e a criação de animais, quando não há precipitação natural suficiente. Consequentemente, ela assume um papel central em muitas religiões do mundo. Chove muito pouco no Egito, por isso o rio Nilo assume uma importância ainda maior. Em que áreas do Brasil chove mais? De que forma é medido o nível de precipitação? Como as pessoas sobrevivem nas áreas mais secas? A água é transportada de um local para outro? Se é, quais as consequências disso? A antiga Roma se tornou famosa pela construção de aquedutos, que transportavam a água por longas distâncias. Mas porque era necessário investir nessas construções gigantescas? Roma não se desenvolveu nas margens do rio Tiber? Sim, porém o esgoto da cidade era despejado diretamente no rio, poluindo a água disponível. E é por essa razão que a água limpa precisava ser transportada de áreas menos habitadas. Vamos investigar as múltiplas relações entre o acesso à água potável e a poluição das águas?

Nem todos os países no mundo possuem água suficiente para atender às necessidades de sua população. Um terço da população da África já enfrenta escassez de água, e a Índia, com 20% da população mundial, tem acesso a apenas 4% da água doce disponível no planeta. No passado remoto, a água doce era vista como um recurso ilimitado e "gratuito", e sua capacidade de refrescar, limpar ou até purificar era reverenciada. Mas, infelizmente, hoje em dia as fontes naturais de água doce não são mais seguras nem gratuitas. O crescimento da população, a industrialização da agricultura, um estilo de vida que se torna cada vez mais irresponsável em relação aos bens do meio ambiente (água, terra, ar) estão provocando crises naturais de todo tipo.

A Organização Mundial da Saúde afirma que 80% das doenças existentes atualmente são relacionadas à água, devido principalmente à poluição, à falta de higiene e de rede de saneamento, às precárias condições do sistema de canalização, entre outros fatores. Em 1970 (Black 2004), mais de 70% da população mundial não tinha acesso à água potável, enquanto faltava saneamento para 75%. Para reduzir os níveis de doença, não basta garantir água limpa para o consumo da população, é preciso também dispor de água limpa para higienização durante a preparação e o consumo do alimento.

Quais os hábitos de higiene dos alunos? De onde vem a água para consumo nas suas casas ou na escola? Para onde vai o esgoto de suas casas? E da escola? Vamos investigar? O que acontece quando não lavamos as mãos antes de preparar ou consumir nossa comida? Por que é necessário lavar as frutas e verduras que consumimos? Vamos estudar um pouco de química e biologia enquanto lemos, discutimos e escrevemos sobre esses assuntos? Myriam Sidibe, autora de uma tese de doutorado sobre a importância da lavagem das mãos com sabão, proferiu uma palestra TED[3] em setembro de 2014, na qual ela afirma que, a cada ano, 6,6 milhões de crianças não chegam aos 5 anos de idade e a maioria dessas mortes poderia ser evitada:

> Diarreia e pneumonia são as doenças que mais matam crianças com menos de 5 anos, e o que podemos fazer para evitar essas doenças não é uma inovação tecnológica sofisticada. É uma das invenções mais antigas do mundo: uma barra de sabão. Lavar as mãos com sabão, um hábito tão comum, pode reduzir a diarreia à metade, pode reduzir as infecções respiratórias em um terço. Lavar as mãos com sabão pode ter um impacto na redução da gripe, do tracoma, da pneumonia atípica, e mais recentemente, no caso da cólera e no surto do ebola (...) Lavar as mãos com sabão (...) pode salvar mais de 600 mil crianças por ano. (Sidibe 2014, s.p.)

A organização TED divulga ideias e experiências inovadoras por meio de palestras que são traduzidas para 26 línguas. Os alunos sentem a necessidade de comunicar suas descobertas ao restante da escola ou à comunidade? Vamos divulgar pelas redes sociais, fazer palestras, produzir filmes, jogos interativos? Vamos traduzir os resultados para línguas diferentes? Como fazer isso para garantir a transmissão efetiva de sua mensagem? Como incluir elementos artísticos, lúdicos e motores na comunicação? Como promover ações que poderão melhorar as condições locais de uso dessa *commodity* tão preciosa? Quais os problemas enfrentados pelos povos de outras culturas? De que forma eles estão sendo resolvidos? De que forma uma cultura pode colaborar com a outra?

É bom lembrar que os hábitos variam de cultura para cultura e que nem sempre funciona a intenção de uma cultura ajudar a outra. Por exemplo, a instalação de vasos sanitários que operam na base da descarga em regiões onde há muito pouca água não vai dar certo. Nesse caso, seria mais produtivo experimentar alternativas que levem em conta as condições locais, como o saneamento seco, que poderia até fornecer gratuitamente grande quantidade de fertilizantes. Que soluções ecologicamente corretas e seguras podemos vislumbrar? Vamos investigar?

---

3. TED é uma organização global sem lucro, comprometida com a divulgação de ideias inovadoras.

Apesar de a importância do consumo e do uso doméstico da água potável pela população mundial ter sido enfatizada na discussão anterior, de fato a proporção de água usada para esse fim é bem pequena – em torno de 10%, enquanto 70% desse bem ambiental imprescindível é destinado à irrigação de plantações, uma prática agrícola muito antiga. Na Mesopotâmia (hoje Iraque) foram descobertos canais de irrigação que remontam a 8 mil anos atrás. Mas hoje em dia a construção de represas e barragens gigantescas, a alteração dos cursos hídricos e a transformação do meio ambiente para promover a monocultura em grande escala são ações que estão causando sérios problemas ambientais.

Recentemente a Líbia apresentou uma proposta que já nasceu com vida curta: o projeto implica no transporte de água de uma reserva aquífera embaixo do deserto do Saara, utilizando um sistema de tubulação capaz de atravessar 3.500 quilômetros. Só que a reserva é um recurso não renovável, que não duraria mais que entre 15 a 50 anos, e não se sabe bem quais serão as consequências – o deserto poderá afundar ou a reserva poderá sugar a água do rio Nilo... E depois? Seria muito mais barato comprar a comida! Quais as sugestões dos alunos? Quais as implicações para o meio ambiente das diferentes propostas de solução? Como comunicar o conhecimento adquirido?

Problematizando a escrita

De acordo com os objetivos gerais da educação fundamental (Brasil 1997a, p. 108), os alunos do ensino fundamental devem ser capazes de

> utilizar as diferentes linguagens – verbal, matemática, gráfica, plástica e corporal – como meio para produzir, expressar e comunicar suas ideias, interpretar e usufruir das produções culturais, em contextos públicos e privados, atendendo a diferentes intenções e situações de comunicação.

Desse modo, o primeiro passo é garantir propostas pedagógicas que estimulem os alunos a registrar suas próprias ideias, a comunicar seu pensamento, a emitir opiniões – de preferência sobre temas que eles mesmos considerem importantes, tópicos de sua escolha, pesquisas definidas em conjunto com os professores. No entanto, outros passos se fazem indispensáveis: qualquer produto comunicativo, é evidente, precisa comunicar algo a alguém. Precisa ser contextualizado, ter objetivos claros, e destinatários bem definidos. Isso porque a produção de textos escritos é uma prática social. Os textos que escrevemos são dirigidos a diferentes interlocutores, têm objetivos específicos, utilizam gêneros adequados ao propósito de serem lidos em espaços sociais explícitos. E, para garantir uma comunicação bem-sucedida, a primeira versão de qualquer evento de escrita requer análises que procurem investigar a eficácia do produto inicial. Sendo assim, a produção preliminar de qualquer texto escrito deve ser entendida por seus autores como apenas uma primeira versão, um rascunho, que necessariamente passará por uma série de revisões (ou reescritas).

Infelizmente, muitos professores se contentam com a primeira tentativa de escrita dos alunos. Não há uma retomada do texto, não existe um processo de análise e reescrita. Na verdade, poucos textos produzidos na escola cumprem seu objetivo comunicativo. Quase sempre são apenas "vistos" pelo professor e devolvidos aos autores sem nenhum retorno. A produção escrita precisa ser encarada como processo, que requer investimento em várias etapas. O primeiro passo é o planejamento: Qual o principal objetivo do texto? Qual a razão? Quem vai ler o texto? Quais as características dos leitores? Qual o contexto da escrita? De que forma surgiu o desejo ou a necessidade de escrever? As respostas para essas questões contribuirão para uma escrita mais eficaz, e o autor estará mais consciente do direcionamento de sua produção.

Após o investimento inicial, o autor precisa pensar nas outras etapas do empreendimento: Como está a estruturação do meu texto? Consegui comunicar o que queria, da melhor forma possível? Meus leitores conseguirão interpretar minhas intenções comunicativas? É possível melhorar o meu texto? Para responder a esse tipo de pergunta, o autor precisa fazer uma leitura muito cuidadosa de sua obra, analisando toda a estrutura do texto, os vocábulos escolhidos, a estruturação das frases, a utilização criteriosa da linguagem mais adequada possível, a fim de assegurar a comunicação eficaz de suas ideias. O passo seguinte é a reescrita – a revisão do texto inicial. E assim o autor entra numa espiral sem fim porque, após a primeira revisão, o novo texto também precisará ser lido muito atentamente, na tentativa de responder as mesmas perguntas feitas anteriormente. E essa segunda leitura poderá provocar uma segunda revisão, e assim por diante, até emergir uma versão que satisfaz as demandas do autor naquele momento. É bom lembrar que a revisão não consiste apenas na correção de erros ortográficos. O autor precisa analisar se de fato o texto está cumprindo sua finalidade comunicativa.

Um exemplo:[4] após a realização de alguns trabalhos sobre a água, o aluno Douglas, de 12 anos, produziu o texto a seguir, no qual ele tenta descrever o percurso de um rio:

---

4. Exemplo de trabalho realizado com o grupo independente em 1992.

*Eu saio da terra geladinha e escorrego pela pedra e caio numa poça e dali eu faço uma pequena cachoeira e caio em um corrego e aí eu movo um moinho. Aí caio numa represa cheia de peixes. Mas aí eu caio de uma cachoeira em um rio cheio de poluição e dentro de uma hora eu paro de respirar*_____

Na última frase do texto, o autor começou a diminuir o tamanho da letra, e concluiu fazendo uma longa linha reta.

O que trabalhar no texto de Douglas? A repetição de conjunções e verbos, o acréscimo de adjetivos? Que mensagem ele está tentando comunicar? Até que ponto ele realizou seu intento? O que poderia ser melhorado? Quais os pontos positivos do texto? Uma forma de trabalhar esse texto seria a leitura compartilhada da primeira versão. Quando o aluno sabe que qualquer texto deve passar por um processo de reescrita de várias versões, ele pode até gostar de ouvir as opiniões de seus pares, aprendendo a incorporar as sugestões dos seus leitores com o propósito de melhorar seu texto. Porém, quando o aluno acredita que a primeira versão é necessariamente a única versão, quando não tem o hábito de fazer reescritas, ele poderá entender possíveis comentários de seus colegas como crítica destrutiva, em vez de construtiva, que desestimularia qualquer exercício de reescrita. É preciso que haja na aula de linguagem uma prática constante de reescrita, que prepare os alunos para analisar criticamente suas produções. O *feedback* dos colegas e a leitura compartilhada de diferentes textos, certamente criarão várias possibilidades de reescrita na mente do autor, e assim ele poderia tomar suas próprias decisões quanto a iniciativas futuras voltadas para a melhoria do seu texto.

Outra estratégia interessante é a comparação entre diferentes produções – não com a intenção de decidir qual é "a melhor", mas para despertar nos alunos o interesse em fazer observações sobre as estratégias adotadas pelos diversos autores. Comparemos agora o texto do Douglas com o que está transcrito a seguir, produzido pela aluna Sheila, aos 10 anos.[5] Ela também escreve sobre o percurso de um rio, após a observação de um mapa da América do Sul:

A bandeira do Brasil é colorida. Chile tem muitas montanhas. Bolívia [também] tem muitas montanhas. Barra [uma cidade do Brasil] não tem mata. Agora eu vou falar do rio do central do norte do Brasil. Esse rio passa na cidade de Gurupá e muitas outras cidades como Mocajuba, Gurupi, Portel e Jacunda. Esse rio passa nos estados de Amazonas e Pará. Ele nasce nas montanhas do Peru. Esse rio se chama rio Amazonas. O rio Amazonas passa entre as árvores verdes, em cima da

---

5. Ambos participaram do grupo independente de 1992.

258 Papirus Editora

terra amarela e embaixo do céu azul e as nuvens brancas, assim representando nossa bandeira do Brasil.

Os trechos entre parênteses foram acrescentados durante a escrita do texto pois, como os alunos passavam de mesa em mesa lendo as produções dos colegas, às vezes faziam perguntas ou comentários enquanto os textos estavam sendo escritos. De acordo com Geraldi (1991, p. 178), quando a palavra é devolvida ao outro, assume-se que há um interesse em escutar o outro. "A escuta, por seu turno, não é uma atitude passiva: a compreensão do outro envolve, como diz Bakhtin, uma atitude responsiva, uma contrapalavra. O diálogo que se pode dar a partir da curiosidade das questões formuladas produz um texto coenunciado" (ibidem). E quando o autor é estimulado a ouvir seus colegas, seus colaboradores, seus pré-leitores, com certeza escreverá um texto muito mais comunicativo.

Após a leitura dos dois textos, o professor perguntava à turma: De que vocês gostaram mais em cada texto? Surgiram comentários do tipo: (1) Gostei do final do texto do Douglas – gostei do desenho da letra ficando muito pequeninho até o rio morrer. (2) Fiquei com pena do rio do Douglas – começou tão bem e acabou morrendo logo. Com este último comentário, o colega está demonstrando que o texto conseguiu despertar emoções no leitor – um dos objetivos do autor. A utilização da primeira pessoa foi uma estratégia adotada com sucesso, porque envolve o leitor na história e nas emoções do personagem principal, enquanto o primeiro comentário mostra que a colega apreciou as opções gráficas do autor, quando utiliza a comunicação visual para complementar a comunicação verbal.

Quanto ao texto da Sheila, surgiram falas do tipo: (1) O jeito que a Sheila usou as cores da bandeira para escrever sobre o rio ficou bem legal, gostei. (2) Aprendi que tem muitas cidades na beira do rio Amazonas com nomes bem diferentes. Com a segunda fala, o colega afirma que aprendeu algo após a leitura do texto, então, de fato, o texto é informativo. Por outro lado, o comentário sobre as cores utilizadas aponta para uma comparação metafórica entre a bandeira do Brasil e o rio Amazonas, realizada com sucesso pela autora.

É sempre importante iniciar qualquer discussão em grupo sobre produção textual focalizando primeiramente os pontos positivos, para só depois pensar em possíveis modificações. Foi o que aconteceu no caso dos textos de Douglas e Sheila. Após essa troca de ideias positivas, o professor perguntou: Alguém modificaria alguma coisa nesses textos? Por quê? Quando os alunos são incentivados a buscar as razões de suas observações, a tendência é avançar para uma análise mais criteriosa, já que eles precisam defender seus pontos de vista. Recolhemos sugestões como as que seguem: (1) Eu queria saber mais sobre a viagem do rio do Douglas – ele poderia colocar mais coisas. (2) O moinho era de quê, como era o moinho? Fiquei um pouco confuso. (3) Quando o rio caiu na represa dos peixes, era outra cachoeira? Não entendi direito como ele caiu. Esses questionamentos estão a exigir mais informações, maior detalhamento, o que poderá levar o autor a expandir o texto, introduzindo descrições e explicações que certamente enriquecerão a versão original.

No entanto, o texto de Sheila provocou sugestões como estas: (1) Como é a bandeira do Chile? E da Bolívia? Não lembro como são essas bandeiras. (2) O rio Amazonas também passa no Chile e na Bolívia? (3) Não sei nada sobre os rios da Bolívia – tem rios grandes lá também? Tais observações apontam claramente para uma falta de coerência no texto da Sheila, que começa com uma discussão sobre o Chile e a Bolívia e depois desloca o foco para o rio Amazonas. Concluímos que a autora precisará pensar em possíveis conexões entre essas duas partes do seu texto.

Mais uma vez constatamos que, quando trabalhos diferentes são compartilhados, e os alunos são encorajados a trabalhar em parceria, um respeitando o outro, ocorrerá uma valiosa troca de ideias.

Socializando o pensamento

David Perkins (2001) fala da importância de ensinar a pensar por meio de estratégias de socialização. Ele explica que cada pessoa possui um modo específico de pensar, não necessariamente ligado ao seu nível de inteligência, às estratégias analíticas à sua disposição, nem ao local do cérebro ativado. O autor (*ibidem*) está se referindo à predisposição, à tendência, ao hábito normal de pensar adotado por cada um. E ao discutir o modo de pensar de cada um, ele faz distinção entre três fatores que contribuem para a definição dessa predisposição: a sensibilidade, a tendência e a capacidade (ou competência). Por exemplo: para adotar um estilo de pensar caracterizado pela mente aberta, tolerância e espírito de equipe, o aluno e o professor precisarão desenvolver: (a) uma sensibilidade para perceber as especificidades de cada situação; (b) uma tendência ou hábito de analisar qualquer situação de vários pontos de vista, motivados a fazer um esforço consciente para compreender a visão do outro; (c) o aprimoramento da competência ou capacidade de colocar esse estilo de pensar em prática.

Quando o professor adota estratégias sociais na sala de aula, isto é, quando os alunos trabalham em pares, em pequenos grupos, realizando propostas cooperativas e colaborativas; quando o professor promove situações em que o aluno é incentivado a perceber, respeitar e saborear a maneira singular de pensar de cada indivíduo

– ele está incentivando o processo coletivo de pensar. Quando o aluno aprende a reconhecer suas próprias predisposições, seus hábitos de pensar, seus pontos de vista previamente estabelecidos, e passa a querer ouvir opiniões divergentes, acreditando que uma posição oposta amplia a discussão, surge uma procura geral de informações complementares, garantindo assim a evolução do modo de pensar, que se torna muito mais exploratório e profundo. O pensamento solitário é limitado pelas próprias características do indivíduo, enquanto o pensamento social estimula a interação de uma multiplicidade de ideias – o que é muito mais enriquecedor.

A perspectiva social do pensamento oferece um recurso valioso para o processo ensino-aprendizagem – o reconhecimento da inculturação. Esse conceito se refere à socialização das pessoas com relação aos valores e costumes ou práticas sociais adotados pela cultura na qual são inseridas. A cultura não ensina por meio de textos ou aulas formais, mas envolve o aprendiz num contexto onde são praticados conjuntos de valores e estilos de comportamento. Dessa forma, é possível promover estilos de pensamento e de aprendizagem inserindo os alunos em microculturas onde os hábitos de pensar, analisar, agir, aprender desejados são vividos em sala de aula o dia todo, todos os dias. Assim, se queremos alunos com a sensibilidade, a predisposição e a capacidade de reescrever seus textos, precisamos adotar essa prática em sala de aula de forma permanente.

Isto posto, percebemos que qualquer texto produzido pelos alunos poderá servir como matéria de estudo, com vistas a investimentos na competência comunicativa. Uma vez criada uma cultura na qual a norma é ouvir o outro, perceberemos com maior clareza a presença do ouvinte, o leitor. Os atos comunicativos visuais, cinestésicos, orais e escritos serão movidos por uma consciência maior da presença dos interlocutores e se tornarão consequentemente mais eficazes.

■ CIÊNCIAS

Ciências da natureza, matemática e suas tecnologias

Quais as disciplinas que constituem essa segunda grande área de conhecimento? De acordo com os PCNs do Ensino Médio,

na área das CIÊNCIAS DA NATUREZA E MATEMÁTICA incluem-se as competências relacionadas à apropriação de conhecimentos da Física, da Química, da Biologia e suas interações ou desdobramentos como formas indispensáveis de entender e significar o mundo de modo organizado e racional, e também de participar do encantamento que os mistérios da natureza exercem sobre o espírito que aprende a ser curioso, a indagar e descobrir. O agrupamento das Ciências da Natureza tem ainda o objetivo de contribuir para a compreensão do significado da ciência e da tecnologia na vida humana e social, de modo a gerar protagonismo diante das inúmeras questões políticas e sociais para cujo entendimento e solução as Ciências da Natureza são uma referência relevante. (Brasil 2000, pp. 92-93)

Como sabemos, a nutrição é intrinsecamente ligada às áreas da biologia, química, física e matemática. Cada alimento que ingerimos possui sua própria composição química, que é transformada de acordo com as leis da física, antes, durante e após o seu consumo. Esses processos fazem parte do funcionamento do nosso corpo, e dos sistemas vitais das plantas e animais que consumimos. Todos eles dependem da linguagem matemática, para que sejam compreendidos e transmitidos. É impossível pensar a nutrição sem incluir todas essas áreas. Mas, na tentativa de ilustrar a presença dessa grande área nas investigações propostas, vamos investigar o processo de beber um copo de água e pensar um pouco sobre o consumo de água e refrigerantes.

Bebendo um copo de água ou de refrigerante?

Em primeiro lugar, é necessário refletir um pouco sobre o caminho percorrido pela água até chegar ao copo em que pretendemos beber. Foi bombeada? Passou por um processo de tratamento? Foram adicionadas substâncias químicas para garantir sua pureza? Vem da torneira? É água mineral? Vem de nascente, ou de uma garrafa? A fonte de onde veio se localiza em região que faz uso excessivo de agrotóxicos? Era mantida em filtro de barro ou na geladeira? Agora já podemos perguntar: Quantas e quais leis da física estão implícitas nas perguntas formuladas até agora?

E se tomarmos água com cubos de gelo? Nesse caso estamos misturando dois estados físicos diferentes. O que os alunos observam quando olham para o gelo flutuando na água? A lei de Arquimedes estabelece que um objeto total ou parcialmente imerso num fluido desloca um volume de fluido igual à perda aparente de peso do objeto. Será que os alunos se lembram disso?

Agora vamos continuar com a degustação da água: se bebermos a água através de um canudo, é possível observar o fenômeno da refração da luz quando percebemos uma aparente distorção na parte do canudo que está imersa. Isso acontece porque a luz sofre uma pequena redução na sua velocidade de propagação na água, em comparação com a velocidade de propagação no ar. Depois, para conseguirmos beber a água, precisamos utilizar a Primeira Lei de Newton, que diz que um corpo em estado de inércia permanecerá inerte até que uma força seja aplicada sobre ele. Sendo assim, o líquido no copo (corpo em estado de inércia) precisa receber uma força de retração aplicada pela boca. A força aplicada deve ser maior que a força da gravidade para que a água suba.

Talvez os alunos pudessem investigar de que forma os gatos desafiam a gravidade e utilizam a lei da inércia para conseguir saciar sua sede – vamos procurar saber mais? Que outros fenômenos da física poderiam ser explorados? Será que os alunos sabem que a água possui uma tensão superficial muito grande, responsável pela ação capilar que permite sua movimentação através das células do corpo? Que tipo de experiência poderia exemplificar essa característica da água?

Bem – chega de física por enquanto. Vamos agora pensar um pouco sobre a química da água? É provável que a maioria dos alunos conheça bem a fórmula química da água (H_2O). Mas será que conseguem visualizar a estrutura dessas moléculas? Uma sugestão seria montar diferentes versões das moléculas que compõem a água, investigar de que forma uma molécula se junta à outra, descobrir mais sobre a polaridade da água.

Enquanto os alunos investigam diferentes áreas da física e da química, estão utilizando a linguagem matemática para expressar conceitos. Mas também é possível elaborar propostas de trabalho que aprofundem ainda mais os conhecimentos matemáticos sugeridos para diferentes níveis de escolaridade.

Por exemplo, nos termos de uma "suave" introdução à água, produzida pelo professor universitário aposentado Stephen Lower (2010), que atuou no Departamento de Química da Universidade de Simon Fraser, em Vancouver, Canadá, ele afirma:

> The quantity of water exchanged within various parts of our bodies is surprisingly large. The kidneys process about 180 L/day, returning most of the water to the blood stream. Lymph flow amounts to 1-2.5 L/day, and turnover of fluids in the bowel to 8-9 L/day. These figures are dwarfed by the 80,000 L/day of water that diffuses in both directions through capillary walls.[6]

---

6. A quantidade de água que circula dentro de várias partes de nosso corpo é surpreendentemente grande. Os rins processam em torno de 180 l/dia, devolvendo a maior parte da água para o sangue. O fluxo linfático chega a 1-2,5 l/dia e a troca de fluidos no intestino chega a 8-9 l/dia. Esses números se tornam insignificantes perto dos 80.000 l/dia de água que circulam pelas paredes capilares em ambas as direções.

Que tal manter o texto em inglês? Que informações os alunos conseguem descobrir na língua original? Vamos traduzir o texto para o português? Cada grupo poderia escolher um trecho diferente para traduzir, para depois montarem o livreto em conjunto.

É fundamental contextualizar a aprendizagem de uma língua estrangeira. Quando os alunos estão interessados em apreender as informações contidas num texto escrito em língua estrangeira, eles fazem um esforço maior para decifrar o texto, estimulados pela curiosidade de saber mais sobre o conteúdo. Se o ensino de uma língua focaliza apenas as regras gramaticais e a memorização descontextualizada do vocabulário, pouco interesse é provocado nos aprendizes. Porém, quando os alunos percebem que é possível obter informações interessantes e/ou úteis de textos em língua estrangeira, eles se envolvem mais no processo de aprendizagem.

A citação do mesmo autor abre novas oportunidades de trabalho com outras áreas da matemática e das ciências. Vejamos:

> A porcentagem de água no nosso corpo varia de acordo com a idade e o sexo, sendo na fase até 6 meses a que mais possuímos água no nosso organismo. Esta concentração está distribuída de duas formas: intracelular e extracelular. O intracelular é o compartimento de dentro das células e constitui 40% do nosso peso corporal. O extracelular é toda parte fora das células, podendo encontrar água no líquido intersticial (entre os tecidos), líquido transcelular (líquido sinovial das articulações, líquido cerebral, entre outros) e no plasma sanguíneo. Esse compõe 20% do peso total corporal. Obs: O sangue possui líquido intra e extracelular, sendo glóbulos vermelhos 40% do sangue e o plasma 60%. (Lower 2010, s.p.)

No texto de Lower, acima, a matemática, a química, a física e a biologia estão todas trabalhando em conjunto. Quais os possíveis temas de investigação a partir daí? Somos seres aquáticos: a água constitui a maior parte de nosso corpo, por isso sobrevivemos muito pouco tempo sem ela. É imprescindível, portanto, descobrir mais sobre esse elemento essencial de nosso corpo, e de nosso planeta, que de fato poderia se chamar "Água", em vez de "Terra", já que em torno de 70% da superfície da Terra é coberta de água. O que os alunos pensam sobre isso? Que perguntas relativas à água o texto dispara? Vamos definir linhas de investigação com a participação da classe?

Como sempre, vamos partir de algumas indagações: Os alunos tomam água regularmente? Quantos copos de água tomam por dia? Quantos de suco? E de refrigerante? Qual a diferença nutricional entre um copo de água e um copo de refrigerante? A Faculdade Maringá, no Estado do Paraná, disponibiliza, como parte dos seus serviços *on-line,* artigos e dicas de saúde (Faculdade de Maringá 2011) onde encontramos a afirmação de que pessoas de todas as idades estão tomando líquidos de sabor excessivamente doce. São refrigerantes e sucos artificiais de frutas ou de soja que não preservam as propriedades nutricionais das frutas e contêm quantidades de sódio, corantes e conservantes com "volumes jamais pensados" de calorias, açúcares e adoçantes. Diz o texto:

> Nesse contexto, a excessiva ingestão de alimentos líquidos industrializados e de sabor doce passou a figurar entre as principais causas de obesidade em todo o mundo, principalmente entre crianças e adolescentes, que passaram a se hidratar essencialmente por meio desses alimentos, abandonando definitivamente a água. (Faculdade de Maringá 2011, s.p.)

Refrigerantes: Tema gerador

Qual é a composição química do refrigerante? Vamos desenvolver propostas de trabalho incorporando as ciências da natureza e a matemática, enquanto investigamos os refrigerantes preferidos dos alunos? De acordo com Lima e Afonso (2009),[7] o refrigerante contém aproximadamente 88% de *água,* o que significa que os dois líquidos têm muito em comum. Mas o segundo lugar no *ranking* dos ingredientes é ocupado pelo *açúcar,* com cerca de 11%. Depois vêm os *concentrados,* compostos por extratos, óleos e destilados de frutas e vegetais, responsáveis pelo sabor da bebida; o *acidulante,*[8] que regula a doçura, realça o paladar e baixa o pH da bebida, inibindo a proliferação de micro-organismos; e o *antioxidante,* que age contra a influência negativa do oxigênio na bebida. Os autores nos lembram ainda que a luz solar e o calor aceleram as oxidações, por isso os refrigerantes nunca devem ser expostos ao sol. Os *conservantes,* como o próprio nome indica, inibem a deterioração do produto e, nas bebidas *diet,* de baixa caloria, o *edulcorante* substitui a sacarose, conferindo sabor doce às bebidas. Finalmente, o *dióxido de carbono* dá "vida" ao produto. Sobre os refrigerantes, os autores alertam a seguir:

---

7. Este artigo oferece informações fascinantes sobre os refrigerantes e sugere vários experimentos químicos que podem ser realizadas em sala de aula.

8. O acidulante é escolhido de acordo com o sabor da bebida – ácido cítrico (limão e laranja), ácido fosfórico (cola), ácido tartárico (uva).

Sua ação refrescante está associada à solubilidade dos gases em líquidos, que diminui com o aumento da temperatura. Como o refrigerante é tomado gelado, sua temperatura aumenta do trajeto que vai da boca ao estômago. O aumento da temperatura e o meio ácido estomacal favorecem a eliminação do CO_2, e a sensação de frescor resulta da expansão desse gás, que é um processo endotérmico. (Lima e Afonso 2009, p. 211)

O que os alunos pensam sobre essas informações? Acham que os ingredientes do refrigerante são saudáveis?

O refrigerante é uma ferramenta versátil e de baixo custo para as aulas práticas de química, podendo contribuir para a aprendizagem de vários conceitos como a solubilidade dos gases na água, as interações químicas e o efeito da pressão e da temperatura sobre o comportamento dos gases. Além disso, o refrigerante pode ser analisado no contexto social e da saúde. Os alunos precisam aprender que o consumo exagerado dessa bebida aumenta o risco de doenças como obesidade e diabetes, além de gastrite, que pode resultar de uma irritação na mucosa do estômago, uma das causas do refluxo gástrico. Pode até mesmo ser um dos fatores desencadeantes do câncer de esôfago. É também responsável pela erosão dental, levando a uma incidência maior de cáries.

Outra consequência grave da opção pelo refrigerante é a redução do consumo de água, sucos naturais, água de coco e leite. Em consequência disso, as pessoas, ao optarem por ingerir substâncias químicas e açúcares que são prejudiciais à saúde, acabam consumindo calorias vazias, que não acrescentam nenhum nutriente ao organismo. Essa opção faz sentido para os alunos? O que dizem eles sobre essa tendência global? O que atrai tanto os jovens? É o cheiro? O gosto? O borbulhar do gás carbônico? Vamos fazer análises sensoriais para descobrir mais? Vamos utilizar nossa visão, olfato, paladar, tato e audição para investigar as propriedades do refrigerante?

São vários os fatores que influenciam na percepção do gosto, dentre os quais:

- Temperatura: O máximo de sensibilidade e habilidade sensorial ocorre entre 10 e 35°C. Com o aumento da temperatura, há um aumento na sensibilidade para o doce e diminuição para o salgado e o amargo. Por isso, testa-se um produto na temperatura em que ele é consumido;
- Meio de dispersão: O grau de diluição de uma substância com a saliva determina a sua velocidade de percepção. Uma solução de sacarose a 50% m/m pode ser percebida extremamente doce, mas balas com aproximadamente 100% m/m de açúcar não o são;

- Interação de gostos: Pode haver influência na percepção de um gosto devido a outro. Por exemplo, o ácido cítrico em pequena quantidade aumenta a doçura da sacarose. No entanto, à medida que aumenta a quantidade do ácido, a intensidade do gosto doce diminui. (Lima e Afonso 2009, p. 213)

Vamos comparar refrigerantes mantidos na geladeira com tampa fechada, com os que passaram um tempo em temperatura ambiente sem a tampa, e ainda com um terceiro grupo que ficou exposto ao sol e depois foi levado à geladeira por um período de 10 minutos? Quais as características visuais (cor, transparência etc.), auditivas (pressão dos gases) e degustativas? Vamos comparar refrigerantes que utilizam sacarose, com outros que usam edulcorantes? Vamos comparar refrigerantes com sucos de fruta? Como descrever o gosto de cada um? Qual o nível de acidez do refrigerante, em comparação com o suco? Que tal observarmos a reação do ferro ao ácido do refrigerante – colocando pequenas esponjas de palha de aço num copo de refrigerante transparente para ver o que acontece? Quais as outras possibilidades de investigar as propriedades químicas do refrigerante? Quais as sugestões dos alunos? O que querem saber?

À medida que os experimentos realizados nas áreas de química, física, biologia e matemática são contextualizados no cotidiano dos alunos, eles vão percebendo com mais clareza que esses diversos meios de interpretar e pensar o mundo fazem sentido. São áreas de conhecimento fortemente presentes na vida social, que precisam ser compreendidas em todas as suas dimensões, como se pode deduzir da citação a seguir, em relação à química:

> Entende-se, no âmbito da área [*de química*] que, de forma geral, o ensino praticado nas escolas não está propiciando ao aluno um aprendizado que possibilite a compreensão dos processos químicos em si e a construção de um conhecimento químico em estreita ligação com o meio cultural e natural, em todas as suas dimensões, com implicações ambientais, sociais, econômicas, ético-políticas, científicas e tecnológicas. (Brasil 2006b, p. 107)

As ciências precisam ser contextualizadas, não trabalhadas de forma fragmentada, isolada da vida real. É necessário que os alunos percebam as inter-relações entre as diversas especializações e sejam capazes de olhar para qualquer objeto ou evento de sua vida cotidiana entendendo seus referenciais biológicos, físicos, matemáticos e químicos. O que dizem as Ocems sobre os conteúdos dessas áreas do conhecimento?

BIOLOGIA:

(...) os conteúdos de Biologia devem propiciar condições para que o educando compreenda a vida como manifestação de sistemas organizados e integrados, em constante interação com o ambiente físico-químico. O aluno precisa ser capaz de estabelecer relações que lhe permitam reconhecer que tais sistemas se perpetuam por meio da reprodução e se modificam no tempo em função do processo evolutivo, responsável pela enorme diversidade de organismos e das intrincadas relações estabelecidas pelos seres vivos entre si e com o ambiente. O aluno deve ser capaz de reconhecer-se como organismo e, portanto, sujeito aos mesmos processos e fenômenos que os demais. Deve, também, reconhecer-se como agente capaz de modificar ativamente o processo evolutivo, alterando a biodiversidade e as relações estabelecidas entre os organismos. (Brasil 2006b, p. 20)

FÍSICA:

(...) o conhecimento científico se origina de problemas bem formulados, mas o aluno chega à escola com conhecimentos empíricos, chamados comumente de *senso comum* e originados da sua interação com o cotidiano e com os outros. Na contextualização dos saberes escolares, busca-se problematizar essa relação entre o que se pretende ensinar e as explicações e concepções que o aluno já tem, pois a natureza faz parte tanto do mundo cotidiano como do mundo científico. Todavia, os conhecimentos do aluno são frequentemente inconsistentes e limitados a situações particulares. Assim, não se pretende, com a contextualização, partir do que o aluno já sabe e chegar ao conhecimento científico, pois esse não é apenas polimento do senso comum. O que se pretende é partir da reflexão crítica ao senso comum e proporcionar alternativas para que o aluno sinta necessidade de buscar e compreender esse novo conhecimento. (...) o que a Física deve buscar no ensino médio é assegurar que a competência investigativa resgate o espírito questionador, o desejo de conhecer o mundo em que se habita. Não apenas de forma pragmática, como aplicação imediata, mas expandindo a compreensão do mundo, a fim de propor novas questões e, talvez, encontrar soluções. Ao se ensinar Física, devem-se estimular as perguntas e não somente dar respostas a situações idealizadas. (Brasil 2006b, pp. 50-53)

MATEMÁTICA:

A forma de trabalhar os conteúdos deve sempre agregar um valor formativo no que diz respeito ao desenvolvimento do pensamento matemático. Isso significa colocar os alunos em um processo de aprendizagem que valorize o raciocínio matemático – nos aspectos de formular questões, perguntar-se sobre a existência de solução, estabelecer hipóteses e tirar conclusões, apresentar exemplos e contraexemplos, generalizar situações, abstrair regularidades, criar modelos, argumentar com fundamentação lógico-dedutiva (...) toda situação de ensino e aprendizagem deve agregar o desenvolvimento de habilidades que caracterizem o "pensar matematicamente". Nesse sentido, é preciso dar prioridade à qualidade do processo e não à quantidade de conteúdos a serem trabalhados. A seleção de conteúdos deve ser cuidadosa e criteriosa, propiciando ao aluno um "fazer matemático" por meio de um processo investigativo que o auxilie na apropriação de conhecimento. (Brasil 2006b, pp. 69-70)

QUÍMICA:

A extrema complexidade do mundo atual não mais permite que o ensino médio seja apenas preparatório para um exame de seleção, em que o estudante é perito, porque treinado em resolver questões que exigem sempre a mesma resposta padrão. O mundo atual exige que o estudante se posicione, julgue e tome decisões, e seja responsabilizado por isso. Essas são capacidades mentais construídas nas interações sociais vivenciadas na escola, em situações complexas que exigem novas formas de participação. Para isso, não servem componentes curriculares desenvolvidos com base em treinamento para respostas-padrão. Um projeto pedagógico escolar adequado não é avaliado pelo número de exercícios propostos e resolvidos, mas pela qualidade das situações propostas, em que os estudantes e os professores, em interação, terão de produzir conhecimentos contextualizados. [Os professores de química devem priorizar] o estabelecimento de articulações dinâmicas entre teoria e prática, pela contextualização de conhecimentos em atividades diversificadas que enfatizam a construção coletiva de significados aos conceitos, em detrimento da mera transmissão repetitiva de "verdades" prontas e isoladas. (Brasil 2006b, pp. 106-117)

Após inúmeros trabalhos interdisciplinares, os alunos, ao tomarem seu próximo refrigerante, com certeza pensarão nos movimentos realizados e mudanças de temperatura do líquido ao passar pelo corpo, na sua composição química, nas proporções de açúcares e gases que estarão consumindo, nos efeitos bioquímicos da bebida sobre os diferentes órgãos, dentre muitos outros aspectos do trajeto dessa bebida pelo corpo. Sua percepção do refrigerante estará ampliada, e, espera-se, sua capacidade de análise aperfeiçoada, para que avaliem melhor suas próprias decisões, em relação ao seu estilo de vida, e assim possam, no futuro, tomar decisões acertadas em relação à sua própria saúde.

■ CIÊNCIAS HUMANAS

Ciências humanas e suas tecnologias

É claro que pensamos logo nas disciplinas de história e geografia quando começamos a definir o que são as ciências humanas. Mas, como dizem os PCNs do Ensino Médio, devemos incluir também nesse grupo outras áreas de conhecimento:

> Na área das CIÊNCIAS HUMANAS, da mesma forma, destacam-se as competências relacionadas à apropriação dos conhecimentos dessas ciências com suas particularidades metodológicas, nas quais o exercício da indução é indispensável. Pela constituição dos significados de seus objetos e métodos, o ensino das Ciências Humanas e Sociais deverá desenvolver a compreensão do significado da identidade, da sociedade e da cultura, que configuram os campos de conhecimentos de História, Geografia, Sociologia, Antropologia, Psicologia, Direito, entre outros. Nessa área, incluir-se-ão também os estudos de Filosofia e Sociologia, necessários ao exercício da cidadania, para cumprimento do que manda a letra da lei. (Brasil 2000, p. 93)

Quais são as áreas que mais interessam aos alunos, o que eles gostariam de aprender? Será que sabem que o Brasil é o terceiro maior produtor de refrigerantes do mundo, atrás apenas dos Estados Unidos e México? No entanto, existe uma grande diferença no consumo: no Brasil, conforme Polisseni (*apud* Lima-Filho; Oliveira e Watanabe 2009, p. 6), o consumo anual de refrigerantes *per capita* é de 70 litros, enquanto no México é de 147,3 litros e nos Estados Unidos, 201 litros. Qual a relação entre produção e consumo nesses países? Qual o setor da população que mais consome refrigerantes? Varia de um país para outro? Quais as outras bebidas mais consumidas nesses países? De que forma esses números estão se modificando e qual a tendência do futuro? Assim se manifestam Lima-Filho, Oliveira e Watanabe (2009, p. 4) em relação a esse tema:

> Empresas produtoras de bebidas nos Estados Unidos têm reduzido em torno de 65% a quantidade de calorias nos refrigerantes para estudantes. A demanda escolar nos Estados Unidos tem requisitado bebidas de baixa caloria e alto valor nutricional, incluindo água e sucos 100% natural (SOFT, 2009). Segundo Blandford e Fulponi (1999), os Estados Unidos e a União Europeia são um mercado maduro para a indústria de alimento, onde o crescimento está, geralmente, associado ao pequeno aumento da população e à mudança nos hábitos alimentares, que exigem produtos de maior valor agregado, tais como light, diet,

orgânicos e funcionais. Há uma crescente procura por alimentos percebidos como mais seguros, mais saudáveis, ou que são produzidos de forma a não trazer prejuízos ao ambiente natural.

E quais as tendências locais ou nacionais? Vamos descobrir? Quais as bebidas encontradas na escola? Existe uma nutricionista responsável pela alimentação na escola? O que ela faz? Quais as leis ligadas ao controle alimentar das escolas no Brasil? Elas são semelhantes às leis de outros países? A comunidade local se preocupa com a nutrição das crianças e com o meio ambiente? Os alunos estão conscientes das relações entre o meio ambiente e as opções alimentares da população?

Em Currie (1998b), os capítulos se organizam em eixos norteadores, começando com "Eu + o meio ambiente" e passando por "Minha família + o meio ambiente", "Minha escola", "Minha comunidade", "Município", "Estado" e "País", até chegar ao último capítulo, intitulado "O meio ambiente do planeta Terra". O princípio subjacente à organização dos capítulos é que é fundamental respondermos pessoalmente pelas decisões que tomarmos no nosso dia a dia, antes de investirmos em ações situadas em contextos mais amplos. É importante observar que existem subtemas que perpassam todo o livro, e um deles é justamente "A água". No começo de "Eu + a água", está escrito: "Para iniciar os trabalhos sobre a água, é interessante trabalhar a relação específica entre cada criança e a água que ela mesma utiliza ou consome. Assim, a conscientização fica diretamente ligada aos seus hábitos. O ponto de partida fica mais perto dela" (Currie 1998b, p. 24). As crianças são estimuladas a medir a quantidade de água que utilizam para escovar os dentes e para tomar banho e o professor é encorajado a fazer perguntas do tipo: *Quem consegue reduzir o tempo do seu banho?*; *De onde vem a água do banho?*; *Para onde vai a água depois do banho?*. Essas perguntas fazem as crianças pensar um pouco sobre a utilização da água para a higiene pessoal, a conservação, e o desperdício, mas também precisam saber mais sobre a importância da água para o correto funcionamento do corpo.

Qualquer trabalho realizado no âmbito do eixo norteador "eu" pode ser desenvolvido mais ainda em outros eixos, atendendo às competências e áreas de interesse dos alunos. Por exemplo, nas páginas 82-85, as sugestões de trabalho relacionadas ao eixo "Comunidade + o meio ambiente" focalizam os efeitos da chuva, do empobrecimento do solo e da erosão, propiciando a criação de oportunidades para a realização de trabalhos científicos sobre a força da água, a filtragem, o abastecimento e a elevação. Outros estudos serão muito mais direcionados para o bem-estar da comunidade, dando acesso à área das ciências humanas. Quando os alunos são estimulados a refletir sobre o desperdício e a poluição da água, deve-se destacar a relação entre os cuidados a serem observados dentro de casa e o efeito das ações de cada um de nós sobre a comunidade. O texto a seguir é esclarecedor:

> Na maioria dos casos, principalmente nas cidades, de toda a água que se usa, em casa, somente 5% estão livres de serem novamente contaminadas por detergentes, ceras, sabões em pó, cosméticos, etc. Estes poluentes contêm muito fosfato, o que aumenta o crescimento de algas, tornando a água espessa e verde. (...) O contínuo aumento das algas causa o apodrecimento da água e, como consequência, a perda de vida. (Simão e Koff e Pereira 1989, p. 52)

É necessário pensar muito seriamente sobre a água que consumimos, mas é também fundamental refletir um pouco sobre a água que devolvemos para a comunidade. Em outro ponto de sua obra, os autores acima citados perguntam: "Você sabia que os metais pesados existentes nos pesticidas causam grandes enfermidades ao homem?" E prosseguem: "O mercúrio e o chumbo atacam o sistema nervoso central; o níquel afeta os pulmões; o antimônio, o coração" (Simão e Koff e Pereira 1989, p. 56). Assim, os alunos poderiam pesquisar as doenças mais comuns na sua comunidade, para descobrir as que são relacionadas ao consumo de água contaminada. Até que ponto os membros da comunidade se preocupam com a segurança da água que estão tomando? Vamos promover palestras ou entrevistas com representantes da Unidade de Saúde local, a empresa responsável pelo saneamento na região, a Secretaria Municipal do Meio Ambiente, a fim de aprender mais?

Cerveja: Tema gerador

Mudança de hábitos e a diversidade cultural através do tempo e do espaço poderão ser investigadas a partir de perguntas como: De que forma as condições da água que bebemos modificaram através do tempo? E as outras bebidas consumidas na nossa comunidade – quais são as mais populares? Será que os filhos têm a mesma preferência que os pais? E os avós? O que mudou através do tempo? Vamos pesquisar também o consumo de bebidas no passado remoto? De acordo com Flandrin e Montanari (1998),

> a civilização alimentar da Alta Idade Média europeia é marcada pelo triunfo do vinho, bebida ao mesmo tempo apreciada e de consumo diário. A densa cerveja – que só muito mais tarde se tornará o líquido claro e transparente aromatizado

(...) – será, durante muito tempo, o símbolo da cultura germânica, e os pagãos usam-na em seus rituais para marcar sua oposição à sacralidade cristã do vinho. (...) O consumo do vinho estende-se a toda a Europa cristã, embora com diferenças sociais: é uma bebida comum ou de luxo em função da qualidade do produto. (...) A cerveja, por sua vez, continua sendo uma bebida popular nas regiões do Norte: sua difusão estende-se até o Mediterrâneo – sobretudo a Península Ibérica – onde a cultura alimentar germânica é bastante forte. (...) Em suma, em todos os lugares consomem-se bebidas alcoólicas. Por motivos higiênicos, a água, portadora de germes e de doenças, inspira pouca confiança. Toda a literatura medieval revela uma profunda desconfiança a seu respeito, e o hábito sistemático de misturá-la com vinho, mais do que um sinal de bom gosto, é uma medida de prevenção sanitária. De resto, o vinho é normalmente cortado com água para diminuir sua densidade ou sua acidez. (Flandrin e Montanari 1998, p. 287)

Quantas possibilidades de trabalho relacionadas às Ciências Sociais podem ser observadas na citação acima? Os alunos conhecem a história do vinho? Sabem que ele contém entre 80-90% de água em sua composição? E a história da cerveja? Sabem que o porcentual de água na cerveja fica acima de 90%? Qual deles apareceu primeiro? Onde se originaram? Existem provas arqueológicas de que a cerveja já era consumida há mais de 7 mil anos. Análises de vasos antigos de cerâmica encontrados no Iran revelam traços de cerveja. Mas, bem antes disso, cerca de 9 mil anos atrás, civilizações antigas da China também já fabricavam bebidas semelhantes à cerveja, que eram utilizadas na adoração aos ancestrais e nos rituais funerários das dinastias Xia, Shang e Zhou. Considerando que todo alimento que contém carboidrato pode passar por um processo de fermentação, é provável que tenham surgido, de forma independente, em várias culturas do mundo antigo, bebidas parecidas com a cerveja. Na Mesopotâmia, por exemplo, foi descoberta uma placa de argila suméria datada de aproximadamente 6 mil anos atrás, que mostra um grupo de pessoas usando canudinhos de palha para beber líquido de uma grande tigela. Por que os pesquisadores acreditam que esse líquido seja cerveja? O que os alunos pensam disso? Quais as hipóteses levantadas na sala de aula? Supõe-se que o canudo tenha sido utilizado para penetrar na levedura e nas cascas dos grãos que flutuavam, até alcançar o líquido escondido em baixo! Quais as relações entre a cerveja da antiga Mesopotâmia e o hábito gaúcho de tomar chimarrão? E os canudos de hoje, em que circunstâncias são usados? Que tal criar desenhos, placas de cerâmica, ou montar representações teatrais e produzir músicas, tudo isso para ilustrar os costumes atuais?

Quais as culturas que utilizavam placas de argila? Que tipo de texto era inscrito nessas placas? O que os alunos sabem sobre a origem da escrita? Outra placa suméria de cerca de 4 mil anos atrás registra uma poesia em homenagem a

Ninkasi, a deusa da cerveja, e a obra inclui a receita mais antiga que se conhece para a fabricação da cerveja. O que os alunos sabem sobre esse processo? Parece que não é tão complicado assim: os cereais são triturados até virarem farinha. Aí acrescenta-se água para se obter o mosto. A esse mosto, depois de filtrado e fervido, adiciona-se lúpulo, e a essa mistura, após decantada e arrefecida, acrescenta-se a levedura que produzirá álcool e gás. A cerveja é depois maturada, estabilizada, clarificada e, finalmente, engarrafada. O processo demora, no todo, cerca de 20 dias.

Vamos programar uma visita a uma cervejaria para saber mais? Vamos tentar produzir uma cerveja nos moldes de antigamente? Vamos analisar os resultados? Que tal uma degustação com os pais? Os alunos sabem que no mundo antigo eram as mulheres, geralmente sacerdotisas, que se responsabilizavam pela produção da cerveja? Provavelmente era assim porque era utilizada em cerimônias religiosas. E hoje, quais as ocasiões mais propícias para o consumo de cerveja? Quais as leis relacionadas ao consumo de álcool em diferentes países? Mudaram através do tempo? O que os alunos sabem sobre a produção e o consumo de bebidas alcoólicas pelos povos indígenas do Brasil e de outros países? Os hábitos de consumo mudaram de uma geração para outra? As modificações ocorreram pelas mesmas razões em grupos indígenas e grupos não indígenas? Vamos pesquisar mais?

No Egito, há 5 mil anos, os faraós bebiam cerveja diariamente. Era também utilizada como remédio e servia de oferta aos deuses. E nas outras culturas, também existia cerveja? As belas mulheres da nobreza no império Wari, dos Andes, uma civilização que antecedeu os Incas, no sul do Peru, também fabricavam cerveja; e na Assíria, uma placa datada de 4 mil anos atrás inscreve a cerveja na lista de alimentos que Noé levou na Arca. Os romanos, por sua vez, valorizavam tanto a cevada utilizada no processo cervejeiro, que a imagem desse grão era registrada nas suas moedas. Que outras referências à cerveja os alunos conseguirão descobrir? As fontes pesquisadas oferecem todas elas as mesmas informações? Os alunos descobriram dados contraditórios? Como distinguir as informações confiáveis das não confiáveis? Pode ser produtivo distribuir os alunos em pequenos grupos para que cada grupo investigue os costumes de uma cultura do mundo antigo.

E quais as propriedades nutricionais da cerveja? Assim que o homem começou a se alimentar de grãos, começou também a beber cerveja. Os egípcios utilizavam cevada; os babilônios, trigo; os chineses, arroz ou painço; e os incas, milho. De acordo com Siqueira, Bolini e Macedo (2008, p. 1), a

> cerveja é a bebida obtida através da fermentação alcoólica de mosto de cereal maltado, geralmente malte de cevada, sendo facultativa a adição de outra matéria-prima fonte de carboidratos, como milho, arroz ou trigo, e possui em

geral teor alcoólico entre 3% e 8%. A cerveja pode ser considerada uma boa fonte de polifenóis, que podem ser provenientes tanto do malte quanto do lúpulo. Devido à sua capacidade antioxidante e teor alcoólico baixo, é capaz de melhorar a atividade antioxidante do plasma, reduzindo o risco de doenças coronarianas, sem apresentar os aspectos negativos produzidos por doses excessivas de etanol. Em relação ao aspecto nutritivo da cerveja, pode-se dizer que há disponibilidade de uma quantidade significativa de vitaminas do complexo B, além deste produto ser fonte de ácido fólico e selênio. A cerveja é um produto instável, que passa por diversas transformações químicas, físicas e sensoriais durante sua vida de prateleira. A perda de qualidade pelo surgimento de sabores e aromas indesejáveis e alterações nas propriedades físicas da cerveja é um problema que a indústria cervejeira procura solucionar.

Polifenóis: os alunos sabem alguma coisa sobre a função desses elementos químicos? Descobertos na França nos anos 90, os polifenóis são componentes naturais de uma ampla variedade de plantas. Contêm antioxidantes importantes, que combatem os radicais livres responsáveis pelo desenvolvimento de várias doenças, e são armas naturais contra o envelhecimento. Lembramos, no entanto, que a cerveja é altamente contraindicada devido à presença de álcool, por isso seu consumo abusivo pode levar ao aumento de peso – a famosa *"beer belly"*, ou barriga de chope. Por isso não se deve tomar mais que duas latas de cerveja por dia, levando-se em conta ainda um conjunto de fatores de caráter individual, tais como gênero, idade, tipo de atividade física, peso etc.

São muitas as áreas a serem exploradas: o processo cervejeiro; a qualidade da água utilizada, os resíduos produzidos e os efeitos no meio ambiente; a ciência das diferentes fases na produção da cerveja – ou seja, a brassagem, a química da ebulição do mosto, a biologia e metabolismo da levedura; as tecnologias de fermentação; o processo de maturação da cerveja, que inclui a estabilização, a hidrólise, a precipitação, a adsorção, a saturação, a clarificação, e a filtração; a identificação de bactérias microbiológicas; a importância da desinfecção e limpeza; a construção e organização de fábricas de cerveja, envolvendo diferenças culturais, geográficas e históricas; os aspectos econômicos da produção da cerveja; as propriedades químicas, físicas e nutricionais de diferentes cervejas; a identificação e estabilidade das cores, texturas, sabores e cheiros; as diversas características da espuma; a apresentação e armazenagem do produto (garrafa, lata, barril) e suas implicações para o meio ambiente; a higiene, temperatura e iluminação durante a estocagem; o controle de qualidade; a logística do transporte e entrega do produto, entre muitos outros tópicos já mencionados. Quais as áreas de interesse dos professores? E dos alunos?

Vinho: Tema gerador

De que forma a produção e o consumo da cerveja diferem da produção e do consumo do vinho? Qual surgiu primeiro – a cerveja ou o vinho? De acordo com Johnson (1989), os arqueólogos aceitam o acúmulo de sementes de uva como evidência da provável elaboração de vinhos. Cerca de 10 mil anos atrás (datação sugerida pela marcação do carbono), pesquisadores descobriram, em escavações na Turquia, na Síria, no Líbano e na Jordânia, sementes de uvas que remontam à Idade da Pedra. É interessante pontuar que, na Turquia, a descoberta ocorreu na cidade de Catal Huyuk, talvez a primeira das cidades da humanidade. Sabemos onde encontrar esses lugares no mapa-múndi? Será que ainda existem videiras silvestres nessas regiões? Que outras informações conseguiríamos descobrir sobre a Idade da Pedra? O que comeram e beberam as diversas sociedades daquela época? De que forma os alimentos eram preparados e consumidos? Quais os utensílios utilizados?

Ao procurarmos informações sobre a origem do vinho, constatamos que a história e a geografia caminham de mãos dadas, colaborando para a construção do conhecimento sobre as características sociais do ser humano. Isso nos anima a buscar mais informações sobre outras civilizações, culturas, tradições, valores, com o objetivo de compreender melhor a nossa identidade como seres humanos.

Há inúmeras lendas sobre a origem do vinho. Uma delas está no Antigo Testamento. No capítulo 9 do livro de *Gênesis* lemos que Noé, após ter desembarcado os animais que levava na arca, plantou um vinhedo e das uvas fez vinho, bebeu e se embriagou. O poeta grego Homero também descreve os vinhos da Grécia ao narrar as viagens de Odisseu. Entre eles está o vinho do sacerdote Maro: tinto, com doçura do mel e tão forte que precisava ser diluído em água na proporção de 1:20. Quando ele foi aprisionado na costa da Sicília pelo ciclope Polifemus, Odisseu ofereceu-lhe o vinho de Maro como um digestivo. Como o ciclope estava acostumado com o fraco vinho da Sicília, após tomar o vinho forte caiu em sono profundo, o que permitiu a Odisseu extrair-lhe o olho (Johnson 1989).

É hora de organizar os alunos em pequenos grupos, para que cada grupo se concentre na investigação de uma lenda diferente ou variantes da mesma lenda. A história de Noé, por exemplo, reaparece na lenda basca que celebra um herói chamado Ano, o qual teria trazido a videira e outras plantas num barco para o País Basco. Curiosamente, o basco é uma das mais antigas línguas ocidentais e "ano", em basco, também significa vinho. Na Galícia, também existe uma figura legendária denominada Noya, que os sumérios da Mesopotâmia diziam ser uma espécie de deus do mar denominado Oannes. E na mitologia grega, Dionísio, o deus do vinho, foi criado por sua tia Ino, uma deusa do mar. A palavra grega para vinho é *oinos*, que deu origem a "enologia" (o estudo do vinho), enquanto a palavra latina é *vinum*. Tanto *oinos* quanto *vinum* têm sua origem no indo-europeu *win-o*. Quantas coincidências e conexões! Como desatar todos os nós? Os alunos poderiam investigar mais a fundo algumas conexões entre os diversos locais e períodos históricos encontrados.

Vários povos antigos cultuaram deuses e deusas do vinho através do tempo. Será que os alunos conseguiriam descobrir obras de arte que representem Gestin (a deusa da Suméria), Yi-Ti (deus chinês), Osíris (deus egípcio), Dionísio (da antiga Grécia), ou Baco (deus romano)? Nos túmulos egípcios há vários murais ilustrando os trabalhos realizados nos vinhedos da época, a preparação do vinho e seu consumo em banquetes. Que outras obras de arte foram produzidas por diferentes povos em diferentes épocas? Será que os alunos vão conseguir achar alguma dessas obras? Vamos produzir nossa própria obra de arte sobre a cultura que estamos pesquisando? Qual a importância do vinho para essa cultura? Quando é consumido? Em quais circunstâncias? Há regras associadas ao consumo?

Em torno do ano 5000 a.C., foram cultivadas às margens do mar Egeu oliveiras e videiras, duas novas culturas, que acrescentaram uma dimensão inovadora à dieta primitiva de milho e carne. Essas novas culturas conseguiram brotar e crescer em terras pobres e pedregosas, que não serviam para o cultivo de grãos. As azeitonas e uvas, fruto desse cultivo, resultaram no azeite de oliva e no vinho, que foram poderosos estímulos ao comércio e, de acordo com Johnson (1989), o vinho em particular trouxe uma nova dimensão às relações pessoais e comerciais, na medida em que leva naturalmente a festividades e troca de ideias. O que os alunos pensam sobre o consumo de vinho? Qual era o uso histórico dessa bebida? E hoje em dia – mudou alguma coisa?

O que dizem os antigos historiadores? Por exemplo, nos escritos atribuídos a Eubulus (Johnson 1989) por volta de 375 a.C., consta esta descrição do ato de beber vinho:

> Eu preparo três taças para o moderado: uma para a saúde, que ele sorverá primeiro, a segunda para o amor e o prazer e a terceira para o sono. Quando essa taça acabou, os convidados sábios vão para casa. A quarta taça é a menos demorada, mas é a da violência; a quinta é a do tumulto, a sexta da orgia, a sétima a do olho roxo, a oitava é a do policial, a nona da ranzinzice e a décima a da loucura e da quebradeira dos móveis. (Eubulus, *apud* Johnson 1989, s.p.)

O que escreveriam os alunos sobre a prática atual de tomar vinho na sua comunidade? Vamos produzir poesias, letras de música, acrósticos sobre o assunto?

Quais as propriedades nutricionais do vinho? Na Antiguidade, o uso medicinal do vinho era uma prática muito frequente entre os gregos, e existem inúmeros registros disso. Hipócrates, conhecido como o "pai da medicina", fez observações importantes sobre as propriedades medicinais do vinho, que são citadas em textos da história da medicina. E hoje, qual a atitude da sociedade em relação ao consumo de vinho? O autor Sponchiato (2008, s.p.) nos informa:

Pesquisadores da Universidade da Califórnia, nos Estados Unidos, [estudando o fígado] concluíram: uma taça de vinho por dia impede o depósito de gordura na glândula. E a gordura, como se sabe, limita sua função — um fenômeno que os médicos chamam de esteatose. "Notamos o benefício com o vinho tinto e com o branco", conta o líder da investigação, Jeffrey Schwimmer.
Outra notícia que inocenta doses modestas de álcool vem da Suécia. Uma equipe do Instituto Karolinska verificou, depois de acompanhar quase 3 mil pessoas, que a ingestão de álcool reduz o risco de artrite reumatóide, uma inflamação constante nas juntas. Para fechar a rodada, novos trabalhos sugerem que um pouco de etanol, ou álcool etílico (...) propicia uma proteção cardiovascular. Dois cálices de vinho diariamente seriam suficientes para levantar o astral das artérias.

O que dizem outras fontes? Quais os benefícios relacionados ao consumo moderado de vinho? De acordo com a União Brasileira de Vitivinicultura (Uvibra 2009), o vinho pode diminuir a ocorrência de pedras nos rins, aumentar a imunidade contra gripes e resfriados, reduzir o risco de catarata, entre outros benefícios. No entanto, precisamos lembrar que o consumo em excesso pode causar problemas sérios.

Se uma taça de vinho ajuda o fígado a emagrecer, uma garrafa todos os dias deixa a glândula vulnerável à cirrose. "O excesso de álcool destrói suas células, gerando inflamações e cicatrizes. Com o tempo, o fígado vai à falência", explica a hepatologista Helma Cotrim. O mesmo raciocínio se aplica ao sistema cardiovascular. Se dois cálices diários do mesmo vinho relaxam os vasos, algo além disso provoca forte contração. "É uma espécie de efeito rebote", resume o cardiologista Flavio Fuchs. Segundo trabalhos recentes, mais de três doses por dia já podem levar à hipertensão. "Os riscos ainda são mais consistentes do que os benefícios", opina Fuchs. (Sponchiato 2008, s.p.)

No relato de Sponchiato (2008), encontramos referências a trabalhos recentes que estão em consonância com a recomendação do escritor Romano Eubulus, de que a dosagem máxima seja de três taças. É fascinante descobrir que algumas coisas não mudaram desde tempos remotos.

Outro exemplo da continuidade de práticas sociais que atravessam o tempo é o manual escrito por Lucius Columella no ano 65 d.C., intitulado *De Re Rustica* [Sobre temas do campo], que dá detalhes sobre a produção de uvas da época (Johnson 1989). No manual, descobrimos que a produção por área plantada é igual à dos melhores vinhedos da França de hoje, e que a técnica de plantio em estacas, mantendo uma distância de dois passos entre elas, continua sendo mais ou menos a mesma técnica usada hoje em vários vinhedos europeus. O tipo de terreno, a drenagem, a colheita, a prensagem, a fermentação, todos esses fatores apresentam semelhanças surpreendentes. Será que essas técnicas são válidas apenas para a Europa ou também funcionam em outras áreas do planeta onde se produz vinho?

Como é a produção de vinho no Brasil? As videiras foram trazidas da Ilha da Madeira, em Portugal, para o nosso país, em 1532, por Martim Afonso de Souza, e plantadas por Brás Cubas, inicialmente no litoral paulista e depois, em 1551, na região de Tatuapé. E hoje, quais as regiões do Brasil envolvidas na produção do vinho? Vamos pesquisar? Que precauções devem tomar os produtores em relação à pegada ecológica de sua produção? A pegada ecológica calcula a pressão do ser humano sobre o planeta, medindo a rapidez com que consumimos recursos naturais e produzimos resíduos, em comparação com a capacidade do planeta de absorver esses resíduos e gerar novos recursos. De acordo com o relatório "Living Planet Report" (Pollard 2010), baseado em dados de 2007, a biocapacidade do planeta é de 1,8 hectare por pessoa, enquanto nosso consumo já registra uma média de 2,7 hectares. Isso quer dizer que a Terra precisa de 18 meses para repor o que utilizamos em 12 meses. Lembramos ainda que o cálculo se baseia apenas no consumo do ser humano – uma só espécie dentre as 1,4 milhão existentes. Portanto, precisamos estar atentos às atuais condições em que se encontra o planeta, se é que pretendemos também conservar um pouco de sua biodiversidade. E se decidirmos garantir recursos para as futuras gerações, novos cálculos precisam ser feitos e novos hábitos de vida adotados.

A rede global de pegadas ecológicas (Global Footprint Network s.d.) calcula a pegada ecológica de cada país a partir de 5 mil dados informados pelos próprios países à ONU, e, de acordo com o relatório de 2010, os Emirados Árabes possuem a maior pegada ecológica do mundo, consumindo 10,7 hectares por pessoa. O segundo lugar coube aos Estados Unidos e à Bélgica, cujo consumo é igual a 8 hectares por pessoa. Se todos os habitantes do planeta tivessem o mesmo estilo de vida que os americanos e os belgas, seriam necessários 4,5 planetas para suprir todo o consumo. A biocapacidade brasileira é de 9 hectares/pessoa. No entanto, a pegada ecológica do Brasil é de 2,9 hectares por pessoa. Isso quer dizer que consumimos menos do que nosso país tem capacidade de gerar. Mas, em termos globais, superamos a biocapacidade do planeta. A China, por outro lado, tem apenas 1 hectare de biocapacidade, mas consome 2,2 hectares/pessoa. Ou seja, os chineses se aproximam do nível de consumo que o planeta pode suportar, mas não suprem em seu próprio território os recursos que consomem. Vamos descobrir mais sobre esse assunto? Os alunos poderiam responder o questionário *on-line* que aparece no *site* do Global Footprint Network,[9] para descobrirem a sua pegada ecológica individual (simplificada, é óbvio). Uma oportunidade valiosa para praticar o conhecimento da língua inglesa.

Outras associações e entidades investigam pegadas ecológicas associadas ao consumo de recursos específicos, como a água. Dessa forma, é possível descobrir, por exemplo, quanta água está sendo gasta durante a produção da cerveja (WWF 2009). De acordo com o relatório apresentado na Semana Mundial da Água (16 a 22 de agosto de 2009), de toda a água usada nesse processo, a que foi utilizada no plantio de grãos e cereais é bem maior do que a parte consumida no processo industrial dentro da cervejaria. O relatório revela que, na África do Sul, a pegada ecológica é de 155 litros de água para cada litro de cerveja, sendo que 98,3% dessa água está ligada ao plantio das culturas envolvidas, tanto locais como importadas. Em comparação com outras bebidas, a pegada da água da cerveja parece relativamente pequena. Um estudo recente conduzido pelo Pacific Institute[10] revelou que o café, o vinho e o suco de maçã possuem pegadas de água três vezes maiores que a pegada da cerveja (Pacific Institute 2008). Lembramos, no entanto, que as dimensões dessas pegadas não são suficientes em si mesmas para delinear o quadro completo. O que importa mais é o contexto – onde a água é utilizada, qual a proporção de recursos hídricos da região utilizada, e se a escassez de água está ou estará ameaçando o meio ambiente, as comunidades ou os negócios agora, ou no futuro.

---

9. O questionário individual do *site* da rede global das pegadas ecológicas está disponível na internet: http://www.footprintnetwork.org/en/index.php/GFN/page/calculators/, acesso em 14/4/2012.

10. O Pacific Institute, fundado em 1987 em Oakland, na Califórnia, trabalha a favor de um planeta mais saudável, investindo em pesquisas interdisciplinares com o objetivo de encontrar soluções que promovam a proteção do meio ambiente, enquanto garante o desenvolvimento, contanto que seja sustentável. Um dos seus projetos é o *site* worldwater.org que visa à disseminação de informações sobre o que está acontecendo com as fontes de água doce no mundo inteiro.

Conclusão

Por que tanta ênfase nas investigações associadas à cerveja e ao vinho? Primeiro porque são bebidas que nos remetem à história da sociedade humana. Ambas eram utilizadas para celebrar eventos importantes nas suas culturas, associados à religiosidade, aos diversos rituais dos povos ao longo do tempo. Em segundo lugar, porque ambas são compostas em grande parte de água. Vejamos a tabela abaixo:

TABELA 26: PORCENTAGEM DE ÁGUA EM BEBIDAS ALCOÓLICAS

BEBIDAS	ÁGUA	ÁLCOOL	BEBIDAS	ÁGUA	ÁLCOOL
Cerveja branca	91,6	3,7	Gim, Rum, Whisky	68,3	31,7
Vinho maduro	89,7	9,2	Aguardente	55,9	44,0
Sidra	92,0	5,5	Licor simples	47,5	28,0

Fonte: Instituto Hidratação e Saúde (s.d.b).

Por meio de investigações relacionadas ao consumo da cerveja e do vinho, é possível estimular o pensamento dos alunos sobre eixos temáticos na área da geografia,[11] como os que seguem: (a) a organização e a distribuição da população no planeta e os grandes movimentos socioculturais e étnicos; (b) as questões ambientais, sociais e econômicas resultantes dos processos de apropriação dos recursos naturais em diferentes escalas, grandes quadros ambientais do mundo e sua conotação geopolítica; (c) a produção e a organização do espaço geográfico, as mudanças nas relações de trabalho, as inovações técnicas e tecnológicas e as novas geografias, a dinâmica econômica mundial, e as redes de comunicação e informação; (d) o futuro dos espaços agrários, a globalização e a modernização da agricultura no período técnico-científico informacional e a manutenção das estruturas agrárias tradicionais como forma de resistência.

Também é possível trabalhar com conceitos básicos de história:[12] desenvolvendo nos alunos a capacidade de analisar, criticar e interpretar fontes documentais de natureza diversa; reconhecer os diferentes agentes sociais e os contextos envolvidos na produção do conhecimento histórico; ter consciência de

---

11. Baseados nos eixos temáticos (a articulação entre os conceitos e os conteúdos) apresentados nas Ocems (Brasil 2006b, pp. 56-59).
12. As habilidades que seguem foram selecionadas da lista que consta nas Ocems (Brasil 2006c, pp. 80-84).

que o objeto da história são as relações humanas no tempo e no espaço; perceber os processos históricos como dinâmicos e não determinados por forças externas às ações humanas; comparar problemáticas atuais e de outros momentos históricos; situar as diversas produções da cultura – linguagens, artes, filosofia, religião, ciências, tecnologias, bem como outras manifestações sociais – nos contextos históricos de sua constituição e significação; valorizar a pluralidade das memórias históricas deixadas pelos mais variados grupos sociais; auxiliar na busca de soluções para os problemas da comunidade; construir a identidade pessoal e social na dimensão histórica a partir do reconhecimento do papel do indivíduo nos processos históricos, simultaneamente como sujeito e produto deles.

Considerações finais

O ano de 2013 foi eleito pela Assembleia Geral das Nações Unidas o Ano Internacional de Cooperação pela Água. O que os alunos sabem sobre os eventos realizados naquela época? A comunidade participou, de alguma forma, no evento?

A UNESCO foi escolhida para coordenar o Ano em razão do mandato multidimensional dessa Organização, que contempla ciências naturais e sociais, cultura, educação e comunicação, além de seu envolvimento de longo prazo com programas que contribuem para o manejo sustentável de fontes de água potável no mundo. (Unesco-UN Water 2013)

O que os alunos sabem sobre essa organização? Sabem que o nome Unesco é a sigla de United Nations Educational, Scientific and Cultural Organization? O que significa essa frase em português? É fácil traduzir as palavras? Quase todas são cognatas, mas é necessário reorganizá-las para montar uma frase equivalente, que faça sentido, de tal forma que os alunos percebam que a tradução envolve muito mais do que a equivalência entre palavras – a organização das palavras também é importante. Vamos procurar informações na internet (em português, inglês, espanhol e outras línguas em estudo) sobre os eventos realizados pela Unesco em 2013? Quais as imagens que se destacam? Quais os dados que causam maior impacto? Quais as frases mais intrigantes? Quais as manifestações mais instigantes? Quais as ações realizadas pela comunidade local, pelo estado, pelo país? Quais os exemplos de cooperação pela água que conhecemos? Quais os conflitos? Na família, na comunidade, no país, no mundo? Ocorreram recentemente problemas locais relacionados à água? Quais as soluções de curto prazo? E as de longo prazo?

De acordo com a Unesco-UN Water (2013, p. 1),

na medida em que a rápida urbanização, as mudanças climáticas e as crescentes carências de alimentos exercem mais e mais pressão sobre as fontes de água doce, o objetivo do Ano [2013] é chamar atenção para os benefícios da cooperação no manejo de água. Ele servirá para destacar exemplos bem-sucedidos de cooperação pela água e para explorar questões centrais incluindo diplomacia pela água, manejo transfronteiriço de água e cooperação financeira.

Será que os alunos conseguem relacionar os efeitos da urbanização, as mudanças climáticas e a produção de alimentos à crescente escassez de água doce confiável? Sabem que a agricultura é responsável por mais ou menos 70% da retirada da água doce global? Os alunos já pensaram na importância da diplomacia para a solução de problemas? Já pensaram na necessidade premente de colaboração entre comunidades e países vizinhos que compartilham a mesma fonte de água, no sentido de um manejo conjunto? Sabem que a África é atravessada por 276 bacias hidrográficas que vão além das fronteiras, enquanto a América do Sul conta com apenas 38? (Unesco-UN Water 2013, p. 8). Todavia, é fundamental lembrar que a poluição também não tem fronteiras.

Até 90% da água de saneamento em países em desenvolvimento é escoada sem tratamento para rios, lagos e zonas costeiras altamente produtivas, colocando em risco a saúde, a segurança alimentar e o acesso à água potável e adequada para banho. 85% da água usada mundialmente não é coletada ou tratada. (*Ibidem*, p. 9)

Precisamos trabalhar juntos a fim de colocar em prática as recomendações emanadas de estudos e pesquisas, para garantirmos água limpa para todos.

No mesmo documento da Unesco, encontramos mensagens-chave para o Ano Internacional de Cooperação pela Água, entre elas as que seguem:

- Todas as atividades econômicas dependem da água. A cooperação pode levar ao uso mais eficiente e sustentável dos recursos hídricos, inclusive por meio de planos de manejo conjunto que gerem benefícios mútuos e melhores padrões de vida.
- O acesso à água pode ser fonte de conflito, mas também é catalisador de cooperação e construção da paz. A cooperação em uma questão tão prática e vital quanto o manejo da água pode ajudar a superar tensões culturais, políticas

e sociais e pode fomentar a confiança entre diferentes grupos, comunidades, regiões ou estados. (Unesco-UN Water 2013, p. 5)

É claro que 2013 serviu como tentativa de conscientizar a população global sobre o significado da água na vida do planeta Terra. Mas a consciência do valor da água para a vida do planeta precisa estar presente nas nossas ações cotidianas. O que podemos fazer para colaborar com o desenvolvimento sustentável de todos os seres que convivem no nosso planeta tão deslumbrante? Vamos pensar e vamos agir, em conjunto.

7
CICLO DA VIDA

Introdução

No capítulo anterior focalizamos as nossas investigações e propostas de trabalho no tema "água – base da vida", e descobrimos que a porcentagem de água no corpo se modifica de acordo com as diversas fases da vida. Agora gostaríamos de pensar um pouco sobre outras modificações que ocorrem no corpo durante a vida e suas implicações nutricionais. Quais as necessidades nutricionais do feto, da mulher que está carregando o feto, do bebê logo após o nascimento, da criança pequena, do adolescente, do adulto e do idoso? O que modifica no corpo durante a trajetória da vida? Existem "regras nutricionais gerais" que podem ser aplicadas em todas as fases diferentes? Ou será que cada fase da vida exige uma combinação diferente de nutrientes? O que pensam os alunos?

Que tal formar grupos diferentes, com cada grupo pesquisando uma fase diferente da vida? Os alunos iniciarão o trabalho, pesquisando os membros da sua família que se encaixam na fase escolhida – quais as comidas preferidas dessas pessoas? Quais os pontos positivos e negativos de suas escolhas nutricionais? O que deveria ser modificado para garantir uma alimentação mais saudável e mais apropriada para a fase de vida sendo investigada?

É claro que os alunos precisam se informar sobre as necessidades nutricionais da fase escolhida, mas é sempre interessante descobrir primeiro o que sabem e o

Nutrição   285

que pensam antes de definir linhas de investigação. Alunos mais jovens podem produzir desenhos de pessoas na fase de vida escolhida e as comidas que costumam comer, enquanto alunos que já escrevem com mais desenvoltura produzirão textos descrevendo as opções nutricionais de pessoas conhecidas na fase escolhida pelo grupo, acrescentando as informações que já sabem sobre as características nutricionais dos alimentos mencionados. Alunos dos anos finais do ensino fundamental devem produzir um relatório inicial que apresenta dados conhecidos de diversas áreas do conhecimento, seja das ciências da natureza, da matemática ou das ciências humanas, onde devem organizar as informações de forma interdisciplinar, fazendo conexões explícitas entre diversas áreas, cada grupo definindo um tema específico que gostaria de investigar mais a fundo.

Vamos pensar em algumas possibilidades de pesquisa relacionadas às diversas fases da vida?

A grávida e seu feto

Já que o feto recebe todo seu alimento da sua mãe, vamos pensar um pouco sobre a fase da gravidez e o relacionamento entre a mãe e seu bebê. Segundo Freitas *et al.* (2010, pp. 81-82),

> a gravidez provoca modificações fisiológicas no organismo materno, que geram necessidade aumentada de nutrientes essenciais. Seja em termos de micro ou macronutrientes, o inadequado aporte energético da gestante pode levar a uma competição entre a mãe e o feto, limitando a disponibilidade dos nutrientes necessários ao adequado crescimento fetal. Portanto, a literatura é consensual ao reconhecer que o estado nutricional materno é indicador de saúde e qualidade de vida tanto para a mulher quanto para o crescimento do seu filho, sobretudo no peso ao nascer, uma vez que a única fonte de nutrientes do concepto é constituída pelas reservas nutricionais e ingestão alimentar materna.

De acordo com essas informações, a responsabilidade nutricional da mãe é total. O que ela come afeta o crescimento saudável (ou não) do seu bebê, a sua saúde determina o desenvolvimento do feto. Por exemplo, um dos problemas mais graves da saúde pública atualmente é a obesidade, que atinge crianças, adolescentes e adultos, e os autores Valle, Durce e Ferreira (2008) realizaram um estudo bibliográfico (cobrindo o período de 1996 a 2006) sobre os efeitos da obesidade gestacional no feto. As principais complicações encontradas foram: a malformação congênita, a macrossomia e a morte intra-uterina. Segundo os estudos analisados, a malformação congênita pode acontecer em virtude do consumo de alimentos glicêmicos que "aumenta o risco de defeitos no tubo neural aproximadamente em duas vezes", enquanto "a diminuição da ingestão pré-concepcional de alimentos ricos em glicose reduz essa frequência" (Valle; Durce e Ferreira 2008, p. 539). A obesidade materna também pode contribuir para erros de diagnóstico com relação à malformação devido às dificuldades de visualização no ultrassom durante o pré-natal.

O termo macrossomia se refere aos fetos que nascem com peso maior ou igual a 4 kg, o que pode provocar muitos problemas durante o parto: "(...) como distorção de ombro, sofrimento fetal, aumento da morbimortalidade, compressão do polo cefálico, e prolongamento do período expulsivo, podendo deixar sequelas definitivas nos filhos dessas mulheres" (*ibidem*). No entanto, os problemas não ocorrem apenas durante o parto, as consequências afetam todo o percurso de vida desses bebês, já que a macrossomia é visto como precursor da obesidade futura.

O excesso de peso, cada vez mais, é reconhecido como o principal problema nutricional das sociedades ocidentais e tem vindo a assumir proporções epidêmicas. Mães engravidam com sobrepeso, e pela vida sedentária e consumo de alimentos ricos em gordura e açúcares, acabam por ganhar mais peso do que o desejado e no final apresentam peso acima do recomendável (Kerche R.L., *et al.*, 2005). (...) Madi *et al.* (2006) apontam para que a ocorrência de diabetes seja 4 vezes superior em mães de fetos macrossômicos. Com o desenvolvimento de diabetes, a hiperglicemia materna resulta em hiperglicemia fetal, com consequente aumento da produção de insulina, determinando hiperplasia e hipertrofia das células β pancreáticas. Outros estudos mostram ainda que a macrossomia é um fator de risco para a obesidade na criança e na vida adulta. (Abecasis 2012, p. 78)

Qual a proporção de gestantes com sobrepeso na comunidade local? E no país? Existem grupos específicos com uma tendência maior de adquirir sobrepeso? Qual a situação em outros países? As gestantes com sobrepeso sempre produzem bebês com sobrepeso? Os alunos conhecem alguém na família com sobrepeso? Vamos descobrir mais sobre o começo da sua vida? Nasceu com quantos quilos? A sua mãe ganhou peso a mais durante a gravidez? O que a mãe gostava de comer durante a gravidez? Sentia desejos saudáveis ou queria muito comer o que não deveria? Qual era o comportamento da família? As pessoas em volta da futura mãe a ajudavam a manter uma alimentação saudável ou contribuíam para a satisfação de desejos nutricionalmente indesejáveis? Quais eram os hábitos alimentares da mãe antes de engravidar? Mudou alguma coisa durante a gravidez? Como foi o acompanhamento pré-natal, a futura mamãe tinha acesso a um(a) nutricionista? Seguia os conselhos alimentares dos profissionais que a acompanhavam? Ou não teve acesso ao conhecimento nutricional? O que os alunos pensam sobre os serviços pré-natais disponíveis atualmente? O que está faltando, o que poderia melhorar? Quais as sugestões de melhorias? Como colocá-las em prática? Vamos fazer algo para garantir um começo de vida saudável para os bebês futuros?

Outra preocupação nutricional durante a gravidez é a deficiência de ferro na gestante que é responsável pela anemia *ferropriva*. Segundo Queiroz e Torres (2000, p. 299), "as necessidades de ferro corporal estão relacionadas às diversas etapas da vida", sendo que os valores diários recomendados são de 30 mg para gestantes, 10 mg para adultos masculinos e para crianças de 6 meses a 3 anos, e 12 a 15 mg para adolescentes.

Já pensamos um pouco sobre a importância do ferro para o organismo no Capítulo 5. Descobrimos, entre outras coisas, que o ferro exerce um papel fundamental no transporte e distribuição de oxigênio nas células do corpo e que a sua falta pode deixar o sistema imunológico vulnerável. Quais as outras funções do ferro no corpo? E as outras consequências para a nossa saúde quando os níveis de ferro estão abaixo do normal? O que os alunos sabem sobre esse assunto? Eles conhecem alguém que está na fase gestacional? Vamos convidar a futura mamãe para conversar com os alunos? Vamos convidar mães de alunos para serem entrevistadas sobre suas gestações passadas? Alguém foi diagnosticada com anemia durante a gravidez? Tomaram remédios ou modificaram sua dieta? Quais os alimentos que acrescentaram na tentativa de aumentar os níveis de ferro no corpo? As mães sabem que sua própria alimentação afeta diretamente o crescimento e desenvolvimento dos seus filhos? Segundo Drehmer,

> a saúde das gestantes e de seus bebês depende de uma nutrição adequada. A nutrição da gestação é, portanto, decisiva para o curso gestacional. A dieta, no primeiro trimestre da gestação, é muito importante para o desenvolvimento e diferenciação dos diversos órgãos fetais. Já nos trimestres subsequentes, a dieta está mais envolvida com a otimização do crescimento e do desenvolvimento cerebral do feto. (Drehmer, *apud* Freitas *et al.* 2010, p. 82)

Quais as outras modificações que as mães fizeram nos seus hábitos alimentares durante a gestação? E o que aconteceu após o nascimento do bebê – a mãe continuou a comer alimentos ricos em ferro?

Amamentação: Leite materno

O leite materno é fundamental para o desenvolvimento do organismo do recém-nascido. O leite materno é preparado para atender à fase de desenvolvimento da criança quando nasce. Então se o bebê nascer antes de completar 9 meses, o leite terá os nutrientes necessários para o desenvolvimento de acordo com o estado fisiológico do recém-nascido. O leite materno deve ser fornecido desde a sala do parto até pelo menos 6 meses, com livre demanda. Não é necessário dar água nem chás para o recém-nascido, pois o leite fornece tudo que precisa, na quantidade certa e na temperatura adequada.

O leite materno é de graça e é o alimento ideal, fornecido naturalmente, para sustentar os nossos bebês. Muitas alergias, que são cada vez mais comuns, surgem quando o leite materno é substituído por outro alimento não tão apropriado. Por exemplo, quando o leite de vaca, que atende às necessidades nutricionais do bezerro e não de recém-nascidos humanos, substitui o leite materno humano, isso pode provocar alergia à lactose ou proteína bovina, porque os nutrientes do leite de vaca estão inadequados para as necessidades nutricionais e fisiológicas do recém-nascido.

A Tabela 27 apresenta os nutrientes presentes no leite de vaca e no leite materno humano. O colostro é o primeiro leite ejetado a partir do dia do nascimento (pós-parto) até o sétimo dia; o leite de transição é o do 8° ao 14° dia pós-parto; e o leite maduro é o leite produzido após 15 dias. O colostro é ejetado em pequenas quantidades, seu volume varia de 2 ml a 20 ml por mamada e possui uma concentração de nutrientes bem grande, enquanto o volume do leite maduro é de 700 a 900 ml por dia quando a mulher teve um único filho. Examinando a Tabela 27, quais as observações dos alunos? Percebem as diferenças entre o leite materno inicial e o leite produzido após 30 dias? Isso indica claramente que as necessidades nutricionais do bebê se modificam rapidamente. E é óbvio que existem também diferenças entre as duas fases de produção do leite materno em comparação com o leite de vaca. Lembramos, no entanto, que os dados são apresentados de acordo com a porcentagem em 100 ml de leite, porém é importante lembrar que o bezerro vai consumir uma quantidade muito maior que o bebê. Quais as implicações dessa diferença? Quais as diferenças entre as necessidades nutricionais do bebê recém-nascido e de um bezerrinho? Qual a quantidade de leite consumido diariamente por ambos? O bezerro mama durante quanto tempo? E vive durante quantos anos? O que come quando para de mamar? Qual a relação entre a dieta normal como adulto e o leite materno de cada um? Por que o ser humano continua tomando leite bovino durante toda sua vida? Quais os pontos positivos e quais os negativos? O que sabemos sobre a indústria do leite e derivados na nossa região, no país, em

Nutrição 289

outros países? Quais os hábitos de consumo de leite e derivados em outros países? Vamos pesquisar?

TABELA 27: COMPOSIÇÃO DO LEITE MATERNO E DO LEITE DE VACA
E SUAS DIFERENÇAS NUTRICIONAIS EM 100 ML

Composição em macronutrientes e micronutrientes por 100 ml de colostro, leite maduro e leite de vaca			
CONSTITUINTES	LEITE MATERNO		Leite de vaca integral
	Colostro (1-15 dias)	Leite maduro (acima de 30 dias)	
Energia (kcal)	58,00	70,00	67,80
Lactose (g)	5,30	7,30	4,90
Proteínas totais (g) PTN	2,30	0,90	3,50
Caseína (%) PTN	10,00	40,00	82,00
Proteína do soro (%)	90,00	60,00	18,00
α lactoalbumina (mg) PTN	218,00	161,00	–
Gordura Total (g)	2,90	4,20	3,80
VITAMINAS LIPOSSOLÚVEIS			
A (μg ER)	89,00	47,00	29,50
D (μg)	–	0,04	1,00
E (μg)	1,28	3,00	40,00
K (μg)	0,23	0,21	17,00
VITAMINAS HIDROSSOLÚVEIS			
C (mg)	4,40	4,00	1,70
Tiamina (mg) B1	0,015	0,016	0,37
Riboflavina (mg) B2	2,50	3,50	0,17
Niacina (mg)	7,50	20,00	0,09
Folato (μg)	–	5,20	0,29-6,80
B6 (mg)	1,20	2,80	4,20
B12 (μg)	20,00	2,60	0,40
MINERAIS			
Cálcio (mg)	23,00	28,00	120,00
Fósforo (mg)	14,00	15,00	94,00
Magnésio (mg)	3,40	3,00	12,00
Sódio (mg)	48,00	15,00	51,50
Potássio (mg)	74,00	58,00	140,00
Cloro (mg)	91,00	40,00	106,00
ELEMENTOS TRAÇOS			
Cromo (μg)	–	0,39	2,00
Cobre (μg)	46,00	35,00	3,00
Flúor (μg)	–	7,00	0,30
Iodo (μg)	12,00	7,00	8,00
Ferro (μg)	0,45	0,40	0,05
Manganês (μg)	–	0,40-1,50	2,00-4,00
Selênio (μg)	–	2,00	3,00
Zinco (μg)	5,40	1,66	0,30-0,40

Fonte: Accioly, Saunders e Lacerda (2009, p. 284).

Muitos países (incluindo Brasil) também utilizam leite de cabra, que possui uma composição semelhante ao do leite de vaca, porém com algumas diferenças nas concentrações dos nutrientes. Por exemplo, o leite de cabra apresenta melhor digestibilidade geral em virtude da presença de maior quantidade de gordura de cadeias média e pequena e uma maior digestibilidade específica da proteína. O leite de cabra também tem uma maior biodisponibilidade de ferro comparada com o leite de vaca (Amaral; Amaral e Moura Neto 2011). Quais dos alunos já tomaram leite de cabra? Com que idade? Durante quanto tempo? Havia uma razão específica pela decisão de consumir leite de cabra? Qual era? Vamos visitar um local de criação de cabras? Como descrever os gostos diferentes das diversas variedades de leite experimentadas?

Gostaríamos de enfatizar que *não existe leite fraco*, pois todas as mulheres produzem leite adequado para o recém-nascido, mesmo uma mulher com desnutrição leve ou moderada. No entanto, as mulheres com desnutrição grave não conseguem produzir leite porque não possuem energia suficiente para isso, já que a produção de 700 ml de leite materno em 24 horas exige em torno de 500 kcal/dia, além da dieta normal da mãe, podendo contribuir para a perda de peso durante o período de amamentação, dependendo da quantidade e da qualidade de comida consumida. Quais as outras vantagens da prática da amamentação para as mães e para os bebês? De acordo com Levy e Bértolo (2008, pp. 8-9) e Silva e Mura (2007, pp. 296-297), algumas das vantagens para as mães que amamentam o recém-nascido com leite materno até os 6 meses exclusivamente e até dois anos com alimentação complementar são as que seguem:

Se a amamentação adequada (exclusiva até 6 meses e parcial até o final do primeiro ano de vida) fosse praticada universalmente, mais de 2 milhões de mortes (de um total de 9 milhões) poderiam ser evitadas (Silva e Mura 2007, p. 293). Os autores Gardner e Halweil (2000, p. 44) afirmam que, de acordo com cálculos realizados na década de 1980, as campanhas que promovam a amamentação adequada reduzirão doenças ligadas à diarreia em 8-20%, e ainda reduzirão o número de mortes ligadas à mesma doença nos primeiros seis meses de vida em 24-27%. Como exemplo, uma das campanhas em Papua, Nova Guiné, exigia uma receita médica para realizar a compra de uma mamadeira, dessa forma dificultando a sua utilização e, consequentemente, promovendo a amamentação como a opção mais fácil.

TABELA 28: ALEITAMENTO MATERNO

VANTAGENS PARA MÃES E FILHOS	
Mãe que pratica a amamentação exclusiva e de livre demanda durante pelo menos 6 meses	Filho que mama até pelo menos 6 meses de idade
Ocorre um período de infertilidade depois do parto que inibe a ovulação e menstruação.[1]	Garante o crescimento e desenvolvimento saudável do bebê por lhe fornecer os nutrientes adequados de acordo com sua idade fisiológica.
Facilita uma involução uterina mais precoce.	É importante para o desenvolvimento rápido do sistema nervoso imaturo do bebê.
Contribui para a expulsão da placenta e para a redução do sangramento, prevenindo hemorragia pós-parto.	O aleitamento reduz alergias alimentares e a incidência de diarreias, previne infecções gastrointestinais, respiratórias, e urinárias, meningite bacteriana e botulismo (que pode ser provocado pelo consumo indiscriminado de mel antes de 2 anos de idade).
Protege a mãe contra câncer de mama e de ovário.	Há um amadurecimento da função oral pela posição correta durante a mamada, favorecendo o desenvolvimento dos músculos e ossos da face.
Diminui o peso materno.	Evita a obesidade em todas as fases do indivíduo.
É o método mais barato e seguro de alimentar os bebês.	Evita a desnutrição do recém-nascido e contribui para uma melhor adaptação a outros alimentos devido aos compostos químicos de aroma e sabor no leite materno.
Fortalecimento do vínculo entre mãe e filho.	

Fonte: Elaborada pelas autoras com base em Levy e Bértolo (2008) e Silva e Mura (2007).

Vamos pensar mais sobre os hábitos atuais relacionados à amamentação? Todas as mães da comunidade local amamentam seus bebês até pelo menos 6 meses de idade? Diferentes grupos sociais adotam práticas diferenciadas? Quais os fatores envolvidos? Por exemplo, as mães indígenas amamentam por mais tempo que as mães não indígenas? E as mães trabalhadoras? E as mães adolescentes? O que fazem? Quais as recomendações? As mães dos alunos amamentaram seus filhos durante quanto tempo? Vamos montar um questionário para saber o que pensam sobre esta prática? E as avós dos alunos? Amamentaram seus bebês durante mais tempo que as mães? Quantos alunos utilizavam mamadeira? Quais as vantagens e desvantagens?

Os alunos sabem que o bico da mamadeira é apenas um buraco onde o conteúdo passa sem dificuldades, o bebê não precisa fazer esforço nenhum. Enquanto quando mama no seio da mãe o esforço exigido é grande. Sendo assim, o bebê que usa mamadeira frequentemente começa a recusar o seio, preferindo não fazer força. O que pensam os alunos sobre essa opção? Quais as consequências da

---

1. No entanto, o efeito contraceptivo está relacionado à intensidade e à frequência do estímulo da sucção e com uso de mamadeira a eficácia anticoncepcional é reduzida.

decisão de não fazer exercício? Lembramos que a utilização de chupeta também pode causar transtornos para a alimentação do bebê, porque contribui para a redução da frequência do aleitamento materno e, consequentemente, para a diminuição considerável da produção de leite. Quando isso acontece, a mãe pode acreditar que seu leite está fraco, parar de amamentar ao peito e introduzir a mamadeira. De fato, a única pessoa beneficiada pela utilização da chupeta é a mãe, que acredita que o bebê está mais calmo, quando, na verdade, o bebê pode estar com muita fome e está fazendo os movimentos de chupar justamente na procura de alimento. De acordo com Lamounier (2003), o uso das chupetas pode também prejudicar a função motora oral, exercendo papel importante na síndrome do respirador bucal, e também levar a problemas ortodônticos provocados pela sucção do bico, que não estimula adequadamente os músculos da boca. Assim, precisamos analisar melhor os sinais de fome e de saciedade dos bebês, visando à garantia de uma alimentação saudável no início de suas vidas!

Outro dado que precisa ser levado em consideração é a verificação do conteúdo da mamadeira. Expandindo um pouco mais o que foi dito no Capítulo 5, isto é, que o bebê no começo de sua vida precisa de muito colesterol, o que nem sempre é encontrado nas fórmulas para mamadeiras, Campbell-McBride (2007, p. 2) afirma ainda:

O leite materno fornece muito colesterol. Não apenas isso – o leite materno contém uma enzima específica que capacita o aparelho digestivo do bebê a absorver quase 100% desse colesterol, pois o desenvolvimento do cérebro e olhos da criança demanda enorme quantidade de colesterol. A criança que for privada do colesterol durante a infância poderá ficar com a visão e as funções cerebrais prejudicadas. Os fabricantes de fórmulas para mamadeiras estão cientes desse fato, porém, seguindo o dogma anti-colesterol, produzem essas fórmulas com praticamente nada dessa substância.

A autora alega que fabricantes de fórmulas para mamadeiras sabem que o leite materno fornece muito colesterol, que é essencial para o desenvolvimento do cérebro e dos olhos dos fetos, mas produzem fórmulas com níveis muito baixos dessa substância seguindo a tendência geral de abaixar os níveis de colesterol.

Que diferença assustadora entre a necessidade do colesterol para o desenvolvimento saudável dos bebês e as tentativas de reduzir o consumo de colesterol dos adultos. Inegavelmente a mesma "regra" nutricional não pode ser aplicada indiscriminadamente a todas as fases da vida. Vamos descobrir mais? Vamos registrar as perguntas que os alunos querem discutir? Vamos convidar enfermeiras, nutricionistas, pediatras para conversar com os alunos? E depois das entrevistas e da aplicação de questionários, como apresentar as informações adquiridas à comunidade? Que tal montar uma peça de teatro, um *blog* comunitário, escrever músicas instigantes, apresentar os dados em tabelas e gráficos bem coloridos, usando desenhos, histórias em quadrinhos para montar livretos bem chamativos? Quais as outras sugestões dos alunos? Mãos à obra!

Alimentação complementar a partir de 6 meses de idade

A alimentação complementar apenas é necessária a partir dos 6 meses completos, não antes desse período, pois o leite materno fornece tudo que é necessário para o desenvolvimento da criança. De acordo com Monte e Giugliani (2004), a adequação nutricional dos alimentos complementares é fundamental na prevenção de morbimortalidade na infância, incluindo desnutrição e sobrepeso. Aos seis meses, a criança deve começar a receber outros alimentos além do leite materno porque a amamentação exclusiva não é mais capaz de suprir suas necessidades nutricionais (Accioly; Saunders e Lacerda 2009).

As crianças com seis meses devem começar com alimentos de sal e de frutas, de consistência pastosa (não líquido), o que promove a mastigação dos alimentos. Com aproximadamente sete meses e meio, o alimento pode ser amassado deixando alguns pedaços e, de acordo com o ritmo de cada criança, em torno de oito meses e meio, a criança pode estar comendo os mesmos alimentos da família. Porém, lembramos que condimentos fortes como pimenta devem ser evitados e que o teor de sal deve ser reduzido, pois nessa idade os rins e o fígado ainda estão em fase de desenvolvimento. Assim, para crianças entre 6-7 meses, Accioly, Saunders e Lacerda (2009) recomendam a continuidade do aleitamento materno com livre demanda com alimentação complementar de 1 papa de frutas no meio da manhã; 1 papa salgada no meio do dia e outra papa de frutas no meio da tarde, podendo ser substituída pela papa salgada a partir do oitavo mês. Lembramos que a fruta já é doce de natureza, dessa forma não deve ser acrescentado nem um adoçante adicional (açúcar, mel, rapadura, melado) à papa de frutas.

Os alimentos devem ser colocados no prato em pequenas quantidades e em montinhos separados para a criança conhecer o gosto de cada um para saber quais alimentos gosta ou não. A criança poderá cuspir no primeiro momento, mas a mãe não deve desistir, pois às vezes é necessário repetir pelo menos cinco vezes para que a criança rejeite mesmo o alimento. A criança nasce com preferência para o sabor doce e resistência ao amargo, assim é normal preferir chocolate a espinafre, mas o problema ocorre quando a criança deixa de ingerir o alimento saudável e abusa de guloseimas. Lembramos que até um ano de idade o estômago do bebê é mais sensível e se irrita facilmente com as substâncias presentes nos enlatados e refrigerantes, comprometendo a digestão e absorção dos nutrientes. Precisamos ensinar os nossos filhos a comer alimentos de sal, de preferência cereais, tubérculos, carnes, leguminosas e verduras, além de uma variedade de frutas, no intuito de estimular hábitos saudáveis desde cedo.

Quais os alimentos que os alunos colocariam no prato dos bebês de 6 meses? Vamos comparar as sugestões? Quais os pontos positivos e negativos da composição nutricional de cada prato sugerido? Quais os alimentos que os colegas comeriam primeiro? Quais que eles rejeitariam? Quais as comidas que apareceram com maior frequência nos pratos? E quais apareceram raramente? Quais as características nutricionais dos alimentos em comum?

É importante introduzir um alimento novo por dia, a fim de se observar a tolerância da criança em relação ao alimento novo. Também é importante que o responsável estimule a criança a segurar a colher para comer sozinha, desenvolvendo uma independência alimentar. E, acima de tudo, é fundamental lembrar que a alimentação complementar deve ser nutricionalmente adequada, contribuindo para o desenvolvimento saudável das crianças. Assim sendo, existem alguns alimentos que devem ser evitados, como, por exemplo, os que seguem:

TABELA 29: ALIMENTOS COMPLEMENTARES NUTRICIONALMENTE INADEQUADOS

ALIMENTOS QUE DEVEM SER EVITADOS	AS RAZÕES	ATÉ QUANDO DEVE SER EVITADO
Açúcar	As frutas já são doces, então o açúcar não é necessário.	Até 1 ano de vida
Café	Provoca cólicas em crianças menores de 1 ano.	Até 1 ano de vida
Mel	É totalmente contraindicado no primeiro ano de vida da criança, pois há um risco grave de contaminação com *Clostridium botulinum*, causador de botulismo, que se não for tratada pode progredir para parada respiratória e morte em 3 a 5 dias.	Até 1 ano de vida
Enlatados	Fortemente ricos em substâncias que as crianças pequenas não estão fisiologicamente preparadas para consumir.	Até 5 anos
Frituras	Excesso de gordura na alimentação pode provocar no futuro um ganho de peso excessivo sem necessidade.	Até 5 anos
Refrigerantes	Deve ser evitado, pois é um alimento desnecessário para o organismo.	Indeterminado
Balas	Ricos em carboidratos simples, podem provocar caries nos dentes e assim exigir futuros tratamentos dentários.	Indeterminado
Salgadinhos	Excesso de gordura na alimentação pode provocar no futuro um ganho de peso excessivo sem necessidade.	Indeterminado

Fontes: Franco e Landgraf (2003) e Accioly, Saunders e Lacerda (2009).

Percebemos que vários alimentos devem ser evitados para crianças de até 1 ano, pois podem prejudicar seu desenvolvimento normal ou provocar nelas o desenvolvimento de alergias alimentares com consequências graves ou até mortais dependendo do alimento e do grau de alergia. O grupo de alimentos com possibilidade maior de estimular alergias inclui o leite de vaca, em virtude dos altos teores de proteína, sódio e potássio (ver Tabela 27), que podem sobrecarregar os rins prematuros das crianças com menos de 1 ano. Lembramos que as reações podem ser até piores para crianças que nasceram prematuramente.

O que os alunos pensam desta lista de alimentos proibidos? Quais os alimentos na lista que consomem regularmente? Começaram a consumi-los com que idade? Quais alunos pertencem a famílias com crianças com menos de 1 ano? Quais as comidas favoritas, ou mais consumidas, dessas crianças? Algum alimento da lista proibida está incluído? O que fazer? Quais as sugestões dos alunos? Vamos colocar algumas ideias em prática e acompanhar o processo para descobrir o que acontece? Quais as propostas que funcionaram melhor? Por quê? E as que não funcionaram, como modificá-las na tentativa de obter um sucesso maior?

Quando os alunos são estimulados a colocar as teorias na prática, a acompanhar o processo, analisar os pontos positivos e negativos, a avaliar o que de fato está acompanhando, a propor modificações que também serão colocadas na prática, e assim por diante, acabam compreendendo melhor o processo avaliativo permanente necessário para a realização de qualquer aprendizagem efetiva.

Alimentação pré-escolar

As crianças pré-escolares se encontram na faixa etária de 1 até 6 anos. Nessa idade é comum ter uma irregularidade ou até uma redução de apetite, o que se deve à diminuição da velocidade do ganho de peso e da estatura, causando uma diminuição das necessidades energéticas. De acordo com Machado (2009a, p. 1),

a taxa de crescimento fica consideravelmente mais lenta após o primeiro ano de vida. Em contraste com o normal triplicar do peso ao nascimento que ocorre nos primeiros 12 meses, um outro ano se passa antes que o peso ao nascimento seja quadruplicado. Da mesma forma, a altura ao nascimento aumenta em 50% no primeiro ano, mas não é dobrada até aproximadamente a idade de 4 anos. Os aumentos reais de alteração são pequenos comparados àqueles da lactância e adolescência; o peso geralmente aumenta numa média de 2 a 3 kg por ano até que a criança tenha 9 a 10 anos de idade. Então, a taxa aumenta, sinalizando a aproximação da puberdade. O aumento da altura varia de 6 a 8 cm por ano, de 2 anos de idade até a puberdade. Em geral, o crescimento é estável e lento durante os anos pré-escolar e escolar, mas pode ser irregular em algumas crianças, com períodos de não crescimento seguidos de estirões de crescimento. Esses padrões normalmente são paralelos a alterações similares no apetite e ingestão alimentar. Para os pais, os períodos de crescimento lento e falta de apetite podem causar ansiedade, o que pode levar a discussões durante as horas de refeições.

Nessa fase também começa a surgir uma independência de gosto, o que implica em aceitação ou recusa de alimentos oferecidos. Esse comportamento é completamente normal, e a dica principal é de não desistir quando a criança recusa uma comida, deve oferecer várias vezes em ocasiões diferentes, numa variedade de contextos ou combinações, mudando a apresentação, até descobrir mais sobre as preferências de cada criança.

As nutricionistas Correia e Neves (s.d.) esclarecem:

Os filhos tendem a optar por alimentos normalmente consumidos pelos pais e irmãos mais velhos. É preciso ressaltar que não se devem usar estratégias do tipo: "Come toda a comida que ganha sobremesa" ou "se não comer tudo, vai ficar de castigo". Estes artifícios não vão fazer com que a criança coma o alimento porque gosta e sim porque vai ter algum benefício ou vai ser castigada se não comer. Estratégias como estas são causadoras das fobias alimentares desenvolvidas por crianças e que podem persistir durante toda a vida.

Uma alternativa melhor é de estabelecer acordos explícitos entre mãe e filho, como, por exemplo, a "regra de três", que estabelece que a criança deva experimentar um mínimo de três garfadas de cada alimento: a primeira para descobrir o gosto do alimento; a segunda para saber se é bom ou ruim; e a terceira para ter certeza. Podemos nos surpreender com a mudança de opinião na terceira garfada.

Outro problema que pode ocorrer é quando a mãe acredita que o filho não esteja comendo o suficiente e acaba forçando a criança a comer além do necessário. Se essa tendência continua, ela estaria criando as condições próprias para a obesidade futura! O apetite varia de um dia para outro, e se a criança come poucos nutrientes num dia, pode compensar no outro – com qualidade e não quantidade. As crianças aprendem com seus pais e são influenciadas pelo ambiente onde vivem. Consequentemente se torna fundamental analisar o que de fato nós estamos ensinando – quais as consequências das estratégias adotadas e os exemplos alimentares da família? Adotamos hábitos alimentares saudáveis ou estamos falando uma coisa e praticando outra?

Outro conselho oferecido pelas autoras Correia e Neves (s.d.) é de evitar tensão na hora da refeição. Se a criança recusa brócolis, podemos oferecer espinafre. O alimento recusado pode ser substituído por outro do mesmo grupo alimentar. Se não gostou do espinafre refogado, podemos colocar as folhas no suflê, no feijão, ou até no suco de limão, experimentando diferentes modos de preparação. Porém, quando o filho recusa comer seu jantar bem equilibrado nutricionalmente, não devemos nos render aos pedidos para tomar apenas sorvete, acreditando nas promessas de que no outro dia ele vai comer tudo. Não podemos ceder à chantagem dos filhos, porque no outro dia certamente a mesma cena se repetirá e as birras aumentarão. Se não aceitar nenhuma das alternativas saudáveis, é melhor deixar a criança dormir de barriga vazia do que cheia de sorvete, chocolate, biscoitos ou pão. Se recusar o almoço e uma hora depois pedir biscoitos ou doces, também não podem ser dados. A criança precisa esperar a hora combinada do lanche e comer as opções saudáveis na quantidade previamente estabelecida, esperando a hora do jantar para comer uma quantidade maior. As famílias precisam de regras alimentares que promovam o crescimento saudável dos filhos. A convivência com essas regras desde cedo garante a formação de hábitos saudáveis que permanecerão pelo resto de suas vidas.

Às vezes a criança se recusa a comer porque não conhece o alimento, assim é importante estimular o hábito da experimentação de novidades alimentares em família, e convidar a criança, desde cedo, a participar na hora da escolha dos alimentos e na sua preparação. Desse modo, são criadas oportunidades para diálogos abertos sobre o valor nutricional, custo, tempo de preparo, apresentação, temperos etc.

Quais as comidas que os alunos gostariam de experimentar? Quais as mais exóticas que já degustaram até o momento? O que acharam do gosto, da textura, da cor? Quais as comidas já oferecidas que ainda não foram experimentadas? Quais as razões da rejeição? Quais as propostas de modificação que poderiam incentivar uma degustação mais positiva? Vamos montar alguns desafios na sala de aula? Qual a comida mais rejeitada da turma? Quem gosta de jiló? Uma planta bem apreciada na culinária brasileira, ela possui um sabor extremamente amargo, mas é fonte das vitaminas A, C, e do complexo B e também é rica em minerais, como fósforo, cálcio e ferro, além de contribuir para a redução dos níveis do colesterol "ruim".

Quando a criança descobre mais sobre as propriedades nutricionais de um alimento, quando conhece melhor os benefícios de uma comida rejeitada ou ainda não experimentada, isso pode incentivar novas degustações. Quais as formas de apresentação que já provaram? Quais as sugestões de inovação? Que tal procurar receitas diferentes na comunidade, na biblioteca, na internet? Vamos distribuir as tarefas e montar um dia de degustação do jiló para a comunidade escolar; quem já experimentou sorvete de jiló, geleia, sucos de diversas combinações, uma variedade de tortas salgadas, *pizza*, jiló ao *curry* indiano? Quais as outras novidades? No dia da degustação, qual foi o prato mais procurado? O que atraiu os degustadores? E o prato mais desprezado? Quais as razões pela rejeição? Qual o prato considerado mais exótico e por quê? Vamos montar um pequeno questionário para acompanhar a degustação no intuito de descobrir mais sobre as preferências degustativas dos participantes?

Outra atividade que poderia estimular discussões e troca de ideias sobre as necessidades nutricionais de crianças nessa idade, seria a produção de um livreto com orientações básicas para essa faixa etária. Em primeiro lugar seria essencial ouvir opiniões de crianças que se encontram nessa faixa etária; dependendo da idade, das áreas de interesse de outros grupos de alunos e seus professores, poderão ser eleitos tópicos ou áreas de discussão de inúmeras áreas de conhecimento. Os alunos poderão entrevistar mães com filhos dessa idade; mães que tiveram soluções diferenciadas para problemas específicos; avós ou tias que ajudaram criar filhos dessa idade; pediatras; nutricionistas; cozinheiras da escola. Podemos montar um painel de especialistas para debater tópicos específicos; os alunos podem montar um questionário no intuito de descobrir mais sobre o comportamento nutricional dessa faixa na comunidade local. Quais as outras propostas de pesquisa dos alunos e dos professores de diversas áreas de ensino?

Logo abaixo, oferecemos algumas orientações básicas que poderão ser investigadas e aprofundadas de várias maneiras de acordo com as prioridades de cada grupo de alunos.

Orientações básicas para a faixa etária de 1 a 6 anos:

- Sentar todos à mesa na hora das refeições. O ato de comer é um ato social e as crianças pequenas aprenderão os hábitos nutricionais praticados em casa.
- Evitar o consumo de frituras e de refrigerantes – hábitos negativos adquiridos desde cedo certamente prejudicarão a saúde mais tarde.
- Servir pequenas porções no prato, bem coloridos, separadas, e organizadas de forma divertida, de preferência com a participação da própria criança. A refeição lúdica aumenta as possibilidades de experimentação.
- Encorajar a criança a comer sozinha, até com as mãos, nada de aviãozinho ou de distrações. A hora de comer é apenas a hora de comer, prestando atenção nos aromas, cores e texturas. A criança deve escolher o que comer

primeiro, a ordem de consumir os alimentos oferecidos e as combinações que agradam sem interferência dos adultos.

- Diminuir a quantidade de líquidos nas grandes refeições (almoço e jantar) e oferecer bastante água para a criança entre as refeições, principalmente em dias quentes e no verão. Essa prática contribui para a regularização do intestino da criança, principalmente quando são introduzidas algumas verduras cruas e alimentos integrais nas refeições.

- Os pais devem se informar sobre a qualidade das refeições oferecidas regularmente fora de casa – na escola, na casa dos avós ou dos tios, por exemplo. Sabendo que é nessa fase que os hábitos alimentares são construídos, precisa haver a maior consistência possível na vida das crianças pequenas para evitar confusão na tomada de decisões.

Alimentação durante a fase escolar

Crianças de idade escolar, de 7 aos 10 anos, se encontram numa fase de crescimento mais lento, sendo maior nos braços e pernas. É nessa fase que se estabelecem os dentes permanentes e há maior desenvolvimento dos aspectos psicomotor, emocional, social e cognitivo (Accioly; Saunders e Lacerda 2009, p. 370). Será que existem demandas nutricionais específicas nesta fase? Em seu artigo "Planejamento alimentar", a professora Vivian Machado (2009a, p. 4) enfatiza a importância de uma alimentação equilibrada que forneça os nutrientes necessários para o crescimento e a manutenção do organismo, apontando três princípios básicos:

Alimentos de todos os grupos: Escolher representantes de todos os grupos alimentares, sem esquecer nenhum. Isso permite que uma grande variedade de nutrientes, necessários ao organismo, esteja presente na alimentação da criança.

Proporção adequada de alimentos: O organismo, para funcionar bem, precisa de muitos tipos de nutrientes, mas não em quantidades iguais. Por isso, os alimentos que compõem a alimentação da criança devem ter uma proporção adequada para atender às necessidades nutricionais diárias.

Variar ao máximo os alimentos: O conteúdo nutricional dos alimentos é muito variado. Mesmo quando a comparação é feita entre aqueles pertencentes a um só grupo, as diferenças são enormes. Por isso, variar a ingestão de alimentos é uma estratégia importante para obter todos os nutrientes necessários.

O balanceamento nutricional consiste em verificar se a alimentação está na proporção adequada e se contém a quantidade de calorias e nutrientes (carboidratos, proteínas, gorduras, vitaminas e minerais) necessária para garantir o perfeito crescimento e desenvolvimento da criança. A criança com uma boa alimentação, com todos os nutrientes, na quantidade adequada, brinca mais, aprende com mais facilidade na escola, cresce e se desenvolve melhor.

É interessante descobrir que "a quantidade de energia, por quilo de peso corporal de que uma criança precisa é maior do que aquela necessária para um adulto" (*ibidem*). Por exemplo, uma criança de 2 anos gasta 102 cal/kg, enquanto uma mulher de 27 anos gasta apenas 34 cal/kg. A autora apresenta uma tabela comparando as necessidades energéticas para várias fases na vida da criança. Vejamos a seguir:

TABELA 30: NECESSIDADES ENERGÉTICAS DE CADA FAIXA ETÁRIA

IDADE	NECESSIDADE MÉDIA DIÁRIA
6 a 12 meses	900 calorias
1 a 3 anos	1.300 calorias
4 a 6 anos	1.800 calorias
7 a 10 anos	2.000 calorias

Fonte: Machado (2009a, p. 4).

Quais as comidas que fornecem energia? A mesma autora esclarece:

Para o organismo a energia não é nutriente e provém da metabolização (grosseiramente da "queima") de 3 nutrientes principais: carboidratos, que fornecem 4 cal/g, gorduras, que fornecem 9 cal/g, e proteínas, que fornecem 4 cal/g. O organismo privilegia a energia proveniente de carboidratos, em seguida, de gorduras e de proteínas. (*Ibidem*)

A professora Vivian Machado utiliza a metáfora da construção de uma casa para explicar a relação entre essas três fontes de energia. Ela diz que as proteínas são a matéria-prima da multiplicação celular e que os carboidratos e as gorduras são fornecedores da energia usada na fixação das proteínas (entre outras coisas). Assim, ela sugere que as proteínas são os tijolos da casa, enquanto os carboidratos e as gorduras funcionam como argamassa que cola um tijolo no outro. A professora enfatiza que "de nada adianta ter uma alimentação rica em proteínas se elas não têm condições de ser transformadas em novas células, tecidos e outras estruturas orgânicas a base da alimentação infantil são os carboidratos" (Machado 2009a, p. 5) encontrados no arroz, no milho, no trigo, no macarrão, no inhame, na mandioca, na batata-doce, no cará etc. Lembramos que as opções integrais são preferíveis e que a maneira de cozinhar os alimentos também afeta seu valor nutricional (batata cozida é melhor que batata frita). Machado (*ibidem*) faz um comentário muito importante:

> Apesar de suas enormes virtudes, muitas mães desprezam os carboidratos, por acreditar que "só" fornecem calorias (...) e as gorduras, porque "engordam". Conceito totalmente errado. Não existem nutrientes bons ou ruins, mas sim dietas balanceadas ou não. Exagerar ou deixar faltar qualquer um deles é prejudicial para a saúde.

As crianças de 3 anos precisam de 16 g de proteína diariamente, fornecidos, por exemplo, por 600 ml de leite. E para crianças de 7 a 10 anos a quantia necessária de proteína sobe para 28 g – mais 2 copos de leite já atenderiam à quota diária recomendada. No entanto, lembramos que a pirâmide alimentar recomenda o consumo diário de 2 ou 3 alimentos do grupo de carnes e leguminosas. Esses grupos fornecem proteínas, porém também são excelentes fontes de ferro, um dos nutrientes pouco consumidos pelas crianças brasileiras. Até os 10 anos a criança precisa de 10 mg de ferro por dia – vamos montar cardápios variados que garantem 28 g de proteína e 10 mg de ferro ao longo do dia? Quais as sugestões mais populares? Quais os mais saudáveis? O que as crianças nessa faixa etária comem normalmente – vamos descobrir se de fato estão consumindo proteína e ferro em quantidades suficientes?

Uma vitamina que "participa intensamente do crescimento" (Machado 2009a, p. 6) é a vitamina A, que pode até ser armazenada no organismo dentro de certos limites. Até 3 anos, a criança precisa de 400 mg por dia; dos 4 aos 6 anos essa quantia aumenta para 500 mg; e para crianças de 7 a 10 anos são recomendados 700 mg de vitamina A. Quais os alimentos ricos nesta vitamina? As crianças consomem esses alimentos com que frequência? Qual a proporção de alunos nessa faixa etária na comunidade local que regularmente consomem a quantidade recomendada de vitamina A? O que acontece no corpo quando falta essa vitamina? Vamos descobrir mais?

Para garantir a presença de todos os grupos de alimentos, uma estratégia fundamental para a formação de hábitos alimentares positivos é a montagem de um cardápio semanal. A elaboração em conjunto deve considerar as cores dos alimentos, a presença de alimentos preferidos, o modo de preparar os alimentos e a inclusão de novidades. A montagem democrática do cardápio semanal com a participação de todos os membros da família e o acompanhamento de explicações e diálogos bem fundamentados sobre a função dos alimentos certamente contribuirá para refeições em família bem prazerosas: a prática verdadeira da comensalidade.

Existem muitos estudos que demonstram uma preocupação crescente com a individualização de conteúdo e de tomada das refeições. Por exemplo, quando os diversos membros da família chegam em casa em horários diferentes, e cada um escolhe uma comida "pronta" do *freezer* (com frequência uma comida industrializada como *pizza*, *nuggets* de frango etc.), esquenta sua opção no micro-ondas para depois consumi-la na frente da televisão ou do computador – cada um comendo o que quer, quando quer e muitas vezes sozinho. Essa prática é bem comum nos Estados Unidos e em vários países da Europa, não obstante, ainda existem provas de que os brasileiros continuam apreciando a sua comida em família. De acordo com Barbosa (2007, pp. 110-111), num artigo intitulado "Feijão com arroz e arroz com feijão: O Brasil nos pratos brasileiros",[2]

as pessoas enxergam a comida no Brasil como uma fonte de prazer, de união familiar e de comensalidade. Da amostra, 85% concordam com a afirmação de que "a comida é uma fonte de prazer", enquanto 84% rejeitam totalmente a ideia de que "a comida seja uma fonte de tensão familiar". Considerando-se os dados acima, é difícil ver o processo de escolha alimentar no Brasil como tenso, angustiante ou frustrante.

A pesquisa ainda afirma que "mais de 90% dos respondentes da amostra compram a matéria-prima de suas refeições para confecioná-las em casa. Isso significa carne *in natura*, arroz e feijão em grãos, legumes e verduras frescas, entre outros" (*ibidem*, p. 111). Sendo assim, vamos acreditar no poder do conjunto familiar para investir na aprendizagem necessária que garanta o crescimento saudável dos filhos.

Todavia, existe ainda uma preocupação grande com o teor das refeições sendo consumidas em conjunto. Dados publicados pelo IBGE em 2010 afirmam que o sobrepeso já atinge mais de 30% das crianças entre 5 e 9 anos, cerca de 20% da população entre 10 e 19 anos, 40% das mulheres e 50,1% dos homens acima de 20 anos. Estudos indicam que um dos fatores responsáveis é a propaganda – já

---

2. O artigo se baseia na Pesquisa de Hábitos Alimentares Brasileiros, realizada em 10 cidades brasileiras. A pesquisa qualitativa envolveu 400 participantes, e a quantitativa envolveu 2.136 pessoas de 17 a 65 anos. A pesquisa foi fruto de uma parceria com a Toledo Associados e a Escola Superior de Propaganda e Marketing (ESPM). Os dados foram coletados em 2006.

mencionada em capítulos anteriores deste livro. Por exemplo, a Universidade de Brasília divulgou uma pesquisa do Observatório de Políticas de Segurança Alimentar e Nutrição (Opsan),[3] realizada entre 2006 e 2007 (UnB 2008), afirmando que 72% das propagandas de alimentos estimulam o consumo de alimentos com altos teores de açúcares, gorduras e sal. E a Anvisa enfatiza a preocupação específica com as crianças:

> As mensagens publicitárias da indústria alimentícia veiculadas pela tevê tendem a alcançar com maior impacto as crianças e os adolescentes. Isto porque este segmento da população passa em média cinco horas por dia em frente ao televisor, de acordo com o Ibope. Tal superexposição aos televisores indica que as brincadeiras e os exercícios físicos estão sendo substituídos pela atitude passiva de quem presta audiência à tevê, demonstrando a existência de um cotidiano mais sedentário. (Anvisa 2011, pp. 6-7)

Como resultado, a Anvisa publicou em 2011 as *Recomendações sobre a promoção de alimentos e bebidas não alcoólicas para crianças* que inclui a regulamentação para as propagandas de alimentos com elevadas quantidades de açúcar, sódio, gordura saturada e trans, e de bebidas com baixo teor nutricional (RDC n. 24, de 2010). Incluem também uma tradução das recomendações aprovadas pela 63ª Assembleia Mundial da Saúde, publicadas pela Organização Mundial da Saúde (OMS), em 2010. Vamos analisar algumas das recomendações da Diretoria Colegiada da Agência Nacional de Vigilância Sanitária, RDC n. 24, de 15 de junho de 2010?[4] Por exemplo, o Art. 6º que trata de requisitos gerais diz o seguinte:

> Art. 6º Na oferta, propaganda, publicidade e outras práticas correlatas cujo objetivo seja a promoção comercial dos alimentos com quantidade elevada de açúcar, de gordura saturada, de gordura trans, de sódio e de bebidas com baixo teor nutricional, é exigido:
>
> I – Que a sua realização seja direta e verdadeira, de forma a evidenciar o caráter promocional da mensagem;

---

3. A pesquisa intitulada "Monitoramento de propaganda de alimentos visando à prática da alimentação saudável" foi realizada com recursos do Ministério da Saúde e do CNPq. Foram analisados 4 canais de TV entre 2006 e 2007, totalizando 4.160 horas de gravação. Pesquisa financiada pelo Ministério da Saúde (Edital CNPq 51/2005). Disponível na internet: http://slideplayer.com.br/slide/1268461/, acesso em 31/12/2013.
4. Publicadas posteriormente em 2011.

II – Que sejam facilmente distinguíveis como tais, não importando a sua forma ou meio utilizado;

III – Que seja(m) veiculado(s) alerta(s) sobre os perigos do consumo excessivo desses nutrientes por meio da(s) seguinte(s) mensagem(s), aplicável(s) de acordo com os casos descritos abaixo:

a) "O (nome/marca comercial do alimento) contém muito açúcar e, se consumido em grande quantidade, aumenta o risco de obesidade e de cárie dentária".

b) "O (nome/marca comercial do alimento) contém muita gordura saturada e, se consumida em grande quantidade, aumenta o risco de diabetes e de doença do coração".

c) "O (nome/marca comercial do alimento) contém muita gordura trans e, se consumida em grande quantidade, aumenta o risco de doenças do coração". (Anvisa 2011, p. 30)

Será que os alunos conseguem compreender o teor desse artigo? Vamos reescrever o texto pensando em grupos específicos de leitores como crianças entre 7 e 10 anos, adolescentes, adultos da comunidade local? Vamos comparar as recomendações em outras línguas em estudo? As recomendações da Anvisa foram publicadas em 2011; o que mudou nas propagandas da indústria alimentícia a partir dessa data? Lembramos que a regulamentação se dirige às propagandas de alimentos com elevadas quantidades de açúcar, sódio, gordura saturada e trans, e de bebidas com baixo teor nutricional como refrigerantes. Vamos comparar propagandas de algumas das redes mais famosas de *fast-food* na comunidade local a fim de descobrir de que forma a regulamentação afetou a propaganda? Como era a propaganda do mesmo produto antes de 2010 e depois? As recomendações foram contempladas? Existem novas recomendações posteriores a 2010? O que mudou?

Adolescentes e alimentação

De acordo com a OMS a adolescência estende-se dos 10 aos 19 anos, sendo um período de crescimento e maturação sexual e mental do indivíduo.

A adolescência é um dos períodos mais desafiadores no desenvolvimento humano. O crescimento relativamente uniforme da infância é subitamente alterado por um rápido aumento na sua velocidade de crescimento. Estas mudanças súbitas criam necessidades nutricionais especiais. Os adolescentes são considerados especialmente vulneráveis em termos nutricionais, por várias razões.

1º) Sua demanda de nutrientes é maior em decorrência de dramático aumento no crescimento e desenvolvimento físicos

2º) As mudanças no estilo de vida e hábitos alimentares dos adolescentes afetam a ingestão e as necessidades de nutrientes.

3º) Os adolescentes têm necessidades especiais de nutrientes associados à participação em esportes, gravidez, desenvolvimento de um distúrbio de alimentação, realização excessiva de dietas, uso de álcool e drogas ou outras situações comuns aos adolescentes. (Machado 2009b, p. 1)

Os adolescentes se preocupam bastante com sua imagem corporal, mas preferem escutar seus amigos em vez de seus pais ou outros adultos, às vezes rejeitando os padrões alimentares da família. No entanto, há comportamentos mais sérios que, de acordo com Machado (*ibidem*, p. 6), preocupam os profissionais da nutrição "porque abrangem comportamentos relacionados à imagem corporal precária; alimentação desordenada, como comer em excesso, bulimia e realização constante de dietas; medo de perda do controle sobre a alimentação; estresse emocional e ideias de suicídio".

Além dos trabalhos escolares que precisam ser realizados fora do horário das aulas, os adolescentes se ocupam com numerosas atividades e compromissos e os hábitos alimentares podem ser prejudicados por falta de planejamento e escolha cuidadosa dos alimentos. Acabam comendo muitos lanches, optando muitas vezes pelo estilo *fast-food* com excesso de gordura, sal, acompanhado necessariamente de refrigerantes, bebidas não nutritivas com excesso de açúcares. Machado (*ibidem*, p. 7) afirma:

Rápidos aumentos de peso relacionados ao desenvolvimento de características sexuais secundárias podem levar muitas mulheres jovens, que não adotaram uma imagem corporal madura, a restringir desnecessariamente a quantidade de comida que ingerem. Homens jovens, por outro lado, são tentados a usar suplementos nutricionais, esperando obter a aparência muscular de adulto.

Vamos descobrir mais sobre os hábitos alimentares de nossos alunos adolescentes? Quantos alunos já fizeram dieta? O que deixaram de comer e por quê? Quantos já utilizaram suplementos nutricionais? Quais os efeitos desses suplementos no corpo quando ingeridos na adolescência? O que os jovens comem normalmente para o café da manhã? O que comiam quando mais jovens? Quantas refeições ingerem por dia? Quantos lanches estilo *fast-food* consomem por semana? Será que todos estão consumindo os nutrientes necessários para esta fase tão importante da vida? Vamos pensar um pouco sobre algumas das informações oferecidas pela professora Vivian Machado (2009b, p. 9):

- *Cálcio:* Em função dos desenvolvimentos muscular, esquelético e endócrino acelerados, as necessidades de cálcio são maiores durante a puberdade e adolescência que na infância ou fase adulta. No pico do estirão de crescimento, a deposição diária de cálcio pode ser duas vezes a deposição média durante o resto do período da adolescência. Na realidade, 45% da massa esquelética é adicionado durante a adolescência. (...)
  O risco de desenvolver osteoporose depende parcialmente de quanta massa óssea é construída no início da vida. As meninas constroem 92% de sua massa óssea em torno dos 18 anos de idade, mas uma ingestão inadequada de cálcio pode limitar seu crescimento ósseo final. Pesquisas apontam que quanto maior o consumo de refrigerante, maior o risco de desenvolver osteoporose.
- *Ferro:* Todos os adolescentes têm altas necessidades de ferro. A construção da massa muscular nos meninos é acompanhada de maior volume sanguíneo; as meninas perdem ferro mensalmente com o início da menstruação. Durante períodos de rápido crescimento, os adolescentes com frequência possuem baixas concentrações séricas de hematócritos ou hemoglobina. (...)
  Durante a adolescência, a anemia secundária à deficiência de ferro pode prejudicar a resposta imunológica e diminuir a resistência à infecção. A anemia por deficiência de ferro também pode afetar o aprendizado, conforme evidenciado por estudos que mostram que crianças e adolescentes com anemia têm problemas com memória de curto prazo.
- *Zinco:* Sabe-se que o zinco é essencial para o crescimento e maturação sexual. Apesar dos níveis plasmáticos de zinco declinarem durante o desenvolvimento puberal, a retenção de zinco aumenta significativamente durante o estirão de crescimento. Esta utilização aumentada pode levar ao uso mais eficiente de fontes dietéticas. Entretanto, a ingestão limitada de alimentos que contêm zinco pode afetar o crescimento físico, assim como o desenvolvimento de características sexuais secundárias.

Será que os adolescentes sabem que o consumo de frutas e hortaliças é fundamental para garantir a quantidade de vitaminas e minerais necessários para o crescimento? O que pensam sobre essas informações? Vamos escrever poesias, músicas e peças de teatro para expressar os sentimentos e alertar os colegas das consequências futuras de suas opções atuais? Vamos pensar em casos específicos como temas para discussão? Quais as necessidades nutricionais para uma adolescente grávida? O que pensa a futura mãe jovem? Está preocupada com a sua aparência ou com o desenvolvimento de um filho saudável? E os jovens atletas em treinamento? O que sabem sobre o desenvolvimento do seu corpo? Qual o efeito de um acréscimo exagerado de massa muscular na adolescência?

E os transtornos alimentares, que incluem doenças como a obesidade, a anorexia nervosa e a bulimia nervosa? São síndromes psicossomáticas encontradas principalmente na população de jovens adolescentes que apresentam um alto grau de morbidade/mortalidade e são acompanhados frequentemente por uma série de complicações clínicas que podem colocar os portadores em potencial risco de vida (Silva *et al.* 2006). Que tipo de comportamento pode servir de alerta para um diagnóstico de transtornos alimentares como a anorexia ou a bulimia? Por exemplo, quando os pais observam sua filha adolescente evitando o consumo de comida junto com a família, quando ela fica extremamente preocupada com seu peso, quando se pesa toda hora cheia de roupas para ter a ilusão de que está com peso maior, quando começa a tomar remédios como laxantes e diuréticos sem necessidade, esse tipo de comportamento seria um aviso importante que indica a necessidade de procurar um diagnóstico clínico o mais rápido possível para garantir um tratamento adequado sem perder tempo.

Lembramos que a anorexia nervosa pode provocar alguns déficits de várias funções cognitivas, principalmente a capacidade atentiva, memória e a capacidade de aprender. A bulimia nervosa é mais difícil de ser identificada, pois não há perda significativa de peso. Mas quando uma jovem adolescente demonstra uma compulsão de consumir grandes quantidades de alimentos e não apresenta ganho de peso, pode ser porque logo após a refeição está provocando vômitos ou tomando laxantes para que a comida não seja absorvida.

Alguém possui experiência própria de um desses transtornos alimentares? Conhece algum colega ou membro de família que se encontra em um desses estados gravíssimos? Quais as características mais problemáticas de cada doença? Quais os conselhos que alguém com experiência própria gostaria de oferecer para outros na mesma situação? Que tipo de estímulo é necessário para conseguir um corpo saudável de volta? Vamos trocar ideias, sentimentos, conhecimento e aprendizagem com a comunidade local?

Adultos e alimentação

As pessoas que se encontram na faixa etária de 20 a 59 anos são consideradas fisiologicamente adultas, e após completar 60 anos, idosas. Segundo Sonati, Vilarta e Affonso (2007, p. 54), membros de um Grupo de Estudos em Atividade Física e Qualidade de Vida da Faculdade de Educação Física da Unicamp:

> A alimentação na fase adulta é voltada para uma nutrição defensiva, isto é, uma nutrição que enfatiza fazer escolhas de alimentos saudáveis para promover o bem-estar e prover os sistemas orgânicos de maneira que tenham um funcionamento ótimo durante o envelhecimento. (...) Uma dieta de base predominantemente vegetal, aliada a exercícios físicos bem dosados pode ter um impacto positivo sobre o envelhecimento pela redução do risco de doença cardiovascular, obesidade, câncer e diabetes.

Contudo, os adultos frequentemente continuam a praticar hábitos adquiridos quando crianças pequenas ou adolescentes, sendo comum a diminuição na prática de exercícios. Comentamos no começo deste livro que somos cercados de informações nutricionais, porém a mera disponibilidade de informações não garante a escolha adequada de alimentos. O professor Victor Viana, da Faculdade de Ciências da Nutrição e Alimentação da Universidade do Porto, em Portugal, no seu artigo "Psicologia, saúde e nutrição: Contributo para o estudo do comportamento alimentar", afirma:

> Escolher uma alimentação saudável não depende apenas do acesso a uma informação nutricional adequada. A selecção de alimentos tem a ver com as preferências desenvolvidas relacionadas com o prazer associado ao sabor dos alimentos, às atitudes aprendidas desde muito cedo na família, e a outros factores psicológicos e sociais. É necessário, portanto, compreender o processo de ingestão do ponto de vista psicológico e sociocultural e conhecer as atitudes, crenças e outros factores psicossociais que influenciam este processo de decisão com o objectivo de se tornarem mais eficazes as medidas de educação para a saúde e de se melhorarem os hábitos e os comportamentos. (Viana 2002, p. 611)

Tomamos as nossas decisões nutricionais de acordo com a nossa história pessoal e familiar, e de acordo com a cultura onde somos inseridos. São muitos os fatores que contribuem para as nossas decisões: o paladar, o preço, a aparência, a facilidade de preparação, e a publicidade entre muitos outros.

Quais os fatores que influenciam os pais de nossos alunos? Será que o conhecimento sobre os benefícios para a saúde é mais importante que o preço ou a facilidade de preparo dos alimentos? Uma estratégia que forneceria dados sobre essa questão seria a organização de um questionário que inclua uma lista de fatores que afetam as escolhas nutricionais. Os alunos poderiam pedir aos adultos da comunidade local para numerar as opções de acordo com seu nível de importância.

Após a análise das respostas, vão descobrir se a maioria considera o paladar mais importante que o preço, ou se os benefícios nutricionais são ignorados em favor da facilidade de preparo.

Infelizmente, não é tarefa fácil modificar hábitos de vida que já se encontram profundamente arraigados. Viana (2002, p. 619) esclarece o problema dizendo que: "Diversos factores de ordem psicológica e psicossocial, como falta de motivação, influências sociais, crenças e sentimentos de baixa auto-eficácia, contribuem para dificultar as mudanças no estilo de vida e nomeadamente dos hábitos alimentares". Ele acredita que a psicologia deve trabalhar em conjunto com a nutrição nas áreas da saúde e da educação com o propósito de definir programas eficazes de educação em prol da saúde. Ele diz que na juventude é comum ter saúde, e por isso nem sempre é valorizada. E é nesse período que hábitos inadequados são adquiridos e, posteriormente, mantidos ao longo da vida com consequências profundamente negativas. É necessário reconhecer que a saúde precisa ser defendida e preservada, e que um equilíbrio entre o prazer e a saúde seja mantido.

Ainda assim, será sempre preferível compreender que as escolhas a favor da saúde nos oferecem muito mais prazer ao longo da vida, comparadas com as escolhas nefastas. Quando praticamos hábitos saudáveis na fase adulta, estamos investindo num futuro muito melhor durante o envelhecimento. É claro que a melhor maneira de manter uma rotina nutricional saudável na fase adulta é investir na educação alimentar enquanto criança. Os alunos bem informados de hoje podem até influenciar os adultos com quem convivem atualmente, e certamente continuarão a manter suas escolhas positivas na sua vida adulta no futuro, o que, por sua vez, garante o ensino de hábitos nutricionais positivos para a próxima geração.

Sendo assim, é de extrema importância que os trabalhos realizados na escola envolvam ativamente a comunidade local. Vamos descobrir mais sobre os hábitos alimentares dos adultos da comunidade local, começando com os familiares dos alunos? O que comem todo dia? Vamos descobrir? O Ministério da Saúde lançou uma versão de bolso do *Guia alimentar para a população brasileira* (Brasil 2006d), que inclui um questionário para pessoas entre 20 e 60 anos com perguntas sobre o consumo diário de frutas, verduras, grãos, cereais, massas, pães, leite e derivados. Há perguntas sobre a frequência do consumo de carne, peixes, frituras, embutidos, salgadinhos, doces, refrigerantes, sucos industrializados e bebidas alcoólicas. O questionário também pede informações sobre a quantidade de água consumida diariamente, o número de refeições realizadas, as atividades físicas praticadas e a importância das informações nutricionais nos rótulos.

Quais as perguntas que os alunos gostariam de incluir no seu questionário? Qual a melhor maneira de coletar as informações? Quais os passos necessários para a análise bem-sucedida dos dados obtidos? O que fazer com os resultados? Montar livretos informativos para distribuição na comunidade? Produzir cartazes coloridos que apresentam informações essenciais com clareza de forma cativante? Escrever músicas, produzir filmes, apresentar peças de teatro no intuito de sensibilizar os adultos sobre as consequências de seus atos? Quais as outras sugestões dos professores e dos alunos envolvidos na pesquisa? Após a realização desse tipo de atividade é interessante deixar passar um período de tempo, como por exemplo seis meses, para investir numa segunda coleta de dados para descobrir se de fato houve alguma modificação nos hábitos observados inicialmente, mudança esta que está sendo mantida.

Quais os outros caminhos que poderão ser explorados na tentativa de reeducar os adultos no nosso meio? Lembramos que as diversas pirâmides alimentares oferecem informações nutricionais fundamentais, utilizando cores e formas de maneira bem atraente. Vamos fazer uma coleção de diferentes pirâmides e discutir as semelhanças e diferenças? Vamos analisar pirâmides de diversas culturas e de diferentes tempos? Vamos compor uma pirâmide com base nos dados coletados sobre os hábitos alimentares da população adulta local? Depois, podemos montar uma exposição com os comentários e as observações dos alunos.

Lembramos as palavras de Paulo Freire no seu livro *Educação como prática da liberdade* (1967) quando ele fala da importância da interação entre o homem e o mundo natural e as relações múltiplas criadas pelo homem com o mundo, que geram conhecimento e cultura. Ele enfatiza o vínculo entre a compreensão e a ação, dizendo que a ação depende da natureza de nossa compreensão:

> Partíamos de que a posição normal do homem (...) era a de não apenas estar no mundo, mas com ele. A de travar relações permanentes com este mundo, de que decorre pelos atos de criação e recriação, o acrescentamento que ele faz ao mundo natural, que não fez, representado na realidade cultural. E de que, nestas relações com a realidade e na realidade, trava o homem uma relação específica – de sujeito para objeto – de que resulta o conhecimento, que expressa pela linguagem.
> (...)
> Acontece, porém, que a toda compreensão de algo corresponde, cedo ou tarde, uma ação. Captado um desafio, compreendido, admitidas as hipóteses de resposta, o homem age. A natureza da ação corresponde à natureza da compreensão. Se a compreensão é crítica ou preponderantemente crítica, a ação também o será. Se é mágica a compreensão, mágica será a ação. (Freire 1967, pp. 105-106)

Precisamos investir na construção da compreensão crítica e ensinar os alunos a reconhecer os momentos de compreensão mágica, que, de acordo com Freire (*ibidem*, p. 105), pode levar "ao cruzamento dos braços, à impossibilidade de fazer algo diante do poder dos fatos, sob os quais fica vencido o homem".

Em outra obra, *A pedagogia da autonomia*, o mesmo autor afirma que "a prática docente crítica, implicante do pensar certo, envolve o movimento dinâmico, dialético, entre o fazer e o pensar sobre o fazer (...) É pensando criticamente a prática de hoje ou de ontem que se pode melhorar a próxima prática" (*idem* 1996, p. 43). Assim, o diálogo permanente entre aluno-aluno, aluno-professor, aluno-comunidade e aluno-mundo, garante a contextualização da compreensão no tempo e no espaço.

> Desenvolvida desde uma perspectiva problematizadora ou participativa, a educação nutricional é um estímulo à transformação do educando. Ele passa de uma situação na qual sua conduta alimentar é determinada pelo condicionamento e pelo hábito repetido mecanicamente, para outra, na qual ele, compreendendo seu próprio corpo e aprendendo a ouvi-lo e observá-lo, passa a se tornar sujeito de sua conduta alimentar. (Cervato *et al.* 2005, p. 43)

Vamos convidar os alunos, professores e membros da comunidade a refletir em conjunto, trocando ideias sobre o que aprendeu durante qualquer um dos projetos realizados que pretendia desenvolver o pensar crítico sobre os nossos hábitos alimentares. Quais os hábitos adotados anteriormente que criticamos atualmente? De que forma foram modificados? Há possibilidades de retornar aos hábitos anteriores? Como manter hábitos mais saudáveis? De que forma o diálogo permanente pode contribuir? Qual é o papel de cada indivíduo no ciclo da vida? Por exemplo, de que forma os hábitos alimentares dos adultos influenciam os hábitos dos adolescentes, das crianças, dos bebês e dos idosos? Qual o efeito de uma fase sobre outra para a mesma pessoa? Por exemplo, os hábitos adotados durante a fase de criança ainda permanecem? São hábitos saudáveis ou necessitam de uma reformulação? De que jeito as pessoas na mesma família em fases diferentes interagem? A mãe assume a liderança nas decisões alimentares? Quais as preferências alimentares da mãe que diferem de outros membros da família? Quais as soluções adotadas com êxito? As preferências se modificam de acordo com as alterações hormonais?

Não podemos esquecer as especificidades dos diversos ciclos que ocorrem na vida da mulher. As mudanças de humor que ocorrem mensalmente durante o período fértil são bem conhecidas, mas, de acordo com Sonati, Vilarta e Affonso (2007), as alterações hormonais do período pré-menstrual podem provocar deficiências de B6 e de cálcio, sendo que mulheres que tomaram suplementos desses micronutrientes relataram uma diminuição de alguns sintomas. A ansiedade e o estresse nesse período podem provocar um consumo maior de carboidratos refinados (açúcar, chocolate, pão branco, doces etc.) que contribuirá para um aumento no peso corporal, o que certamente agrava a situação, criando um círculo vicioso difícil de resolver! A solução se encontra numa alimentação saudável composta predominantemente de frutas, hortaliças, principalmente de folhas escuras, grãos integrais e a prática de exercícios. Quais as soluções adotadas pelas mães dos alunos? Pelas professoras? Quais os sentimentos que predominam durante as alterações hormonais? Qual a relação entre as emoções e a alimentação?

Quando começa a fase da menopausa, a produção do hormônio estrogênio diminui provocando sintomas como calor e depressão. Nesse período também podem surgir problemas como osteoporose, dislipidemias (aumento de gorduras no sangue) e aumento do peso corporal. No entanto, a soja possui o estrogênio natural que pode diminuir esses sintomas, sendo uma fonte boa de proteína, mas não de cálcio que é necessário para diminuir os efeitos da osteoporose (Sonati; Vilarta e Affonso 2007). A osteoporose se refere à perda de massa óssea, um processo influenciado por múltiplos fatores, alguns modificáveis (nível de estrogênio no sangue, atividade física, estado nutricional) e outros não (idade, raça, sexo, herança genética). Essa perda fragiliza a estrutura óssea do corpo, danificando a postura e facilitando a ocorrência de fraturas. O endocrinologista Ivan Correia de Sousa, no seu artigo "Terapia nutricional para osteoporose" (Sousa s.d.), esclarece:

> O metabolismo do *cálcio* inicialmente se dá no intestino onde *cálcio* e *fósforo* são absorvidos por ação da *vitamina D. A absorção do cálcio não pode ser aumentada na deficiência de cálcio e de vitamina D. A vitamina D*, por sua vez, é obtida a partir da dieta e é ativada na pele por ação da irradiação solar. A *vitamina D* também estimula a reabsorção óssea, aumentando os níveis de *cálcio* no sangue. A absorção de cálcio e os níveis de *vitamina D* se reduzem nos estados de deficiência de estrogênio e retornam ao normal quando há reposição deste hormônio.

O acesso ao cálcio nessa fase da vida se complica com o aumento simultâneo de gorduras no sangue, porque a fonte principal do cálcio está nos laticínios e é comum as mulheres receberem orientações de reduzir o seu consumo de gordura saturada e de colesterol. Assim, recomenda-se o consumo de leite e iogurte desnatados. No entanto, lembramos que outros alimentos – como a couve manteiga – podem conter um nível maior de cálcio que alguns laticínios.

Como está o diálogo entre as meninas adolescentes no começo da fase fértil e suas mães que estão chegando ao final? Ambas estão tomando vitaminas de frutas – a fim de garantir a absorção do cálcio com a ingestão simultânea da vitamina C? Quais as combinações favoritas? Quais as estratégias sendo adotadas para reduzir os desejos de consumir doces, refrigerantes, e outros alimentos que prejudicam o bem-estar e a qualidade de vida? Será que mãe e filha conseguem trabalhar em harmonia a favor da saúde de ambas? Como está o relacionamento mãe/filha nas famílias dos alunos? O que pensam os pais e irmãos sobre os ciclos da vida da mulher? De que forma a família pode trabalhar em conjunto a fim de reduzir os sintomas negativos e celebrar o lado essencialmente positivo do ciclo da vida? Vamos pensar juntos, organizar propostas, colocar as ideias em prática e aplaudir os resultados?

Idosos e alimentação

A Organização Mundial da Saúde classifica cronologicamente como idosas as pessoas com mais de 65 anos em países desenvolvidos e com mais de 60 anos em países em desenvolvimento. No entanto, a definição do idoso inclui quatro dimensões: a cronológica, a biológica, a psicológica e a social, e a idade cronológica pode estar bem diferente da idade funcional. Sendo assim, a definição varia culturalmente e historicamente, sendo um conceito essencialmente social em vez de biológico, por isso, diferentes países e sociedades definem o começo da fase idosa entre 45 e 74 anos.

Segundo os autores Carneiro *et al*. (2013, p. 6), do Instituto de Estudos de Saúde Suplementar em São Paulo,

> no Brasil, a população passa por um rápido processo de envelhecimento, devido à significativa redução da taxa de fecundidade desde meados da década de 1960 e ao aumento da longevidade dos brasileiros. A taxa de fecundidade total passou de 6,28 filhos por mulher em 1960 para 1,90 filhos em 2010, uma redução de cerca de 70%. No mesmo período, a expectativa de vida ao nascer aumentou 25 anos, chegando a 73,4 anos em 2010 (IBGE, 2012). Além disso, em 2050, estima-se que o percentual de pessoas acima de 60 anos corresponderá a cerca de 30% da população do país (IBGE, 2008).
>
> A maior longevidade da população, em especial, vem modificando o perfil epidemiológico no país, com aumento da mortalidade por doenças crônicas não transmissíveis em detrimento das doenças infecto-parasitárias (Brasil, Ministério da Saúde, 2012).

Os sinais físicos e mentais do envelhecimento variam muito de pessoa para pessoa, mesmo para pessoas da mesma idade cronológica. Os ossos afinam e encolhem se tornando mais frágeis e suscetíveis a fraturas;[5] a crescente desidratação do corpo provoca problemas dentários por causa da redução da saliva, distúrbios no sistema digestivo, e a perda de elasticidade da pele o que facilita a ocorrência de machucados e contusões; a excitação das papilas gustativas diminui com o passar dos anos, podendo alcançar apenas 50% do nível normal quando a pessoa completa 80 anos. Todas essas modificações físicas exigem cuidados nutricionais especiais.

> No processo de envelhecimento a importância da alimentação é comprovada por estudos epidemiológicos, clínicos e de intervenção, entre outros, que têm demonstrado ligação consistente entre o tipo de dieta e o surgimento de doenças crônicas não transmissíveis, incluindo as doenças cardíacas coronarianas, doenças cérebro-vasculares, vários tipos de cânceres, diabetes melito, cálculos biliares, cáries dentárias, distúrbios gastrointestinais e várias doenças ósseas e de articulações. (Cervato *et al.* 2005, p. 43)

Já mencionamos a necessidade de aumentar a ingestão de cálcio na fase adulta das mulheres; agora se torna uma necessidade para todos os idosos. Falamos da desidratação em outro momento do livro, porém lembramos que o corpo do idoso chega a ter apenas 50% de água em comparação com a porcentagem de 65% no homem adulto. Dessa forma, torna-se indispensável aumentar o consumo de água na velhice. A diminuição da sensibilidade gustativa deixa a comida menos apetitosa e atraente para o idoso, o que pode resultar numa redução de consumo de alimentos ou de acréscimos exagerados de sal e de açúcar.

Quais os problemas físicos dos idosos nas famílias dos alunos e na comunidade local? Quais os problemas que interferem com a alimentação, sejam físicos, mentais ou sociais? Quais as tentativas de solução sendo praticadas atualmente? Vamos convidar alguns idosos para conversar com os alunos? Quais as perguntas que os alunos gostariam de fazer? Como os idosos avaliam seus hábitos alimentares na juventude e os hábitos atuais? Sempre adotaram uma alimentação saudável? Na opinião dos idosos, quais as regras principais de uma alimentação saudável? Qual a regra mais difícil de obedecer e por quê? O que gostariam de mudar na sua alimentação atual? Quais são seus desejos não realizados? Como realizar os desejos não saudáveis de forma saudável? Vamos pensar em conjunto?

---

5. Nos Estados Unidos, cerca de um terço da população idosa acima de 65 anos sofre uma queda todo ano e, acima de 80 anos, a proporção sobe para metade dos idosos, sendo que essas estatísticas representam apenas as quedas documentadas. Trinta bilhões de dólares são gastos anualmente pelo sistema de saúde nos EUA. Disponível na internet: http://www.learnnottofall. com/content/fall-facts/how-often.jsp.

Com a diminuição da sensibilidade gustativa, da visão, do processamento mental, e da coordenação motora, existem vários cuidados que devem ser observados na tentativa de facilitar o consumo adequado de alimentos. O Ministério da Saúde produziu um manual para profissionais de saúde, intitulado *Alimentação saudável para a pessoa idosa* (Brasil 2009) que oferece várias sugestões que motivam o idoso a se alimentar com prazer.

> No momento do consumo, as preparações selecionadas para compor o cardápio da pessoa idosa, além de atender aos princípios da alimentação saudável, devem ser apresentadas de forma atrativa à mesa. A proposta é despertar o desejo de saborear refeições saudáveis e que gerem satisfação ao serem consumidas, pois *o ato de se alimentar deve conferir prazer*. Estimular a variação da disposição dos alimentos nas travessas que serão levadas à mesa, assegurando a combinação de diferentes cores, texturas, tipos de cortes e de sabor, é uma das formas de evitar a monotonia alimentar. Alimentar-se com prazer está associada ao aproveitamento da diversidade de alimentos, respeitando a acessibilidade e a cultura regional, a busca de novas receitas ou adaptação das disponíveis para adequar-se às peculiaridades de cada pessoa idosa, preservando as características sensoriais que motivam o consumo de uma refeição. (Brasil 2009, p. 21; grifo nosso).

Às vezes a pessoa idosa apresenta limitações para mastigar e engolir. Nesses casos, a forma de preparo, a consistência, a textura, o tamanho dos alimentos e a quantidade que é levada à boca devem ser adaptados para atender às necessidades de cada pessoa. Porém é importante apresentar os alimentos no prato de forma atraente, variando formas e cores, em vez de oferecer a mesma gororoba em todas as refeições! A participação da pessoa idosa no planejamento da alimentação diária e no preparo das refeições também garante um envolvimento maior com a alimentação, estimulando assim a ingestão prazerosa da comida.

Vamos convidar algumas pessoas idosas da comunidade local para visitarem a escola a fim de trabalhar em conjunto com as crianças na montagem de cardápios atraentes e coloridos; vamos montar cartazes em conjunto com os visitantes usando receitas, cardápios e ilustrações bem vistosas e convidativas dos seus pratos favoritos; vamos descobrir o prato favorito dos idosos dentre a seleção montada e convidar eles a voltarem numa oportunidade futura para comer este prato em conjunto com os alunos na escola? Quais as outras possibilidades que poderão ser exploradas no sentido de estimular um envolvimento maior na alimentação? Talvez os alunos pudessem desenvolver trabalhos junto com idosos em asilos locais. O que os idosos gostariam de fazer com os alunos com relação à alimentação? Experimentar sucos, bolos, sorvetes ou pudins mais saudáveis? Trocar ideias com os alunos sobre seus pratos favoritos do passado analisando as razões do seu desaparecimento do seu cardápio atual? Vamos promover intercâmbios produtivos entre a juventude e os representantes locais da melhor idade?

Outro fator importante na alimentação dos idosos são as estratégias que devem ser adotadas na tentativa de garantir maior autonomia durante o ato de comer. Quando a toalha de mesa é de apenas uma cor, sem estampas, e existe um contraste entre a cor da toalha e do prato e talheres, a identificação dos utensílios se torna mais fácil. Utilizar prato fundo em vez de raso, canecas com tampas quando necessário, talheres com maior espessura de cabo, são estratégias que contribuem para o manuseio independente dos implementos necessários ao ato de comer.

O auto-cuidado é a ação realizada por uma pessoa adulta a fim de se cuidar. (...) A opção pelo auto-cuidado como estratégia educativa congrega atividades para a promoção da saúde, para a modificação do estilo de vida prejudicial à saúde, para a diminuição dos fatores de risco e prevenção específica de doenças, para a manutenção e recuperação da saúde e, por fim, para a reabilitação. Nesta opção educativa, o profissional de saúde, em função de sua habilitação e responsabilidade, desempenha o papel de facilitador do processo de mudança. Toda e qualquer intervenção nutricional educativa terá maiores chances de sucesso, se estiver incluída em programas habituais que promovam pequenas e confortáveis, mas importantes mudanças, por um longo período de tempo. (Cervato *et al.* 2005, pp. 43-44)

Com a diminuição da percepção de sabor, a pessoa idosa às vezes adiciona mais açúcar ou sal até alcançar um sabor que lhe agrada. Nesse caso, é interessante experimentar temperos alternativos usando ervas naturais (cheiro-verde, cebolinha, manjericão, alho, alecrim) no intuito de reduzir o sal. Lembramos também as receitas de bolo de banana ou de abóbora mencionados no Capítulo 4, ambos confeccionados sem acréscimo de açúcar. Vamos aprender a fazer pudim usando batata-doce em vez de leite condensado? Quais as sugestões dos alunos para reduzir o sal e o açúcar na alimentação dos idosos – sugestões estas que também devem servir de exemplo para mudanças saudáveis nos hábitos alimentares de toda a família, certo?

Outra orientação importante do referido manual, que também serve para todos nós, é que a pessoa idosa deve comer devagar, mastigando bem os alimentos.

A digestão inicia na boca. Mastigar adequadamente os alimentos estimula a produção de saliva e mantém os alimentos em contato com a superfície da língua por mais tempo, favorecendo a percepção do sabor. A mastigação adequada

Nutrição 317

também contribui para diminuir a sensação de fome, no caso de pessoas idosas que precisam reduzir a quantidade de alimentos ingeridos. (Brasil 2009, p. 19)

O mesmo guia também enfatiza a importância de servir cinco ou seis pequenas refeições durante o dia a fim de estimular o funcionamento do intestino e evitar que se coma fora de hora.

É importante estabelecer horários regulares para as refeições, com intervalos para atender às peculiaridades da fisiologia digestiva da pessoa idosa, considerando que sua digestão é mais lenta. O ajuste dos horários de refeição contribui para garantir o fornecimento de nutrientes e energia, maior conforto e apetite para a pessoa idosa. (*Ibidem*, p. 18)

O entrosamento social durante as refeições também é de suma importância. A pessoa idosa precisa se sentir incluída, precisa pertencer ao grupo familiar, manter ativa a vida social com os amigos, sentir-se respeitada enquanto troca experiências de vida com seus grupos sociais. O idoso sente uma necessidade de participar ativamente na preservação dos laços e vínculos familiares, de sentir orgulho como indivíduo enquanto curte a vida coletiva. Freitas, da Universidade Católica Portuguesa de Braga, escreveu uma tese na área de gerontologia social aplicada onde ela investigou a relação entre os sentimentos de solidão em idosos e a sua participação em redes sociais. Ela afirma:

Ao longo do ciclo de vida de um indivíduo, as redes sociais são muitas e variadas, espelhando o seu relacionamento interpessoal com o meio social. Godoy (2009) refere que logo depois das necessidades fisiológicas e de segurança, surgem as necessidades de associação (...) que dizem respeito às necessidades dos indivíduos em termos sociais, seguindo-se as necessidades de estima e, por fim, as necessidades de auto-realização. As necessidades de associação englobam relacionamentos baseados em emoções, uma vez que os indivíduos precisam de se sentir aceites e parte de algo. Alguns exemplos destas necessidades são: amizade; intimidade (amigos íntimos, mentores, confidentes); convivência social (vários círculos de convivência); família; organizações (clubes, grupos de natureza diversa). A ausência destes elementos torna os indivíduos susceptíveis à solidão, ansiedade e depressão. (Freitas 2011, p. 26)

De acordo com Freitas (2011), acima de 40% dos 300 idosos da cidade de Braga, Portugal, que participaram do estudo costumam sentir-se sós "algumas vezes", 28% sentem-se sós "frequentemente" e 10% sentem-se sós "sempre" (*ibidem*, p. 75). Lembramos, no entanto, que o sentimento de solidão não ocorre apenas quando se está sozinho; pode surgir também quando se está na companhia de pessoas com as quais não se deseja estar ou na companhia de pessoas que não incluem o idoso nas interações. Monteiro e Neto (2008, p. 87) definem solidão como "um sentimento que consiste no isolamento emocional que resulta da perda ou inexistência de laços íntimos e do isolamento social, com a consequente ausência de uma rede social com os seus pares".

Como estão as redes sociais dos idosos nas famílias dos alunos? Quais as mudanças que ocorreram na dinâmica familiar e social? Qual o tamanho atual da rede de cada um? Qual o número de pessoas íntimas na rede? A porcentagem de familiares? A densidade ou grau de interações entre os membros de uma rede social? Como afirma Freitas (2011, p. 27), "as redes de apoio informal são fundamentais para assegurar a autonomia, a auto-avaliação positiva, uma maior saúde mental e a satisfação de vida, aspectos fulcrais para um envelhecimento óptimo" (Freitas 2011). O que está interferindo na manutenção das redes sociais dos idosos locais? Os familiares mudaram para outras cidades? Será que funcionaria a comunicação por meio da tecnologia moderna? As mulheres trabalham fora? Não existem espaços adequados nas casas que permitem o acolhimento do idoso? A coexistência de várias gerações no mesmo local está muito problemática?

Como ampliar as redes sociais ou aumentar as interações de redes específicas? O que poderá ser feito pelos alunos para assegurar o melhor envelhecimento possível para os idosos locais? Promover uma campanha na comunidade para adotar um vovô ou uma vovó? Incentivar um movimento a favor da alimentação social e saudável? Identificar idosos na comunidade local que gostariam de restabelecer contatos com amigos e promover lanches saudáveis para os amigos desaparecidos? Lembramos que a hospitalidade faz parte da comensalidade.

Os idosos moram sozinhos, moram com algum cuidador ou com alguém da família? Alimentam-se sozinhos ou em companhia de membros da família? Quanto tempo os idosos levam em média para se alimentarem? Conversam durante a refeição? Alimentam-se sentados a uma mesa ou assistindo à televisão? Recebem visitas de outros membros da família ou de amigos? Com que frequência? Encontram com a família ou com amigos regularmente, nos fins de semana ou apenas em ocasiões especiais? A família estabeleceu uma rotina de encontros regulares para compartilhar o alimento? Quando a família se encontra para comer em conjunto, o cardápio é escolhido em conjunto? Cada um leva um prato específico? Ou são os anfitriões que preparam tudo? Existem receitas favoritas da família que as idosas preparavam tradicionalmente? Essas receitas foram passadas para as filhas, netas, amigas? Os idosos preparam refeições para receber a família? Com que frequência? Recebem quantas pessoas? Eles preferem o papel de "anfitrião" ou de "convidado"?

Segundo Oliveira (2013, p. 67; grifo nosso), que trabalhou com idosos de uma cidade do interior paulista para investigar a relação entre alimentação e comensalidade:

> Todos os entrevistados [do estudo] se referem à mesa como sendo o lugar do compartilhamento das refeições. Esse compartilhamento, entretanto, é algo mais do que o simples partilhar a comida, tratando-se, como se observou nos capítulos teóricos, da comensalidade como uma das dimensões da hospitalidade, que supõe, segundo Mauss (1974), os três momentos, as três obrigações do dom: *dar, receber, retribuir*. Adotar essa perspectiva, segundo Godbout (1997), significa que o dom não se define como ausência de retribuição, uma vez que um de seus momentos consiste na obrigação de retribuir.

O que os alunos pensam da comensalidade, da hospitalidade e as três obrigações de "dar, receber e retribuir"? Quais os momentos de comensalidade dos alunos? De que forma os alunos "retribuem" o que recebem? Quais as alterações nos momentos de comensalidade que ocorreram durante a vida dos idosos? Quais as semelhanças e diferenças entre os momentos de comensalidade dos alunos e dos idosos? Ambos comem as refeições em conjunto com o restante da família? Com que frequência comem sozinhos? Sempre comem na mesa das refeições? A mesa era o ponto principal de convergência para a família no passado? E agora? Onde é que a família se encontra? Alguns membros comem na sala assistindo à televisão ou no quarto na frente do computador? O que comem quando se alimentam sozinhos – um lanche mais simples, comida pronta ou uma refeição "normal" com arroz e feijão?

> Dificilmente escolhe-se fazer as refeições sozinho e, pensando no idoso, o convívio social, fundamental para o ser humano, previne a solidão e o isolamento, tão comuns após a aposentadoria (DIOGO, 1999). Assim, a relação entre alimentação e comensalidade remete à reflexão sobre a solidão, que leva o idoso a se alimentar inadequadamente tanto em quantidade, quanto em qualidade, na medida em que se observa uma tendência ao não preparo de alimentos variados e nutritivos, além de consumo de produtos industrializados ou de fácil preparo. (*Ibidem*, p. 35)

O que comem os idosos? São eles mesmos que escolhem o cardápio e preparam a comida? E os alunos – participam nas decisões alimentares da família?

Ajudam no preparo da comida? Na sociedade atual, o tempo utilizado no preparo e no consumo de alimentos está diminuindo, o que contribui, de acordo com Oliveira (2013, p. 82), para uma "individualização dos rituais alimentares" onde, na mesma mesa, se encontram cardápios diferentes para atender às preferências de cada um. Consequentemente, a socialização na mesa está se modificando.

Quantos membros da família atendem seus celulares durante a refeição em "conjunto"? Como está o convívio na mesa atualmente? Quais as modificações percebidas pelos idosos? Quando a mesa da família tem a presença de idosos, o grupo inclui os mais velhos na conversa, garantindo o tempo necessário para suas contribuições? Eles participam ativamente na socialização da mesa, ou são mais passivos? As diversas gerações na mesa conversam entre si? Respeitam-se?

> O espaço destinado para as pessoas se alimentarem aparece como um lugar central de expressão de identidade. Ele reúne ao redor da atividade alimentar os vínculos entre os indivíduos, de amizade, união, solidariedade, e celebração à mesa, neste espaço se reúnem aqueles que partilham o alimento, respeitando e honrando este agrupar-se. (*Ibidem*, p. 34)

Vamos promover a solidariedade entre as gerações, dar voz aos idosos, ouvi-los e aprender com eles?

Lembramos que a imagem coletiva da velhice está mudando drasticamente e o idoso está assumindo um novo papel na sociedade. A ideia de um envelhecimento passivo, de dependência, decadência e morte, de tristeza e isolamento sem perspectivas, não reflete mais a nova identidade do idoso ativo que enxerga muitas possibilidades de realizações de forma autônoma e independente. "A nutrição, a saúde e o envelhecimento estão relacionados entre si, logo, a manutenção de um estado nutricional adequado e a alimentação equilibrada estão associados a um envelhecimento saudável" (*ibidem*, p. 51). No entanto, a mesma autora (Ferreira *et al.*, *apud* Oliveira 2013, p. 50) alega:

> Ferreira e outros (2010) sustentam que para isto acontecer será necessária uma educação para a velhice, iniciada no ambiente familiar, com participação dos idosos na vida cotidiana das famílias, convívio com os entes queridos, encontros intergeracionais nas escolas, e espaços de trocas entre os idosos na comunidade. No trabalho, devem ser valorizadas as capacidades e as habilidades profissionais dos idosos e uma preparação adequada para a aposentadoria. "Envelhecer é um privilégio para aqueles que alcançaram essa etapa da vida."

Vamos trabalhar de forma interdisciplinar, dentro e fora da escola, no ambiente familiar dos alunos e trocando experiências e ideias com os idosos da comunidade, com o propósito de contribuir para um envelhecimento que privilegie a prática de hospitalidade, acolhimento, convívio e sociabilidade.

Considerações finais

O propósito principal deste capítulo era de pensar um pouco sobre as características diferentes de cada fase da vida com relação às necessidades alimentares. Porém, no primeiro parágrafo também fizemos a seguinte pergunta: *Existem "regras nutricionais gerais" que podem ser aplicadas em todas as fases diferentes?*

De acordo com o manual para profissionais de saúde *Alimentação saudável para a pessoa idosa*, lançado pelo Ministério da Saúde em 2009, a regra geral que pode ser aplicada à população toda é a seguinte: "uma alimentação saudável deve ser acessível do ponto de vista físico e financeiro, variada, referenciada pela cultura alimentar, harmônica em quantidade e qualidade, naturalmente colorida e segura sanitariamente" (Brasil 2009, p. 5).

Posteriormente foi lançada uma versão resumida do *Guia alimentar* original em forma de livro de bolso (*Guia alimentar: Como ter uma alimentação saudável*), com exemplos de porções de alimentos que podem auxiliar na montagem de um cardápio balanceado, dez passos para uma alimentação saudável e uma tabela de índice de massa corporal que auxilia na avaliação de adequação de peso em relação à altura. Na última página desse livro de bolso encontra-se um resumo das informações sobre a alimentação saudável:

- Procure fazer suas refeições com a família ou com os amigos, apreciando sempre o momento e o sabor dos alimentos;
- Oriente seus filhos a terem uma alimentação variada e evite que eles passem muitas horas na frente da televisão;
- Procure conhecer e valorizar os alimentos e preparações da sua região;
- Inclua frutas, legumes e verduras em todas as refeições;
- Procure comer diariamente uma porção de feijão e duas de arroz;
- Beba dois litros de água por dia;
- Leia o rótulo dos alimentos e verifique a tabela nutricional e a lista de ingredientes, optando sempre que possível pelos que tenham menor quantidade de sódio, gordura e açúcar;

- Mantenha seu peso saudável;
- Faça atividade física regularmente. (Brasil s.d., p. 31)

Orientações razoavelmente simples, que aparentemente não apresentam grandes desafios para aplicar na prática. Não obstante, as taxas de obesidade, diabetes e pressão alta, entre muitos outros problemas de saúde, continuam a aumentar, cada vez mais afetando as crianças de vários países. Quais as orientações desta lista que são as mais difíceis de seguir? Por quê? O que podemos fazer para incorporar *todas* elas? Vamos começar com as mais difíceis ou as mais fáceis? Vamos centrar a nossa atenção em uma das orientações durante um mês antes de experimentar a próxima da lista? Vamos montar um grupo de apoio de familiares, amigos, colegas, membros da comunidade local com compromisso de abraçar a causa e nos amparar nos momentos difíceis? Que tal começar hoje?

Precisamos enxergar os problemas atuais, os problemas que afetam as nossas vidas diretamente, e utilizar a nossa criatividade, a nossa curiosidade para investigar esses problemas de forma inusitada, abraçando o imprevisível e o diferente, superando a padronização, a intolerância e a intransigência.

> Como expressão do tempo contemporâneo, a estética da sensibilidade vem substituir a da repetição e padronização hegemônica na era das revoluções industriais. Ela estimula *a criatividade, o espírito inventivo, a curiosidade pelo inusitado, a afetividade,* para facilitar a constituição de identidades capazes de *suportar a inquietação, conviver com o incerto, o imprevisível e o diferente.* (...) Numa escola inspirada na estética da sensibilidade, o espaço e o tempo são planejados para acolher e expressar a diversidade dos alunos e oportunizar trocas de significados. Nessa escola, a descontinuidade, a dispersão caótica, a padronização, o ruído, cederão lugar à continuidade, à diversidade expressiva, ao ordenamento e à permanente estimulação pelas palavras, imagens, sons, gestos e expressões de pessoas que buscam incansavelmente superar a fragmentação dos significados e o isolamento que ela provoca.
> Finalmente, a estética da sensibilidade não exclui outras estéticas, próprias de outros tempos e lugares. Como forma mais avançada de expressão ela as subassume, explica, entende, critica, contextualiza porque *não convive com a exclusão, a intolerância e a intransigência.* (Brasil 2000, pp. 62-63)

A dieta atual do "oeste" é um exemplo pernicioso da padronização hegemônica, que já está afetando dietas tradicionais no mundo todo. Caracteriza-se pela carne em excesso, fartura de comidas industrializadas e quantidades exageradas de gordura, de açúcar e de sal. A propaganda satura os meios de comunicação vendendo produtos altamente nocivos intercalados com produtos alternativos, supostamente "naturais". Contudo, dificilmente se vê uma propaganda vendendo uma banana ou uma cenoura. O ato de alimentar-se se transformou num ato extremamente complexo. Uma grande parcela da população conhece termos como "carboidrato", "gordura saturada", "ômega 3", "colesterol", mas ainda não sabe o que deve comer.

Um jornalista americano, Michael Pollan, que publicou vários livros que investigam hábitos alimentares[6] focalizando as relações entre cultura e natureza, lançou um livro muito interessante em 2009, com o título inglês *Food rules: An eater's manual*. O título já fascina porque a frase *food rules* combina dois significados muito diferentes. O primeiro, onde a palavra *food* funciona como substantivo e a palavra *rules* como verbo, significa algo como "a comida domina/ reina". Enquanto a segunda opção surge quando a palavra *food* funciona como adjetivo e a palavra *rules* como substantivo, significando algo como "as regras da alimentação". Dessa forma, o título do livro já oferece inúmeras possibilidades de exploração para uma sala de aula interdisciplinar! Certamente o leitor já está com uma profusão de ideias fluindo em múltiplas direções, se encontrando em momentos inusitados, que se transformam de acordo com os contextos, e que continuarão as suas viagens rumo ao infinito.

> É importante enfatizar que a interdisciplinaridade supõe um eixo integrador, que pode ser o objeto de conhecimento, um projeto de investigação, um plano de intervenção. Nesse sentido, ela deve partir da necessidade sentida pelas escolas, professores e alunos de explicar, compreender, intervir, mudar, prever, algo que desafia uma disciplina isolada e atrai a atenção de mais de um olhar, talvez vários. Explicação, compreensão, intervenção são processos que requerem um conhecimento que vai além da descrição da realidade e mobiliza competências cognitivas para deduzir, tirar inferências ou fazer previsões a partir do fato observado. (Brasil 2000, p. 76)

O nosso livro elegeu o eixo integrador "alimentação" como foco de investigação, e o livro de Pollan (2009), *Food rules*, apresenta um resumo de vários conceitos investigados por ele em livros anteriores, agora em formato de regras cativantes. Aliás, ele mesmo prefere enxergar as "regras" como "políticas pessoais" que oferecem orientações gerais para uma relação mais saudável com a nossa alimentação.

---

6. Seus livros incluem: *The omnivore's dilemma: A natural history of four meals* (2006) e *In defense of food: An eater's manifesto* (2008).

Na Introdução, apresenta três dados básicos: (1) a dieta atual do "oeste" (alimentos industrializados, excesso de gordura, sal e açúcar) provoca as doenças do "oeste" (obesidade, doenças cardiovasculares, diabetes tipo 2 e vários tipos de câncer); (2) populações que comem uma gama ampla de dietas tradicionais geralmente não apresentam as mesmas doenças crônicas. Essas dietas tradicionais variam da alimentação básica dos esquimós (com altos níveis de gordura obtida das focas); dos índios da América Central e Sul (com altos níveis de carboidrato obtido de milho, feijão, batata e mandioca) às tribos Masai na África com alto teor proteico (obtido de sangue bovino, carne e leite). A conclusão de Pollan é que não existe uma única dieta ideal para o ser humano. Nós somos onívoros, capazes de sobreviver bem quando alimentados de uma enorme variedade de dietas – com exceção apenas da dieta atual do "oeste"!; (3) pessoas que abrem mão da dieta do "oeste" e modificam seu estilo sedentário de vida conseguem melhorar a saúde dramaticamente.

O autor resume o teor do livro em três regras elementares que representam as respostas encontradas para as três perguntas básicas que motivaram a escrita do livro. As perguntas que servem para organizar o livro em três partes são: *What should I eat? [O que devo comer?]; What kind of food should I eat? [Que tipo de alimento devo comer?]; How should I eat? [Como devo comer?].* E as respostas encontradas são condensadas em apenas sete palavras da língua inglesa: *Eat food. Mostly plants. Not too much. [Coma comida. Na sua maioria plantas. Não muito.].*

Que simplificação maravilhosa! Mas o que ele quis dizer quando fala "*coma comida*"? Nessa parte do livro, ele tenta ajudar o leitor a identificar "comida" de verdade – as plantas e animais que o ser humano sempre comeu – já que muitos "alimentos" que encontramos nos supermercados são invenções de cientistas, são altamente industrializados e contêm uma variedade de químicos que não são reconhecidos pelo corpo. Pollan (2009) sugere regras como: *não coma nada que sua bisavó não reconheceria como comida; evite produtos com ingredientes que uma criança do segundo ano não consegue pronunciar; só coma comida produzida por seres humanos; evite produtos que se promovam como saudáveis.* Quando o produto inclui na sua propaganda alegações relacionadas ao bem-estar, em primeiro lugar a companhia investiu na propaganda, e para a propaganda se basear em fatos, é necessário investir em investigações científicas a fim de comprovar os "fatos". Todo este processo exige um grande investimento que precisa ser incluído no custo do produto. O autor frisa o fato de que a comida mais saudável no supermercado não precisa de propaganda – são os produtos frescos que chegam diariamente. Porém, em nossa opinião, a melhor regra relacionada à frase "*Eat food*" é: *Saia do supermercado sempre que possível.* Vamos comprar a nossa comida nas feiras livres, de preferência nas feiras orgânicas. Mesmo se o produto estiver um pouco mais caro, teremos a certeza de que economizaremos gastos futuros com a saúde.

Quais as regras gerais relacionadas à frase *"Eat food"* que os alunos gostariam de registrar em inglês, ou em qualquer outra língua que estejam estudando? Vamos montar listas coloridas nos corredores da escola? Produzir cartazes para uma passeata multilíngue na comunidade? Utilizar as frases para escrever músicas instigantes?

A segunda parte do livro discute o tipo de alimento que devemos comer, com regras do tipo: *Encare a carne como complemento ou como comida para ocasiões especiais. Coma alimentos doces do jeito que são encontrados na natureza.* (Porque normalmente o doce *natural* é acompanhado de fibras que retardam a absorção do alimento e promovem a sensação de saciedade.) *Coma comida que se alimentou de solo saudável* (o que serve de alerta para descobrir mais sobre a utilização de pesticidas etc.).

Outra regra curiosa relacionada à frase *"Mostly plants"* é: *Adote uma dieta francesa. Ou japonesa. Ou italiana. Ou grega.* Enfim, esta regra enfatiza a importância de conhecer melhor a diversidade extensa de dietas tradicionais, nos lembrando que devemos prestar atenção na cultura como um todo – os ingredientes, a forma de preparação e os hábitos de consumo também: horários, quantidades, combinações etc. O paradoxo da dieta francesa, por exemplo, é bem conhecido. Inclui altos níveis de gordura saturada, cereais não integrais e a presença forte do vinho que acompanha as refeições principais. Porém os franceses comem porções pequenas servidas em pratos pequenos, não repetem a comida, e comem em grupos, normalmente levando um tempo prolongado para consumir uma refeição – muito diferente dos hábitos do "oeste" onde o *fast-food* promove a ideia de preparo e consumo rápidos. Assim o comportamento, a forma de comer, pode ser mais importante que a comida sendo consumida.

Algumas regras que respondem à pergunta *Como devo comer?* são as que seguem: *Coma menos. Coma quando sente fome e não quando está entediado. Coma devagar. Utilize pratos e copos menores.* (O autor comenta que uma pesquisa que trocou o prato de 30 cm para um de 25 cm resultou numa redução de consumo de 22%.) *Procure não comer sozinho. Coma refeições.* Hoje em dia estamos lanchando cada vez mais e comendo um número menor de refeições. Pollan (2009) descreve um estudo com americanos entre 18 e 50 anos, que descobriu que 20% das "ocasiões de comer" ocorreram dentro do próprio carro. O número de refeições está diminuindo drasticamente e muitas pessoas estão comendo "em movimento" – enquanto anda de um lugar para outro ou enquanto dirige. É óbvio que nessas situações o *fast-food* prevalece.

Quando ingerimos alimentos em movimento ou quando estamos ocupados com outra tarefa, a nossa atenção não está centrada nos alimentos que estamos consumindo, não estamos conscientes do sabor, da textura, da mastigação. Mas quando comemos numa mesa de refeições, prestamos muito mais atenção no que estamos comendo, podendo controlar melhor as porções e proporções no prato. Por outro lado, quando uma criança não quer comer frutas ou verduras, se colocarmos um recipiente cheio de frutas e verduras na frente da criança enquanto assiste à televisão, é bem provável que coma tudo sem notar o que está comendo. Isso sugere outra regra – *quando não estiver comendo numa mesa de refeições, coma apenas frutas e verduras* (Pollan 2009, p. 127).

Quais são as regras gerais que os alunos consideram importantes relacionadas às últimas duas perguntas de Pollan: *What kind of food should I eat? [Que tipo de alimento devo comer?]; How should I eat? [Como devo comer?].* Quais as atividades poderão ser desenvolvidas com base nessas perguntas? Quais as ações que poderão ser realizadas?

A interdisciplinaridade deve ir além da mera justaposição de disciplinas e, ao mesmo tempo, evitar a diluição delas em generalidades. De fato, será principalmente na possibilidade de relacionar as disciplinas em atividades ou projetos de estudo, pesquisa e ação, que a interdisciplinaridade poderá ser uma prática pedagógica e didática adequada aos objetivos do Ensino Médio. (Brasil 2000, p. 75)

Sim – gostaríamos de acreditar que os estudos, as pesquisas, as investigações colaborativas tivessem objetivos concretos. Que os alunos de todas as idades conseguem unir teoria e prática, que percebam finalidades relevantes para seus estudos e que são estimulados a colocar em prática o conhecimento adquirido

Gostaríamos de finalizar as nossas investigações, entregando agora a responsabilidade da continuidade aos nossos leitores, lembrando um texto de Arthur L. Costa, um grande educador que sempre nos inspirou:

Os jovens que se encontram nas nossas escolas de hoje são os políticos, líderes, pais e professores do futuro. Nosso legado está investido neles: a ideia de um mundo futuro onde seres humanos conseguem conviver em harmonia, uns com os outros e com o meio ambiente.
As habilidades cooperativas que aprendem nas escolas hoje os dotam com a empatia necessária para construir a comunidade global da próxima geração. As habilidades que aprendem na escola hoje, que visam à resolução de problemas, proporcionam a eles a força e resistência para encarar os desafios imensos que

o meio ambiente enfrentará futuramente. As habilidades comunicativas que aprendem hoje lhes fornecem a capacidade de trabalhar na era das corporações globais emergentes. Aprendendo a aprender hoje favorece a aprendizagem continuada que permanecerá durante a vida toda. O desenvolvimento máximo do potencial intelectual hoje possibilita a continuidade do aperfeiçoamento de visões de seres humanos cada vez mais extraordinários. No entanto, a melhor maneira de prever o futuro, é de inventá-lo agora. (Costa 1991, p. 13)

Mãos à obra! Vamos agora colocar a teoria em prática e garantir uma aprendizagem interdisciplinar que faça sentido para os nossos alunos e que promova as habilidades cooperativas, a capacidade de resolver problemas, o desejo e a competência de se comunicar efetivamente com o outro. Vamos estimular a curiosidade e a persistência necessárias ao desenvolvimento do desejo de aprender a aprender e assim garantir o desenvolvimento máximo do nosso potencial.

REFERÊNCIAS BIBLIOGRÁFICAS

ABECASIS, M.P. (2012). "A gravidez, o aumento de peso e o acompanhamento nutricional: Custos e benefícios". Dissertação de mestrado em Nutrição. Lisboa: Universidade de Lisboa. [Disponível na internet: http://repositorio.ul.pt/bitstream/10451/23565/1/11004_ Tese.pdf, acesso em 21/5/2017.]

ABIAD – ASSOCIAÇÃO BRASILEIRA DA INDÚSTRIA DE ALIMENTOS PARA FINS ESPECIAIS E CONGÊNERES (2004). O consumidor e os produtos *diet* e *light*. [Disponível na internet: http://www.abiad.org.br/pdf/consumidor_e_diet_light.pdf, acesso em 11/10/2008.]

ABIAP – ASSOCIAÇÃO BRASILEIRA DAS INDÚSTRIAS DE ARROZ PARBOILIZADO (2013). O que diferencia o arroz branco do arroz parboilizado?, 14/3. [Disponível na internet: http://www.abiap.com.br/site-pt/content/informativos/detalhe. php?informativo_id=94, acesso em 25/10/2014.]

ABICAB – ASSOCIAÇÃO BRASILEIRA DA INDÚSTRIA DE CHOCOLATES, CACAU, AMENDOIM, BALAS E DERIVADOS (s.d.). Amendoim: Propriedades funcionais e nutricionais. São Paulo. [Disponível na internet: http://www.proamendoim.com.br/ amendoim_saude_caracteristicas.php, acesso em 8/6/2012.]

ABUSE DO COCO E ENXUGUE A BARRIGA (2014). *Saúde*, 29/10. São Paulo: Abril. [Disponível na internet: http://saude.abril.com.br/medicina/abuse-do-coco-e-enxugue-a-barriga/, acesso em 10/5/2017.]

ACCIOLY, E.; SAUNDERS, C. e LACERDA, E.M.A. (2009). *Nutrição em pediatria*. 2ª ed. Rio de Janeiro: Cultura Médica/Guanabara Koogan.

AKIBODE, S. e MAREDIA, M. (2011). Global and regional trends in production, trade and consumption of food legume crops. Relatório apresentado ao Standing Panel on

Impact Assessment (Spia), 27/3. [Disponível na internet: http://impact.cgiar.org/sites/default/files/images/Legumetrendsv2.pdf, acesso em 30/12/2011.]

ALMEIDA, I.L. de e FERREIRA, L.T. (2011). Embrapa incentiva o consumo de arroz e feijão, o par perfeito. Embrapa: Notícias. Brasília. [Disponível na internet: https://www.embrapa.br/busca-de-noticias/-/noticia/18156419/arroz-e-feijao-fazem-o-par-perfeito, acesso em 21/05/2017.]

ALVES, L. (s.d.). Batata no copo: O poder desidratante do sal. Brasil Escola. [Disponível na internet: http://educador.brasilescola.uol.com.br/estrategias-ensino/batata-no-copo-poder-desidratante-sal.htm, acesso em 30/12/2012.]

AMARAL, D.S. do; AMARAL, D.S. do e MOURA NETO, L.G. de (2011). "Tendências de consumo de leite de cabra: Enfoque para a melhoria da qualidade". *Revista Verde*, v. 6, n.1, jan.-mar. Mossoró, pp. 39-42.

ANJUM, F.M. (s.d.). Water in relation to human health. Faisalabad: National Institute of Food Science and Technology/University of Agriculture. [Disponível na internet: http://slideplayer.com/slide/6123373/, acesso em 15/4/2012.]

ANTUNES, L.E.C. (2007). Sistema de produção do mirtilo: Introdução. Brasília: Embrapa Clima Temperado, Sistemas de Produção, n. 8, nov. [Disponível na internet: https://www.spo.cnptia.embrapa.br/conteudo?p_p_id=conteudoportlet_WAR_sistemasdeprod ucaolf6_1ga1ceportlet&p_p_lifecycle=0&p_p_state=normal&p_p_mode=view&p_p_ col_id=column-1&p_p_col_count=1&p_r_p_-76293187_sistemaProducaoId=4105& p_r_p_-996514994_topicoId=4270, acesso em 21/5/2017.]

ANVISA – AGÊNCIA NACIONAL DE VIGILÂNCIA SANITÁRIA (2001). *Rotulagem nutricional obrigatória. Manual de orientação aos consumidores: Educação para o consumo saudável*. Brasília: Ministério da Saúde/Departamento de Nutrição da UnB. [Disponível na internet: http://www.anvisa.gov.br/alimentos/rotulos/manual_ rotulagem.pdf, acesso em 20/12/2012.]

_____ (2003). Resolução-RDC n. 360, de 23 de dezembro de 2003. Aprova Regulamento Técnico sobre Rotulagem Nutricional de Alimentos Embalados, tornando obrigatória a rotulagem nutricional. *Diário Oficial [da] República Federativa do Brasil,* Poder Executivo, Brasília, 26/12. [Disponível na internet: http://portal.anvisa.gov.br/wps/ wcm/connect/ec3966804ac02cf1962abfa337abae9d/Resolucao_RDC_n_360de_23_ de_dezembro_de_2003.pdf?MOD=AJPERES, acesso em 20/12/2012.]

_____ (2004). "Controle da adição de iodo no sal reduz casos de bócio". *Boletim Informativo*, n. 41, mar. Brasília. [Disponível na internet: http://www.anvisa.gov.br/ divulga/public/boletim/41_04.pdf, acesso em 5/3/2016.]

_____ (2008). *Rotulagem nutricional obrigatória. Manual de orientação aos consumidores: Educação para o consumo saudável*. Brasília: Ministério da Saúde/ Departamento de Nutrição da UnB. [Disponível na internet: http://www.anvisa.gov. br/alimentos/rotulos/manual_consumidor.pdf, acesso em 24/1/2013.]

_____ (2011). *Recomendações sobre a promoção de alimentos e bebidas não alcoólicas para crianças*. Brasília. (Trad. baseada na versão espanhola da publicação *Conjunto de recomendaciones sobre la promoción de alimentos y bebidas no alcohólicas dirigida a los niños*, produzida pela Organização Mundial da Saúde). [Disponível na internet: http://portal.anvisa.gov.br/wps/wcm/connect/8ee98480492de3b3b05db314d16287af/Traducao_OMS_PromocaoAlimentos_Criancas_maio2011.pdf?MOD=AJPERES, acesso em 30/12/2013.]

_____(s.d.). Gordura trans. [Disponível na internet: http://www.anvisa.gov.br/alimentos/gordura_trans.pdf, acesso em 20/12/2012.]

APPLETON, S. (2012). Protein choices: Rabbits. Huntington: The Wild Ramp, 25/10. [Disponível na internet: http://wildramp.org/protein-choices-rabbits/, acesso em 1º/2/2015.]

ARMSTRONG, T. (1994). *Multiple intelligences in the classroom*. Alexandria: ASCD.

_____(2003). *The multiple intelligences of reading and writing: Making the words come alive*. Alexandria: ASCD.

ASBRAN – ASSOCIAÇÃO BRASILEIRA DE NUTRIÇÃO (2011). Cartilha ajuda consumidor a calcular quantidade de sal diário, 20/10. [Disponível na internet: http://www.asbran.org.br/noticias.php?dsid=765, acesso em 21/12/2012.]

ASHLIMAN, D.L. (s.d.). Folklore and mythology electronic texts. Pittsburgh: University of Pittsburgh. [Disponível na internet: http://www.pitt.edu/~dash/folktexts.html, acesso em 11/1/2012.]

BARATA, T.S. (s.d.). Caracterização do consumo de arroz no Brasil. Brasília: Sociedade Brasileira de Economia, Administração e Sociologia Rural/Sober. [Disponível na internet: http://www.sober.org.br/palestra/2/841.pdf, acesso em 12/1/2010.]

BARBOSA, L. (2007). "Feijão com arroz e arroz com feijão: O Brasil no prato dos brasileiros". *Horizontes Antropológicos*, ano 13, n. 28, jul.-dez. Porto Alegre, pp. 87-116. [Disponível na internet: http://www.scielo.br/pdf/ha/v13n28/a05v1328.pdf, acesso em 30/12/2013.]

BARREIROS, R.C. (2012). "Adoçantes nutritivos e não-nutritivos". *Revista da Faculdade de Ciências Médicas*, v. 14, n. 1. Sorocaba, pp. 5-7.

BARRETO, J.R.P. e PEREIRA, M.M.S. (orgs.) (2002). *Festejos juninos: Uma tradição nordestina*. Recife: Nova Presença.

BARTHELMY, D. (s.d.). Halite Mineral Data. [Disponível na internet: http://webmineral.com/data/Halite.shtml#.VPG4PfnF-Sp, acesso em 9/5/2012.]

BEHAN, D.F. e COX, S.H. (2010). Obesity and its relation to mortality and morbidity costs. Society of Actuaries, dez. [Disponível na internet: https://www.soa.org/research/research-projects/life-insurance/research-obesity-relation-mortality.aspx, acesso em 14/2/2012.]

BERCHEZ, F. (2009). Projeto Ecossistemas Costeiros. Instituto de Biociências da USP, out. [Disponível na internet: http://www.ib.usp.br/ecosteiros/, acesso em 24/7/2012.]

BERMAN, S. (2001). "Thinking in context: Teaching for open-mindedness and critical understanding". *In*: COSTA, A.L. (org.). *Developing minds: A resource book for teaching thinking*. 3ª ed. Alexandria: ASCD, pp. 11-17.

BETTELHEIM, B. (2002). *A psicanálise dos contos de fadas*. Trad. Arlene Caetano. 16ª ed. São Paulo: Paz e Terra. [Disponível na internet: http://xa.yimg.com/kq/groups/15250498/2139827055/name/A_Psicanalise_dos_Contos_de_Fadas.pdf, acesso em 12/1/2012.]

BIANCONI, M.L. (2008). Lava de óleo sal, 23/7. [Disponível na internet: http://www2.bioqmed.ufrj.br/ciencia/volcano.html, acesso em 28/12/2012.]

BIG PICTURE AGRICULTURE (2011). Pork is number one, but poultry production continues to increase worldwide, and beef falls behind. [Disponível na internet: https://bigpictureagriculture.blogspot.com.br/2011/07/pork-is-number-one-but-poultry.html, acesso em 1º/2/2015.]

BLACK, M. (2004). *The no-nonsense guide to water*. Oxford: New Internationalist.

BONTEMPO, M. (2013). Os perigos do sal refinado e as vantagens do sal marinho, 28/4. [Disponível na internet: https://templovelhosdooriente.wordpress.com/2013/04/28/sal-marinho-x-sal-refinado/, acesso em 24/7/2012.]

BORGES, N.J.B.G. *et al.* (2006). "Transtornos alimentares: Quadro clínico". *Medicina*, v. 39, n. 3, jul.-set. Ribeirão Preto, pp. 340-348. [Disponível na internet: http:// http://revista.fmrp.usp.br/2006/vol39n3/4_transtornos_alimentares_quadro_clinico.pdf, acesso em 10/1/2013.]

BORZEKOWSKI, D.L.G. e ROBINSON, T.N. (2001). "The 30-second effect: An experiment revealing the impact of television commercials on food preferences of preschoolers". *Journal of the American Dietetic Association*, v. 101, n. 1, jan., pp. 42-46.

BRASIL (1997a). Ministério da Educação. Secretaria de Educação Fundamental. Parâmetros Curriculares Nacionais: Introdução aos Parâmetros Curriculares Nacionais. Brasília.

_____ (1997b). Ministério da Educação. Secretaria de Educação Fundamental. Parâmetros Curriculares Nacionais: Meio ambiente e saúde. Brasília.

_____ (1998). Ministério da Educação. Secretaria de Educação Fundamental. *Parâmetros Curriculares Nacionais (terceiro e quarto ciclos do ensino fundamental): Ciências naturais*. Brasília.

_____ (2000). Ministério da Educação. Secretaria de Educação Fundamental. Parâmetros Curriculares Nacionais (ensino médio). Parte I – Bases legais. Brasília.

_____ (2002). Ministério da Educação. Secretaria de Educação Média e Tecnológica. *PCN + Ensino médio: Orientações educacionais complementares aos Parâmetros Curriculares Nacionais – Ciências da natureza, matemática e suas tecnologias*. Brasília.

_____ (2006a). Ministério da Educação. Secretaria de Educação Básica. *Orientações curriculares para o ensino médio, v. 1: Linguagens, códigos e suas tecnologias*. Brasília.

_____ (2006b). Ministério da Educação. Secretaria de Educação Básica. *Orientações curriculares para o ensino médio, v. 2: Ciências da natureza, matemática e suas tecnologias*. Brasília.

_____ (2006c). Ministério da Educação. Secretaria de Educação Básica. *Orientações curriculares para o ensino médio, v. 3: Ciências humanas e suas tecnologias*. Brasília.

_____ (2006d). Ministério da Saúde. Secretaria de Atenção à Saúde. Coordenação-Geral da Política de Alimentação e Nutrição. *Guia alimentar para a população brasileira: Promovendo a alimentação saudável*. Brasília. [Disponível na internet: http://189.28.128.100/nutricao/docs/geral/guia_alimentar_conteudo.pdf, acesso em 3/1/2014.]

_____ (2009). Ministério da Saúde. Secretaria de Atenção à Saúde. Departamento de Atenção Básica. *Alimentação saudável para a pessoa idosa: Um manual para profissionais de saúde*. Brasília. Série A. Normas e Manuais Técnicos. [Disponível na internet: http://bvsms.saude.gov.br/bvs/publicacoes/alimentacao_saudavel_idosa_profissionais_saude.pdf, acesso em 19/1/2014.]

_____ (2010). Ministério da Educação. Instituto Nacional de Estudos e Pesquisas Educacionais Anísio Teixeira (Inep). Resumo técnico: Censo escolar 2010. Brasília. [Disponível na internet: http://download.inep.gov.br/educacao_basica/censo_escolar/resumos_tecnicos/divulgacao_censo2010_revisao_04022011.pdf, acesso em 22/1/2012.]

_____ (2011). Ministério da Pesca e Aquicultura/Ministério da Saúde/Anvisa. Inclua pescado na sua alimentação: É gostoso e faz bem para a saúde, set. Brasília. [Disponível na internet: http://www.farolcomunitario.com.br/download/semana_peixe_cartilha_090911.pdf, acesso em 23/7/2012.]

_____ (s.d.a). Ministério da Saúde. Departamento de Atenção Básica. Deficiência de Iodo. Prevenção e Controle de Agravos Nutricionais (PCAN). Brasília. [Disponível na internet: http://dab.saude.gov.br/portaldab/ape_pcan.php?conteudo=deficiencia_iodo, acesso em 9/5/2012.]

_____ (s.d.b). Ministério da Saúde. *Guia alimentar: Como ter uma alimentação saudável.* Brasília. (Guia de bolso) [Disponível na internet: http://189.28.128.100/dab/docs/portaldab/publicacoes/guia_alimentar_bolso.pdf, acesso em 3/1/2014.]

BURITY, V. *et al.* (2010). Direito humano à alimentação adequada no contexto da segurança alimentar e nutricional. Brasília: Abrandh. [Disponível na internet: http://www.actuar-acd.org/uploads/5/6/8/7/5687387/dhaa_no_contexto_da_san.pdf, acesso em 10/10/2012.]

CALORIELAB (s.d.a). It's a grind coffee house triple chocolate mocha: Nutrition facts. Nevada. [Disponível na internet: http://calorielab.com/restaurants/its-a-grind-coffee-house/triple-chocolate-mocha/2130/18663, acesso em 20/1/2013.]

_____ (s.d.b). Search for calories burned by various activities. Henderson. [Disponível na internet: http://calorielab.com/burned/, acesso em 4/2/2016.]

CÂMARA, M.C.C.; MARINHO, C.L.C. e GUILAM, M.C.R. (2008). "Análise crítica da rotulagem de alimentos *diet* e *light* no Brasil". *Caderno de Saúde Coletivo*, ano 16, n. 1. Rio de Janeiro, pp. 35-52. [Disponível na internet: http://www.iesc.ufrj.br/cadernos/images/csc/2008_1/artigos/CSC_IESC_2008_1_3.pdf, acesso em 24/1/2013.]

CAMPBELL, L.; CAMPBELL, B. e DICKINSON, D. (2004). *Teaching and learning through multiple intelligences*. 3ª ed. Boston: Pearson Education.

CAMPBELL-McBRIDE, N. (2007). "Colesterol: Amigo ou inimigo?". Trad. Odi Melo. *Wise Traditions*, v. 8, n. 3, out., pp. 20-26. [Disponível na internet: http://www.melnex.net/colesterol.pdf, acesso em 25/6/2012.]

CANABRAVA, F. *et al.* (2006). "Os sentidos da comida: Será que só a fome é o tempero do alimento?". *Eclética*, jan.-jun. Rio de Janeiro. [Disponível na internet: http://puc-riodigital.com.puc-rio.br/media/1%20-%20os%20sentidos%20da%20comida.pdf, acesso em 11/2/2013.]

CANAL FALA QUÍMICA (2011). Batata Yakon: Por que é mais saudável. Maravilhas da Química. Florianopólis: Departamento de Química da UFSC. [Disponível na internet: http://falaquimica.com/?p=1284, acesso em 12/1/2012.]

CARLINI, M. (2010). "O melhor peixe para cada parte do corpo". *VivaSaúde*, n. 84, mar. São Paulo. [Disponível na internet: http://revistavivasaude.uol.com.br/saude-nutricao/84/o-melhor-peixe-para-cada-parte-do-corpo-veja-os-168189-1.asp/, acesso em 22/7/2012.]

CARNEIRO, L.A.F. *et al.* (2013). *Envelhecimento populacional e os desafios para o sistema de saúde brasileiro.* São Paulo: Instituto de Estudos de Saúde Suplementar (Iess). [Disponível na internet: http://www.iess.org.br/?p=publicacoes&id=678&id_tipo=15, acesso em 10/5/2017.]

CARNELOCCE, L. e PEPELIASCOV, N. (s.d.). Ácido Graxo. Engenharia de Alimentos, Unopar. [Disponível na internet: http://www.ebah.com.br/content/ABAAAAFk0AG/acido-graxo-omega-3, acesso em 9/6/2017.]

CARVALHAL, F. e BERCHEZ, F. (2009). Conhecendo o manguezal: Aspectos ecológicos e sociais – Fauna, out. São Paulo: Projeto Ecossistemas Costeiros do Instituto de Biociências da USP. [Disponível na internet: http://www.ib.usp.br/ecosteiros/textos_educ/mangue/animais/fauna.htm, acesso em 24/7/2012.]

CARVALHO, A.P.L. e ZANARDO, V.P.S. (2010). "Consumo de água e outros líquidos em adultos e idosos residentes no município de Erechim – Rio Grande do Sul". *Perspectiva*, v. 34, n. 125, mar. Erechim, pp. 117-126. [Disponível na internet: http://www.uricer.edu.br/site/pdfs/perspectiva/125_79.pdf, acesso em 25/10/2011.]

CARVING, C. (s.d.). Carving Studio. São Paulo. [Disponível na internet: http://www.carvingstudio.com.br/arte-em-culinaria/nossos-trabalhos, acesso em 10/5/2017.]

CASTRO, A.G.P. e FRANCO, L.J. (2002). "Caracterização do consumo de adoçantes alternativos e produtos dietéticos por indivíduos diabéticos". *Arquivos Brasileiros de Endocrinologia & Metabologia*, v. 46, n. 3, jun. São Paulo. [Disponível na internet: http://dx.doi.org/10.1590/S0004-27302002000300011, acesso em 26/1/2013.]

CASTRO, E.M. *et al.* (1999). Qualidade de grãos em arroz. Santo Antônio de Goiás: Embrapa Arroz e Feijão, Circular técnica, n. 34. [Disponível na internet: http://ainfo.cnptia.embrapa.br/digital/bitstream/CPAF-AC-2009-09/20554/1/circ_34.pdf, acesso em 12/8/2014.]

CERVATO, A.M. *et al.* (2005). "Educação nutricional para adultos e idosos: Uma experiência positiva em universidade aberta para a terceira idade". *Revista de Nutrição*, v. 18, n. 1, jan.-fev. Campinas, pp. 41-52. [Disponível na internet: http://www.scielo. br/pdf/rn/v18n1/23506.pdf, acesso em 10/1/2014.]

CLARK, B. (1991). "Integrative education". *In*: DICKINSON, D. (org.). *Creating the future: Perspectives on educational change*. Aylesbury: Accelerated Learning Systems.

COHEN, B. e HILTS, P. (2001). "Resetting the table: A balanced diet of thought-filled integration". *In*: COSTA, A.L. (org.). *Developing minds: A resource book for teaching thinking*. 3ª ed. Alexandria: ASCD, pp. 262-265.

COIMBRA, J.A.A. (2000). "Considerações sobre a interdisciplinaridade". *In*: PHILIPPI, JR. *et al.* (orgs.). *Interdisciplinaridade em ciências ambientais*. São Paulo: Signus, pp. 52-70.

COPE, B. e KALANTZIS, M. (2000). "Multiliteracies: The beginnings of an idea". *In*: COPE, B. e KALANTZIS, M. (orgs.). *Multiliteracies: Literacy learning and the design of social futures*. Londres: Routledge.

CORREA, A.; SILVA, E.B. da e SILVA, E. da (orgs.) (2003). Horta orgânica. Universidade Federal de Mato Grosso do Sul. [Disponível na internet: http://www.ufms.br/horta/hortalicas.htm, acesso em 30/1/2012.]

CORREIA, C.A. e NEVES, M.B. (s.d.). Neofobia alimentar. Belo Horizonte: Nutrício Assessoria e Consultoria Nutricional. [Disponível na internet: http://www.nutricio. com.br/neofobia-alimentar.htm, acesso em 24/1/2013.]

COSTA, A.L. (1991). "Educating the global intellect". *In*: DICKINSON, D. (org.). *Creating the future: Perspectives on educational change*. Aston Clinton: Accelerated Learning.

_____ (2001). "Teacher behaviors that enable student thinking". *In*: COSTA, A.L. (org.). *Developing minds: A resource book for teaching thinking*. 3ª ed. Alexandria: ASCD, pp. 359-369.

COWEN, R. (1999). The importance of salt. Califórnia: Geology Department/University of California, maio. [Disponível na internet: http://mygeologypage.ucdavis.edu/cowen/~GEL115/salt.html, acesso em 30/12/2012.]

CURRIE, K.L. (1998a). *Ensinando o pensar na alfabetização*. Porto Alegre: Kuarup.

_____ (1998b). *Meio ambiente: Interdisciplinaridade na prática*. Campinas: Papirus.

_____ (2004). *A teoria das inteligências múltiplas e a diversidade em sala de aula*. Vitória: Flor&Cultura, pp. 120-126. (Letras por Dentro 1)

CURRIE, K.L. e FELIPE, J.M.A. (2014). *Música e ensino de línguas*: Explorando a teoria das múltiplas inteligências. Vitória: Edufes.

DAHL, R. (1967). *Charlie and the chocolate factory*. Londres: Allen & Unwin.

DALMENY, K.; HANNA, E. e LOBSTEIN, T. (2003). *Broadcasting bad health: Why food marketing to children needs to be controlled*, jul. Londres: International Association of Consumer Food Organizations (IACFO). [Disponível na internet: http://cspinet.org/reports/codex/foodmarketingreport.pdf, acesso em 15/10/2012.]

DENVER ART MUSEUM (s.d.). Creativity resource for teachers. Vase with palace scene. Denver. [Disponível na internet: http://denverartmuseum.org/collections/pre-columbian-art, acesso em 21/5/2017.]

DESGUALDO, P. (2010). "Castanhas: Um punhado de muita saúde". *Saúde*, n. 326, jul. São Paulo, pp. 18-23. [Disponível na internet: http://saude.abril.com.br/bem-estar/castanhas-um-punhado-de-muita-saude/, acesso em 21/5/2017.]

DOSSIÊ: OS MINERAIS NA ALIMENTAÇÃO (2008). *Food ingredientes Brasil*, n. 4. [Disponível na internet: http://www.revista-fi.com/materias/52.pdf, acesso em 12/10/2012.]

DREAMSTIME (s.d.). Word health from vegetable. [Disponível na internet: http://www.dreamstime.com/royalty-free-stock-images-word-health-vegetable-image16415459, acesso em 5/2/2012.]

DYER, A.D. (2006). "Chocolate: Good for the mind, body & spirit". *Medical Wellness Archives*, v. 3, n. 1. [Disponível na internet: http://www.medicalwellnessassociation.com/articles/chocolate_benefits.htm, acesso em 23/3/2013.]

EMAGREÇA COM SAÚDE (2010). Verduras e legumes, 24/6. [Disponível na internet: http://emagrecaecomsaude.blogspot.com.br/2010/06/verduras-e-legumes.html, acesso em 28/1/2012.]

EMBRAPA CLIMA TEMPERADO (s.d.). Projeto quintais orgânicos de frutas: Pitanga. Brasília. [Disponível na internet: http://www.projetoquintais.com.br/frutas/pitanga#, acesso em 24/3/2015.]

ESPÍRITO SANTO (2007). Secretaria de Estado da Educação. Diretrizes e orientações sobre o ensino religioso no estado do Espírito Santo. Vitória. [Disponível na internet: www.gper.com.br/biblioteca_download.php?arquivoId=147, acesso em 6/1/2013.]

FACHINELLO, J.C. (2008). "Mirtilo". *Revista Brasileira de Fruticultura*, v. 30, n. 2, jun. Jaboticabal. [Disponível na internet: http://www.scielo.br/scielo.php?script=sci_arttext&pid=S0100-29452008000200001&lng=en&nrm=iso, acesso em 24/3/2012.]

FACULDADE DE MARINGÁ (2011). Centro Integrado de Terapia Nutricional (Citen). Dicas de Saúde. O hábito do brasileiro de ingerir sucos e refrigerantes. Maringá, 12/8. [Disponível na internet: http://www.faculdadesmaringa.br/v4/?mod=artigos&id_artigo=1869, acesso em 4/4/2012.]

FAHLEY, J.W.; YUESHING, Z. e TALALAY, P. (1997). "Anti-cancer properties of sprout extracts". *Proceedings of the National Academy of Sciences*. Baltimore: Johns Hopkins Medical School.

FAO – FOOD AND AGRICULTURE ORGANIZATION OF THE UNITED NATIONS (2004). All about rice. International year of rice – 2004. [Disponível na internet: http://www.fao.org/rice2004/en/aboutrice.htm, acesso em 30/12/2011.]

FISCHLER, C.A. (1998). "A 'McDonaldização' dos costumes". *In*: FLANDRIN, J-L. e MONTANARI, M. (orgs.). *História da alimentação*. Trad. Luciano Vieira Machado e Guilherme João de Freitas Teixeira. São Paulo: Estação Liberdade.

FISHER, R. (org.) (1987). *Problem-solving in primary schools*. Oxford: Basil Blackford.

FLANDRIN, J-L. e MONTANARI, M. (orgs.) (1998). *História da alimentação*. Trad. Luciano Vieira Machado e Guilherme João de Freitas Teixeira. São Paulo: Estação Liberdade.

FLORES-MENDOZA, C. e COLOM, R. (orgs.) (2008). *Introdução à psicologia das diferenças individuais*. [*e-book*]. Porto Alegre: Artmed.

FOWLER, S.P. *et al.* (2008). "Fueling the obesity epidemic? Artificially sweetened beverage use and long-term weight gain". *Obesity*, v. 16, n. 8, ago., pp. 1.894-1.900. [Disponível na internet: http://www.wnho.net/artificially_sweetened_beverages.pdf, acesso em 27/1/2013.]

FRANCO, B.D.G.M. e LANDGRAF, M. (2003). *Microbiologia dos alimentos*. São Paulo: Atheneu.

FREIRE, P. (1967). *Educação como prática da liberdade*. Rio de Janeiro: Paz e Terra.

_____ (1996). *Pedagogia da autonomia*. 9ª ed. São Paulo: Paz e Terra.

FREITAS, E.S. *et al.* (2010). "Recomendações nutricionais na gestação". *Revista Destaques Acadêmicos*, ano 2, n. 3, Lajeado, pp. 81-95. [Disponível na internet: http://www. univates.br/revistas/index.php/destaques/article/viewFile/122/80, acesso em 7/6/2013.]

FREITAS, P.C.B. (2011). "Solidão em idosos: Percepção em função da rede social". *Anais do II Ciclo em Gerontologia Social Aplicada*. Braga: Universidade Católica Portuguesa, Centro Regional de Braga, Faculdade de Ciências Sociais, pp. 1-96.

GARDNER, H. (1983). *Frames of mind: The theory of multiple intelligences*. Nova York: Basic Books.

_____ (1991). *The unschooled mind: How children think and how schools should teach*. Nova York: Basic Books.

_____ (1993). *Multiple intelligences: The theory in practice.* Nova York: Basic Books.

_____ (1994a). *Estruturas da mente: A teoria das inteligências múltiplas*. Porto Alegre: Artes Médicas.

_____ (1994b). *A criança pré-escolar: Como pensa e como a escola pode ensiná-la.* Porto Alegre: Artmed.

_____ (1999). *Intelligence reframed: Multiple intelligences for the 21st century*. Nova York: Basic Books.

_____ (2006). *Multiple intelligences: New horizons*. Nova York: Basic Books.

GARDNER, G. e HALWEIL, B. (2000). "Underfed and overfed: The global epidemic of malnutrition". *Worldwatch Paper 150*, mar. Washington: Worldwatch Institute. [Disponível na internet: http://www.worldwatch.org/system/files/EWP150.pdf, acesso em 27/12/2012.]

GAZZOLA, J. *et al.* (2006). A amêndoa da castanha-de-caju: Composição e importância dos ácidos graxos – Produção e comércio mundiais. XLIV Congresso da Sociedade Brasileira de Economia e Sociologia Rural (Sober): Questões agrárias, educação no campo e desenvolvimento. Fortaleza. [Disponível na internet: http://www.alice. cnptia.embrapa.br/bitstream/doc/859607/1/Aamendoadacastanhadecaju.pdf, acesso em 7/6/2012.]

GERALDI, J.W. (1991). *Portos de passagem*. São Paulo: Martins Fontes.

GILL, N. (2012). Fruits and vegetables for kids. Kids Carving, 26/3. [Disponível na internet: http://www.vegetablefruitcarving.com/blog/fruits-and-vegetables-for-kids/, acesso em 21/4/2012.]

GLOBAL FOOTPRINT NETWORK (s.d.). Advancing the Science of Sustainability. Footprint basics: Introduction. EUA/Genebra/Bruxelas. [Disponível na internet: http://www.footprintnetwork.org/en/index.php/GFN/page/footprint_basics_overview/, acesso em 14/4/2012.]

GONÇALVES, F.S. (2008). Funções das proteínas. Infoescola, 26/5. [Disponível na internet: http://www.infoescola.com/bioquimica/funcoes-das-proteinas/, acesso em 6/6/2012.]

GRANDONI, D. (2012). "Americans are eating less meat". *The Atlantic*. [Disponível na internet: http://www.thewire.com/national/2012/01/americans-are-eating-less-meat/47295/, acesso em 1º/2/2015.]

GREENPEACE PORTUGAL (s.d.). Poluição – A poluição e o mar: Como óleo e água. [Disponível na internet: http://www.greenpeace.org/portugal/pt/O-que-fazemos/oceanos/poluicao/, acesso em 24/7/2012.]

GREERE, A. (org.) (2008). Year One Report. Lanqua Subproject on Content and Language Integrated Learning. Redefining "Clil": Towards multilingual competence. Lanqua, set. [Disponível na internet: http://www.unifg.it/sites/default/files/allegatiparagrafo/20-01-2014/lanqua_subproject_on_clil.pdf, acesso em 26/2/2012.]

HALFORD, J.C.G. *et al.* (2004). "Effect of television advertisements for foods on food consumption in children". *Appetite*, n. 42, pp. 221-225. [Disponível na internet: http://www.ncbi.nlm.nih.gov/pubmed/15010186, acesso em 28/10/2012.]

HARPER, D. (s.d.). Online Etymology Dictionary. [Disponível na internet: http://www.etymonline.com, acesso em 15/3/2012.]

HARVARD (s.d.). School of Public Health. Protein. The Nutrition Source. Boston. [Disponível na internet: http://www.hsph.harvard.edu/nutritionsource/what-should-you-eat/protein/, acesso em 26/5/2012.]

HEALTHALACIOUSNESS.COM (s.d.). Nutrition facts comparison tool. [Disponível na internet: http://www.healthaliciousness.com/nutritionfacts/nutrition-facts-compare.php, acesso em 8/1/2012.]

HEINER, H.A. (s.d.). SurLaLune Fairytales. Tales similar to Jack and the Beanstalk. [Disponível na internet: http://www.surlalunefairytales.com/jackbeanstalk/stories/esbenwitch.html, acesso em 10/1/2012.]

HIRST, K.K. (2012?). Making salt: The history of salt production. About Education. Nova York. [Disponível na internet: http://archaeology.about.com/od/foodsoftheancientpast/ qt/Making-Salt.htm, acesso em 30/12/2012.]

HOEKSTRA, A.Y. (2012). "The hidden water resource use behind meat and dairy". *Animal Frontiers*, v. 2, n. 2. Champaign, pp. 3-8.

HOFF, D.N. *et al*. (2007). "Os desafios da pesquisa e ensino interdisciplinares". *RBPG – Revista Brasileira de Pós-graduação*, v. 4, n. 7, jul. Brasília, pp. 42-65. [Disponível na internet: http://ojs.rbpg.capes.gov.br/index.php/rbpg/article/download/119/113, acesso em 3/2/2013.]

IBGE – INSTITUTO BRASILEIRO DE GEOGRAFIA E ESTATÍSTICA (2010). POF 2008-2009: Desnutrição cai e peso das crianças brasileiras ultrapassa padrão internacional. *Sala de Imprensa*, 27/8. [Disponível na internet: http://saladeimprensa.ibge.gov.br/no ticias?view=noticia&id=1&idnoticia=1699&busca=1&t=pof-20082009-desnutricao-cai-peso-criancas-brasileiras-ultrapassa-padrao-internacional, acesso em 14/2/ 2012.]

INMETRO – INSTITUTO NACIONAL DE METROLOGIA, QUALIDADE E TECNOLOGIA (s.d.a). Carnes bovina e suína: Teor de gordura e colesterol em alimentos. Informação ao Consumidor. [Disponível na internet: http://www.inmetro. gov.br/consumidor/produtos/teorGordura.asp, acesso em 23/6/2012.]

_____ (s.d.b). Divisão de Orientação e Incentivo à Qualidade. Diretoria da Qualidade. Relatório sobre análise de gordura e colesterol em queijos. [Disponível na internet: http://www.inmetro.gov.br/consumidor/produtos/gordura-colesterol-queijos.pdf, acesso em 7/6/2012.]

INSTITUTO HIDRATAÇÃO E SAÚDE (s.d.a). Balanço hídrico: O que é desidratação. Lisboa. [Disponível na internet: http://www.ihs.pt/hid_bal_oque.php, acesso em 15/4/2012.]

_____ (s.d.b). A influência do consumo de álcool na hidratação. Lisboa. [Disponível na internet: http://www.ihs.pt/xms/files/Documentos_Tecnicos_-_Revisoes_Tematicas/A_ INFLUENCIA_DO_CONSUMO_DE_ALCOOL_NA_HIDRATACAO.pdf, acesso em 16/4/2012.]

INSTITUTO OVOS BRASIL (s.d.). [Disponível na internet: http://www.ovosbrasil.com. br/, acesso em 24/7/2012.]

IPA – INTERNATIONAL PHONETIC ASSOCIATION (s.d.). The International Phonetic Alphabet and the IPA chart. [Disponível na internet: https://www. internationalphoneticassociation.org/content/ipa-chart, acesso em 14/1/2012.]

JOHNSON, H. (1989). *The story of wine*. Londres: Mitchell-Beazley. [Trad. de trechos disponível na internet: http://www.academiadovinho.com.br/biblioteca/historia.htm, acesso em 10/4/2012.]

JULIANO, B.O. (1993). *Rice in human nutrition*. Roma: FAO. [Disponível na internet: http://www.fao.org/inpho/content/documents//vlibrary/t0567e/T0567E00.htm, acesso em 25/6/2006.]

KIPLE, K.F. e ORNELAS, K.C. (2000). *The Cambridge world history of food*. Cambridge: Cambridge University Press.

KUCHLER, F. *et al*. (2005). "Obesity policy and the law of unintended consequences". *Amber Waves*, v. 3, n. 3, jun. Washington, pp. 26-33. [Disponível na internet: http://www.ers.usda.gov/amber-waves/2005-june/obesity-policy-and-the-law-of-unintended-consequences.aspx#.VrdDkhgrIdV, acesso em 15/2/2012.]

LAMOUNIER, J.A. (2003). "O efeito de bicos e chupetas no aleitamento materno". *Jornal de Pediatria*, v. 79, n. 4. Rio de Janeiro, pp. 284-286. [Disponível na internet: http://www.neom-rb.com.br/arquivos/112.pdf, acesso em 15/3/2014.]

LEE, W. (2003). "Fighting fat with TAF in Singapore". *Diabetes Voice*, v. 48, maio, pp. 49-50. [Disponível na internet: http://www.idf.org/sites/default/files/attachments/article_82_en.pdf, acesso em 5/1/2013.]

LEVENSTEIN, H. (1988). *Revolution at the table: The transformation of the American diet.* Nova York: Oxford University Press.

_____ (1993). *Paradox of plenty: A social history of eating in modern America*. Nova York: Oxford University Press.

LEVY, L. e BÉRTOLO, H. (2008). *Manual de aleitamento materno*. Lisboa: Comité Português para a Unicef. [Disponível na internet: http://www.unicef.pt/docs/manual_aleitamento.pdf, acesso em 20/3/2014.]

LIMA, A.C.S. e AFONSO, J.C. (2009). "A química do refrigerante: Pesquisa no ensino de química". *Química Nova na Escola*, v. 31, n. 3, ago. São Paulo. [Disponível na internet: http://www.qnesc.sbq.org.br/online/qnesc31_3/10-PEQ-0608.pdf, acesso em 5/4/2012.]

LIMA-FILHO, D.O.; OLIVEIRA, L.D.S. e WATANABE, E.A.M. (2009). Novas tendências no consumo de refrigerantes: O caso dos refrigerantes de baixa caloria. Apresentação oral – Economia e Gestão no Agronegócio. *Anais eletrônicos do 47º Congresso da Sociedade Brasileira de Economia, Administração e Sociologia Rural.* Porto Alegre: Sober. [Disponível na internet: http://www.sober.org.br/palestra/13/631.pdf, acesso em 21/1/2011.]

LO BIANCO, J. (2000). "Multiliteracies and multilingualism". *In*: COPE, B. e KALANTZIS, M. (orgs.). *Multiliteracies: Literacy learning and the design of social futures*. Oxon: Routledge.

LOPES NETO, A.A. (2005). "*Bullying*: Comportamento agressivo entre estudantes". *Jornal de Pediatria*, v. 81, n. 5, nov. Rio de Janeiro. [Disponível na internet: http://www.scielo.br/pdf/jped/v81n5s0/v81n5Sa06, acesso em 5/1/2013.]

LOWER, S. (2010). H_2O: A gentle introduction to water and its structure. Online Chemistry Virtual textbook. [Disponível na internet: http://www.chem1.com/acad/sci/aboutwater.html#DW, acesso em 26/1/2011.]

LUSTIG, R.H.; SCHMIDT, L.A. e BRINDIS, C.D. (2012). "The toxic truth about sugar". *Nature*, v. 482, 2/2, pp. 27-29. [Disponível na internet: http://www.connectwell.biz/pdf/comment_truth_about_sugar.pdf, acesso em 20/1/2013.]

MACHADO, V.P.O. (2009a). Planejamento alimentar: Nutrição na infância. [Disponível na internet: http://www.eteavare.com.br/arquivos/28_83.pdf, acesso em 30/12/2013.]

_____ (2009b). Planejamento alimentar: Adolescência. [Disponível na internet: http://www.eteavare.com.br/arquivos/28_133.pdf, acesso em 1º/1/2014.]

MADI, J.M. *et al.* (2006). "Fatores maternos e perinatais relacionados à macrossomia fetal". *Revista Brasileira de Ginecologia e Obstetrícia*, v. 28, n. 4, abr. Rio de Janeiro, pp. 232-237.

MAHAN, L.K.; ESCOTT-STUMP, S. e RAYMOND, J.L. (2005). *Krause: Alimentos, nutrição e dietoterapia.* 11ª ed. São Paulo: Roca.

MANSUR, A. (2007). Receitas de caju. Brasília: Departamento Nacional do Sesi. [Disponível na internet: http://www.fiec.org.br/artigos/agroindustria/CartilhaCaju.pdf, acesso em 22/7/2012.]

MASSA, J.B. *et al.* (2012). "Análise da composição nutricional de alimentos de *fast-food* e de culinária internacional". *Anais do XXII Congresso Brasileiro de Nutrição.* Pernambuco. [Disponível na internet: http://www.adaltech.com.br/sigeventos/conbran2012/inscricao/resumos/0001/R2017-1.PDF, acesso em 20/12/2012.]

MAZARACKI, T. (s.d.). "Coma coco e emagreça". *Busca Saúde.* [Disponível na internet: http://www.buscasaude.com.br/materias-nutricao/coma-coco-e-emagreca/, acesso em 17/7/12.]

MAZOYER, M. e ROUDART, L. (2010). *História das agriculturas no mundo: Do neolítico à crise contemporânea.* Trad. Cláudia F. Falluh Balduino Ferreira. São Paulo: Unesp.

McGRAW, J. (2003). *The ultimate weight solution for teens: The 7 keys to weight freedom.* Nova York: The Free Press.

McKEITH, G. (2000). *Living food for health.* Londres: Piatkus Books.

MEIRELES, M. (s.d.). Como fazer chocolate. Como fazer. [Disponível na internet: http://www.comofazerchocolate.com.br/como-fazer-chocolate/, acesso em 12/1/2013.]

MONTE, C.M.G. e GIUGLIANI, E.R.J. (2004). "Recomendações para alimentação complementar da criança em aleitamento materno". *Jornal Pediátrico*, v. 80, n. 5, supl. nov. Porto Alegre.

MONTEIRO, H. e NETO, F. (2008). *Universidades da terceira idade: Da solidão aos motivos para a sua frequência.* Porto: Legis.

MOREIRA, A.F.B. e CANDAU, V.M. (2007). "Currículo, conhecimento e cultura". *In*: BRASIL/MEC/SEB. *Indagações sobre currículo: Currículo, conhecimento e cultura.* Brasília.

MORENO, M. (1997). "Temas transversais: Um ensino voltado para o futuro". *In*: BUSQUETS, M.D. *et al. Temas transversais em educação: Bases para uma formação integral.* São Paulo: Ática.

MURPHY, P.; KLAGES, E. e SHORE, L. (1996). "Salt Volcano". *In*: MURPHY, P.; KLAGES, E. e SHORE, L. *The science explorer: An exploratorium-at-home book.*

Nova York: Owl Books. [Disponível na internet: https://www.exploratorium.edu/science_explorer/volcano.html, acesso em 1/1/2013.]

MYFITNESSPAL (s.d.). Calories in Starbucks caffe mocha short nonfat milk no whipped cream. [Disponível na internet: http://www.myfitnesspal.com/food/calories/starbucks-caffe-mocha-short-nonfat-milk-no-whipped-cream-136744, acesso em 20/1/2013.]

NATIONAL COUNCIL OF TEACHERS OF ENGLISH (s.d.). Standards for the english language arts. Illinois. [Disponível na internet: http://www.nctw.org/standards/, acesso em 10/1/2012.]

NELL, G.S. (2009). Food and drink in the Roman Army. Suite 101. [Disponível na internet: https://suite.io/grant-sebastian-nell/2sw822s, acesso em 22/12/2012.]

NEPA – NÚCLEO DE ESTUDOS E PESQUISAS EM ALIMENTAÇÃO (2006). *Tabela Brasileira de Composição de Alimentos (Taco)*. 2ª ed. Campinas: Unicamp.

_____(2011). *Tabela Brasileira de Composição de Alimentos (Taco)*. 4ª ed. Campinas: Unicamp. [Disponível na internet: http://www.unicamp.br/nepa/taco/contar/taco_4_edicao_ampliada_e_revisada, acesso em 26/6/2012.]

NICOLESCU, B. (2000). "Um novo tipo de conhecimento: Transdisciplinaridade". *In*: MELLO, M.F.; BARROS, V.M. e SOMMERMANN, A. *Educação e transdisciplinaridade*. Brasília: Unesco. [Disponível na internet: http://unesdoc.unesco.org/images/0012/001275/127511por.pdf, acesso em 4/2/2013.]

OKADA, A.L.P. e SANTOS, E.O. (2003). "Articulação de saberes na EAD: Por uma rede interdisciplinar e interativa de conhecimentos". *Anais do X Congresso Internacional de Educação a Distância*. Porto Alegre. [Disponível na internet: http://people.kmi.open.ac.uk/ale/papers/a04abed2003.pdf, acesso em 3/2/2013.]

OLIVEIRA, A.G. de (s.d.). Cores dos alimentos. Verduras e Legumes. [Disponível na internet: http://verduras-legumes.info/mos/view/As_Cores_dos_Alimentos/, acesso em 26/1/2012.]

OLIVEIRA, D.S. (2013). "Alimentação e comensalidade entre idosos de uma cidade do interior paulista: Mogi Guaçu". Dissertação de mestrado em Hospitalidade. São Paulo: Universidade Anhembi Morumbi. [Disponível na internet: http://portal.anhembi.br/wp-content/uploads/dissertacoes_mestrado/dissertacao_daniela-soares-de-oliveira.pdf, acesso em 7/1/2014.]

OLIVEIRA, M.A.S.; DEL PELOSO, M.J. e VIEIRA, N.R.A. (orgs.) (2005). *Boa mesa com feijão*. Santo Antônio de Goiás: Embrapa Arroz com Feijão.

OLIVEIRA, V.H.N. (2011). "Um ato de fé e(m) festa: Análise do encontro entre devoção e diversão na dança de São Gonçalo de Amarante". Dissertação de mestrado em Ciência da Arte. Niterói: Universidade Federal Fluminense. [Disponível na internet: http://www.artes.uff.br/dissertacoes/2011_victor_oliveira.pdf, acesso em 27/4/2017.]

ORIGEM DA PALAVRA (s.d.). Sorvete. [Disponível na internet: http://origemdapalavra.com.br/palavras/sorvete/, acesso em 18/2/2013.]

OZ, M.C. e ROIZEN, M.F. (2006). *You on a diet: The owner's manual for waist management*. Nova York: The Free Press.

PACHECO, M. (2006). *Tabela de equivalentes, medidas caseiras e composição química dos alimentos*. Rio de Janeiro: Rubio.

PACIFIC INSTITUTE (2008). Water content of things: Data table 19. *The World's Water 2008-2009*. [Disponível na internet: http://worldwater.org/wp-content/uploads/2013/07/Table19.pdf, acesso em 16/4/2012.]

PAUL, R.W. (2001). "Dialogical and dialectal thinking". *In*: COSTA, A.L. (org.). *Developing minds: A resource book for teaching thinking*. 3ª ed. Alexandria: ASCD, pp. 427-436.

PEA, R. (1993). "Practices of distributed intelligence and designs for education". *In*: SALOMON, G. (org.). *Distributed cognitions: Psychological and educational considerations*. Cambridge: CUP, pp. 47-87.

PENALVA, D.Q.F. (2008). "Síndrome metabólica: Diagnóstico e tratamento". *Revista Médica*, v. 87, n. 4. São Paulo, pp. 245-250. [Disponível na internet: http://www.revistas.usp.br/revistadc/article/download/59086/62072, acesso em 10/5/2017.]

PERKINS, D. (1992). *Smart schools: From training memories to educating minds*. Nova York: The Free Press.

_____(2001). "The social side of thinking". *In*: COSTA, A.L. (org.). *Developing minds: A resource book for teaching thinking*. 3ª ed. Alexandria: ASCD, pp. 158-163.

PERLÈS, C. (1998). As estratégias alimentares nos tempos pré-históricos. *In*: FLANDRIN, J-L. e MONTANARI, M. (orgs.). *História da alimentação*. Trad. Luciano Vieira Machado e Guilherme João de Freitas Teixeira. São Paulo: Estação Liberdade.

POLLAN, M. (2006). *The omnivore's dilemma: A natural history of four meals*. Nova York: Penguin.

_____(2009). *Food rules: An eater's manual*. Nova York: Penguin.

POLLARD, D. (org.) (2010). Living planet report 2010: Biodiversity, biocapacity and development. World Wildlife Fund (WWF), Zoological Society of London (ZSL) and the Global Footprint Network. [Disponível na internet: http://www.footprintnetwork.org/press/LPR2010.pdf, acesso em 14/4/2012.]

POPPER, K. (1972). *Objective knowledge*. Oxford: OUP.

PORRITT, J. (1991). *Salve a Terra*. São Paulo: Globo/Círculo do Livro.

PORRO, A. (1997). "Cacau e chocolate: Dos hieróglifos maias à cozinha ocidental". *Anais do Museu Paulista*, v. 5, n. 1, jan.-dez. São Paulo, pp. 279-284. [Disponível na internet: http://www.scielo.br/pdf/anaismp/v5n1/10.pdf, acesso em 12/2/2013.]

PORTINARI, F. (1989). Manifesto slow food. [Disponível na internet: http://www.slowfoodbrasil.com/slowfood/manifesto, acesso em 13/1/2013.]

PUCCIO, G.J. e MURDOCK, M.C. (2001). "Creative thinking: An essential life skill". *In*: COSTA, A.L. (org.). *Developing minds: A resource book for teaching thinking*. 3ª ed. Alexandria: ASCD, pp. 67-71.

QUEIROZ, S.S. e TORRES, M.A. de A. (2000). "Anemia ferropriva na infância". *Jornal de Pediatria*, v. 76, supl. 3. Rio de Janeiro, pp. 298-304. [Disponível na internet: http://jped.com.br/conteudo/00-76-S298/port.pdf, acesso em 8/6/2013.]

RAYMOND, J. (2008). World's healthiest foods: Lentils (India). Health Magazine. [Disponível na internet: http://www.health.com/health/article/0,,20410301,00.html, acesso em 10/5/2017.]

RECINE, E. e RADAELLI, P. (s.d.). Obesidade e desnutrição. NUT/FS/UnB – Atan/DAB/SPS. [Disponível na internet: http://bvsms.saude.gov.br/bvs/publicacoes/obesidade_desnutricao.pdf, acesso em 15/12/2012.]

REES, R. (2010). Let's get cooking: Annual review 2009-2010. School Food Trust, Sheffield. [Disponível na internet: http://www.letsgetcooking.org.uk/AboutLetsGetCooking, acesso em 5/1/2013.]

RIBEIRO, S. (2011). Ciência para todos: A outra face da alface. [Disponível na internet: http://www.ufmg.br/cienciaparatodos/wp-content/uploads/2011/08/03-aoutrafacedaalface.pdf, acesso em 6/2/2012.]

RICE COUNCIL FOR MARKET DEVELOPMENT (s.d.). *USA rice: A guide to the United States rice industry*. Houston.

RICHTER, M. e LANNES, S.C.S. (2007)."Ingredientes usados na indústria de chocolates". *Revista Brasileira de Ciências Farmacêuticas*, v. 43, n. 3, jul.-set., pp. 357-369. [Disponível na internet: http://www.scielo.br/pdf/rbcf/v43n3/a05v43n3.pdf, acesso em 12/2/2013.]

RODRIGUES, A.M. (2002). "A migração dos salmões". *Piscicultura*. Portugal: Escola Superior Agrária de Castelo Branco. [Disponível na internet: http://docentes.esa.ipcb.pt/amrodrig/salmao.pdf, acesso em 24/7/2012.]

RONDÓ, W. (2012). "Água de coco traz diversos benefícios à saúde". *Minha vida: Saúde, alimentação e bem-estar*. [Disponível na internet: http://www.minhavida.com.br/alimentacao/materias/12560-agua-de-coco-traz-diversos-beneficios-a-saude, acesso em 22/7/2012.]

ROS, E. (2010). Health benefits of nut consumption. Nutrients, jul. [Disponível na internet: http://www.ncbi.nlm.nih.gov/pmc/articles/PMC3257681/, acesso em 17/7/2012.]

SAMS, C. (2003). *The little food book: You are what you eat.* Bristol: Alastair Sawday.

SCHLOSSER, E. (2001). *Fast-food nation: The dark side of the all-American meal*. Nova York: Houghton Mifflin.

SCHOOL FOOD TRUST (s.d.a). Let's get cooking. [Disponível na internet: http://www.letsgetcooking.org.uk/, acesso em 5/1/2013.]

_____ (s.d.b). Let's get cooking around the world. School clubs. Recipes and resources. Let's get cooking. [Disponível na internet: www.letsgetcooking.org.uk/ CookingAroundtheWorld, acesso em 5/1/2013.]

_____ (s.d.c). Let's get cooking around the world: Brazil. School clubs. Recipes and resources. Let's get cooking. [Disponível na internet: http://www.letsgetcooking.org. uk/CookingAroundtheWorld/Recipesandresources/Brazil, acesso em 5/1/2013.]

SELFNUTRITIONDATA: KNOW WHAT YOU EAT (s.d.). Nutrition facts: Ice creams, sweets. [Disponível na internet: http://nutritiondata.self.com/facts/sweets/5405/2, acesso em 1/2/2014.]

SIDIBE, M. (2014). O simples poder da lavagem de mãos. TED, set. [Disponível na internet: https://www.ted.com/talks/myriam_sidibe_the_simple_power_of_hand_ washing?language=pt-br, acesso em 22/2/2015.]

SILVA, A.B.B. (2010). *Bullying*: Cartilha 2010 – Projeto Justiça nas Escolas. Brasília: Conselho Nacional de Justiça. [Disponível na internet: http://www.apeoc.org.br/ publicacoes/cartilha.bullying/files/cartilhabullying.pdf, acesso em 5/1/2013.]

SILVA, A.C. (2010). Frutos. Vitória da Conquista: Uesb, maio. [Disponível na internet: http://www.ebah.com.br/content/ABAAAA2HQAK/trabalho-frutos, acesso em 21/7/2012.]

SILVA, J.M.S.E. (2012). Principais tipos de açúcar. Papo de Nutricionista. [Disponível na internet: http://papodenutricionista.com.br/archives/1097, acesso em 15 /1/2013.]

SILVA, K. da P. *et al.* (2006). Transtornos Alimentares: Considerações clínicas e desafios do tratamento. *Infarma*, v. 18, n. 11/12, Niterói, pp. 10-13. [Disponível na internet: http:// www.cff.org.br/sistemas/geral/revista/pdf/11/infarma04.pdf, acesso em 10/2/2014.]

SILVA, L.H.O. e PINTO, F.N.P. (2009). "Interdisciplinaridade: As práticas possíveis". *Revista Querubim* – Revista eletrônica de trabalhos científicos – Letras, Ciências Humanas e Ciências Sociais, ano 5, s.p. [Disponível na internet: http://www.uff.br/ feuffrevistaquerubim/images/arquivos/artigos/interdisciplinaridade_entre_teorias_e_ prticas.pdf, acesso em 3/2/2013.]

SILVA, R. dos S. (2007). Mate sua sede! Conversa Pessoal. Portal do servidor, Senado do Governo Brasileiro, ano 7, n. 74, jan. [Disponível na internet: http://www.senado.gov. br/senado/portaldoservidor/jornal/jornal74/nutricao_agua.aspx, acesso em 3/4/2012.]

SILVA, S.M.C.S. da e MURA, J.D.P. (2007). *Tratado de alimentação, nutrição & dietoterapia*. São Paulo: Roca.

SILVA, W.M. *et al.* (2012). "A visão bioquímica do sorvete". *In*: ONE, G.M.C.A. e ALBUQUERQUE, H.N. (orgs.). *Simpósio Paraibano de Saúde: Tecnologia, saúde e meio ambiente a serviço da vida*. João Pessoa: Instituto Bioeducação, pp. 168-172. [Disponível na internet: http://www.institutobioeducacao.org.br/docs/LIVRO%20 simposio%20paraibano%20de%20sa%C3%BAde.pdf, acesso em 26/1/2013.]

SIMÃO E KOFF, A.M.N. e PEREIRA, E.S.A. (1989). *Discutindo a preservação da vida: Educação ambiental*. Rio de Janeiro: Nova Fronteira.

SIQUEIRA, L.A.; ARAGÃO, W.M. e TUPINAMBÁ, E.A. (2002). A introdução do coqueiro no Brasil: Importância história e agronômica. Embrapa Tabuleiros Costeiros. Documentos, 47. Aracaju. [Disponível na internet: http://www.cpatc.embrapa.br/download/Documentos47.pdf, acesso em 22/7/2012.]

SIQUEIRA, P.B.; BOLINI, H.M.A. e MACEDO, G.A. (2008). "O processo de fabricação da cerveja e seus efeitos na presença de polifenóis". *Alimentos e Nutrição*, v. 19, n. 4, out.-dez. Araraquara, pp. 491-498. [Disponível na internet: http://serv-bib.fcfar.unesp.br/seer/index.php/alimentos/article/viewFile/660/556, acesso em 13/4/2012.]

SLOW FOOD BRASIL (2007). Sobre o slow food: Filosofia, 4/7. [Disponível na internet: http://www.slowfoodbrasil.com/slowfood/filosofia, acesso em 13/1/2013.]

SOCIEDADE BRASILEIRA DE PEDIATRIA (2012). *Obesidade na infância e adolescência: Manual de orientação*. 2ª ed. rev. e ampl. Rio de Janeiro: Departamento Científico de Nutrologia da SBP. [Disponível na internet: http://www.sbp.com.br/pdfs/14297c1-Man_Nutrologia_COMPLETO.pdf, acesso em 5/1/2013.]

SONATI, J.G.; VILARTA, R. e AFFONSO, C.V. (2007). "Nutrição e o ciclo da vida: Fase escolar, adolescência, idade adulta e no envelhecimento". *In*: VILARTA, R. (org.). *Alimentação saudável, atividade física para a qualidade de vida*. Campinas: Ipes. [Disponível na internet: http://www.fef.unicamp.br/fef/qvaf/livros/alimen_saudavel_ql_af/alimen_saudavel/alimen_saudavel_cap6.pdf, acesso em 3/1/2014.]

SOUSA, I.C.C. (2011). Frutose: O doce vilão. 17/6. [Disponível na internet: http://drauziovarella.com.br/diabetes/frutose-%E2%80%93-o-doce-vilao-ii/, acesso em 6/2/2013.]

SOUSA, I.C.O.C. de (s.d.). Terapia nutricional para osteoporose. [Disponível na internet: http://www.osteoprotecao.com.br/nn_terapia.php, acesso em 18/1/2014.]

SOUZA, J.M.B. de; CASTRO, M.M. e MAIA, E.M.C. (2005). "Obesidade e tratamento: Desafio comportamental e social". *Revista Brasileira de Terapias Cognitivas*, v. 1, n. 1, jun. Rio de Janeiro, pp. 59-67. [Disponível na internet: http://pepsic.bvsalud.org/scielo.php?pid=S1808-56872005000100007&script=sci_arttext, acesso em 24/2/2014.]

SOUZA, V.A.I. de (s.d.). Gasto calórico dos exercícios. [Disponível na internet: http://maisequilibrio.com.br/fitness/gasto-calorico-dos-exercicios-3-1-2-326.html, acesso em 4/2/2012.]

SPONCHIATO, D. (2008). Pequenas doses de cerveja, vinho e outras bebidas alcoólicas fazem bem para a saúde. *Saúde*, ago. São Paulo. [Disponível na internet: http://saude.abril.com.br/edicoes/0300/medicina/conteudo_288883.shtml, acesso em 13/4/2012.]

STEIN, D. (1998). "Situated learning in adult education". *Eric Digest*, n. 195. [Disponível na internet: http://eric.ed.gov/?id=ED418250, acesso em 14/10/2012.]

STONE, N. (2007). How the body uses cholesterol. HowStuffWorks, 12/4. [Disponível na internet: http://health.howstuffworks.com/diseases-conditions/cardiovascular/cholesterol/how-the-body-uses-cholesterol.htm, acesso em 8/6/2012.]

SYLVESTER, D. (s.d.). History of the quadrille dance. [Disponível na internet: http://darrensylvester.beep.com/files/quadrille.pdf, acesso em 9/6/2012.]

TABAEVA, E. (2011). Penguin family made with vegetables. Fruit carving arrangements and food garnishes, 17/12. [Disponível na internet: http://www.garnishfoodblog.com/2011/12/penguin-family-fruit-and-vegetable.html, acesso em 26/1/2012.]

TADDEI, J.A.; HALPERN, G. e CASTRO, P.M. de (2005). "Propaganda na TV pode induzir à obesidade infantil". *Nutrição em Pauta*, n. 70, jan.-fev. São Paulo. [Disponível na internet: http://www.nutricaoempauta.com.br/busca.php?cod_revista=70, acesso em 25/10/2012.]

TARDIDO, A.P. e FALCÃO, M.C. (2006). "O impacto da modernização na transição nutricional e obesidade". *Revista Brasileira de Nutrição Clínica*, v. 21, n. 2. São Paulo, pp. 117-124. [Disponível na internet: http://www.ucg.br/ucg/eventos/Obesidade_Curso_Capacitacao_Ambulatorial/Material_Consulta/Material_Nutricao/O impacto da modernização na transição nutricional e obesidade.pdf, acesso em 22/7/2011.]

THE EUROPEAN FOOD INFORMATION COUNCIL (1999). "Ferro: A carência mais comum". *Food Today*, set. [Disponível na internet: http://www.eufic.org/article/pt/doencas-relacionadas-com-a-alimentacao/carencias/artid/ferro-carencia-mais-comum/, acesso em 13/10/2012.]

THE FIELD MUSEUM (2007). All about chocolate: Just for kids. Chicago. [Disponível na internet: http://archive.fieldmuseum.org/chocolate/kids_facts2.html, acesso em 10/2/2013.]

TODABIOLOGIA (s.d.). Açúcar: Saiba mais sobre o açúcar, tipos de açúcar, frutose, composição, sacarose, maltose, refinado. [Disponível na internet: http://www.todabiologia.com/dicionario/acucar.htm, acesso em 12/1/2013.]

TRUCOM, C. (2005). Cuide bem do seu intestino. [Disponível na internet: http://somostodosum.ig.com.br/conteudo/conteudo.asp?id=05129, acesso em 28/12/2012.]

UnB – UNIVERSIDADE DE BRASÍLIA (2008). Propagandas incitam maus hábitos. UnB Agência, 25/6, Brasília. [Disponível na internet: http://unb.br/noticias/unbagencia/releases.php?id=135, acesso em 31/12/2013.]

UNESCO – UNITED NATIONS EDUCATIONAL, SCIENTIFIC AND CULTURAL ORGANIZATION (1948). Declaração Universal dos Direitos Humanos. Resolução 217ª (III) da Assembleia Geral das Nações Unidas. [Disponível na internet: http://unesdoc.unesco.org/images/0013/001394/139423por.pdf, acesso em 10/10/2012.]

UNESCO-UN WATER (2013). 2013 – Ano International de Cooperação pela Água e Dia Mundial da Água. [Disponível na internet: http://www.unesco.org/new/fileadmin/MULTIMEDIA/FIELD/Brasilia/pdf/brz_sc_year_water_cooperation_presskit_pt_2013-2.pdf, acesso em 1/3/2015.]

USDA – UNITED STATES DEPARTMENT OF AGRICULTURE (s.d.a). Usda nutrient data laboratory. [Disponível na internet: http://fnic.nal.usda.gov/food-composition/usda-nutrient-data-laboratory, acesso em 8/1/2012.]

_____ (s.d.b). SuperTracker. Food-A-Pedia. My foods. My fitness. My health. [Disponível na internet: https://www.supertracker.usda.gov/foodapedia.aspx, acesso em 2/2/2013.]

USDA/HHS – UNITED STATES DEPARTMENT OF AGRICULTURE e UNITED STATES DEPARTMENT OF HEALTH AND HUMAN SERVICES (2010). *Dietary guidelines for americans: 2010.* 7ª ed. Washington: U.S. Government Printing Office. [Disponível na internet: http://www.cnpp.usda.gov/sites/default/files/dietary_ guidelines_for_americans/PolicyDoc.pdf, acesso em 5/1/2013.]

UVIBRA – UNIÃO BRASILEIRA DE VITIVINICULTURA (2009). Vinho & Saúde: Saúde proporcionada pelo vinho. Bento Gonçalves. [Disponível na internet: http:// www.uvibra.com.br/vinhoesaude_23.htm, acesso em 14/4/2012.]

VALENTE, F.L.S. (2002). *Direito humano à alimentação: Desafios e conquistas.* São Paulo: Cortez.

VALLE, C.P.; DURCE, K. e FERREIRA, C.A.S. (2008). "Consequências fetais da obesidade gestacional". *O Mundo da Saúde*, v. 32, n. 4. São Paulo, pp. 537-541. [Disponível na internet: http://www.saocamilo-sp.br/pdf/mundo_saude/65/16_Consequencias_baixa. pdf, acesso em 8/6/2013.]

VIANA, V. (2002). "Psicologia, saúde e nutrição: Contributo para o estudo do comportamento alimentar". *Análise Psicológica*, v. 20, n. 4, pp. 611-624. [Disponível na internet: http:// www.scielo.gpeari.mctes.pt/pdf/aps/v20n4/v20n4a06.pdf, acesso em 10/1/2014.]

VIEIRA, C.R. (2007). "Extração, hidrólise e remoção de fenilalanina das proteínas de farinha de arroz". Dissertação de mestrado em Ciência de Alimentos. Belo Horizonte: Faculdade de Farmácia/UFMG. [Disponível na internet: http://www.bibliotecadigital. ufmg.br/dspace/bitstream/handle/1843/MBSA-6ZXJC7/disserta__o_final___claudia_ vieira.pdf?sequence=1, acesso em 25/6/2012.]

WILLIS, J. (1992). "Inner and Outer: Spoken discourse in the language classroom". *In*: COULTHARD, M. (org.). *Advances in spoken discourse analysis.* Londres/Nova York: Routledge, pp. 162-182.

WWF – WORLD WILDLIFE FUND (2009). WWF and SABMiller unveil water footprint of beer. Press release, 18/8. [Disponível na internet: http://www.wwf.org.uk/about_wwf/ press_centre/?unewsid=3257, acesso em 14/4/2012.]

ZANOLLI, J. e EVERETT, J. (2010). "Olhe onde pisa". *Runner's World*, maio. [Disponível na internet: http://www.neo.org.br/publico/pdf/runners.pdf, acesso em 4/2/2012.]

APÊNDICE

*Receitas alternativas**

BOLO DE BANANA

Ingredientes:	Modo de preparo:
8 bananas-nanicas bem maduras 1 xícara de leite de coco 2 xícaras de aveia 1 xícara de gérmen de trigo 1 xícara de uvas-passas 1 pitada de sal 1 colher de sopa de canela em pó 1 colher de sopa de fermento em pó	Amassar as bananas, adicionar sal e leite de coco, depois a aveia e o gérmen de trigo. Em seguida, acrescentar a xícara de uvas-passas e o fermento. Bater bem, colocar no tabuleiro, cobrir com bananas cortadas em fatias finas para decorar e salpicar a canela. Assar em forno a 180° por 45 minutos, podendo chegar a 1 hora, como preferir.

BOLO DE ABÓBORA

Ingredientes:	Modo de preparo:
300 g de abóbora madura (vermelha) cozida 1 pitada de sal 1 colher de pó de gengibre ou sumo de gengibre fresco 2 xícaras de aveia ½ xícara de farinha de linhaça 1 xícara de farinha de quinoa 100 g de uvas-passas 100 g de castanhas-de-caju trituradas 1 xícara de leite de coco 1 colher de sopa de fermento em pó	Cozinhar e amassar a abóbora, adicionar o sal e o gengibre e amassar bem. Colocar a aveia e a linhaça, adicionar a farinha de quinoa e os outros ingredientes. O fermento deve ser adicionado apenas no final. Misturar bem, colocar no tabuleiro e assar em forno a 180° por 45 minutos, podendo chegar a 1 hora, de acordo com o gosto. A decoração pode ser feita com castanhas-de-caju.

---

* Agradecemos a Suzanete Gonçalvez Moreira (Suzi) pela sua competência na cozinha ao conseguir transformar as nossas ideias em comidas deliciosas.

PUDIM DE BATATA-DOCE

Ingredientes:	Modo de preparo:
1 batata-doce média, cozida e resfriada 1 copo de 200 ml de leite (desnatado) 3 ovos 1½ colher de sobremesa de amido de milho (se quiser, pode usar 1 colher de sopa de açúcar para fazer a calda)	Bater tudo no liquidificador. Colocar 2 colheres de açúcar no fundo da fôrma (se quiser), colocar a fôrma numa panela em banho-maria para derreter o açúcar. Depois de derreter o açúcar, adicionar a massa e cozinhar em banho-maria até ficar pronto. Utilizar um palito para testar.

Especificações técnicas

Fonte: Times New Roman 11 p
Entrelinha: 14 p
Papel (miolo): Offset 75 g
Papel (capa): Cartão 250 g
Impressão: Paym